国家治理丛书

走向服务型政府的行政精神

王锋　著

商务印书馆
创于1897 The Commercial Press

2018年·北京

图书在版编目（CIP）数据

走向服务型政府的行政精神 / 王锋著. — 北京：商务印书馆，2018
（国家治理丛书）
ISBN 978-7-100-15859-6

I. ①走… II. ①王… III. ①国家行政机关—行政管理—研究—中国 IV. ① D630.1

中国版本图书馆 CIP 数据核字（2018）第 028903 号

国家治理丛书
走向服务型政府的行政精神
王锋 著

商 务 印 书 馆 出 版
（北京王府井大街36号 邮政编码 100710）
商 务 印 书 馆 发 行
三河市尚艺印装有限公司印刷
ISBN 978-7-100-15859-6

2018 年 7 月第 1 版　　开本 710×1000 1/16
2018 年 7 月第 1 次印刷　　印张 27

定价：138.00 元

任　平　苏州大学校长助理 博研导部教授
仰海峰　北京大学哲学系教授
朱沁夫　三亚学院校长助理 科研处处长 教授
刘　继　国浩律师（北京）事务所主任 合伙人
刘建军　中国人民大学马克思主义学院教授 教育部长江学者特聘教授
刘剑文　北京大学法学院教授 财税法研究中心主任
刘晓鹰　三亚学院副校长 教授
刘敬鲁　中国人民大学哲学院教授 管理哲学研究中心主任
江　畅　湖北大学高等人文研究院院长 教育部长江学者特聘教授
安启念　中国人民大学哲学院教授
李　强　北京大学政府管理学院教授 北京大学校务委员会副主任
李　强　商务印书馆编辑
李　伟　宁夏大学民族伦理文化研究院院长 教授 原副校长
李炜光　天津财经大学财政学科首席教授
李德顺　中国政法大学终身教授 人文学院名誉院长
张　帆　北京大学历史学系主任 教授
张　光　三亚学院财经学院学术委员会主任 教授
吴　思　三亚学院国家治理研究院研究员 原《炎黄春秋》杂志总编辑
陈家琪　同济大学政治哲学与法哲学研究所所长 教授
杨　河　北京大学社会科学学部主任
罗德明　美国加州大学政治学系教授
周文彰　国家行政学院教授
周建波　北京大学经济学院教授
郑也夫　北京大学社会学系教授
郎友兴　浙江大学公共管理学院政治学系主任 教授
柳学智　人力资源和社会保障部中国人事科学研究院副院长 教授
胡　军　北京大学哲学系教授

作者简介

王锋，男，1973年7月生，陕西澄城人。哲学博士、公共管理博士后，中国矿业大学教授，博士生导师。兼任三亚学院国家治理研究院研究员。主要从事行政文化、行政哲学研究。近年来先后在《中国行政管理》、《马克思主义与现实》、《江海学刊》、《人民日报》、《江苏社会科学》、《学海》等期刊发表学术论文50余篇，其中多篇被中国人民大学报刊复印资料中心和新华文摘数字版全文转载。曾获江苏省哲学社会科学优秀成果三等奖、中国行政管理学会优秀论文奖等奖励。

序

高小平

王锋教授的一部书稿《走向服务型政府的行政精神》将由商务印书馆出版，可喜可贺！他嘱我为本书写序，实不敢当。而我在阅读这本书的时候获得的享受，以及书中字里行间透出的年轻人的“行政学精神”令人备受鼓舞，让我不仅无法推辞，而且有了不吐不快之欲，所以还是按要求写了如下简短的文字。

这本书系统梳理和总结了在不同历史阶段不同的政府形态基础上构成的行政精神，描述和勾勒了服务型政府行政精神的由来行程，阐述和揭示了当前和未来建设服务型政府需要什么样的行政精神，怎样建设服务型政府需要的行政精神等一系列重大理论和实践问题。书中处处体现出强烈的历史感和哲学反思精神，体现了与王锋的导师、我的大学同学张康之的学术思想的一脉相承。这种“行政学精神”不但丰富了行政学的理论，而且对建构中国特色社会主义行政文化具有很强的实践价值。

我曾经写过一篇文章《公仆之魂——试论创建有中国特色社会主义机关精神》，发表在1998年第9期的《中国行政管理》杂志上，就是希望学术界关注行政精神的重塑性研究。将近20年过去了，原来以为并未引起学术界的重视，但通过《走向服务型政府的行政精神》这本书，我发现，其实这些年来，学者们以多种范式、从多个角度，在研究行政精神，在挖掘中国的行政精神，在破解行政精神建设中的难题，特别是在搭建古往今来中国行政精神的传承与开拓、各国之间行政精神的相互借鉴与批判的桥梁等方面，取得了不可小觑的成绩。这本书是一个比较全面的回溯。

与此同时，从一路走来的行政精神研究中，我们还可以读出行政学的开创性发展趋势。行政学（行政管理学）是关于政府管理的学问，是为政府决策和管理提供智力支撑的基础性学科。一个优秀的行政学者，首先必须了解它的服务对象，然后建立适应服务对象需求、符合学科内在规律的研究目标。我国每年公开发表的科技论文总数已经位列世界第二，但科技成果的转化率却不高。在社会科学领域也大量存在着成果与应用之间"两张皮"的问题。行政学研究成果需要转化，行政学之外的其他学科的研究成果也可以为行政学所吸收，使之能为政府决策服务，这将有助于行政学的发展，有助于各相关学科的融合。但是，对这种转化，行政学关注和研究得不够。学术研究的成果要转化为智库产品，需做六件事：第一是以问题为导向，从所有科技成果中找出关于社会乱象和治理缺失的问题之间的对应关系，提炼出公共管理的"话题"（topic）。第二是以政策议题为导向，将涉及公共管理"话题"的基础研究成果转化为应用性成果，将应用性成果转化为政府现实关注的治理"难题"（trouble）。第三是以政府职能为导向，将科学研究成果概化，标识出政府有权力、有能力解决的"论题"（themes）。第四是以国家治理现代化改革为导向，围绕党和政府中心工作，将公共性论题转化为决策者和管理者的创新性"命题"（thesis）。第五是以中国特色话语体系为导向，将创新性命题转化为行政管理话语体系的文本型"专题"（text）。从这六个"题"（T）中可以清楚地看出，每一步都与公共管理学、公共政策学有关。这就注定了行政学将在继续促进公共管理、公共政策、公共服务、公共危机管理等新兴学科孵化和发育的同时，要眼光向内，思考如何为政府职能转变、加强公共服务等实践服务。于是，我们呼吁：回到行政学！

是为序。

目 录

引　言
公共行政有精神吗？

公共行政有精神吗？这是人们看到“行政精神”一词后最直接的反应。行政精神似乎是个不可思议的东西。公共行政是理性的化身，在人们心目中早已形成了一种刚性的、僵硬的印象，而精神则是一种内在的品质、气质，属于意识方面的内容，具有相当大的主观性。无论我们发挥多大的想象力，似乎都不能把行政与精神这两个词结合在一起。正如法默尔所说：“‘行政精神’这个短语似乎是一个矛盾修辞；行政和精神似乎是不相容的两个东西。出现这种情形的原因在于，行政实际上被看作是理性化的同义语。人们认为，这一靠规则和程序为生的东西将使那所谓的精神性的本质永远地附属于理性。不论正当与否，人们认为，它就是要使人附属于无生物，使人附属于非人，甚至可能是要使精神的热情与活力附属于理性的冷漠的‘不’。”[①] 行政与精神分属于不同的世界，二者无论如何是无法联系在一起的。公共行政真的有精神吗？

一、行政文化：治理现代化的重要因素

现代化不仅是器物的现代化，也不仅仅是制度的现代化，现代化更意味着文化的现代化。现代化是一个系统。如果我们从器物、制度、

---

① 〔美〕戴维·法默尔：《公共行政的语言——官僚制、现代性和后现代性》，吴琼译，北京：中国人民大学出版社 2005 年版，第 265 页。

文化去理解现代化，那么，文化就成为现代化的重要组成部分。缺失了文化的现代化，社会的现代化不可能是完整的。因为从本质上来讲，现代化是人的现代化，物的现代化虽然可以为人的生活带来便利，但物质不能成为人所追求的全部。人之所以为人，就在于有文化，文化的因素使人成为万物之灵。在进行现代化建设过程中，我们对行政管理的现代化给予前所未有的重视。我们强调行政管理的制度化，重视现代化的行政管理技术，甚至不遗余力地投资建设了现代化的行政管理设施。但是，没有行政文化的现代化，行政管理现代化同样不可能顺利实现。

当我们在治理现代化进程中来审视行政文化时，就会发现，行政文化成为治理现代化的重要构成因素。治理现代化不仅是治理工具的现代化，也不仅是治理体系的现代化，更重要的是治理能力的现代化。也就是说，当我们强调治理现代化时，不管是治理工具的现代化，还是治理体系的现代化，其最终目的都体现为治理能力的现代化。在这个意义上，无论是治理工具还是治理体系，都成为一种手段，都是为治理能力的现代化而服务的。如果我们所做的一切努力与改善，不能落实为治理主体治理能力的提升与现代化，那么治理现代化也就成为一句空话。而治理能力的现代化，离不开行政文化的现代化，行政文化构成了治理能力的灵魂。

这样的话，行政文化建设就成为治理现代化的必然要求。当我们强调治理现代化，尤其是国家治理现代化时，也就意味着必须有与之相应的现代化的行政文化。然而，行政文化却有意无意地被人们忽视了，至少组织意义上的行政文化没有得到应有的重视。我们知道，企业有企业文化的话，很多人也非常重视企业文化建设。但一提到行政文化，尤其是作为组织意义上的行政文化，不少人却不屑一顾。其言外之意不外是，行政组织是一个命令—执行的体系，是一个强调纪律与服从的组织体系，是不需要什么行政文化的，如果硬要说公共行政有文化的话，那么，行政文化就意味着纪律与服从。甚至有人把行政文化认定为官僚制组织中所盛行官场文化。显然，这是对行政文化的简单化理解，甚至是非常浅薄的理解。当我们今天强调治理现代化时，尤其是当我们强调治理能力的现代化时，如果还是对行政文化持一种忽视的态度，那只能意味着我们还没有完整准确地理解国家治理体系现代化的科学内涵。在某种意义上，我们甚至可以说，没有行政文化的现代化，就没有国家治理体系的现代化，也就没有治理能力的现代化。文化的影响虽然是潜移默化的，但却是实现国家治理体系现代化和治理能力现代化必不可少的。

由此，行政文化就成为国家治理体系现代化的重要组成部分，成为衡量治理现代化的重要指标。我们可以设定各种指标体系来说明治理体系以及治理能力的现代化达到何种程度，但是，如果没有相应的现代化的行政文化，治理体系与治理能力的现代化也是不完整的。那么，是否可以也按照这个思路，即设定一系列指标，来说明什么样的行政文化就是现代化的行政文化，什么样的行政文化就是与国家治理体系现代化相适应的行政文化？直觉告诉我们，这样的思路无助于完整地理解行政文化，至少，对行政文化的支离破碎的理解无法达到对行政文化的完整把握。因为，治理现代化最终体现为治理者的治理能力现代化，体现为治理者对社会公共事务的有效治理。这种效果显然是一种整体性的效果，不可能把治理效果分割成几种指标来进行说明。这也就是说，我们今天重视国家治理体系与治理能力建设，不是为治理而治理，而是为如何有效进行社会公共事务的治理而谈治理。这就意味着，行政文化本身也成为国家治理体系和治理能力现代化的重要构成要素。而当我们建成现代化的国家治理体系时，也就意味着行政文化成为治理现代化的重要指标，成为治理现代化的体现。国家治理体系的现代化程度如何，行政文化成为非常重要的衡量指标，我们不能指望后工业社会的治理体系还沿用农业社会的行政文化。这也就是说，行政文化建设的效果最终会通过治理主体的治理能力体现出来。

二、行政精神：行政文化的核心

行政文化是个庞大的主题。从宏观的角度来看，行政道德、行政伦理、行政思想、行政理论等都可以在行政文化这个框架下来思考。如果我们在宽泛的意义上来理解文化，那么道德伦理、思想理论等都可以纳入到文化的范畴中。这也就是说，道德伦理、思想理论等可以看作是文化的物化形式，是理论化、系统化的文化产物，是客观存在的观念性的存在物。如此说来，每一个时代，甚至每一种政府类型下都有异常丰富的行政文化形式需要我们去挖掘、去整理。从这个意义上，工业社会丰富的行政文化形式中所包含的文化遗产需要我们去整理。当我们试图去建构后工业社会的行政文化时，我们也不能不从工业社会的伦理道德、思想理论这些丰富多彩的文化形式中去思考其具体存在样式。

其实，对行政文化的理解还可以从另外一个角度，即从行政管理者角度来思考。从这个角度思考行政文化的演进时，我们发现，行政经验、行政传统、行政习惯、行政理性、行政精神、行政文化等呈现出一个比较清晰的发展轮廓。这也就是说，如果我们要从学理上深入探索行政文化的演进逻辑的话，那么，就必须从理论上回答诸如行政经验、行政传统、行政理性等之间的关系，它们之间如何演化，如何呈现出一种逻辑上的联系？从理论上解释，或者从理论上进行合理解释，显然是一项非常宏大的任务。

这就是说，无论是从宏观的角度，还是从行政管理者的视野，行政文化的范围都非常宏大。如果对这些方面都有所涉及，面面俱到，看起来显得很全面，但似乎失之平淡，也失之浅薄。显然，对行政文化的理解，不能停留在表面化、现象化的层面上，而必须在现象的基础上去把握其实质，即深入把握行政文化中最具有实质性的内容，去揭示行政文化的演进规律。当我们把伦理道德、思想理论、经验传统等理解为物化的外在形式时，理解为文化的存在形式时，我们就必须进一步思考在这些形式的背后是什么构成文化的核心内容。当格里芬说文化的核心是精神时，其观点为我们提供了一种思路，那就是把精神作为理解文化的切入点。同样，我们可以从行政精神的角度去理解整个行政文化。事实上，行政精神可以充当理解整个行政文化的一个核心概念，甚至我们可以从行政精神入手去把握整个行政文化。

如果沿着这样的方向去思考行政精神，我们发现，一方面，行政文化本身的层次性，使得我们在把握行政文化与行政精神的关系时，难以准确把握二者的实质；另一方面，如果我们沿着传统的关于文化的理解，即把文化分为信仰、规范及行为三个层次来理解的话，或者我们更进一步，把文化意义上的信仰、规范及行为三个层次进一步简化为社会秩序和心灵秩序两个方面的话，那么，作为心灵意义的行政精神在整个行政文化体系当中发挥什么作用呢？行政精神并非单纯物化的存在，而是一种观念性存在，是以活的灵魂在人们的管理实践中发挥作用。而这种观念性的存在正是通过人们在行政管理实践中所获得的经验累积而成。行政精神当然会以行政习惯、行政传统等方式存在，但这些物化的形式所包含的内容却并非可有可无。这即是说，这些物化的形式里所浮现的乃是行政精神。从这个意义上说，行政精神是人们世代相传的有关管理经验的产物，当它以行政传统、行政习惯等形式存在时，就以制度化的形态展现自己。这样看来，在整个行政文化体系中，行政精神发挥着类似于灵魂的作用，它构成整个行政文化的核心。这也就是说，行政精神虽然是行政文化的一部分，但并非与行政文化的其他部分并列，而是居于整个行政文化的核心地位，对其他行政文化因素发挥着导向性的作用。

三、行政精神：主观存在的客观精神

行政精神如何把握？从客观的立场考察，我们会发现，行政精神是实存的。也就是说，不管我们持何种立场，当我们来到一个社会系统中时，既有的行政精神是作为我们生活与工作的“背景性框架”而对我们发挥作用的。不管人们愿意不愿意，这种意义上的行政精神始终是存在的，也不管它自身的合理性程度如何，这种行政精神首先是作为客观实在性而先于个体存在。作为实存的行政精神并不意味着自身是完全合理的。现存的并非都是合理的。客观实在性只是说明行政精神是存在的。但这种实存并非一种任意。这也就是说，作为实存的行政精神是具有客观规定性，这种规定性首先来自于社会的规定。一定的行政精神是建立在一定的社会关系以及行政关系的基础上的。如果说社会关系及行政关系是客观化的，那么在此基础上所形成的相应的行政精神也是客观的。与农业社会、工业社会以及后工业社会相应的等级关系、交换关系及服务关系决定了与之相应的统治行政、管理行政以及服务行政，进而形成了相应的经验化的行政精神、理性化的行政精神与超理性的行政精神。作为客观精神的行政精神是在稳定的社会结构下所形成的占主导地位的社会关系的客观要求，是行政组织内的氛围、要求，这种氛围、要求是客观存在的，是在既有的历史变迁中逐渐形成的。这种客观化的行政精神通过制度、思想、规则等物化的形式表现出来。对于既定的行政组织及其内部行政人员来说，这种稳定的行政精神就是他们行为的背景性框架，是他们行动的选择性背景。

黑格尔曾说过，精神以观念的形式存在。这也就是说，精神离不开人的意识，在某种意义上具有主观性特征。行政精神所表达的是在一个稳定的社会结构下政府及行政管理者所形成的具有稳定性、长期性，且相对固定的规则、意识、要求等。从发生学的意义上来看，在长期的行政管理实践中，人们形成关于行政管理的认识，这些认识以习惯、传统、风俗、文化、思想、理论等形式存在。这些观念性的东西在形成并持续发展的过程中进一步升华凝聚为精神。在这个意义上，行政精神更具有长期性，它必须在这些已有的观念性形式的基础上进一步提炼、升华，因而也就比它们更深刻、更精炼。无论是行政主体，还是行政客体，当以精神的形式去把握它们时，它们就是观念性的、主观性的。也正因为如此，黑格尔才说："精神则表明自己是达到了其自为存在的理念，这个理念的客体和主体都是概念。"①

行政精神一旦形成，就会显示自己。黑格尔认为："精神在这个他物里并不消失，反倒是在这个他物里保持着自己和实现着自己，把自己的内在本质在他物里明显地显示出来，使他物成为一个与它相符合的定在。"② 行政精神要显示自己，就意味着行政精神并非是僵死的、一成不变的，而是作为活的灵魂而存在。这也就是说，行政精神会以能动的方式作用于行政管理活动。但是，我们非常清楚，由于精神是一种观念性存在，这种观念性东西如何作用于实践？肯定只能是以观念的方式，即通过意识等形式反作用于人的活动，反作用于行政管理主体，对行政管理实践产生能动的影响。就此而言，行政精神的作用形式也是观念性的。

不仅如此，行政精神的存在方式也顽强地表现出无定形的特点。精神虽然是客观实在的，但其存在形式具有主观性，这就意味着我们无法以实体的形式为行政精神划出一个相对固定的领域和存在范围。行政精神无所在又无所不在。无所在意味着行政精神没有固定的处所，不能把行政精神理解为实体性的东西，它也不可能通过实体的方式展

① 〔德〕黑格尔：《精神哲学》，杨祖陶译，北京：人民出版社 2006 年版，第 10 页。
② 〔德〕黑格尔：《精神哲学》，杨祖陶译，第 22 页。

现自己；无所不在意味着行政精神本身通过他物呈现自己，它没有固定的形式，它必须通过他物来展现自身。这恰恰构成了其作为观念性存在的鲜明特征。这就是说，凡是行政管理活动存在的地方，都有行政精神存在的空间，甚至行政管理活动的环境在某种意义上也构成了行政精神存在与发挥影响的背景。

即使在以物化形式存在的行政传统、行政习惯、行政思想、行政理论、行政伦理等背后，也依然有行政精神的影子。或者说，这些行政传统、理论、思想等只不过是行政精神的物化形式。行政精神以这些物化的形式呈现自己，以这些丰富多彩的方式显示自己，但行政精神自身又不能归结为这些形式。而行政传统、行政理论、行政伦理等形式则不断丰富、发展、深化行政精神。行政传统、理论、习惯、伦理等如果仅仅是作为物的东西展示给他人，那也就只能说明它们已经是“已死的精神”，就如同博物馆中的展品一样。在这个意义上，行政精神构成行政文化的灵魂，是整个行政文化的核心。

四、行政精神的共时性建构

如果从一种客观的角度考察，我们会发现，人类正在面临着一场深刻的社会转型，这就是从工业社会向后工业社会的转变。在某种意义上，我们已经处在后工业社会当中。后工业社会充满着风险。风险意味着一种不确定性，这种不确定性不同于那种令人恐惧的、可能给人的生活和前景带来巨大破坏的灾难。如果说人们在灾难面前还可以通过团结、集体的力量来共同应对的话，那么，后工业社会中的社会风险则意味着人们无法有效应对，因为没有人能够准确预计社会风险在什么地方、什么时间以什么样的方式发生。后工业社会同时还意味着高度复杂性。后工业社会中不仅社会公共事务日益复杂化，而且公共事务之间相互交织、相互影响，从而进一步加剧了社会问题的复杂性。复杂性意味着我们不能简单根据线性因果关系来思考社会中的公共事件与公共事务，意味着不能用按照确定性与线性因果关系确立起来的管理行政来处理后工业社会面临的公共问题。这就是说，后工业社会在开辟自己道路的进程中历史性地提出了行政管理模式转变的问题。

这就是说，后工业社会的高度不确定性和高度复杂性使得建立在工具理性基础上的管理行政走到了尽头，后工业社会呼唤一种新的行政管理范式，这种全新的政府行政类型也要求与自己相应的行政精神。在这个意义上，我们说，中国社会与西方社会一样，在面向后工业社会的发展进程中，都面临着建构一个全新的政府行政类型的问题，因而也都需要建构与这种全新的政府行政类型相适应的行政精神。如果说西方发达国家在走向后工业社会的进程中背负着工业社会的管理行政的巨大负担的话，那么中国社会恰恰相反，我们没有西方社会管理行政的负担，因而完全可以在面向未来的视野中，建构出全新的行政话语体系，进而也可以在这一过程中建构出全新的行政精神。

罗荣渠先生在谈到中国的现代化时，认为中国社会的现代化是一种外源性现代化。这种现代化意味着我们再也无法像西方发达社会那样走出一条自然演化的现代化之路。中国社会的现代化始终面临着来自外部的压力。今天这种现代化的压力既有西方发达国家给我们造成的压力，也有人类在走向新的社会文明中必须共同面对的问题的压力。因而，我们认为，在治理现代化进程中，我们面临的问题是历时性问题的共时性呈现，即西方社会在长达几个世纪的自然演进中逐渐敞现的问题在我们国家同时出现，我们既需要面对悠久的历史传统，也需要培植工业社会所要求的科学精神，同时，我们还不得不面对后工业社会、后信息化社会所带来的挑战。

当我们今天强调国家治理体系及治理能力的现代化时，首先必须承认我们所背负的历史负担。对中国社会来说，我们有着悠久专制传统，有着关于权术的运用以及权谋的丰富思考与实践，有着关于统治的丰富经验。这种经验性的行政精神有值得肯定的地方，是我们应当继承的思想资源。但对于工业社会所要求的科学精神而言，经验性的行政精神却是一种阻碍性因素。改革开放以来，我国的行政管理实践的科学性获得了极大提高，在行政组织设置、行政行为的科学化方面所取得的进步是有目共睹的。然而，工业社会所积淀下来的工具理性，以及在工具理性基础上所创制出来的一系列制度化建置，包括关于行政管理的科学化、法治化、制度化这样的历史任务，我们还远未完成。这就是说，我们是背负着沉重的历史负担走进工业社会乃至跨入后工业社会的，我们首先要面对的任务恐怕还是如何完成行政管理的科学建构，即如何使行政管理在组织上成为一种科学建制，并在此基础上形成相应的科学精神。与此同时，我们又面临着后工业社会的压力，甚至在某种程度上，后工业社会的高度不确定性与高度复杂性是我们不得不面对的现实。当我们正准备迈进后工业社会时，我们突然发现，我们又不得不面对后信息化社会来临的挑战。

既然如此，那么，我们迫切需要的就是如何把握后工业社会的特点，在此基础上建构起与之适应的政府类型。但是，我们非常清楚，我们工业化的历史任务还没有完成，现在又面临着后工业社会的挑战。西方社会的历时性任务，对于中国这样的晚发民族国家而言，变成共时性存在。也就是说，我们既面临着工业化的任务，又面临着后工业社会的压力。这就需要我们能够超越中国视野的局限性，具有宽广的全球化视野，能够敏锐地捕捉后工业社会的特征，把握后工业社会治理中所面对的普遍性问题，进而提出并深入探索后工业社会所需要的治理模式、治理体系。在此基础上，把这种全新的社会治理模式运用于社会治理、行政管理实践中，适应社会的客观需要，在丰富多彩的行政管理实践中逐渐生成新的行政精神。这意味着对中国社会来说，这种新的行政精神是一个建构的过程，是需要中国社会的理论研究者与行政管理者共同努力去推动，也需要我们具有清醒的意识与自觉的使命担当，在迈向全球化的进程中，以充满想象力的态度书写出全新的行政精神。

第一章
公共行政的双螺旋结构：一个解释框架

我们正处在后工业社会的门槛上，其未来发展的前景还没有完全呈现出来。这样的历史机遇，为我们进行理论建构提供了丰富的想象空间。这意味着我们完全可以在公共行政既有历史的基础上，在行政理论已有思想资源的基础上，根据其所敞开的可能性空间，基于未来的可能性进行理论建构。

第一节　公共行政的两面

公共行政具有两面性。公共行政的历史发展已经向我们展示出了这种特质。无论是技术化的行政还是价值化的行政，在解释公共行政的实践时，都顾此失彼，无法完整地描绘出公共行政的图景。这就需要我们从技术与价值的统一中来把握公共行政。只不过，已有的历史发展是自发的、不自觉的。对公共行政的理解需要在历史已经提供的可能性基础上，自觉地进行理论建构。

一、演进与建构

哈耶克曾提出“演进的秩序”与“建构的秩序”两个概念。所谓“演进的秩序”，又称为“自生自发的秩序”，也就是由某一社会系统内部自然生长起来的秩序，它类似于达尔文的自然选择那样，是由社会内部成长起来的因子所构成的，并在某一社会通过其内部各因子的互相作用而逐渐发展起来。所谓“建构的秩序”，是指基于人们的理性而创设的社会秩序，这种秩序是人类理性的产物，它建立在完全理性的基础上，只有假定理性的全知全能，才能建立起一个完全符合人们意图的社会秩序。正如哈耶克所说，建构的秩序相信人类理性全知全能，因而在实践中往往走向意志论。完全理性的秩序夸大了理性在社会生活中的作用。①

哈耶克关于秩序的二分法思想具有启发性意义。如果从演进与建构的视角去思考公共行政，我们就会发现其中呈现出哈耶克所说的演进与建构的历史图景。一方面，从古典公共行政到行为主义理论，从新公共行政到新公共管理，从新公共服务再到后新公共管理，其中所呈现出来的恰恰是公共行政理论与实践自然演进的历史，然而这些理论同时又是理论家们进行建构的历史，它们体现着理论家们对他们那个时代的公共行政所面临的困境的探索。另一方面，公共行政的历史图景中所呈现出来的却又是对公共行政的碎片化理解。无论哪一种理论，都只抓住公共行政的一个侧面进行建构，因而其对公共行政的理解注定是支离破碎的。

从公共行政的理论演进来看，威尔逊与古德诺的“政治与行政二分”为公共行政从政治中独立出来奠定了政治基础，而泰勒的科学管理则为公共行政的技术化提供了理论支撑，韦伯的官僚制理论则为科学化、技术化行政提供了相应的组织形式。正是在此基础上，现代意义上的公共行政开始确立。不过，沿着这条路径导致的却是对公共行政进行的科学化、技术化探索。古利克、厄威克等人从公共行政的内部结构、职能分工、管理幅度、管理层次等方面来探索如何有效地通过内部结构、管理方式的优化来提高公共行政的效率。他们把公共行政看成是纯技术化的，因而可以在完善组织结构等方面进行持续不断地努力。此后，受行为主义影响，西蒙的有限理性模式使公共行政作

① 〔英〕弗里德利希·冯·哈耶克：《法律、立法与自由》（第一卷），邓正来等译，北京：中国大百科全书出版社 2000 年版，具体可参见第一、二章。

为一门科学得以成立，不过它所付出的代价却是公共行政祛除了价值的影响，完全走向了技术化的路线，醉心于模型的构建与最优方案的选择，从而把公共行政技术化的一面发挥到了极致。新公共管理以提高效率为旗帜，试图通过引进市场竞争的方式从外部来改变行政实践的低效，使公共管理者拥有企业家精神。但是我们看到，其所坚持的仍然是技术化的路线。

新公共行政看到了古典公共行政忽视价值性的弊端，把价值考量引入到公共行政中来，这一理论成果集中体现在明诺布鲁克会议当中，体现在弗雷德里克森、库珀等人的理论努力当中，其核心就在于认为价值是公共行政的灵魂。对公共行政的技术化、工具化理解不仅在理论上是不适当的，而且在实践上也是有害的。正因为行政管理实践中出现的种种问题，才引发了对古典公共行政的反思，才有了新公共行政理论运动的努力。同样，新公共服务理论也是针对新公共管理理论中的不足，即新公共管理所面临的直接环境就是如何提高政府的工作效率，因此，它在强调提高政府行政效率的同时，却忘记了行政管理的公共性，因为当引入市场竞争时，当允许以营利为目的的企业进入公共领域时，当政府官员必须具有企业家精神时，政府本身的公共性要求会在可有可无当中被忽略掉。正因为如此，新公共服务理论鲜明地指出，公共行政的本质就在于服务。

我们看到，公共行政的理论演进呈现出两条线索：一条是技术化的路线，一条是价值化的理解。只不过这两条线索在已有的理论致思中是互相分离的。古典公共行政、行为主义、新公共管理大体上代表了对公共行政技术化的理解，而新公共行政、新公共服务理论则代表了公共行政的价值化立场。无论是技术化的思考，还是价值化的追求，都抓住了公共行政的一面，都表达了自己对公共行政的本质的理解，都有自己的合理性。但是，这种各执一面的理解都有自己的片面性，都在解释自身合理性的同时对对方的立场视而不见。

哈耶克在谈到演进秩序与建构秩序时，只是针对当时如日中天的完全理性化思维，他把批判的目标指向了笛卡尔所说的那种完全理性化追求。但这并不意味着哈耶克就完全反对理性，相反，他认为，理性建构在人类社会中有其存在的必要性。“就我们所熟悉的这种社会而言，在人们所实际遵循的规则中，只有一部分是刻意设计的产物，如一部分法律规则，而大多数道德规则和习俗却是自生自发的产物。”①

我们认为，哈耶克的判断并不完全准确。他所致力于批判的是他所生活的那个时代占主导地位的理性化思维，尤其是以计划经济为代表的完全理性化努力，他认为这不啻“通往奴役之路”。哈耶克所从事的是一种对以往生活的反思，他是向后考虑的。自生自发的演进秩序并不意味着社会历史完全是自然而然的，并不意味着人们在自然与社会历史面前完全无能为力。我们知道，只有那些具有生命力的因子在历史的流变中才能保存下来。自然演进意味着只有那些具有历史必然性的事物才能流传下来，但它并不拒绝自觉的建构，相反，建构与演进是统一的，这种统一就在于建构是对那些具有历史必然性的东西进行自觉选择，从而在历史中呈现出自然演进的样式。但如果用哈耶克的理论来考察后工业社会，其不足就体现出来了。一方面后工业社会是一个正在进行的状态，另一方面，后工业社会是一个开放的社会，充满了不确定性。这种由人为技术所引发的不确定性或社会风险谁也难以预测，正是在这个意义上，哈耶克的建构论思想就体现出其现实意义。因为是开放性社会，因为这种开放性还处于发展当中，其特点还未完全呈现出来，这就为理论建构提供了丰富的想象空间，我们完全可以在此基础上进行前瞻性的建构。

其实，公共行政本身的历史也已经向我们呈现出了未来公共行

① 〔英〕弗里德利希·冯·哈耶克：《法律、立法与自由》（第一卷），邓正来等译，第67页。

政的可能图景。如前所述，以往的理论往往把公共行政的技术性与价值性割裂开来，使公共行政技术性的一面得到片面发展，并在其发展中体现出技术化行政的病态来，而新公共行政、新公共服务等理论虽然抓住了价值性的一面，但却没有完全抽离出价值的内在规律性，最后使公共行政的价值表达沦为空洞的口号。这就需要我们在后工业社会背景下，在历史上关于公共行政的碎片化理解为我们提供的丰富思想资源的基础上，对公共行政的未来样态进行建构。后工业社会的出现及其所敞开的可能性，使我们可以进行自觉的建构，这种建构表达着我们对公共行政未来可能图景的一种理解，但并非注定是唯一的理解。

二、公共行政的技术性

启蒙运动以降，在理性化力量的推动下，工业社会日益走向理性化。公共行政也不例外，公共行政的科学化追求就是明证。公共行政能够成为科学，其基础就在于把行政管理当作一种技术化的东西。当我们把公共行政的落脚点放到管理时，造就的恰恰是技术化的行政。事实上，在工具理性的分析性思维的支配下，科学之所以能配称为科学，就在于可以数量化。管理学就是按照这样的逻辑发展起来的。当公共行政试图为获得这种科学地位而努力时，它首先从管理学那里寻找自己的安身之地。而当行政管理成为科学，并且为成为纯粹的科学而不断努力时，它就是在技术的意义上得到理解的。

纯粹的科学所面对的是一个受因果规律支配的世界，它在事物中寻求因果关系的规律。这样，当行政管理按照因果律来建构自己的知识体系时，首先遇到的问题是行政管理能否像自然科学的精确性要求的那样，表现出自己的规律性？这里的关键就在于作为管理的公共行政能否在技术的意义上得到理解，并寻找自己的内在规律？现代公共行政理论给出了肯定的回答，在这里，行政管理是一种管理技术，一种不断追求精致化的管理技术。那么，如何理解作为技术的公共行政？

首先，公共行政本身具有内在的规律性。作为对国家和社会公共事务的管理，公共行政自身就是一个科学的管理活动过程，它追求的是科学行政、理性化行政。就一般公共管理而言，有计划、决策、执行、监督等过程，这些过程无疑具有科学属性，古利克曾总结了管理的七个职能，即“计划、组织、人员、领导、协调、报告、预算”，这些不同的职能有些本身是科学性很强的活动。这样，私人管理中的一些科学方法就可以为公共行政借鉴，二者具有一定的共通性。在工业社会背景下，随着社会分工而来的是人们在知识上的分工。行政人员以其所掌握的专门知识对公共事务进行管理，科学性是必然要求。这意味着公共行政本身有其内在的运行逻辑，行政过程有其规律，这种规律是客观的，不依人的意志为转移，人们在行政管理过程中，应当尊重科学规律，而不能违背公共行政自身的规律。

其次，公共行政的科学性还表现在行政过程中。以行政决策来说，工业社会公共事务日益复杂，已经使决策从原来的经验决策转变为科学决策。自工业革命以来，科学技术日益迅速地转变为直接的生产力，科技所蕴含的社会功能逐渐为人们所认识，并且由于科学技术的推动，人们改造自然以满足自己的物质需求获得了巨大成功，由此，在科学力量推动下所产生的工具理性对人们产生深远的影响，科学理性日益渗透到人们生活的各个领域，宰制人们生活的各个方面，成为人们生活的核心甚至是唯一价值。受科学理性的影响，公共行政也走向理性化、科学化，它要求行政决策活动符合科学理性原则，要求目标的选择、方案的设计、备选方案的抉择以及对最后方案的评估都要有科学的依据和评价指标，按照事物本身的规律以及行政决策本身的规律来进行决策，在这里首先要遵循的就是科学性原则，过去那种靠领导者个人智慧所进行的经验决策逐渐被以科学技术为手段的科学决策所取代。

再次，行政组织、行政功能设置、行政体制安排具有科学性的一面。现代社会，随着社会自身的日益复杂，社会公共事务的增加，对社会公共事务进行管理的组织扩大了，这就带来了行政组织的内部结构、行政组织的功能划分、行政体制安排等问题。甚至行政改革中的机构撤并也成为组织科学问题，即把复杂的行政改革转化为组织技术问题。这意味着行政组织的具体制度安排具有技术性的一面，它没有中西、价值之争。也正因为如此，才有不同国家、不同组织之间组织管理技术的相互借鉴。

最后，公共行政的科学性还意味行政管理对象具有科学性的一面。康德曾经说过，唯一使他感到畏惧的是头顶的星空和心中的道德律。这种畏惧并非他真的感到恐惧，而是为自然与人类社会本身所具有的客观法则所折服。社会本身由于人的参与，使这种规律性比自然界更复杂、更隐晦。但这种复杂性不能作为否认社会规律性的理由。对社会公共事务的管理同样也要按照事物本身的规律来进行，它遵循的是科学的逻辑，要求我们在行政管理过程中必须尊重行政管理对象自身的规律性。比如说，大型基础设施的建设、公共交通的规划等，在地址选择、运作方式等方面都需要有本真的了解，这种了解恰恰是建立在对其内在规律、客观性的准确把握基础上的。

三、公共行政的价值性

除了技术性，公共行政还有价值性的一面。行政管理是否具有价值？如何从学理上回答行政与价值的内在关联？传统行政理论持政治与行政二分的观点，认为行政是价值中立的，行政是一种科学性的事务，它适应对行政客观化、普遍化和科学化的要求，按照形式合理性原则发展起了行政科学。然而，长期以来，人们存在一种误解，把行政价值中立等同于政治中立，即要求行政人独立于党派利益，但政治中立并不能否定公共行政本身的价值性。

价值是公共行政的灵魂。公共行政的理论并非传统理论那样仅仅是科学或者管理问题。沃尔多曾说过，那种一方面把政府政治和政策制定过程作为价值表达，另一方面把行政作为单纯科学的和价值中立的政策执行的做法，是失败的。无论任何人，欲研究行政问题，皆要涉及价值之研究；任何从事行政实务的人，他实际上都在进行价值的分配。[①]行政不仅是一种事实性活动，更是一种价值性活动。否认行政具有价值性的人认为，行政人从不把个人价值掺入到促进公共组织目标实现的过程当中，他们只是实现这些目标的可靠工具。换言之，行政人在实现公共管理组织目标过程中，没有自己独立的价值判断，这使得他们得以免除对其所作决定的后果应当负有的责任。威尔逊—韦伯范式把公共行政仅仅看作一个执行性过程，使得人们长期以来对政治—行政二分存在一种误读，即政治中立等于价值中立。事实上，政治中立并不能否定行政自身的价值。此外，否认行政具有价值性的人还认为，许多公共政策和行政行为都是由很多行政人员共同做出的，因而在实践中很难确定谁到底应该负多少责任，这就引发了公共行政有组织的不负责任。这种无责任性是现代社会无法彻底根除的。在这种情况下，寻找道德的机构、找出谁应当对政策或决定负有道德责任变得和评估政策或决定本身的道德性一样困难。[②]事实上，上述说法并不能否认行政自身的价值性。与私人管理不同，公共行政本身要实现一定的价值，比如秩序、安全、效率及正义等价值。现代社会行政管理的本质就体现在其公共性上，而所谓公共性在某种程度上就是美国前总统林肯所说的“民有、民治、民享”。因为行政人所做出的决策

① 〔美〕乔治·弗雷德里克森：《公共行政的精神》，张成福等译，北京：中国人民大学出版社 2003 年版，第 142 页。

② Peter Madsen and Jay M. Shafritz(eds.), *Essentials of Government Ethics*, New York: Penguin Books USA Inc., 1992，p.43.

要对所有公民产生直接或间接的影响，因而，一个人民的政府要求行政人在做出决策时至少要考虑绝大多数人的利益。

公共行政的价值性具体体现在行政决策和执行两个方面。首先，行政决策不光是在掌握各种事实基础上的判断，更是在不同价值之间的抉择。美国著名管理学家西蒙指出："决策不仅包括事实命题。当然，就其有关事物未来状态的说明而言，决策是描述性的……决策还有某种规范性——它们都是选定一种未来状态作为最佳者，并让行为直接指向选好的方案。简言之，决策既有事实成分，又有伦理成分。"[①] 罗伯特·达尔也认为公共行政决策是一种价值性的决策。他说："我们对政府政策意图达到的目的（比如正义、公平、公正、幸福、健康、安全、福利、平等等）进行决定的时候，是在作伦理的判断。"[②] 行政决策所针对的往往是影响全社会的公共性事务，对社会所有成员几乎都会产生影响，因之，在决策过程中不能不对各种价值进行平衡。正如西方当代一位行政伦理学家指出的，"公共行政艺术之本质在于了解如何平衡不同责任以及如何做出满足各利益主体的决策。这些利益主体有自己的合法要求"[③]。价值的多元性是工业社会的一个基本特性，多元价值意味着存在冲突的可能，而且也确实存在着冲突，这样，行政决策所面临的最大困境就是如何在这些相互冲突然而却又都是合理的价值之间进行平衡。有人指出，公共行政组织中的行政人在决策时可能会面临着个人道德、职业伦理、组织伦理与社会伦理所给予他的责任与压力[④]，行政人所面临的价值选择在很多情况下并不是在所谓的存在剧烈对抗的善与恶之间的抉择，而是在此善与彼

---

① 〔美〕赫伯特·西蒙：《管理行为》，杨砾等译，北京：北京经济学院出版社 1988 年版，第 45 页。

② 〔美〕罗伯特·达尔：《论民主》，李柏光等译，北京：商务印书馆 1999 年版，第 79 页。

③ Peter Madsen and Jay M. Shafritz(eds.), *Essentials of Government Ethics*, p. 12.

④ Peter Madsen and Jay M. Shafritz(eds.), *Essentials of Government Ethics*, pp. 12-13.

善、强善与弱善之间的选择，这就是有人所说的“道德选择困境”，即如何在真实体现出道德原则然而却是相互冲突的价值取向之间进行选择。行政人员当然存在也必然面临着“较小恶的选择困境”。行政人员经常会被要求在一系列具有恶的道德价值后果中选择其中恶最小的一个并且加以执行。

其次，行政执行中也具有价值性。公共行政的执行过程并非人们所想象的那样，如同工业自动生产线一样，仅仅是被动地把已经做出的决策、行政原则应用于具体场景中就万事大吉。西蒙认为管理是一个连续决策的过程，下级对上级决策的执行可以视为在此基础上的决策，而这一决策又成为其下级的决策目标，以此类推。在一个复杂组织中连续做出的决策是一个有机系统。在这个系统中，决策是特定的，目的在于根据多重目标和约束来寻找可行或满意的行动方案，而且在这个系统中，每个组织部门做出的决策都会成为其他部门做出决策的目标或约束。行政人在执行过程中也面临多种价值选择。决策设定了目标，目标的实现程度往往取决于行政人员对决策、原则和规则的理解程度，对具体场景、具体事件的了解、把握情况以及在此基础上如何把规则恰当地应用于具体场景。显然，这中间不仅仅是一个科学的处理过程，更是一个价值选择的过程。

人们之所以认为行政与价值无涉，一个很重要的原因就在于受政治与行政二分观点的影响。政治与行政二分把政治当作价值领域，行政则完全是事务性领域，这样，行政仅仅是对政治命令不折不扣地执行，从而把政治中立等同于价值中立，在行政与价值之间划了一道不可逾越的鸿沟。实际上，政治与行政之间的区分是相对的。政治与行政二分有其特定的历史语境。威尔逊、古德诺等人所面临的政治现实是当时美国社会中普遍存在的政党分肥制。随着政党选举的定期进行，一大批官员与政党共进退，这往往使政府陷入瘫痪状态，政府工作低效，责任不清，公共政策缺乏连贯性，政策无法得到有效地执行。在这种背景下，建立一个政治中立、不受政党政治影响的行政管理组织势在必行。但在美国新公共行政代表人物之一弗雷德里克森看来，行政人员的价值与政治家的价值并非一回事，威尔逊、古德诺等人所说的行政人员的价值中立是人们对它的一种误解，这种中立只是一种政治中立，即要求行政人员不参与到政治活动中去，不参加政党政治。显然，政治中立不等于价值中立，公共行政的价值有政治中立、专业化、建立在效率和经济基础上的决策的公正性。但这并不意味着政治与行政之间存在着不可逾越的鸿沟。从公共生活的实际情况来看，政治与行政存在一种相互依存、相互影响的关系。

在韦伯看来，作为政治与行政二分的重要基础的现代官僚制是价值中立的，然而，事实上官僚机构无法做到价值中立。官僚机构不能完全消除利用公职获取“超额利益和报酬”的问题，裙带关系是官僚机构的特征；官僚组织中的人员安排并非时时处处根据普遍有效的职务标准进行的，在人事安排中时常存在政党分肥、游说等；官僚机构的领导人力求把公共职位当作自己的私有财产来占有，通过增加部门和职位，为受他们保护的人提供成功的机会等来增加自己的优势。“官僚主义喜欢官僚，就像官僚喜欢官僚主义一样”；官僚机构的领导者还典型地通过自称掌握着知识和高级机密，通过隐瞒自己的计划和企图，力求增加他们的指挥权。官僚主义的行政管理倾向于变成秘密议会的管理。官僚主义的等级制是一种知识、信息和秘密联系的等级制度。官僚主义权力的最重要来源之一是它能把专门的和官方的知识变成官方的机密、秘密材料和专业知识。[①]

事实上，即使是威尔逊、古德诺等人也并没有绝对坚持政治与行政截然二分、不可通约。他们二人均强调在政治与行政之间存在某种

---

① 〔英〕约翰·基恩：《公共生活与晚期资本主义》，马音等译，北京：社会科学文献出版社 1992 年版，第 74—75 页。

关联。威尔逊认为，“行政管理作为政治生活的一个组成部分”，“它与政治智慧所派生的经久不衰的原理以及政治进步所具有的永恒真理是直接相关联的”。[①] 古德诺虽然强调政治与行政的二分，但他也意识到政治与行政二者之间的协调问题。他说：“实际政治的需要却要求国家意志的表达与执行之间的协调一致。”他进一步指出，为求得二者之间的协调一致，就必须使二者之一失去其独立性，或者行政从属于政治，或者政治从属于行政，必须有一个处于最高权力地位。古德诺认为人民的政府要求“执行机构必须服从表达机构”[②]。政治与行政二分事实上的不可能，意味着公共行政不能免除价值负担，不能不承载着价值，这种价值负担不是由外部力量强加于公共行政，而是公共行政自身所具有的。

价值性意味着不能把公共行政看作是完全技术化的，公共行政并不能完全祛除价值负担。然而，我们需要继续追问的是，如何理解行政管理的价值性？其价值性是自身具有的，还是从外部获得的？正如我们在后面要详细论证的那样，一方面，公共行政的价值性不能完全摆脱政治的影响，换句话说，政治所设定的价值在某种程度上构成了公共行政展开行动的“背景性框架”，这种基本价值是公共行政无法完全由自己决定的；另一方面，政治所设定的价值并不能否定公共行政自身所拥有的内在价值。如果说政治价值是外在的，那么公共行政自身的价值性就是内在的，是由公共行政自身相对于政治的独立性所具有的价值性。

四、双螺旋结构释义

公共行政的技术性与价值性之间是对立统一的关系。在历史已

---

① 彭和平等编译：《国外公共行政理论精选》，北京：中共中央党校出版社 1997 年版，第 14 页。

② 彭和平等编译：《国外公共行政理论精选》，第 31 页。

经呈现出来的种种可能性图景的基础上，我们提出公共行政的双螺旋结构。双螺旋结构模型是研究生命奥秘的科学家们在探索DNA的排列规律过程中所提出的一种解释模型。它指出构成生命的分子并非无序的，而是呈现出某种规律性。DNA并非一个单链的分子，而是双链缠绕在一起，每一股都呈螺旋状，而两条链彼此互相缠绕形成一个双螺旋。[①]DNA双螺旋结构模型引发了生命科学领域的革命，催生了对基因进行排序的热潮，产生了基因技术，从而导致了世界范围内对生命科学以及生物科学的深入持续研究。我们借用生命科学的双螺旋结构以解释公共行政技术性和价值性两者之间的关系及其作用机理。

对公共行政来说，技术性与价值性构成了公共行政的两极，这两极犹如双螺旋的两股，它们是平行的两股，这二者之间存在着矛盾，这种矛盾及其解决，交替影响公共行政，从而使公共行政本身的发展呈现出螺旋式上升的特征。换句话说，公共行政技术性与价值性之间的矛盾无法得到一劳永逸的解决，它们处于矛盾产生—矛盾解决—新的矛盾产生这样一个永无止境的过程，正是这样一个辩证的矛盾过程推动着公共行政的发展。如果从这一模型来考察以往公共行政的发展史，其中所存在的诸多困惑也就迎刃而解了。古典行政的技术化路线，由于忽视了对公共行政的价值性考量，因而在实践中受到人们持续不断的批评。作为对古典公共行政的反动，新公共行政鲜明地提出了公共行政价值性的一面，并深入论证公平正义是公共行政所坚守的核心价值。而新公共行政的失误之处同样也在于走向极端，不恰当地夸大了公共行政的价值性，没有看到或者说忽视了公共行政的技术性的一面，把古典公共行政中所蕴藏的合理性内核也一同抛弃了。新公共管

---

① 〔美〕弗里德、〔美〕黑德莫诺斯：《生物学》，田清涞等译，北京：科学出版社2002年版，第85—86页。

理又步其后尘，重新捡起泰勒的科学管理，引入市场竞争，呼唤管理者的企业家精神，企图以这样的方式来提高政府效率。问题在于，当政府如同企业一样，当政府官员如同企业家一样，有了营利的动机与意图后，它还能坚守公共性吗？这也就构成了新公共服务不遗余力地批判新公共管理的理由。从对公共行政发展史的简单回顾中，我们看到，学说之间的纷争，其实就是公共行政技术性与价值性之间的矛盾在理论上的反映。而如果从另一个视角来思考的话，我们不妨把诸学说相互竞争的历史看成是公共行政两极之间交替作用、螺旋上升、辩证发展的历史。

从双螺旋结构来看，技术性与价值性构成公共行政平行的两极，它们共同对公共行政发挥作用。它们相互影响、相互促进，共同推动公共行政理论与实践的进步。在这样一个历史进程中，两者之间矛盾的存在与解决呈现出相互缠绕、螺旋式上升过程。从一方面来看，在特定时期内，公共行政选择一定的价值，并通过相应的技术性安排来使特定价值得到实现或尽可能实现。而随着时间的推移，在价值与技术安排之间会存在不相适应的地方，这样，要么公共行政适应社会变化，选择新的价值作为自己在新时期的价值目标，而后通过制度变革、行政改革、体制变化等技术性手段，来适应新的行政价值要求；要么故步自封，自我封闭，这样导致的结果就是行政与社会之间的关系愈来愈紧张。从另一方面来看，公共行政理论的演进史也体现出技术与价值之间的矛盾运动，我们不妨把新公共行政看作是对古典行政的纠正，而新公共管理运动则又是对新公共行政的纠偏。新公共服务理论也同样如此。只不过，理论上的变化所表现出来的公共行政的双螺旋结构运动更曲折、更复杂。

公共行政的技术性与价值性之间存在着矛盾。休谟在《人性论》中公开宣称，自己在伦理学史上做出了一个重大发现，即在“是”与“应当”之间存在着不可逾越的鸿沟，从而引发了著名的“休谟难题”。自然科学主要寻求事物之间的因果关联，自然世界是由因果律所支配的世界。而伦理世界更多的是在寻求“应当”，这是一个应然的世界，休谟认为在实然与应然之间不可通约。同样，公共行政的两重性之间也存在着休谟所说的事实与价值之间的紧张。因为纯粹技术化的行政管理只能是一种工具，这就是古典公共行政所说的执行政策的工具，它很容易为强权所左右。纯粹价值化的行政管理同样也存在问题，价值体现为一种应当，尽管它事实上具有客观必然性，但这种应当如果没有相应的机制来予以实现，就只能是水中花、镜中月，这也是为什么新公共行政昙花一现的原因。

在我们看来，公共行政具有技术与价值的两重性，是技术性与价值性的统一，技术性与价值性统一于公共行政活动中。[①]这即是说，理解公共行政的二重性及其统一不是学院里的沉思，而必须从公共行政的实践活动中得到解释。就技术性一面来说，它所追求的是公共行政的科学化，当我们把公共行政当作对国家与社会公共事务的管理时，我们所遵循的是科学的、技术的逻辑，即寻求公共行政的科学化。就价值性的一面来说，公共行政不能完全成为政治权力手中的工具，正如弗雷德里克森所说，价值是公共行政的灵魂，价值性因素虽然不那么容易为人们感知，但却是理解公共行政的重要维度。

公共行政的二重性内在地说明了在公共行政的理论与实践中不可避免地要面临这两方面的困扰。同时，公共行政的二重性存在内在地要求二者的统一。但这二者如何统一？是技术统一于价值之中，还是价值性为技术性所遮蔽？行政管理的公共性内在地要求技术性统一于价值性之中。如前所述，价值是公共行政的灵魂，具有导向作用，它为公共行政指明了前进的方向。没有价值指引的行政管理往往是无头

① 〔美〕赫伯特·西蒙：《管理行为》，杨砾等译，北京：北京经济学院出版社 1988 年版，第 45 页。

脑的，只会成为强权手中的便利工具。正是在这个意义上，价值具有优先性，这种价值性内在地规定了公共行政服务的目标、方向等。在公共行政的价值确定之后，即确定了公共行政的服务目标之后，才能关注行政的技术性，即按照公共行政本身的规律性，按照行政对象、公共产品和公共服务的规律性来科学行政。这意味着公共行政的技术性一面要受到价值性的规约。

在实现二者统一的过程中，要防止走向两个极端。一个极端是以技术取代价值，从而否定公共行政的价值性一面。近代以来西方国家由于受工具理性思维的深刻影响，在公共行政理论与实践中所追求的恰恰是要实现行政管理的理性化、科学化、客观化，醉心于寻求所谓的行政管理规律，它所走的是一条科学化的路线。由于抽离了公共行政的灵魂，使得公共行政在实践中常常偏离了公共性本质，沦为政治强权的工具。

另一个极端则是强调公共行政自身的价值性而极力否定其技术性的一面，否认公共行政自身所具有的内在规律。这又有两种表现。其一把行政等同于统治，以为行政不过是统治者手中的便利工具，从而把政治价值强加于行政身上，把行政管理等同于统治者的权谋，否认公共行政自身的独立性，否认公共行政自身的规律性。这在农业社会统治行政当中表现得尤为明显。另一种则把行政价值等同于行政管理者的个人经验，将行政管理者个人的价值偏好等同于公共行政的价值，从而把公共行政等同于管理者的个人艺术，以偶然性代替了公共行政所需要的客观性，这样既否定了公共行政的价值性，也否定了公共行政的科学性。

寻求二者的统一，以上两种极端化倾向都是不可取的。二者之间的统一不是一方消融、取代另一方，而是在保证各自相对独立存在的前提下，实现二者的融通。公共行政是人们对国家和社会公共事务的管理，人的社会存在决定了行政不可能做到绝对的科学化、客观化；

因为行政是对社会公共事务的管理，这决定了它也不可能绝对价值化，变成纯粹的个人主观体验。但行政自身具有公共性特质，这又决定了二者的重要性不可等量齐观，在技术性与价值性之间，价值性居于支配地位，由其来统摄技术性。

第二节　行政精神的类型学考察

从公共行政的二重性出发，我们可以更完整、更准确地把握行政精神的内涵。公共行政技术化的一面所追求的是理性精神，一种建立在工具理性基础上的科学精神、专业精神、客观精神；而公共行政价值性的一面所追求的是一种伦理精神，一种价值精神，这种价值精神强调行政主体的主体性、反思性，强调他们管理社会公共事务的主动性与服务性。从行政管理的历史演进考察，根据技术性与价值性的两面在农业社会、工业社会和后工业社会的具体构成，行政精神相应地发展出经验性的行政精神、理性化的行政精神和超理性的行政精神三种基本类型。

一、经验性的行政精神

农业社会政治与行政混沌一体，政治、行政、宗教、道德等都处于一种未分化的状态，用黑格尔的话来说，“尘世政府就是神权政治，统治者也就是高级僧侣或上帝；国家制度和立法同时是宗教，而宗教和道德戒律，或更确切些说，习俗，也同时是国家法律和自然法”[①]。虽然行政管理以某种方式顽强地表现出自己的存在，但这种所谓的行政一方面仍处于未分化状态，另一方面注定了不过是政治统治的工具，和政治本身一样都是为最高统治者的统治而服务，因而农业社会的行

① 〔德〕黑格尔：《法哲学原理》，范扬、张企泰译，北京：商务印书馆 1961 年版，第 357 页。

政管理就其实质来说，属于统治行政。在政治与行政未分化时的统治行政中，行政管理必然以国家统治的形式表现出来。这种统治最典型的表现就是大大小小的统治者基于个人经验的治国术。这样，就农业社会的行政精神来说，它是建立在个人经验基础上的，是一种建立在统治者个人经验基础上的非理性的行政精神，这种行政精神既无价值，也无理性。

尽管农业社会也出现过像中国的“贞观之治”、“康乾盛世”等所谓的“盛世”，但都回避不了一个问题，即它们的主要统治形式是皇帝或国王的专制统治。为了维护皇帝或国王的专制统治，政治必然是强权式的。为了论证这种权力的合法性，统治者往往将自己神化为某种神秘意志的代表者和这种意志的唯一解释者。由于拥有某种神圣的权力解释权，专制统治下的统治者往往利用手中的权力来满足自己的私利。由于统治者认为自己的权力意志至高无上，他们往往在权力行使过程中变得肆无忌惮。陀思妥耶夫斯基在反思俄国的专制统治时曾这样说过，“当一个人有了主导其同类一切不受限制的权力的时候，当一个人将另一个贬低到无以复加的境地的时候，他就会忍不住要为非作歹。暴政是一种习惯。最终会转化为一种病症。本来顶好的人却变得如野兽般残忍。嗜血、精神被彻底扭曲，而这反而成了取乐的手段”[①]。

既然强权政治的核心是权力，且强权政治下的统治者为了证明自己统治的合法性，都极力为自己的统治罩上神圣的光环，即把自己打扮成某种神圣力量的化身，并且独占了这种神圣意志的解释权，从而使自己的权力意志具有了合法性。因为这种权力的至上性，所以强权政治下政府管理的基本原则必然是任性和随心所欲。正如弗格森所说：

---

① 转引自〔意〕加埃塔诺·莫斯卡：《政治科学要义》，任军锋等译，上海：上海人民出版社 2005 年版，第 195 页。

“每个权力代表同样也是按这一指导性准则办事。被激怒时，他会出击；高兴时，他会施予恩惠。在与税收、司法或警察相关的事务中，每个省长就好比是身处敌国的将领。他来时全副武装，以杀人放火相要挟。与其说他在征税，不如说他是使用武力敛集贡品。”[①] 由于这种权力的行使不受任何制约，因而统治者在管理社会事务过程中往往会兴之所至，随心所欲。

由于权力在整个社会中居于支配性地位，因而，对强权政治下的被统治者来说，其主要原则就是服从。“臣民们被告知，他们没有权利，不能拥有任何财产，在没有征得乖戾易变的君主的同意时，不能占有任何职位。这些信条是建立在征服的普遍原理之上的，它们必须在鞭子和利剑的胁迫下反复灌输，它们只有在锁链和关押的恐惧中才最能够为人们所接受。”[②] 借助于国家暴力机器，统治者在使用权力方面得心应手，权力成为维护其统治的便利工具。在这种情况下，统治者与被统治者是不可能建立起平等的社会关系的，对被统治者来说，他们只能是强权统治者的臣民，他们的唯一原则就是服从。

强权政治下整个社会的治理都寄托在统治者个人身上，这意味着统治者尤其是最高统治者必须具有旺盛的精力和出色的才能或者具有良好的美德，要求统治者具有丰富的统治经验。我们知道，权力意志式的统治或管理依赖于统治者的个人经验，而经验往往带有很强的主观性和偶然性，这使得这种统治或治理也就具有强烈的个人色彩，国家或政府往往会因为最高统治者的变化而陷入周期性的混乱之中。因而，我们看到，把政府治理的基础完全建立在个人经验之上，使政府本身变得非常虚弱。

① 〔英〕亚当·弗格森：《文明社会史论》，林本椿、王绍祥译，杭州：浙江大学出版社2010年版，第308页。

② 〔英〕亚当·弗格森：《文明社会史论》，林本椿、王绍祥译，第79—80页。

更为重要的是，经验是过去生活实践的积累。经验使人们生活于常规之下，从而使人们变得习以为常，进而在行动中变得不假思索。这也就是说，人们之所以采取行动，仅仅是因为遵从传统。正如弗格森所说："仅仅习惯于墨守成规的政治家和军队将领一旦失去他们习以为常的规则就变得手足无措，一有风吹草动就对国家完全绝望了。他们只善于沿着一条特定的轨道绕圈子。一旦被拉下马，他们在现实中就不知道如何和他人打交道了。"[①] 杜威对习惯的局限性也有过非常精彩的解释。"习惯是把心灵之眼限制在前面路途之上的障眼物。习惯禁止思想从它当下所从事的活动中偏离出来而进入一个更复杂、更生动但与实践无关的视域之中。在习惯的范围之外，思想在混乱的不确定性中摸索前行；然而，在常规中逐渐完成的习惯是如此有效地监禁着思想，以至于思想不再是必需的或可能的了。墨守成规者的道路，是他无法跳出的壕沟；壕沟的边沿禁锢着他，并且如此彻底地指引着他的路线，以至于他不再去思考他的路途或目的地。"[②] 习惯与传统是过去经验的积累，从而成为常规。仅仅就这一点而言，如果生活中出现的某一事件一旦脱离了常规，出现了我们今天所说的风险或不确定性，仅仅靠经验就无法有效应对了。

强权下的政治统治，其核心在于权力，政治生活的关键就是争夺最高权力。在农业社会中，夺取权力在大多数情况下必然是以强权方式进行的，而为了维护和巩固这种政治统治，最高统治者及其统治集团往往通过炫耀权力来达到巩固统治的目的。因而在农业社会的统治行政中，作为政治附属物的行政管理中不可能孕育出普遍的行政价值。统治行政下的君臣关系及上下级关系，就其实质来讲，是一种建立在人身依附关系基础上的主奴关系。因而，这种强权式统治是为维护少

---

① 〔英〕亚当·弗格森：《文明社会史论》，林本椿、王绍祥译，第 254 页。

② 〔美〕杜威：《杜威全集·中期著作》第 14 卷，罗跃军译，上海：华东师范大学出版社 2012 年版，第 107 页。

数人利益而存在的，它无法也不可能承载我们今天所共享的自由、平等、人权等基本政治价值，因而也谈不上所谓的相对独立的行政价值。如果说有行政管理，那也不过是强权统治所带来的副产品。

农业社会中最高权力集中于皇帝或国王身上，以此为基础，大大小小的官僚在其统治范围内成为大大小小的“土皇帝”，在管理社会公共事务的过程中，他们往往基于个人经验进行管理，因而在管理过程中必然表现出经验性、随意性与盲目性。正像黑格尔在《历史哲学》中描述的法国统治者一样，“全部政治系统只维系在查理曼一人的权力和伟大以及他个人高贵的心灵”，虽然有下级的忠诚与服从，但这种忠诚与服从不是建立在现代公民意义上的对于国家的忠诚与服从，而是建立在人身依附关系基础上的对于统治者个人的忠诚与服从，因而这种管理与服从虽然有着表面上的秩序与权威，但由于它执着于特殊性、主观性，因而经常为偶然性、反复无常和暴行所左右。[①] 大小官僚基于个人的生活经验或凭借前人的经验进行决策。既是个人经验或前人经验，自然会表现出很强的随意性，因为它的主要依据就是官僚以自己的主观意志取代管理过程中所必需的科学论证及应有程序，仅凭个人好恶，既不对管理过程中遇到的问题进行深入细致的调查，也不对这种随意决策所造成的后果进行评估，因而决策必然是随意、盲目的。同时，农业社会的行政管理也缺乏工业社会所必需的专业知识。就拿中国古代的科举考试来说，它只是一种基于官僚录用所必需的资格考试，主要考查一个人为官所必需的人文知识，它没有也不可能涉及现代行政管理所需要的专业知识。经验型管理是适应农业社会公共事务非常简单的情况而产生的一种管理方式。所以在农业中统治行政下所养成的行政精神只能是一种非理性的行政精神，或者说是经验性的行政精神，如果说在农业社会中还有

① 〔德〕黑格尔：《历史哲学》，王造时译，上海：上海书店出版社 2006 年版，第 347—349 页。

行政精神存在的话。在社会一切都还处于混沌未分的情况下，国家的统治行为中也蕴含着最初级形式的行政管理，在这种行政管理实践基础上所生成的行政精神当中包含着行政精神后来发育的因子，只不过这时理性化及价值性的内容都还以潜在的形式存在。

二、理性化的行政精神

按照马克斯·韦伯的说法，近代以来，社会经历了一个祛魅化的过程。[①] 世界的祛魅即意味着社会的理性化，这意味着社会不再匍匐于神性或某种神秘莫测力量的控制之下，人们在理性的指引下，力图按照理性来精确地解释和认知他所生活的世界。

理性精神在这里被化约为一种计算能力，一种对事物之间因果规律的追求。在其本质上，理性意味着在纷繁复杂的事物当中寻求一种确定性，寻求一种确定性的知识，它倾向于把世界知识化，而且这种知识仅仅是一种特殊知识——技术的知识。因而在追求确定性的过程中，理性主义就走向了技术化的道路。它企图把一切都化约为技术化的知识，因为这种技术化的知识恰恰与确定性可以画等号，与人们对确定性的追求相合拍。“技术和确定性在他看来是不可分隔地连在一起的，因为确定的知识，在他看来，是不需要在它自身之外寻找确定性的；知识，就是不仅以确定性终，而且也从确定性始，确定性贯彻始终的知识。”[②] 技术的知识就是这样的知识。技术化的知识，其优越性就在于它从纯粹无知中产生，可以被精确认识，确立为普遍化的规则，甚至可以被培训、学习，成为一种技术化的力量。

受这种理性精神的影响，公共行政也变成可以理性化的。因为工

---

① 〔德〕马克斯·韦伯：《学术与政治》，冯克利译，北京：生活·读书·新知三联书店2005年版，第29页。

② 〔英〕迈克尔·欧克肖特：《政治中的理性主义》，张汝伦译，上海：上海世纪出版集团、译文出版社2004年版，第11页。

业社会中公共行政更多的是提供服务而不是统治与管理，像教育、社会福利、公共卫生、就业等问题具有技术性的特点，因而需要按照技术的逻辑来思考、来处理，也需要受过专门训练的技术专家来解决。在这个意义上，行政管理是可以而且应当理性化的。公共行政首先被当作可以寻求确定性，可以排除偶然性的领域，而且是最为可靠的领域。因为它有一个可靠的载体，这就是韦伯所说的现代理性官僚制。在韦伯看来，发育成熟的现代理性官僚制，因其所能提供的精确、稳定性而具有技术上的合理性，成为工业社会广泛采用的一种普遍有效的组织形式。其成功的根本原因，就在于一方面它排除了农业社会中基于官员个人意志的任性，确立了普遍有效的规则的统治；另一方面它排除了行政管理过程中的个人主观性，不“看人办事”，不因人而异，提供了稳定的、可预期的规则化管理。

现代行政管理的理性化从两个方面得以继续发展。其一，公共行政的专业化。如前所述，农业社会中社会公共事务比较简单，不需要也没有发展出专业化的行政管理来。不同于农业社会，工业社会在其发展过程中，一方面，社会事务日益纷繁复杂迫切需要专门的组织来从事社会各组织的协调与管理，这个专门组织就是政府；另一方面，社会公共事务的日益复杂化，也在政府行政内部得到体现，这就是政府内部的职能分化与日益专门化，政府以其专业化管理来回应社会生活中日益发展的要求，这种需求促使行政管理的专业化与专门化得到进一步发展。正如有学者所说：“公共行政在很大程度上受到职业专家集团的影响，这些专家包括科学家、工程师、健康专家、系统分析师、政策分析师、规划师、电脑专家和经济学家等。”“政府创造了职业化，它让职业具有合理性，它支持所有形式的职业化努力，它雇用数量永远在增长的职业人员。职业专家为公共机构提供了知识、培训和领导；影响着公共政策进程；决定着许多公共机构的结构。在公共服务中，职业专家获得权力的途径显然是由于他们所受的专业化培训和拥有的知识。"[①]

其二，公共行政中的技术主义与管理主义。技术是近代理性主义的本质。对行政管理来说，理性主义的实质意味着行政管理可以被技术化，可以成为知识化的领域。当威尔逊清晰地表达出政治与行政二分时，他所想说的实际是，行政管理是一个事务性领域，是一个技术性的领域，是与政治、价值无涉的领域。因而在行政管理领域当中所遵循的是技术的逻辑。正如威尔逊在其论文《行政学研究》中所指出的："如果我看到一个杀气腾腾的人在敏捷地磨着一把刀子，我可以借用他磨刀的方法，而用不着借用他可能用刀子犯谋杀罪的动机。同样，如果我见到一个彻底的君主主义者很好地管理着某一个公共机关，我可以学习他的办事方法，而无需改变我作为共和主义者的特点。他可以为他的国王效劳，而我却将继续为民众服务。但是我却希望能象他为其统治者服务那样为我的统治者服务。"[②]可以非常清楚地看到，威尔逊实质上是把行政管理当作一种技术性的东西来看待的。正因为如此，它才可以为不同的国家、为不同的统治者服务。借助于韦伯的现代官僚制这种高度技术化的组织载体，行政管理的技术性一面得以充分发展起来。此后，围绕如何更有效地执行政治意志，即如何既经济又有效率地完成政治命令或者政治任务，行政管理的技术化得到进一步发展。这就是行政管理内部的职能分工以及行政管理本身的专业化。行政管理的职能分工则是理性化行政的进一步深入。法约尔认为"管理就是实行计划、组织、指挥、协调和控制"[③]。古利克则在法约尔的基础上，把行政管理的职能由五项拓展为七项，即计划、组织、人事、指挥、协调、报

① 〔美〕全钟燮：《公共行政的社会建构：解释与批判》，孙柏瑛等译，北京：北京大学出版社2008年版，第4页。

② 彭和平等编译：《国外公共行政理论精选》，第24—25页。

③ 〔法〕法约尔：《工业管理与一般管理》，周安华等译，北京：中国社会科学出版社1982年版，第5页。

告和预算。也就是我们所熟悉的POSDCRB。[①]法约尔、古利克等关于管理的五要素说具有经典性意义和深远影响，此后，行政管理的研究与实践也是在这五种职能基础上的深入与细化。也正是在这个基础上，随着社会发展的需要，随着社会公共事务的增加以及日益纷繁复杂，人事管理、财政管理、审计管理等专业性比较强的行政管理部门与领域逐渐发展起来。至少后来的管理以及行政管理中的管理过程学派都是按照这五种要素来进行管理或行政管理，即使到今天，行政管理无论是理论研究还是实践基本上也还是按照这种职能划分来进行的。我们今天所看到的行政管理学科的繁荣以及行政管理学科之下众多分支学科的发展，在某种意义上正是这种理性化行政及理性化行政思维的产物。而当代新技术的发展，尤其是计算机、网络等技术的发展，使行政管理更加醉心于技术化的追求。

建立在理性设计基础上的现代行政，从工业社会的理性化进程中得到充分的营养，并且顺应这种社会发展要求，得到充分发展。而这种理性行政的发展也必然会在其中孕育出相应的理性精神。只不过，这种理性精神是片面发展的理性精神。其实这种片面的理性精神在威尔逊、古德诺二人对政治与行政的二分中就埋下了伏笔。当行政管理祛除了价值负担，变成一个纯粹的事务性领域后，行政管理当中所孕育的精神只能是一种得到充分发育的工具理性精神。这意味着，管理行政之下的理性精神“将公共行政看作是一个领域，在这个领域中，人们应该应用科学的方法来决定程序、解决问题、测量效率和生产力，以及做许多其他应该做的事情。管理科学的一个主要目标就是客观和公平地解释行政现象，并致力于控制组织活动中出现的不理性的政治和人类行为”[②]。

---

① 丁煌：《西方行政学说史》，武汉：武汉大学出版社2004年版，第114页。

② 〔美〕全钟燮：《公共行政的社会建构：解释与批判》，孙柏瑛等译，第70页。

正因为如此，建立在理性设计基础上的现代管理行政，倾向于一种封闭的管理，把行政管理当作一个封闭的体系，排斥民众的参与。“效率、工具理性、职业主义、实证主义的和功能主义认识论以及管理领导力均是主流公共行政的根基”，它从功能的角度出发，把关注的焦点放在“经济、效率、绩效、目标维持和冲突管理”上，但恰恰是这种理性化设计，忽视了行政管理中的民众参与，它把民众看作只是被动接受政府管理与干预的实体，根本不去回应民众参与社会管理的要求。①

现代理性行政体系尽管排除了行政人员个人的主观任性，带来了行政管理中的普遍性、确定性，但是这种普遍性与确定性是以牺牲行政人员的主动性为代价的。在充分发展的现代官僚体系下，我们所看到的是行政人员的按部就班、循规蹈矩，他们的积极性、主动性被扼杀了。“官僚主义者关于他们的工作虽然有着非常狭隘的观念，但却坚持认为这种工作是重要的。他们坚信他们的职责就是提供有效率的服务，他们的技术理性和精确测量显示了他们对其职业的献身。”② 在这种按部就班、循规蹈矩中，他们成为无反思的、无批判性的存在，他们是一群有技术效率的、盲目效忠的、无批判的存在者，这使他们在行政管理的日常性工作中，成为无反思性的、无批判的个体，他们仅仅是政府及其行政管理中的“行动的主体”，他们在某种意义上是无头脑的。③

不仅如此，片面的理性化行政以及贯注其中的工具理性精神，一方面造成行政管理以及行政管理知识的“碎片化”，另一方面导致行政管理中的管理主义。如前所述，工业社会是一个分工不断趋于加深

---

① 〔美〕全钟燮：《公共行政的社会建构：解释与批判》，孙柏瑛等译，第 26 页。

② 〔美〕全钟燮：《公共行政的社会建构：解释与批判》，孙柏瑛等译，第 133 页。

③ 张康之：《寻找公共行政的伦理视角》（修订版），北京：中国人民大学出版社 2012 年版，第 303 页。

的社会，表现在行政管理当中，就在于随着社会分工的加深而产生众多需要行政体系进行管理与协调的领域，进而在行政管理内部也越来越呈现出专业化与知识化特征。问题在于这种专业化与知识化恰恰立足于本领域或本部门内，因而从社会整体来看，也就意味着是“碎片化”的，它仅仅是站在本部门内去占有知识，在这个意义上，掌握这些专门知识的行政人员确实是“专家”，但这种专家的知识必然是不充分的，缺乏对所管理的对象及问题的整体化了解及把握，进而也影响了对所管理的公共事务的反应与判断，从而导致我们所熟悉的本位主义与部门主义。从其知识根源来说，就在于这种因为部门分工而产生的“碎片化”知识的泛滥。

按照自然科学的思维去理解社会科学乃至人文科学，对行政管理领域作“碎片化”理解，由此导致的一个直接后果就是在管理社会公共事务时，倾向于以一种工程主义的思维去解决问题，但是这种工程化的理解及解决至少产生了如下结果：越来越多地运用理性和工具的方案来解决行政管理所面对的问题；越来越多的集中政策制定以及对人文与价值的有意无意的忽视。[①] 我们当下所经常看到的“重点工程”、“形象工程”等其实就是这种技术主义致思的结果。

三、超理性的行政精神

后工业社会的兴起，要求有与之相应的行政类型，也要求有与该行政类型相适应的行政精神。作为对理性行政精神的超越，超理性的行政精神建立在后工业社会丰富的实践基础上，它要求行政实践重视处理人与人之间的关系，认为行政关系的核心是如何满足后工业社会人们的差异性存在，从而使行政实践在开放性中凸显出其价值性的一面。与后工业社会相适应的服务型政府历史地提出了行政精神的价值

① 〔美〕全钟燮：《公共行政的社会建构：解释与批判》，孙柏瑛等译，第 179 页。

性的一面，这种价值精神确切地说，就是要求行政管理具有一种伦理精神。

后工业社会的充分发展，历史地提出了服务行政的要求，也使公共行政的价值精神得以凸显，这种价值精神是公共行政原来所具有的，只不过，在农业社会或工业社会，公共行政的价值精神要么被遮蔽，要么以扭曲的形式存在。到了后工业社会，社会发展的重心发生了历史性的变化。“从管理向服务的转变，却要求价值因素的介入，而且这种价值因素不是政治价值，而是一种道德价值。”如果说政治价值是一种外生价值的话，那么服务行政下的道德价值则是一种内生价值，它是政府及其行政人员行为的直接依据。① 后工业社会服务行政的日益发展，历史地要求公共行政内生价值得到充分展现。这种内生价值的要求，首先来自于行政管理的对象发生了根本性变化。用贝尔的话来说，农业社会是人与自然之间的竞争，因而它以人与自然界的关系为中心；工业社会是人与加工过的自然界之间的竞争，因而它以人与机器之间的关系为中心；后工业社会则是人与人之间的竞争，它以如何有效处理人与人之间的关系为核心。② 在贝尔看来，后工业社会以服务业为核心，人与物之间的关系——不管这物是自然物还是人造物——已基本上得到解决，它主要面对的是如何处理人与人之间的关系，在这里，社会的关键是如何围绕人的生活需要而展开，即根据社会所能提供的保健、教育、娱乐等社会服务来确定的。显然，这些用以促进生活质量提高的公共服务都与政府有着很大的关系，关键在于政府以什么方式来提供，是由政府自己独自提供，还是由社会来提供。

行政管理所要处理的核心问题的历史性变化，使得服务型政府成

---

① 张康之：《寻找公共行政的伦理视角》（修订版），第 303 页。

② 〔美〕丹尼尔·贝尔：《后工业社会的来临》，高铦等译，北京：商务印书馆 1984 年版，第 133—134 页。

为必然，进而也使行政精神中价值性的一面得到充分呈现。这种价值精神首先就在于公共行政对人的重视。如前所述，在农业社会与工业社会中，人们主要面对的是人与物的关系，甚至在某种程度上人也被当作物来看待。工业社会中“生活是与经过加工的自然界进行竞争”，它需人与人、人与物之间的协调，适应这种流水线式整齐划一的生产需要，韦伯式的官僚制恰恰满足了这种要求，从而使社会有效地组织起来。在这样一个科层化、组织化的世界中，不仅行政管理对象被当作物来看待，甚至科层制体系中的行政人员也是被当作物来看待，他们只不过是整个官僚制机器高效运转、精密协作的一颗颗螺丝钉而已。而当人与人之间的关系成为行政管理所要处理的核心，也就自然而然地提出了以什么方式为人的生活与发展提供他们所需要的服务的问题，对此的答案是要以人的方式来对待人。这是行政管理价值性之所以在后工业社会凸显的历史支点。

后工业社会把人作为行政管理的起点，这里的人不是抽象化的人，不是自然状态中的人，而是处在现实生活中的人，是在具体社会情境中去理解的人。而从这个意义上去理解人时，自然而然地要求行政管理重视人的差异性。这意味着行政管理者不再居高临下，而是在与他人的共同交往中去理解他人的处境，这种处境显然不可能是齐一化的，而是差异化的。正是在差异化理解中，行政管理者才能真正了解被服务者的需要是什么，也才能确定以何种方式提供他们所需要的服务。在这里，需要倾听，需要在非中心化的场域中去关注行政关系的这种历史性变化，需要行政管理以开放的心态来面对这种变化，即要求公共行政不再以权威方式来建构公共行政实践，而是以服务的态度来建构行政实践，不再致力于宏大的政治叙事，而是从生活政治的维度去理解后工业社会行政实践的历史性变化。

后工业社会行政精神对价值、伦理的关注，还意味着需要发掘行政管理者的主体性。在农业社会中，皇帝与官僚、上级与下级之间是一种主奴关系，存在着各种各样的人身依附关系，这也就决定了在农业社会中不可能有行政人员的主体意识。工业社会虽然以主体意识的确立为前提，也恰恰依靠这种独立的主体意识获得源源不绝的发展动力。但在行政管理领域，恰恰相反，行政人员不可能拥有独立的主体意识，不可能有所谓主体性的获得，他仅仅是被动执行上级命令的工具，是一个“行动着的主体”，但这个“行动着的主体”是不具有主体性的，是无头脑的。当后工业社会服务行政历史性地出场之时，也就意味着政府必须以一个相对独立的主体出现，意味着它必须获得主体性。“在政府及其公共行政是一个相对纯粹的行动领域的时候，按照科学化、技术化的路径加以建构是合理的。”“然而，在政府拥有了主体性的时候，就必须同时拥有价值因素。在某种意义上，政府的主体性恰恰是由其所拥有的价值因素来确定的，是价值因素赋予了它主体性。”① 正是这种主体性的获得，使行政人员不再亦步亦趋，而是根据对具体情境的理解，创造性地去完成行政管理任务。

主体性的获得，使行政人员在历史上第一次具有了反思性。行政管理并不是理论的思辨，它是一个行动的世界。而工业社会中的管理行政将行政人员设计成为一个被动的、机械的命令执行者，因而在这种环境下成长起来的行政管理者注定是一群无反思能力、缺少批判性的人。他们是具有技术效率的、盲目效忠的、无批判性的群体，在刚性的官僚体系内从事着日常性的、惯例性的工作，日复一日，年复一年，循环往复。但是，作为一个提供差异性服务的领域，服务行政要求行政管理者是反思性、批判性的。“公共行政管理者的行动总是要求反思式判断，即什么是‘合适’的行动？我对管理的责任是什么？我对自己的责任是什么？我的行动对于我所服务

① 张康之：《寻找公共行政的伦理视角》（修订版），第303页。

的公众意味着什么？”[①]行政人员需要将反思置于行政管理的日常生活世界中来理解，在与他人的互动中来建构行政管理实践。这种反思“不应该被限定在一种智力和个体基础上的实践，它不仅仅包括个人在组织世界里审视他或她存在或批判知识和方法。相反，反思应该植根于生活经验，并承认我们通过与周围的其他人互动来建构我们的社会世界”[②]。

强调后工业社会服务行政条件下行政价值精神的历史性生成及其丰富内涵，并不意味着公共行政的技术性的一面不需要了，也不意味着公共行政实践中不需要科学精神、理性精神。如果说，技术与价值在农业社会统治行政中以原始的方式统一起来，行政管理或者治理国家被当作一种艺术性操演，工业社会中的行政管理以科学精神与价值精神的分离为代价，使行政管理沿着技术的逻辑得到片面发展，那么后工业社会服务型政府的历史性生成，则为公共行政技术性与价值性二者的统一提供了历史性机缘，也使得行政精神的两个方面在后工业社会背景下得到完全呈现。服务型政府“把科学化、技术化追求与价值追求统一起来，甚至让科学化、技术化追求从属于和服务于价值理念”[③]。这里的关键在于，后工业社会中服务行政历史性地提出了行政精神两个方面——技术性与价值性相统一的要求，而且也为二者的统一提供了历史机缘。

当代中国正在经历着深刻的社会转型。这种转型不同于西方发达国家的自然历史演进，在某种意义上是历时态事件共时态发生。这也就是说，当代中国的社会转型既有从农业社会向工业社会转变的因素，又有从工业社会向后工业社会转变的因素，即农业社会、工业社

① 〔美〕全钟燮：《公共行政的社会建构：解释与批判》，孙柏瑛等译，第103页。
② 〔美〕全钟燮：《公共行政的社会建构：解释与批判》，孙柏瑛等译，第131页。
③ 张康之：《寻找公共行政的伦理视角》（修订版），第303页。

会、后工业社会三种因素杂陈其间，使得中国社会的转型既是建构性的，又是演进性的。换言之，共时态因素的广泛存在使社会建构成为必要，历时态的因素则需要社会自身有内生的东西从中生长出来，否则建构也不会成功。具体到行政管理来说，一方面，我们正在经历从农业社会向工业社会的转变，行政管理的理性化还没有实现，行政管理的法治化、规则化还远没有实现。同时我们又面临着工业社会几百年来发展过程中的消极因素，即理性官僚制中需要被否定的内容。另一方面，作为面向未来的适应后工业社会发展要求的服务行政的产生及其发展成为历史的必然。但问题在于，当代中国在服务型政府建设过程中能否以及是否可以超越理性化行政而直接进入到服务行政的进程中，是否可以在行政管理体系中实现跨越式发展？理性化行政中的合理因素在服务型政府建设中是否还有存在的必要？从我们的理论推演来看，从公共行政的二重性出发，服务行政下的行政精神是科学精神与价值精神的高度统一与融合，这就意味着科学精神中所蕴含的专业精神、理性精神及客观精神仍然是服务行政所必需的，服务行政并不排斥科学精神、理性精神，相反，它还要求价值精神统摄科学精神。“把科学化、技术化追求与价值追求统一起来，甚至让科学化、技术化追求从属于和服务于价值理念。”[①] 因此，在服务型政府建设过程中，需要我们在实现公共行政的多重跨越中，高度重视公共行政理性化过程中所养成的科学精神，即公共行政的理性精神、专业精神及客观精神，推动服务型政府建设迈向更高台阶。

第三节　公共行政的科学精神

与工业社会的理性化进程相适应，现代意义上的公共行政从一产

① 张康之：《寻找公共行政的伦理视角》（修订版），第 303 页。

生就开启了其理性化进程，并在这一理性化进程中孕育出相应的科学精神。当公共行政祛除价值负担，成为纯粹的事务性领域之后，就开始了自己的技术化、科学化历程。尽管也面临过“合法性危机”，但公共行政的科学精神却是一以贯之。

一、行政现代化中的理性

现代化需要在时空两个维度中才能得到较为完整的理解。现代化首先是一个时间概念，它代表着一种历史的延续。它指的是“社会生活或组织模式，大约十七世纪出现在欧洲，并且在后来的岁月里，程度不同地在世界范围内产生着影响。这将现代性与一个时间段和一个最初的地理位置联系起来，但是到目前为止，它的那些主要特性却还仍然在黑箱之中藏而不露”[①]。在这个意义上，现代化意味着一种新的、以市场经济为基础的现代社会对旧社会的取代。

现代标志着一种断裂。这种断裂当然是与传统的决裂。现代将自身置于传统的对立面。如果说前现代社会是由传统决定的话，那么现代社会则是由未来所决定。传统是过去经验的累积，因而前现代社会在某种意义上是过去决定现代，是过去取向的，是一种静态的平衡，这种静态平衡并不意味着前现代社会是凝固不变的，而是说，传统本身也在发展之中，只是这种发展变化相对来说比较缓慢。相反，现代社会则是未来取向的，即是说由未来决定现在。这是由于现代社会自身建立在市场经济的基础上，而市场经济从其实质上来说是要进行扩大再生产的，这意味着它本身是变动不居的，而且这种变化的速度远远超过了人们的想象。正如吉登斯所言：“传统的文明形态也许比其他的前现代体系更富动力性，但是在现代性的条

---

① 〔英〕安东尼·吉登斯：《现代性的后果》，田禾译，南京：译林出版社2000年版，第1页。

件下，变迁的程度却是更加神速。”[①]正因为现代性自身的绝对速度，它才以前所未有的方式，“把我们抛离了所有类型的社会秩序的轨道，从而形成了其生活形态。在外延和内涵两方面，现代性卷入的变革比过去时代的绝大多数变迁特性都更加意义深远。在外延方面，它们确立了跨越全球的社会联系方式；在内涵方面，它们正在改变我们日常生活中最熟悉和最带个人色彩的领域”[②]。现代化的发育及其扩展使我们日益脱离了原来习以为常的生活方式，迫使每一个人卷入其中。

现代对待传统的决绝态度实际上暗藏着一个假定，即现代的是进步的。“作为一种文明价值观，‘进步’标示出现代主义的精神内核，它既是现代人和现代世界的基本价值理想得以确定的价值坐标，也理所当然地构成了‘现代性’道德的终极性价值圭臬。‘进步’的观念最初通过工业革命和政治革命的实践而获得明确坚实的支持。反过来说，它构成了现代政治、经济和文化革命的根本信念和动机：人类社会是一个不断脱出蒙昧、走向文明和光明的必然过程，这种文明的进步或‘改善’使得近代科学理性的‘启蒙’和自由民主的‘革命’有了充分的社会历史根据和正当的道德价值证明。”[③]吉登斯也曾指出：“现代社会制度的发展以及它们在全球范围内的扩张，为人类创造了数不胜数的享受安全的和有成就的生活的机会。”[④]

现代化不仅意味着与传统的决裂，而且意味着一种新的生活类型和生活方式的形成，这种新的生活方式是对传统的彻底抛弃。“它不仅是一种事物、环境、制度的转化或一种基本观念和艺术形态的转化，而几乎是所有规范准则的转化——这是一种人自身的转化，一种发生

---

① 〔英〕安东尼·吉登斯：《现代性的后果》，田禾译，第5页。

② 〔英〕安东尼·吉登斯：《现代性的后果》，田禾译，第4页。

③ 万俊人：《寻求普世伦理》，北京：商务印书馆2001年版，第308—309页。

④ 〔英〕安东尼·吉登斯：《现代性的后果》，田禾译，第6页。

在其身体、内驱、灵魂和精神中的内在结构的本质性转化；它不仅是一种在其实际的存在中的转化，而且是一种在其判断标准中发生的转化。”[①] 在这里，舍勒揭示了现代性本身所内蕴着的深刻意义：现代性不仅是一种社会文化的根本转化，不仅是知识系统的根本转变，而且从根本上讲是人自身的转变，是现代人类型的产生；不仅是人实际生存状态的转变，而且是人之生存标准的变化。吉登斯则从另一维度揭示了现代社会的这种根本变化。它是一种根本不同于传统社会的社会类型。如果说传统社会是由传统、习俗所决定，那么现代社会则是由抽象的知识系统与专家知识所决定。如果说吉登斯是从社会宏观的维度来揭示现代社会的特性，那么舍勒则从现代人类型的形成来透视现代社会的根本变化，二者具有异曲同工之妙。

在一个变动不居的世界中，人们自然产生了对确定性的需求。无论如何，当我们审视自己生活于其中的世界时，我们会发现，我们生活于一个不确定的世界中。因为不确定性本身会产生种种意料不到的后果，这种种后果是人们无法忍受的，因而，就产生了对确定性的寻求。只不过，这种确定性既有经验的，也有理性的；既有经验世界的，也有超验世界的。人们要么在生活世界中获得确定性，要么在彼岸世界的慰藉中获得确定性。而现代化的推动使得人们逐渐把确定性的寻求转到工具理性上来。工具理性的核心就在于以确凿无疑的事实数据来说明某一事物出现的客观性，这种客观性能够用数据描述出来，这意味着其科学性越强，其客观性越能征服人心。这种理性最典型的表现就是能够用数理概论的形式表示出某一事件发生的概率，从而使人们对整个世界的认识更具有确定性。如果说一两件事情的发生还不足以表现出这种客观性、规律性，那么，“当事件足够多的时候，它们就

① 〔德〕马克斯·舍勒：《资本主义的未来》，罗悌伦等译，北京：生活·读书·新知三联书店 1997 年版，第 207 页。

表现出规律性。这个定律已经超越了经验事实。它不是某种要与经验进行核实的东西；它是事物不得不如此的方式"[①]。统计学正是在这个意义上为人们提供足够多的案例，从而显示事件发生的可能性大小。这也就是说，如果我们能够用数学统计的方法把我们周围世界中各种事件发生的概率表示出来，我们就能够排除偶然性的干扰，建构起我们所期望的世界秩序来。

市场经济、民主政治、个体理性成为现代社会的基本要素和标志。对现代社会中的现代政治来说，权威的合理化、官僚组织的功能分化以及民众的积极参与就成为判断政治现代化与否的标准。尽管行政管理一直想拥有自己的独立身份，但它从来就没有完全摆脱政治。作为政治的重要组成部分，行政管理也必须是现代化的，而且必须成为政治中现代化最为明显的部分。随之而来的一个问题就是，如何来判断一种公共行政的现代化与否？换句话说，什么样的公共行政才是现代化的？有没有一个进行判断的标准？

亨廷顿曾指出，权威的合理化、职能的专业化及民众的广泛参与是判断政治现代化与否的标准。[②]尽管一些学者试图扩大行政管理的开放性，试图用民主参与弥补行政管理封闭性的不足，但行政管理是一个命令—执行的封闭体系，从本质上是排斥民主参与的。因此，我们认为，亨廷顿所说的民众参与是不适用于现代化行政的。权威的合理化、职能专业化以及组织行为的制度化可以作为判断行政现代化与否的标准。而权威的合理化、职能的专业化以及组织行为的制度化背后的推动力量是理性。这也就是说，公共行政现代化的核心就在于是否实现了理性化。在这个意义上，我们说，只有充分理性化的行政管理才是现代化的行政管理。当行政管理想要在科学体系中谋得一席之

① 〔加〕伊恩·哈金：《驯服偶然》，刘钢译，北京：中央编译出版社2004年版，第184页。

② 〔美〕塞缪尔·亨廷顿：《变化社会中的政治秩序》，王冠华等译，上海：上海世纪出版集团、上海人民出版社2008年版，第26—27页。

地，去证实自己属于科学知识体系的一部分时，它也就不得不按照工具理性设定的逻辑来建构自己的知识体系。这也就是说，行政管理也不得不根据工具理性所要求的数学化的概率论来使自己具有科学的外表。“概率不能支配价值，尽管如此，概率却是官员们作出理性选择的基础。没有根据概率统计原理创建的决策理论，就无法成就任何公共决策、风险分析、环境影响以及军事战略。为使意见具有客观性的外表，我们用计算取代了判断。”①

理性化程度成为判断行政管理现代化程度的主要标准，这种理性化就体现在公共行政的权威是否是法理性权威，是否建立了专业化分工的职能管理体系，是否实现了组织行为的制度化。换句话说，一种行政管理体系的制度化水平越是能够用适应性、复杂性、自治性和内部协调性来进行衡量，这种行政管理的制度化水平就越高，它也就越能以稳定的、周期性的行为模式来行动。在这个意义上，我们说，现代化的行政管理就在于其理性化的程度如何。与此同时，行政管理的现代化又是由理性化来推动的。也就是说，作为现代化的力量之源，理性化在推动整个社会实现现代化的过程中，也在同时推动着行政管理的现代化，公共行政的现代化是在理性化的力量之下获得发展的。

在欧克肖特看来，当代政治都深深地沾染上的理性主义的气质。“所有当代政治都深深感染了理性主义……不仅我们的政治罪恶是理性主义的，而且我们的政治美德也是如此。我们的种种计划在目的与特性上大体是理性主义的；但更重要的是，在政治上，我们整个的精神态度都类似地被决定了。……理性主义不再只是政治上的一种风格，它已成了一切应受尊重的政治的风格标准。”② 既然理性精神成为我们的决定性生活态度，成为政治生活的决定性气质，那么，作为政

① 〔加〕伊恩·哈金：《驯服偶然》，刘钢译，第 6 页。

② 〔英〕迈克尔·欧克肖特：《政治中的理性主义》，张汝伦译，第 20 页。省略号为引者所加。

治生活一部分的公共行政也不例外。在某种意义上，公共行政受到理性化的影响更深，其技术化、确定化程度更高。在某种程度上，政治中的理性主义最为明显地体现在公共行政当中。

受理性主义的影响，公共行政也是可以理性化的。因为工业社会中公共行政更多的是管理，像教育、社会福利、公共卫生、就业等具有技术性特点的问题，可以按照技术的逻辑来处理，因而也就需要受过此类专门训练的技术专家来进行管理。在这个意义上，行政管理是可以而且应当确定化的。公共行政首先被当作可以寻求确定性，可以排除偶然性的领域，而且是最为可靠的领域。

既然行政管理是一个执行命令的领域，其关注的核心就在于如何有效地完成目的，即它关注的重点在于选择最经济的手段去实现特定目的。因而它就必然要排除道德判断。这样，公共行政的理性精神就蜕化为一种技术理性，一种工具理性，“他们必须精心选择最适当的手段去达成交给他们去完成的目的。他们需要使用理性去选择最快速、最廉价、风险最少的道路，以便达到指定的地点。他们需要把与任务相关的目的和行为同与任务不相关的目的和行为区分开来，挑出能够更接近目的的行为……他们需要衡量和计算。事实上，他们需要成为理性计算的顶级大师”。“他们绝对不能做的是偏离清醒、坚持以任务为中心的理性道路；不要因为怜悯、同情、羞耻、良心、对‘目标’的支持或反感而转向”，“由官员执行和完成的灾难的特点与其说是陈腐，不如说是理性”[①]。通过理性的行政管理，可以有效地解决人类所面临的自然与道德中的风险与威胁，使人类所居住的社会环境始终处于可控状态。

---

① 〔英〕齐格蒙特·鲍曼：《流动的恐惧》，谷蕾等译，南京：江苏人民出版社2012年版，第69页。省略号为引者所加。

二、管理主义取向中的科学精神

管理行政的核心就是在理性的指引下，追求某种确定性。为了达成某种确定性，就必须实现对管理对象的控制。只有把整个世界置于政府这只“看得见的手”的掌心中时，整个世界才是可控的。因而，管理行政的控制特点就必然使政府在这种行政模式之下发展出公共行政的管理主义。当以控制为导向的管理主义在政府中大行其道时，也就意味着管理行政在社会各个层面的扩张。这也就是说，管理主义渗透到整个行政过程中，甚至渗透到整个社会中。这种管理主义试图把管理对象置于管理者的控制之下，通过控制而实现事物的确定性与可预期性，从而使整个社会呈现出某种秩序来。

管理行政与市场经济相适应。如果说农业社会发展出来的是统治行政的话，那么工业社会发展出来的行政模式就是管理行政。而管理行政之所以能应运而生，就在于工业社会的基础是市场经济。虽然市场可以依靠“看不见的手”来自动调节，但问题在于市场本身有着无法克服的缺陷，市场这只看不见的手还有赖于政府这只看得见的手。这意味着，市场失灵为政府行政管理提供了足够的理由。这样，管理主义就能够在政府行政中大行其道，因为它适应了人们对可预期性的要求，满足了人们对确定性的期望。确定性要求对人和政府行为能有准确的预期，这种可预期性当然以数量化、精确化的计算最为可靠。这样，管理主义的政府行政自然要求以科学精神来对待公共事务。

当韦伯说政治家应具有激情、责任感和恰如其分的判断力时，这种恰如其分的判断力正是公共行政所需要的科学精神，即要求行政管理者在从事行政管理时，“保持内心的沉着冷静。这也表现在他与事与人都能保持距离”①。这种距离感使他能排除各种人为因素，包

① 〔德〕马克斯·韦伯：《学术与政治》，冯克利译，北京：生活·读书·新知三联书店2005年版，第100、101页。

括自己的价值、主观偏好的影响，尽可能地按照事物本身来了解其内在规律性，并在此基础上，采取相应的步骤与方法，以实现所设定的目的。因而，韦伯认为，发育完善的现代理性官僚制恰恰解决了这个问题，即排除了官员个人主观偏好的影响："官僚制发展愈是完美，就愈'非人性化'，换言之，亦即更成功地从职务处理中排除爱、憎等一切纯个人的感情因素，以及无法计算的、非理性的感情因素。"①

这里需要注意的是，权力是实现行政管理目标不可缺少的手段，行政管理本质上是一种行使权力的活动，而这种权力的行使，使得行政管理者往往为权力所陶醉，陷于权力行使所带来的虚荣中。因为公共领域所具有的剧场效应，行政管理者往往把权力的行使变成了舞台表演，把自己当成了演员，但却是个不称职的演员。因为舞台的喧闹气氛，往往使舞台上的演员陶醉于权力所带来的幻觉中，只关心自己在舞台上的表现，把权力的行使变成了炫耀，迷失于权力炫耀所带来的虚幻快感中，从而自觉不自觉地丧失了行政管理所要求的科学判断能力。正如韦伯所说，权力的诱惑，使行政管理者"只关心自己的表演留给人们的'印象'。他的缺乏科学性，诱使他不去追求真实的权力，而是追求浮华不实的权力外表"，从而使这种追求权力的行为，"不再具有科学性，不是忘我地效力于'事业'，而变为纯属个人的自我陶醉，他便开始对自己职业的崇高精神犯下了罪过"②。在韦伯看来，科学精神是对行政管理者的基本要求。科学精神的缺失，是为政者不可饶恕的致命罪过。

行政管理需要使用权力。这样，科学精神对行政管理显得至关重

---

① 〔德〕马克斯·韦伯：《支配社会学》，康乐等译，桂林：广西师范大学出版社 2010 年版，第 46 页。

② 〔德〕马克斯·韦伯：《学术与政治》，冯克利译，北京：生活·读书·新知三联书店 2005 年版，第 102、101 页。

要。科学精神意味着行政管理者在行政管理中需要注意两个方面的规律性。一方面是行政管理本身的规律性。尽管行政管理作为学科的地位受到人们的质疑，甚至公共行政也一度面临着“合法性危机”，但这并不能否认公共行政的科学化努力，也不能否认公共行政自身的规律以及这种规律的科学性。古利克曾总结了管理的七个职能，即“计划、组织、人员、领导、协调、报告、预算”，这些职能本身是科学性很强的活动。在工业社会背景下，随着社会分工而来的是人们在知识上的分工，这在行政管理领域尤为明显。行政管理者以其所掌握的专门知识对社会公共事务进行管理，科学性是对行政管理者的基本要求。这意味着公共行政本身有其内在的运行逻辑，行政过程有其规律性，这种规律性不依人的意志为转移，人们在行政管理过程中，应当尊重科学规律，而不能违背公共行政自身的规律性。

当西蒙说管理就是决策时，他所理解的行政管理就是理性化的决策过程。按照西蒙的说法，行政决策首先是发现事实，了解事实，从中寻找因果规律，然后才能做出决策。因而这种行政理性就要求“完整地描述每个备选策略所产生的各种结果，并对这些结果进行比较。他必须从各个层面上了解他行为的变化可能导致的变化，必须使用无限延伸的时间、无限扩展的空间和无穷的价值观来探究各种行为结果”[①]。但是西蒙否认建立在经济人基础上的完全理性决策模式，经济人假设把社会看成是一个静态的分布状态，完全理性要穷尽一切可能，需要收集与决策直接相关的所有信息，这样的决策才是完全理性最期望的。但由于人自身的局限性，这在事实上无法达到，它至多是一种美好的理想状态，因而西蒙认为行政决策只能是有限理性的。[②]但只要

① 〔美〕赫伯特·西蒙：《管理行为》，詹正茂译，北京：机械工业出版社 2011 年版，第 71 页。

② 〔美〕赫伯特·西蒙：《管理行为》，詹正茂译，北京：机械工业出版社 2011 年版，第 77、84、108 等页。

我们承认决策不能跟着感觉走，只要我们承认工业社会中行政管理事务的复杂性，承认行政管理本身的规律性，承认经验性决策无法适应工业社会纷繁复杂的现实，那么，我们就必须承认行政管理过程中必须遵循科学精神，必须准确把握事情本身的状态，才能了解问题之所在，才能尽快找到问题的症结，也才能尽快找到解决问题的办法。任何公共政策的制定都是因应现实问题的需要。这意味着现实社会公共问题成为政策制定的起点，意味着我们首先要对现实存在的社会问题进行科学分析，既不文过饰非，也不惶恐难安，要有科学的态度与方法，对社会公共问题的起因、现状以及发展趋势等基本情况有一个本真的了解，反映问题的现状，寻找事物的规律性。质言之，就是要了解社会问题的现状，这当然需要从现实出发，从事物的实际出发。

另一方面，公共行政的科学精神还要求我们必须尊重行政管理对象本身的规律性。工业社会日益纷繁复杂，社会公共事务也日益增加和复杂化。在此过程中，行政管理对象也有自己的规律性，这种规律性要求我们以科学的态度来把握它，原来那种仅凭经验、主观随意的理解显然是无法做到的。社会本身由于人的参与，使这种规律性比自然界更复杂、更隐晦。但这不能成为否认社会自身没有规律性的理由。对社会公共事务的管理同样也要按照事物本身的规律来进行，它遵循科学的逻辑，要求我们在行政管理过程中必须尊重行政管理对象自身的规律性。

三、职业化进程中的专业精神

工业社会是一个功能分化的社会，也就是说社会越来越呈现出领域分化的特点，随着功能分化而产生的社会分工也越来越专业化、细密化。有分工就需要合作，有合作就需要专门的组织来对不同的组织与部分进行协调与管理。在这个意义上，行政管理本身是作为自组织的社会系统有序运转必不可少的一部分。正因为如此，公共行政不应当笼罩上神圣的光环，而应被看作一种职业，是同教师、警察、工程师等一样的职业。如果说这个职业有什么特殊性的话，其特殊性在于，它应当承担更多的责任。公共行政在现代社会走下圣坛，与其他职业一样，它自身也开始了职业化的进程。换言之，工业社会中行政管理存在的理由就在于它是社会功能分化的产物，同时这种社会分工也必然要求行政管理实现专业化。

不仅如此，行政管理自身作为一种组织化存在，也必然意味着其内部的专门化与专业化。对行政管理来说，一方面，当我们把它当作管理来看时，也就意味着它必须由具有专业知识、受过专门培训的人来操作；另一方面，当我们把行政管理作为一种组织来看的话，由于这种组织本身的巨型化，其内部也必然产生相应的专业部门，有其内部的专业分化。这一点在行政组织内部已经得到充分体现。正如米歇尔斯所分析的那样，“随着组织的发展，它不仅面临更为复杂、难度更大的行政管理上的事务，而且随着这些事务愈来愈庞杂和专业化，处理它不再是轻而易举的事情。随着组织的快速发展，不仅管理事务的数量在增加，而且处理这些事务需要更专业化的技能，后者最终促使组织功能不断走向分化”[①]。随着组织规模的不断扩大，不可避免地产生组织功能上的分化，这就需要专门人员来对这些组织内的公共事务进行管理，对行政管理来讲，也同样需要专门人员，即我们所说的专家来领导、管理社会公共事务。随着组织规模的扩大，组织事务的日渐庞杂，普通民众越来越无法直接管理社会公共事务，包括组织内部的公共事务，因而不得不让位于专门的管理者，这就使专业化管理成为必然。

由于那些处在管理岗位上的管理者本身具有知识的独占性，也

① 〔德〕罗伯特·米歇尔斯:《寡头统治铁律》，任军锋等译，天津：天津人民出版社2003年版，第29页。

由于他们在管理岗位上能够经历实践的历练，这样他们就获得了普通大众所没有的管理技能与专业知识，从而使自己变得不可或缺。这样，他们逐渐占据了行政管理中的优势地位。正如米歇尔斯所说，“在所有管理事务中，做出决断需要有专门的知识，而且为了执行这些决断，某种程度上的权威是必不可少的”[①]。尽管这些专家因其所掌握的专门知识与管理技能而具有知识上的权威性而有违于工业社会通行的民主原则，但这是一种必要的不幸。[②]社会分工原则导致专业化，而专业化必然要求具有相应专门知识的人来从事社会管理。正是在这个意义上，米歇尔斯的看法是准确的，他看到了社会分工所导致的专业化趋势，并因此而承认管理专家的必要性。他说：“同样，在政治领域，病患必须接受领袖的指挥，因为后者具有普通人所不具备的政治能力。”[③]尽管米歇尔斯有为法西斯统治进行辩护的嫌疑，但他的致思方向值得我们深思，即他揭示了因为社会分工而导致的知识专家及行政管理专业化在工业社会的不可避免性。

作为适应工业社会的一种普遍组织形式，“官僚体制化的行政管理优越性的强大手段是：专业知识”[④]。这种专业知识的不可或缺性，已如前述，这里不再赘述。工业社会“对于支撑着它的外在机构来说，正是要求要拥有熟悉‘业务’的专家，这种文化愈是复杂和愈是专门化，就愈加要求不掺杂人性的、因而严格‘业务的’专家”[⑤]。如果我们承认行政管理也是管理，行政管理本身也具有技术性的一面，如果我们承认工业社会中行政管理的很多方面都不涉及政治，如果我们承认工业

① 〔德〕罗伯特·米歇尔斯：《寡头统治铁律》，任军锋等译，第76页。

② 〔德〕罗伯特·米歇尔斯：《寡头统治铁律》，任军锋等译，第76页。

③ 〔德〕罗伯特·米歇尔斯：《寡头统治铁律》，任军锋等译，第77页。

④ 〔德〕马克斯·韦伯：《经济与社会》上卷，林荣远译，北京：商务印书馆1997年版，第248页。

⑤ 〔德〕马克斯·韦伯：《经济与社会》下卷，林荣远译，北京：商务印书馆1997年版，第298页。

社会中行政管理更多的是向社会提供公共产品与公共服务，那么我们就无法否认行政管理的技术性。

公共行政是一种管理，而管理的技术性也就意味着业务型专家是可欲的。一方面，工业社会本身的复杂性以及行政管理事务乃至行政组织内部的高度复杂性，要求行政管理者具有相应的专业知识、专业水准与管理技能，与一知半解的普通民众相比，行政管理者因为其所拥有的知识与管理技能而成为专家；另一方面，这些具有专业知识与技能的人事实上又很难称为真正的或称职的专家，原因在于，他们仅仅是运用其所掌握的专业知识从事管理或公共管理，这意味着他们并不以此作为专门领域进行研究，与那些专门从事精深研究的专业人士相比，他们确实有愧于“专家”这个称号。在这个意义上，沃尔多称之为“业余型专家”。这种“专家”是在广义上使用的，即他们非常熟悉所涉及社会公共问题的技术性特质，他们是知识的协调者而非对某一领域内部的某个方面进行精深研究的人。与其说他们是律师、政治家、金融家、工程师，不如说他们是这些专家的综合。在这个意义上，他们是“杂家”。[①] 作为管理者，他们必须了解其所在职位所要求的专业知识，但他们并不需要以此为业，像科学家那样去进行专门研究。虽然他们无法和本领域的科学家相提并论，但因为他们掌握着比一般平民百姓多得多的专业知识与管理知识，在这个意义上，他们确实可以被称为“专家”。“业余性”丝毫不意味着降低他们的专业水准、职业操守要求，丝毫不意味着他们在从事行政管理过程中不需要遵守职业伦理，也不意味着他们不需要提高自己的专业水平与技能，不意味着他们在行政管理中不需要坚守专业精神，而是相反。

① Dwight Waldo, *The Administrative State*, New Brunswick: Transaction Publishers, 2007, p. 95.

公共行政的复杂性在于，它是众多专业领域综合的结果，涉及许多专业领域的知识与技能。公共行政需要专业精神，行政管理首先应当被作为一个专业化很强的领域来看待。这一方面是因为行政管理具有管理的属性，尽管曾面临过“合法性危机”，但行政管理的历史一再向我们显示了其独立性，这种独立性意味着我们需要尊重作为管理的行政的客观规律性；另一方面，社会公共事务日益纷繁复杂，各种社会公共事务都有自己的特殊性与特定规律，即使在行政管理内部，由于行政组织规模的扩大，也出现再专业化的趋势，像教育、公共卫生、公共财政、社会福利、公共交通等领域都具有很强的专业性，这就需要我们去熟悉这些不同领域与部门自身的专业知识与专业本身的规律，而不是盲目进行决定，因为一方面对行政管理者来说，其本身所拥有的知识是有限的，另一方面，即使他了解这些知识，也需要对这些领域的知识有一种敬畏感，需要秉承专业精神，根据专业要求，按照专业伦理来进行管理、操作与决定。

第二章
经验化的行政管理

根据我们已经建构起的分析模型来看，农业社会的行政管理是强权政治之下的统治工具，是直接听命于统治者个人意志的工具。在这里，没有也不可能有现代意义上的科学化行政。换句话说，按照现代科学的标准，农业社会还不可能拥有现代意义上的行政管理，如果说农业社会中有行政管理的话，至多是经验化的行政管理。在此基础上的行政精神既无理性也无价值，它只能是经验型的行政精神。

第一节　统治行政

我国著名行政学家张康之教授根据历史的演进，把行政管理分为统治行政、管理行政与服务行政三种基本类型。[①] 他认为与农业社会相适应的行政管理类型是统治行政。[②] 统治行政作为人类社会第一种基本的行政管理类型，至今仍然在社会生活中产生着这样或那样的影响，因而需要对它进行仔细梳理。

一、强权政治

利益与权力构成考察政治生活的两个重要维度。恩格斯说过："一切政治斗争都是阶级斗争，而一切争取解放的阶级斗争，尽管它必然

---

① 具体请参见张康之：《寻找公共行政的伦理视角》（修订版），北京：中国人民大学出版社 2012 年版。

② 当然，也有人提出不同看法，认为在古代社会没有所谓的行政管理。

地具有政治的形式，归根到底都是围绕着经济角度进行的。”[①] 邓小平也说过，经济建设是最大的政治。[②] 按照经典作家的看法，有生命的个人存在是任何人类历史的前提，而为维持个人生命，人必须有生产与生活，为着生产与生活，也就产生了人们对利益的追求。但是利益的维护与实现并不是自动与自发的过程，而是能动的过程。当不同群体利益产生矛盾时，当群体内部的成员利益与群体的共同利益产生矛盾时，也就产生了寻求一种权威性力量来解决矛盾的需要，这就是政治的产生。因而我们说，政治是经济的集中表现。利益在社会制度层面就体现为权利，而政治生活中很重要的一项内容就是决定谁享有权利。此外，权力也是政治的重要维度之一。这一维度是如此重要以至于有人认为政治就是围绕权力而产生、运行的。中国历史上的法家主张政治之核心就是法、术、势的灵活运用。意大利思想家马基雅维利认为“政治是夺取权力、掌握权力的必要方法的总和”，因此，政治的目的不过是获取并保持权力，政治的手段则是玩弄权术。马克斯·韦伯曾说过，政治就是“争取分享权力或者争取对权力分配施加影响，不管是国家之间的权力分配也好，也不管是国家所包括的人的群体之间的权力分配也好”[③]。如前所述，利益构成人类活动的出发点，围绕着对利益的维护与实现，人们形成一定的政治关系，结成不同的政治力量，而且希望通过掌握或影响权威性力量来切实维护与实现自身利益，这一权威性力量就是权力。这也就是说，政治总归与权力有关，不管这种权力的性质如何。正是在此意义上，政治学者李景鹏教授认为：“权力和利益问题，可以概括包括阶级斗争问题在内的各种政治现象的本质。”[④] 基于对政治的这样一种认识，笔者曾提出强权政治的概念并对之

---

① 《马克思恩格斯选集》第 4 卷，北京：人民出版社 1995 年版，第 251 页。

② 《邓小平文选》第 2 卷，北京：人民出版社 1994 年版，第 163、249 页。

③ 〔德〕马克斯·韦伯：《经济与社会》下卷，林荣远译，第 731 页。

④ 李景鹏：《权力政治学》，北京：北京大学出版社 2008 年版，第 9 页。

做了较为系统的分析。[①]

经历了原始初民社会未经分化的原始民主政治之后，人类首先经历的政治生活范式是强权政治。在强权政治下，政治生活的核心是争夺权力，人们千方百计争夺与控制权力是为了保持权力，是为了少数人的利益。正如马克思所说，在封建专制社会中，国家对社会生活实行全面控制，使社会依附于国家，社会的经济生活和文化生活依附于政治生活，社会组织依附于国家政治强权。[②]在强权政治下，政治笼罩一切，文化、传统乃至日常生活都被政治化了，政治渗透到社会生活的所有方面。在某种意义上，可以说，政治主宰社会，权力决定一切。强权政治在农业社会中最为典型。无论是奴隶社会还是封建社会，历史上尽管也出现过所谓的“贞观之治”、“康乾盛世”等，但这些都回避不了一个问题，即它们的主要统治形式是皇帝或国王的专制统治。而为了维护皇帝或国王的专制统治，政治必然是强权式的。正如黑格尔在《历史哲学》中所说：“各种政治制度都集中在皇帝一个人身上；道德的维系不再存在；只有皇帝的意志是最高无上的，在他的面前一切平等。皇帝周围的那些被解放了的奴隶，时常是全帝国内最有势力的人；因为一切都是独断行事，所以没有差别。……这个独夫专制只受一重限制，一切生人都要受到的限制——就是死亡……特殊的主观性毫无管束，毫无内在性，既不前瞻，又不后顾，没有懊悔，没有希望，没有恐惧，没有思想……因为这一切都包括着一定的条件和一定的目的，而这里每一个条件却纯粹是偶然的。……只是绝无拘束的任性任意。它在别人意志中间不受丝毫限制，以致意志对于意志的关系可能称为绝对主权对于绝对奴隶状态的关系。”[③]由于把最高权力看作

① 具体请参见拙文：《政治生活的范式变迁》，《马克思主义与现实》2013 年第 2 期。

② 《马克思恩格斯全集》第 3 卷，北京：人民出版社 2002 年版，第 42—43 页。

③ 〔德〕黑格尔：《历史哲学》，王造时译，上海：上海书店出版社 2006 年版，第 294—295 页。省略号为引者所加。

是皇帝一家之私产，为了保证最高权力始终掌握在皇帝一家一姓手中，最高统治者总会千方百计来维持这种已经掌握的权力。比如，嫡长子继承制就是为了维持这种家天下的权力而采取的由生物特征来决定权力归属的一种方式。即使如此，围绕着权力的争夺，也经常上演着悲剧与喜剧。

因为权力的排他性，因为权力只能在极少数人之间享有，为了争夺与维护政治权力，强权政治下权谋与暴力成为最常见的事情。一般而言，权力获取有两种方式：和平与武力。在中国古代历史上，改朝换代时的权力争夺主要是通过武力进行的。为了使这种最高权力一方面始终掌握在皇帝家室中，另一方面又能以和平的方式传承下去，确立了嫡长子继承制。但因为最高权力的唯一性，这一原则在实际政治生活中并未得到很好地执行。根据有关学者的研究，在中国历史上，尽管围绕皇位问题确立了嫡长子继承制，使权力交接得以以和平的方式进行，但历史上真正嫡出的皇帝并不多。如秦汉两朝 28 个皇帝中，以嫡子继位者仅西汉惠帝、元帝、成帝 3 人，东汉皇帝竟无一人是嫡出；两宋 18 个皇帝中只有 3 个是嫡出，明代 16 个皇帝中仅 5 人是嫡出。[①] 为争夺最高权力，无所不用其极，血腥与暴力在所难免。《吕氏春秋 · 孟秋记 · 荡兵》中说：“胜者为长，长则犹不足治之，故立君；君又不足以治之，故立天子。天子之立也，出于君；君之立也，出于长；长之立也，出于争。”争就要靠武力。因而在中国历史上为争夺最高权力经常上演的是刀光剑影、宫廷阴谋与政变。为了争夺最高统治权力，不惜父子相残、兄弟相戮、母子互戗。至于阴谋诡计，翻手为云、覆手为雨，更是家常便饭。[②] 每到改朝换代的时候，武力是最正常不过的工具了。其实，西方封建社会也是如此，围绕着最高权力也经

---

① 杨鸿年等：《中国政制史》，武汉：武汉大学出版社 2012 年版，第 27 页。

② 参见周良霄：《皇帝与皇权》，上海：上海古籍出版社 2006 年版。

常上演着杀戮与阴谋。[①]

强权政治是少数人之间的政治游戏。国家既然是皇帝一家之私产，那么政治及其权力运用也就成为一种特殊事务。正如马克思所说，封建专制下的政治“必然表现为一个同人民相脱离的统治者及其仆从的特殊事务”[②]。他们为了最高权力而展开赤裸裸的争夺，政治也仅仅是为了维护极少数人的利益。正如亨廷顿所说：“在普力夺的一切阶段里，各种社会势力直接相互作用，很少或压根儿就不将他们的私人利益和公众利益联系起来。在普力夺寡头统治社会里，政治就是个人和家庭集团之间的斗争；在激进的普力夺社会里，政治就是各小圈子之间的斗争加上制度性和职业团体之间的斗争。”[③]

如前所述，强权政治下政治是少数人为了自身的利益而进行的权力争夺，所以农业社会中广大民众毫无基本权利可言。在孟德斯鸠看来，在专制政体中由于最高权力掌握在一个人手中，最高统治者就对他人拥有了生杀予夺的大权。而且由于这种最高权力不受任何限制，这就使得最高统治者可以为所欲为。被统治者如果要想活命，其唯一的原则就是服从。皇帝之下的其他人都是他的臣民，都是他的奴才，“人只是服从于那个发号施令的生物脚下的另一个生物罢了”[④]。奴隶社会的奴隶没有任何人身自由，是奴隶主阶级的私人财产，他们没有独立的人格，因而没有任何人身权利，更谈不上政治权利。自由民中的平民虽然有生命权、人身权和财产权，甚至有一定的政治权利，但不能从根本上决定社会公共事务。封建社会的地主阶级虽然不能任意剥夺农民的生命，但是由于地主占有土地，因而农民对地主存在着人身

---

① 〔法〕布洛赫：《封建社会》下卷，李增洪等译，北京：商务印书馆 2009 年版，第 620—623 页。

② 《马克思恩格斯全集》第 3 卷，第 187 页。

③ 〔美〕塞缪尔·亨廷顿：《变化社会中的政治秩序》，王冠华等译，第 164 页。

④ 〔法〕孟德斯鸠：《论法的精神》上卷，许明龙译，北京：商务印书馆 2012 年版，第 39 页。

依附关系。封建社会的农民没有人身自由，也谈不上享有政治权利。[①] 这样，强权政治下的广大民众处于一种受奴役与压迫的状态中，没有人身自由，毫无权利可言。

二、统治工具

政治的核心是权力，是不同阶级、社会阶层为了争夺或影响权力而进行的活动。而强权政治则在这方面体现得更为明显，也就是说，它体现为对权力不加掩饰的争夺。与此同时，强权政治作为农业社会政治生活的典型形态，与农业社会本身的特点相适应。农业社会本身是未分化的社会，社会混沌一体，我们现在所熟悉的政治、经济、行政管理等领域的分化在这时还未出现。“当政府与社会处于一体化的状态时，政府所代表的也就是这个社会中的某一个阶级或阶层的利益，只有当政府相对独立于社会时，才有可能凌驾于社会之上而成为具有公共性的存在物……在近代之前的农业社会，政府（如果把那个社会中的管理活动主体即朝廷及其派出机构称作政府的话）与社会是一体化的混沌整体，政府居于社会之中，是作为社会的一个部分而出现的，它本身就是统治的力量。即使在独立性的意义上去认识它，所看到的也是它作为统治阶级最高代表——皇帝、国王等——的手臂和工具的性质。”[②] 这样，作为统治阶级的最高代表——皇帝、国王等及其仆从所拥有的是一种整体性权力，即他们可以广泛行使在我们今天看来的政治、经济、司法、军事等权力，而不用担心会有集权、专制的嫌疑。“其中所有的社会管理职能诸如经济、司法、行政和军事都是由同一批人行使。与此同时，国家由一些小的社会集团构成，每一个集团都拥有足够实现自足的手段。”地方官员“不但要负责运河的养护，监

---

① 《毛泽东选集》第 2 卷，北京：人民出版社 1991 年版，第 624 页。

② 张康之等：《公共行政的概念》，北京：中国社会科学出版社 2013 年版，第 46 页。

督农业生产，而且掌管司法，催缴税赋，指挥军队”[①]。

农业社会是一体化社会，没有今天我们所看到的社会领域的分化以及专业职能管理部门的出现。马克思曾说过：“在中世纪，财产、商业、社会团体和人都是政治的；国家的物质内容是由国家的形式设定的。每个私人领域都具有政治性质，或者都是政治领域；换句话说，政治也就是私人领域的性质。”[②]伯尔曼在论述西方社会法律的演进时也曾提及，中世纪欧洲政教合一，在一段时期教权高于世俗政权，教皇享有对整个社会的最高统治权。在伯尔曼看来，“教皇便是最高的立法者、最高的行政官以及最高的法官。他可以制定法律、课行征赋税、惩罚犯罪。他可以安排教会的薪俸事务并对教会所有财产的取得、管理以及转让具有最终的权威。”“他还是一位可以在任何地方行使权力的第一审级法官。”[③]在农业社会，没有我们现在所说的公共领域和私人领域的分化，家国天下，国家是皇帝的个人家产，天下是皇帝家的天下。国家与社会高度一体化，表现为国家、政治高于一切，表现为政治在整个社会生活中的绝对支配性地位，表现为国家权力在整个社会中居于支配性地位。因为农业社会主要是对稀缺资源的分配，而稀缺资源的分配，在当时的条件下显然做不到由所有人共同决定如何进行。在这里，要进行分配就需要权威，而最有权威的分配手段莫过于政治强权了。正因为如此，谁占有了权力，谁就掌握了资源的分配权。人们总是想方设法去接近或掌握权力。

政治生活中最惊心动魄的事情莫过于掌握国家权力。根据经典作家的解释，国家是阶级统治的工具，“它照例是最强大的、在经济上占统治地位的阶级的国家，这个阶级借助于国家而在政治上也成为占统

---

① 〔意〕加埃塔诺·莫斯卡：《政治科学要义》，任军锋等译，第146、147页。

② 《马克思恩格斯全集》第3卷，第42页。

③ 〔美〕哈罗德·伯尔曼：《法律与革命》第一卷，贺卫方等译，北京：法律出版社2008年版，第201页。

治地位的阶级，因而获得了镇压和剥削被压迫阶级的新手段”[①]。国家是阶级矛盾不可调和的产物，是阶级统治的工具，这样一个权威性解释清楚地说明了国家的根本性质，即它首先是作为统治工具而存在的。而国家的主要任务就在于两个方面：一方面是维护占统治地位的阶级对整个社会的统治，另一方面就是对社会公共事务进行管理。而在农业社会这样还未发生分化的社会里，在政治与行政还处于浑然一体的社会里，尽管社会中存在着对公共事务进行管理的要求，事实上也存在着行政管理，但却没有专门化的公共管理部门，行政管理是作为政治统治的副产品而存在。用马列经典作家的话来说，阶级统治职能只有当它体现为社会管理职能时才能进行下去，或者说只有当它履行了社会管理职能后其阶级统治才能维持下去。行政管理、社会管理是国家进行阶级统治不得不进行的附加活动。政治统治直接服务于统治阶级的阶级统治，直接服务于统治阶级维护其统治地位长治久安的需要。这样作为行政管理的最初形态的统治行政首先是作为统治工具而存在的，尽管它也曾顽强地表现出自己的公共性来。正如张康之教授所说：“统治行政是在政治与行政尚未实现分化条件下的行政管理活动，它直接服务于阶级统治和统治利益的实现，属于统治阶级的行政。”[②]

严格说来，我们今天所共享的一些基本价值，诸如自由、平等、正义、博爱、民主等所谓的普世价值——如果说有普世价值的话，是近代以来的产物。也就是说，政治生活乃至今天人们孜孜以求的自由、平等、民主等基本价值是启蒙时代以来的产物，是资产阶级革命所带来的成果。用今天的眼光来看，统治行政不可能有什么共享的基本价值。这是因为，这种意义上的政治是强人之间的游戏，这种游戏往往充满血腥与暴力，充满欺诈与诡计。黑格尔在评论中国人的特点时曾

① 《马克思恩格斯选集》第 4 卷，北京：人民出版社 1995 年版，第 172 页。
② 张康之等：《公共行政的概念》，第 44 页。

说，“正由于他们自暴自弃，便造成了中国人极大的不道德。他们以撒谎著名，他们随时随地都能撒谎。……他们的欺诈实在可以说诡谲巧妙到了极顶。”① 中国人的品性如何、民族性如何暂且不论，单就黑格尔所揭示的问题而言，确有值得我们深思的地方。农业社会以权力作为社会治理的主要方式，由权力进行资源的配置，谁掌握了分配资源的权力，谁就掌握了对社会的控制权，这意味着争夺权力就成为农业社会最为惊心动魄的事情。尤其是当这种分配资源的最高权力事实上只能由一人占有时，人们之间争夺最高权力的激烈程度可想而知。这样，马基雅维利的“政治生活是肮脏的”、“政治无道德”等判断就可以得到合理解释了。政治就是政治，就是争权夺利，政治毫无道德可言。对于政治统治来说，当马基雅维利说君主应当像狮子一样勇猛，像狐狸一样狡猾时，他实际上表达了政治毫无信义可言这样的看法。政治就是一个争权夺利的战场。控制或持续掌握这种权力，实现对国家权力的长久占有，这些几乎占据了那些身居高位的统治者的全部注意力，政治本身具有何种价值是不为人们所注意的。作为政治统治得以顺利进行下去的副产品的统治行政自然更谈不上有什么价值性，它存在的唯一价值就是成为政治统治的驯服工具。

国家的现实存在状态更多地表现为政府及其活动。作为以物质形态存在的政府，其主要任务就是直接为统治阶级的阶级统治服务，直接服务于占统治地位的少数统治阶级的利益。正是因此，农业社会的政治统治以及相应的统治行政把广大人民排除在外。政治统治是少数人所享有的特权，正如马克思所批判的那样，“官僚政治要维护普遍利益的虚构的特殊性，即它自己的精神，就必须维护特殊利益的虚构的普遍性，即同业公会精神”。官僚集团倾向于把自己所从事的行政管

① 〔德〕黑格尔：《历史哲学》，王造时译，上海：上海世纪出版集团、上海人民出版社2006年版，第122页。省略号为引者所加。

理当作秘密，倾向于把自己当成封闭的团体。事实上，他们也是这样做的。“国家的目的变成行政办事机构的目的，或者行政办事机构的目的变成国家的目的。官僚政治是一个谁也跳不出的圈子。它的等级制是知识的等级制。”“官僚政治的普遍精神是秘密，是奥秘；保守这种秘密在官僚政治内部靠等级制，对于外界则靠它那种封闭的同业公会性质。”[①] 对于农民来说，他们不享有任何权利，他们是受统治、受压迫、受剥削的对象，毫无权利可言。毛泽东在分析中国封建社会时曾指出：“在封建国家中，皇帝有至高无上的权力，在各地方分设官职以掌兵、刑、钱、谷等事，并依靠地主绅士作为全部封建统治的基础。”中国历代的农民“被束缚于封建制度之下，没有人身的自由。地主对农民有随意打骂甚至处死之权，农民是没有任何政治权利的”[②]。“中国政治自来就不许人民具有何等基本权利观念，所以，任何基本权利被剥夺、被蹂躏，他们很少在法的范围内去考虑是非。”[③] 管理社会公共事务的活动是少数人享有的特权，占人口绝大多数的民众是被排除在管理活动之外的。

三、主奴道德

梅因曾说过，所有进步的社会运动，迄今为止，是一个从身份到契约的运动。[④] 这也就是说，工业社会之前的农业社会是一个身份社会，而身份意味着等级。身份标识着一个人处于社会等级金字塔的不同层级。身份等级造就的是主奴社会关系。经历了原始初民社会那种朴素的平等关系之后，随着生产方式的变化，人类社会进入一种新型的社

① 《马克思恩格斯全集》第3卷，第59、60页。

② 《毛泽东选集》第2卷，第624页。

③ 王亚南：《中国官僚政治研究》，北京：商务印书馆2010年版，第36页。

④ 〔英〕亨利·梅因：《古代法》，高敏等译，北京：中国社会科学出版社2009年版，第130页。

会关系——主奴关系之中。农业社会没有现代意义上的专业分工，也没有行政管理的内部职能分工，一切都还处于混沌未分的状态。“官员没有系统的劳动分工。家长把政治管理当作他的个人事务，并把权力分派给所需的行政人员以完成特定的任务。作为个人的家臣，每个官员的特权可以根据统治者的兴之所至在任何时候给予或取消。统治者可以随意对待行政官员，官员同样也可以随意处置臣民。”①

主人与奴隶构成农业社会对立的两极，主奴关系是农业社会占支配性地位的社会关系。黑格尔曾考察过主奴关系的形成及其历史意义。“通过这次经验一个纯粹的自我意识和一个不是纯粹自为的，而是为他物的意识就建立起来了，这就是说，作为一个存在着的意识或者以物的形态出现的意识就建立起来了。”“其一是独立的意识，它的本质是自为存在，另一为依赖的意识，它的本质是为对方而生活或为对方而存在。前者是主人，后者是奴隶。”②主人对奴隶拥有生杀予夺的大权，而奴隶则不过是主人手中的工具而已。至于农业社会中的官僚，他们同样也不过是主人手中的奴才而已。王亚南曾说，中国封建社会中的“官僚或官吏就不是对国家或人民负责，而只是对国王负责。国王的语言，变为他们的法律，国王的好恶，决定了他们的命运（官运和生命），他们只要把对国王的关系弄好了，他们就可以为所欲为的不顾国家、人民的利益，而一味图所以自利了”③。在农业社会的专制统治下，皇帝或国王是官僚体系的最高代表，而他所依赖的统治集团中的官员则无异于大大小小的小皇帝，他们共同强化着皇帝的绝对统治权力。“这种绝对支配权力愈神圣、愈牢固，他们托庇它、依傍它而保持

① 〔美〕乔纳森·汤普金斯：《公共管理学说史》，夏镇平译，上海：上海译文出版社2010年版，第49页。

② 〔德〕黑格尔：《精神现象学》上卷，贺麟、王玖兴译，北京：商务印书馆1979年版，第127页。

③ 王亚南：《中国官僚政治研究》，北京：商务印书馆2010年版，第10页。

的小皇帝的地位，也就愈不可侵犯和动摇了。”①

在人格关系上，在主奴关系的基础上形成了主人与奴隶两种人格。主人在人格上是独立的，而奴隶是非独立的，直接或间接依赖于主人。俄国作家陀思妥耶夫斯基曾生动地描绘了专制政体下主奴关系对人格所造成的扭曲。“当一个人有了主导其同类一切的不受限制的权力的时候，当一个人将另一个人贬低到无以复加的境地的时候，他就会忍不住要为非作歹。暴政是一种习惯。最终会转化一种病症。本来顶好的人却变得如野兽般残忍。嗜血、精神被彻底扭曲，而这反而成了取乐的手段。有时，整个民族都可能变得放纵，而社会尽管鄙视官方的刽子手，却不会鄙视掌握绝对权力的刽子手。”② 主人所享有的不受限制的权力，他对其他人的人身乃至命运的支配权，使得他沉浸在自己的主观任性中，并在想象中把自己的意志当作国家或社会的共同利益，更可怕的是，主人因为权力的不受限制而来的放纵，由权力行使而带来的满足感，让他更生活在虚幻中。这种因权力的神圣性而产生的示范效应，驱使大大小小的官僚们向往着能走向权力的顶峰，能在官场中如鱼得水。然而由于物质生产的原因，主人“通过奴隶间接地与物发生关系”，“主人把奴隶放在物与他自己之间，这样一来，他就只把他自己与物的非独立性相结合，而予以尽情享受；但是他把对物的独立性一面让给奴隶，让奴隶对物予以加工改造”。“主人是通过另一意识才被承认为主人的，因为在他们里面，后者是被肯定为非主要的，一方面由于他对物的加工改造，另一方面由于他依赖一个特定的存在，在两种情况下，他都不能成为他的命运的主人，达到绝对的否定性。”③ 在本质上，在对物的关系上，主人的独立性变为依赖性，奴隶的依赖性转变为独立性。这样，黑格尔通过对生产劳动历史作用的洞悉，深

① 王亚南：《中国官僚政治研究》，北京：商务印书馆 2010 年版，第 55 页。

② 转引自〔意〕加埃塔诺·莫斯卡：《政治科学要义》，任军锋等译，第 195 页。

③ 〔德〕黑格尔：《精神现象学》上卷，贺麟、王玖兴译，第 128 页。

刻揭示了主人与奴隶之间相互转化的现实可能性。

主奴生活的核心是奴化。黑格尔在分析主奴关系时曾指出，“在主人面前，奴隶感觉到自为存在只是外在的东西或者与自己不相干的东西；在恐惧中他感觉到自为存在只是潜在的”，这种由于主人的生杀予夺大权而产生的恐惧感，如果“没有服务和听从的训练则恐惧只停留在外表形式上，不会在现实生活中震撼人的整个身心”[①]。而要使奴隶安于现有生活秩序，维护统治阶级的统治，统治阶级必然会对奴隶进行“服务和听从的训练”，这种训练更多是从国家层面建构起统治者所向往的生活秩序以及相应的道德行为模式。“伦理实体所保有的对立，曾是严密地保持在它的简单的意识之内的，而且，这简单的意识和它自己的本质曾是一个直接的统一体。”“伦理精神的世界是精神自己固有的当前现实；这个世界的每一个势力因而都处于当前现实这个统一体之中，而且虽然两种势力是彼此分开的，它们各自仍然跟整体保持着平衡。没有任何东西具有自我意识的否定物的意义；甚至连已死的精神也还是当前现存于亲属的血液、家庭的自我（主体）之中，而政府的普遍权力则是意志、民族的自我。”[②] 在严格的宗法等级制度中，作为“已死的精神”的主奴等级制，成为联系家与国的纽带。在这种僵化的主奴关系中，人的个性完全被扼杀，并训练出一个又一个奴才。

主奴生活中所孕育出的奴性，一旦形成，就会在历史文化的积淀中具有某种顽固性。主奴关系以及主奴生活所造就的奴性，造成奴才们的双重人格。一方面，奴才总想着如何飞黄腾达，成为主子，一旦成为主人则又拿起别人曾用过的大旗来为自己服务。另一方面，对主子奴颜婢膝，对不如自己的人大耍威风，既被主子奴化，又想奴化他

① 〔德〕黑格尔：《精神现象学》上卷，贺麟、王玖兴译，第131页。

② 〔德〕黑格尔：《精神现象学》下卷，贺麟、王玖兴译，第38、39—40页。

人。为主人者，得意扬扬，仿佛自己是救世主一般，颐指气使，“中世纪伯爵周围都是武装家臣和仆从，他们几百年来一直依附于伯爵家族，依靠伯爵土地上出产的物品维持生计；在法国和意大利，一份电报就能将地方长官和将军手中的权力剥夺，甚至可以中止向他们发放薪金”[①]。为奴才者，奴性十足，把主子的利益看得高于一切，时刻围绕主子转，处处以主子为中心。黑格尔在其《历史哲学》中论述东方社会时曾说过，“那个‘普遍的意志’直接命令个人应该做些什么。个人敬谨服从，相应地放弃了他的反省和独立。假如他不服从，假如他这样等于和他的实际生命相分离，那么，在这番分离之后，他既然不反求他自己的人格，他所受的刑罚也就不致于影响他的内在性，而只影响他外在的生存。所以这个国家的总体固然缺少主观性的因素，同时它在臣民的意见里又缺乏一种基础”[②]。更可怕的是，在主奴生活长期熏陶下的奴隶注定了精神上对主子的绝对依附，个人的独立人格彻底丧失，有奶便是娘，只有攀附和寄生在主子身上才能苟延残喘。其实，这些奴性十足的人活得最明白，他们没有那么多禁忌，也没有什么良知，更不需要什么独立人格，只要主子给他们食物即可。至于什么时候选择什么样的主子，都不是主要的。谁能给他们带来实惠，才是最根本的，他们随时可以改换门庭。人们选择依附于某位主子，是因为能给自己带来利益，因为有利可图，但在此基础上形成的精神上的人身依附却是最可怕的，奴才做惯了，甘做奴才，形成奴性。这才是主奴关系以及主奴生活对人，尤其是对一些为官者人性上造成的最为可怕的扭曲。即使在今天，我们仍能从某些官员身上或多或少看到残存的奴性，他们依然奴性十足，对上摇尾乞怜，对下颐指气使。

---

① 〔意〕加埃塔诺·莫斯卡：《政治科学要义》，任军锋等译，第 148 页。

② 〔德〕黑格尔：《历史哲学》，王造时译，上海：上海世纪出版集团、上海人民出版社 2006 年版，第 114 页。

第二节　经验性的行政精神

农业社会的社会关系处于一种超稳定状态，甚至在某种程度上达到凝固的状态。这种超稳固的社会关系相对简单，使得作为统治附庸的行政管理只是为了满足统治的需要而提供一些最基本的公共管理。对于统治者或管理者来说，这样简单的行政关系基于日常生活经验就足以应付自如。建立在等级关系之上的统治行政基于统治者与管理者的权力意志，在此基础上所形成的行政精神是经验化的，它取决于统治者与管理者经验教训的累积。

一、经验与传统

恩格斯曾这样说过："在社会发展某个很早的阶段，产生了这样一种需要：把每天重复着的产品生产、分配和交换用一个共同规则约束起来，借以使个人服从生产和交换的共同条件。这个规则首先表现为习惯。"①恩格斯在这里深刻揭示了人类社会沿袭已久的那些规则、习惯、传统的起源。在原始初民社会，人们在与不为自己所掌控的自然长期搏斗的过程中，逐渐积累起最初的生活经验。这种经验以禁忌、习俗、传统等形式表现出来。约定俗成的习惯是人们行为经验的固定化，它来自于并且是为了使社会生活交往规范化、有序化。习惯是人类生活经验的累积。经验的千百次积淀，沿习已久，就逐渐脱离最初的起源，成为某种相对独立的、人们无法控制的力量，以至于有时人们自己也无法清楚地认识传统到底来自于何处。正如恩格斯在描绘原始社会的生活状态时所说："一切问题，都由当事人自己解决，在大多

① 《马克思恩格斯选集》第3卷，北京：人民出版社1995年版，第211页。

数情况下，历来的习俗就把一切调整好了。”[①]

在漫长的农业社会里，按照贝尔的看法，人们主要面对的是如何处理人与自然之间的关系，即人如何在变幻莫测的自然界面前生存下来。而人们所面对的就是土壤、气候、种子、季节等自然因素，人们主要依靠原始的体力来与自然作斗争。在与变幻莫测的自然进行斗争的过程中，人们逐渐积累起丰富的经验。因而我们说，农业社会是一个经验占主导地位的社会。人们所生活的自然环境尽管在发生变化，但是这种变化却是极其缓慢的，和整个宇宙的漫长演变相比，自然界的这种变化几乎可以忽略不计。费孝通先生曾很好地揭示了这种经验至上的社会根源。“乡土社会是安土重迁的，生于斯，长于斯、死于斯的社会。不但是人口流动很小，而且人们所取给资源的土地也很少变动。在这种不分秦汉，代代如斯的环境里，个人不但可以信任自己的经验，而且同样可以信任若祖若父的经验。一个在乡土社会里种田的老农所遇着的只是四季的转换，而不是时代变更。一年一度，周而复始。前人所用来解决生活问题的方案，尽可抄袭来作自己生活的指南。”[②]

这样，农业社会中最有权威的人当然是年长者。与年轻人相比，年长者在应对自然与人事的过程中积累了丰富的经验，这中间既有成功，也有失败。经验是在人们应对恶劣自然环境中的成功实践的积累，在生活实践中，人们最看重的就是生活经验。对经验的重视让年长者在整个社会生活中占有优势地位，社会生活中的矛盾与纠纷也往往是由有经验或有威望的年长者来处理。费孝通曾非常形象地为我们描绘了那些年长者如何来处理社会纠纷的生动场景。他们往往倚老卖老，对当事双方各打五十大板，以一顿臭骂来结束对纠纷的调解，从而显

① 《马克思恩格斯选集》第4卷，北京：人民出版社1995年版，第95页。

② 费孝通：《乡土社会 生育制度》，北京：北京大学出版社1998年版，第50页。

示出农业社会中年长者的至高权威。这里看重的恰恰就是年长者在长期生活中所积累起来的经验。“不听老人言，吃亏在眼前”说明的就是这个道理。反映在政治生活中，就典型地体现为“老人政治”。中国历史上的那些“娃娃皇帝”，背后无不有年长者的身影，他们往往干脆把这些娃娃皇帝当作木偶一般支配，上演了政治统治中一幕又一幕的悲喜剧。

经验的累积成为习惯。黑格尔说习惯是人的第二天性，帕斯卡尔也说习惯构成人的天性。在习惯中，“自然意志和主观意志之间的对立消失了，主体内部的斗争平息了，于是习惯成为伦理的一部分”[①]。习惯是经验的直觉积累，它没有经过理性的反思。因而它并不追问“为什么”，只因历来如此，人们就不假思索地去遵守。习惯成自然。一旦人们把习惯当成自然，习惯就成为一种可怕的力量。“人死于习惯，这就是说，当他完全习惯于生活，精神和肉体都已变得迟钝，而且主观意识和精神活动之间的对立也已消失了，这时他就死了。因为一个人之所以在活动，是因为他还没有达到某种目的；而在争取达到目的时，他就要创造自己发挥自己。目的一经达到，活动和生命力也就消失了，接着而来的乃是对一切失去兴趣，也就是精神或肉体的死亡。”[②]“习俗是没有反对的活动，在那里边只剩下一种形式上的持续，生命的目的原来所特别具有的丰满和深刻，在习俗里是谈不到了，——这已经是一种纯属外部官能的生存，它再也不会兴高采烈地去专心致志于它的事业了，个人是如此，民族也是如此，都在一种天然的死亡里消灭。”[③]习惯固然可以为人们提供某种确定性，为人们的生活提供某种确定的预期、某种生活秩序，但它是以丰富性、多样性的丧失为前提。正因

① 〔德〕黑格尔：《法哲学原理》，范扬、张企泰译，第170—171页。

② 〔德〕黑格尔：《法哲学原理》，范扬、张企泰译，第171页。

③ 〔德〕黑格尔：《历史哲学》，王造时译，上海：上海世纪出版集团、上海人民出版社2006年版，第69页。

为如此，黑格尔对习惯的认识值得我们深思。

习惯在社会生活中通过代际承接而成传统。传统是人们已往生活经验的积累，是现在的过去。但是只有那些经过历史选择，从而具有某种历史合理性的东西才能成为传统。换句话说，并非任何事物都可以构成传统。传统是许多代人经过尝试、筛选和考验积累而成，因而传统的形成是个试错的过程。也就是说，只有那些具有历史必然性的东西才能在历史的长河中流传下来，才能构成我们所说的活的传统。正是在这个意义上，希尔斯称传统是“合理反思的经验之积累”[①]。传统是人们在长期的社会生活中由经验与习惯积累而成，传统之根在于社会的物质生活。但是传统在其自身的历史流变中，逐渐远离自己的根源，成为一种相对独立的力量，对人们的生活产生潜移默化的影响。

正如黑格尔所说，习惯之所以对人们产生宰制性力量，就在于它取消了个体“自然意志与主观意志”之间的对立。尽管习惯、传统中可能包含着真理的种子，但人们之所以遵守传统，服从习惯，并不是因为它代表某种真理，而仅仅是因为传统就是传统，习惯就是习惯。仅仅因为是传统，人们对传统变得不假思索，认为它天然包含着真理的种子，甚至代表着某种正义。“习俗之所以为人遵守，就仅仅因为它是习俗，而并非因为它是有道理的或者是正义的；然而人民却是由于相信它是正义的这一惟一的理由而遵守它。否则，尽管它是习俗，他们也不会遵守它；因为人们只能是服从理智和正义。习俗缺少了这种东西，就会成为暴政。……它们对人类都是自然的原则。”“人们服从法律与习俗就是好事，因为它们是规律；但是要知道，其中并没有注入任何真实的与正义的东西，要知道我们关于这些，一无所知，所以

① 〔美〕希尔斯:《论传统》，傅铿等译，上海：上海世纪出版集团、上海人民出版社2009年版，第216页。

就只好遵循已为人所接受的东西。”[①] 正因为如此，农业社会中的“模仿对象是较老的一代人和逝去的祖先，他们人虽已消失，却站立在活着的长辈们的身后，令人感受到他们的存在，增强了他们的威望。在一个模仿对象是过去的社会里，风俗习惯占有统治地位，社会便始终是停滞不前的”[②]。汤因比在对诸文明的比较研究中发现，那些沉浸在过去的文明都无法有效地回应其他文明的挑战，从而走向衰败。他关于传统社会特点的叙述是十分精当的，即传统社会中经验在人们的生活中具有宰制性地位，因而在农业社会中老人们最有权威，因为丰富的生活经验确实是老人们的最大优势。这也是经验、习惯、传统在农业社会中为何对人们的行为具有统摄性力量的原因。

正因为农业社会生活在过去，所以它非常重视经验的统治，或者在某种意义上，农业社会的统治是一种基于经验的统治，是主要靠传统与习惯来维持的一种统治式行政。正如恩格斯在《家庭、私有制和国家的起源》中所描绘的那样，在原始初民社会中，“没有贵族、国王、总督、地方官和法官，没有监狱，没有诉讼……一切争端和纠纷……在大多数情况下，历来的习俗就把一切都调整好了”[③]。这是一个由习俗与传统统治的社会，没有立法机关，也没有明确的立法者，法律、道德、宗教等我们现今看到的意识形态诸领域在那时处于浑然一体的状态，我们今天所说的法律在原始社会还没有达到习俗的程度，还仅仅是一些简单的习惯。原始社会如此，在此之后的封建社会同样如此，尽管这时有了所谓的法律，但这种法律也并不是现代意义上的法律，它至多是把已有的传统与惯例固定化、定型化，使这些习惯与传统更加牢固而已。

---

① 〔法〕帕斯卡尔：《思想录》，何兆武译，上海：上海世纪出版集团、上海人民出版社2007年版，第137页。

② 〔英〕汤因比：《历史研究》上卷，郭小凌等译，上海：上海世纪出版集团、上海人民出版社2010年版，第54页。

③ 《马克思恩格斯选集》第4卷，北京：人民出版社1995年版，第95页。

根据伯尔曼的研究，在中世纪西欧国家中，当时“西方的大部分法律是习惯法；就是说，大多数法律规范之所以具有拘束力，并不是因为它们是由宗教的或世俗的政治当局所颁布，而是因为它们是被它们所通行的社会共同体接受的具有拘束力的惯例”。“西欧各种法律秩序中被使用的法律规则和程序，在很大程度上与社会习惯、政治制度和宗教制度并无差别。……法律极少是成文的。没有专门的司法制度，没有职业的法律家阶层，也没有专门的法律著作。法律没有被自觉地加以系统化。它还没有从整个社会的母体中‘挖掘’出来，而仍然是其一部分。”[①] 中国古代社会同样是一个经验与传统占据支配性地位的社会。皇帝是整个国家的中心，所有重大事情都由皇帝一人来最终决断，整个行政官僚都听命于皇帝一人，所有这些最终转化为一种传统。“全部行政机构多少是按照公事成规来进行的，在升平时期，这种一定的公事手续成了一种便利的习惯。就像自然界的途径一样，这种机构始终不变地、有规则地在进行着，古今并没有什么不同。”[②] 之所以如此，就在于它们赖以存在的经济基础是自给自足的自然经济，而农业社会人们所要面对的主要是如何处理人与自然之间的关系。

农业社会的经验式管理固然有其存在的必要性，但因为这种经验与传统是不确定的，所以才必然为法治型的、工具理性型的科学行政所代替。正如伯尔曼所说，西欧社会到12世纪之后，原来习惯式、经验式的统治发生了变化，这就是书面形式的法律的出现。“而书面形式使习惯（尤其是习惯中的金钱数额）的确定成为可能，要

① 〔美〕哈罗德·伯尔曼：《法律与革命》第一卷，贺卫方等译，北京：法律出版社2008年版，第64、141、46页。

② 〔德〕黑格尔：《历史哲学》，王造时译，上海：上海世纪出版集团、上海人民出版社2006年版，第119页。

不然它们就会一直处于不确定状态。”[①] 习惯与传统尽管是一种相对独立的力量，但由于它建立在个人经验的基础上，所以它本质上是不确定的，以它为基础的经验化管理也是不确定的，难以固定下来，它可能会因为统治者意志的转变而转变，因为统治者喜好的变化而变化。这种基于个人经验或意志的行政管理具有很大的随意性与偶然性，某位统治者或管理者在统治期间所确立的规则，可能会随着这个统治者的死亡而烟消云散。正如黑格尔在评论东方国家的专制统治时所说，“尘世政府就是神权政治，统治者也就是高级僧侣或上帝；国家制度和立法同时是宗教，而宗教和道德戒律，或者更确切说，习俗，也同时是国家法律和自然法。个别人格在这庄严的整体中毫无权利，没没无闻。外部自然界或者是直接的神物，或者是神的饰物，而现实的历史则是诗篇。朝着风俗习惯、政府国家等不同方面发展起来的差别，不成为法律，而成为在简单习俗中笨重的、繁琐的、迷信的礼仪，成为个人权力和任性统治的偶然事件”[②]。习惯、传统一旦形成，就成为一种可怕的力量，它使人的主体性泯灭，使人变得故步自封，执着于偶然性。中国历史上的存在的“天不变，道亦不变”思想传统，在历史流变中逐渐演变成一种强大的政治势力，致力于维护已有传统，禁锢着人们的思想。尤其是在社会历史的重大变革时期，这种思想更是严重地束缚着人们的思维和行动。保守政治势力利用传统来证明自己的神圣性，而传统则借助于保守的政治势力来巩固自己的阵地。两者互相声援，互相支持，互相强化。中国传统社会长期以来发展缓慢，社会结构固化，未能顺利转型进入工业社会，其间颇多挫折，一个很重要的原因，就是传统与习惯的力量在作怪。

---

① 〔美〕哈罗德·伯尔曼：《法律与革命》第一卷，贺卫方等译，北京：法律出版社2008年版，第61页。

② 〔德〕黑格尔：《法哲学原理》，范扬、张企泰译，第357页。

二、权治与德政

长期以来，人们认为中国古代社会是人治社会。但张康之教授却持不同的看法。他认为以中国古代社会为代表的农业社会就其实质来讲是权治社会。它的社会制度建构是权制的，与之相适应的社会治理方式也是权治式的。而我们所说的人治或者德治只不过是权治这种治理结构的外在表现形式。[①]笔者认为，张先生确实抓住了农业社会的本质。农业社会是一个分配关系占主导地位的社会，权力在社会资源的分配过程中发挥着支配性作用。农业社会生产力非常低下，生产的产品非常有限，为了保证有限的资源能在全体社会成员中进行分配，就必须对资源进行大致平均的分配。分配的权力自然而然就集中在有权威的人身上，而这种分配权反过来又强化了社会内部的等级与不平等，使原来那些已经处于支配地位的人们的权力得以巩固。而只要社会中分配关系占支配性地位，就必然要求某种管制性力量来予以保证。“分配关系必须借助于某种强制性的力量来加以维持，而政治运行中的集权恰恰是最为有效的管制性力量。历史证明，一切分配都是根据权力和权威作出的。在原始社会的分配关系中，氏族首领执掌着氏族权力，有时是拥有绝对权威，有权处死或驱逐那些敢于破坏其分配关系的氏族成员。在整个农业社会中，体现着阶级差别的分配关系是以集中的、强大的权力体系为后盾的。”[②]这样，权力关系是整个社会的支配性关系。因为这种支配性地位，权力就在生活中被一些人奉为瑰宝，他们为了权力而奔走若狂，成为权力的奴仆。权力在统治行政中就演变成统治术，变成如何驭下的秘诀，变成了韩非子所说的刑、德二柄。正

---

① 具体可参见张康之：《论伦理精神》第七章，南京：江苏人民出版社 2010 年版；张康之：《行政伦理的观念与视野》第三章等，北京：中国人民大学出版社 2008 年版。

② 张康之：《公共行政中的哲学与伦理》，北京：中国人民大学出版社 2004 年版，第 49 页。

因为权力在社会中具有支配性地位，主导着社会生活的几乎每一个领域，因而中国古代社会中有着非常发达的关于权术、权谋的思考与实践。厚黑学、权谋术、宫廷术的发达，并被某些人奉为宝典，也从一个方面证明了这一点。

另一方面，就社会结构来说，农业社会的等级制结构也倾向于权治模式的生成，这在中国古代社会表现得特别明显。正如我们所熟悉的那样，中国古代社会主要由父子、君臣、夫妻、兄弟以及朋友这五种关系所构成，形成孟子所说的五伦关系。这五伦中除了朋友关系是一种横向关系之外，其他四种关系都是一种纵向关系，一种自上而下的支配关系。也就是说，它具有构成权力关系的现实可能性。在这种权力关系所组成的社会结构网络中，自然而然地会形成基于权力的治理。[①]

农业社会是一个等级制社会。如前所述，在分配过程中，那些原来处于优势地位的人借助手中所掌握的权力，固化了自己的地位，并使这种不平等固定化。这样农业社会中等级的存在就成为不可避免的了。而为了使这种等级不平等能持续存在下去，那些处于金字塔顶端的群体必然要借助于权力来巩固这种等级制。从这个意义上来说，农业社会必然也必须经常不断地使用强权。正如恩格斯所说，国家这种支配性力量本身是为了把社会冲突与矛盾控制在一定的范畴内。作为一种社会治理形式，权力本来借助于国家暴力来调解社会冲突与矛盾。但问题在于权力的经常性使用只不过使矛盾与冲突受到压制，使矛盾与冲突在表面的秩序下被掩盖起来，进而导致周期性的治乱循环。所以权治是极不稳定的。

基于权力的治理具有很大的随意性与偶然性，它往往表现为大大小小的统治者的权力意志和随心所欲。正因为如此，在权治社会中，

① 参见张康之：《行政伦理的观念与视野》第三章，第121页。

人们都把希望寄托在统治者的德行上，期望统治者的德性与德行能减少这种偶然性。“依据权力的社会治理必然有着很大的随意性，治理者的德行决定了治理的质量，对良性社会治理的渴求就会以德治思想的形式出现。”[①]

正如斯科特所说，正义是弱者的武器。强势群体因为其固有地位，具有采取行动的强大能力，弱势群体没有这样的能力，而行政组织对其吁求往往视而不见。即便在某些场合，弱势群体有平等机会参与政治行动，他们仍然处于弱势地位，因为他们无法实现充分的组织化，从而无法对政策制定过程产生持续的影响。强势群体几乎在每一项行政政策中都有重大利益，也都有资源投入到对行政机关的持续游说之中。而弱势群体则往往是分散的，并且对任一特定行政过程的结果都只有非常微小的个别利益。因而，即使弱势群体遭受的总体损害是巨大的，但高额的交易成本和搭便车效应仍可能会影响其组织化的提升。[②]强者具有很强的话语权，可以方便地借助于权力以及与权力的联姻来保证自己的利益不受损害，并尽力来扩大其利益。而弱者没有这样的话语权，因而他只能把希望寄托在统治者的德性与德行上。这正好构成了德政发生的逻辑起点。

我们主要集中于孔子、孟子、荀子及董仲舒四人对中国古代社会德政思想加以考察。在中国文化史上，最早提出德政思想的当推孔子。孔子的德政思想首先要求统治者以德治政，把道德作为统治的根本。“为政以德，譬如北辰，居其所而众星共之。”（《论语·为政篇第二》）如果统治者能以德治政，他就会像北极星一样安居其位，受到老百姓的拥护。而要做到这一点，就要求统治者自身首先在伦理道德方面率先垂范。“政者，正也。子帅以正，孰敢不正？”（《论语·颜渊篇第

---

① 张康之:《论伦理精神》，南京：江苏人民出版社 2010 年版，第 177 页。

②〔美〕理查德·斯图尔特:《美国行政法的重构》，沈岿译，北京：商务印书馆 2002 年版，第 67 页。

十二》)“其身正，不令而行；其身不正，虽令不从。”(《论语·子路篇第十三》)“子为政，焉用杀？子欲善而民善矣。君子之德风，小人之德草。草上之风，必偃。”(《论语·颜渊篇第十二》)只要统治者自身坚持正道，身体力行，以民为先，就能施行德治，美化风俗，甚至直接影响到民德、民风。值得注意的是，孔子从统治阶级的立场出发，过于强调统治者的道德功能，认为民众在道德方面是被动的，只能被动接受统治者的道德教化，且其道德品性随着统治者道德立场的变化而变化。对孔子来说，德治不仅是一种政治方略，也不仅仅要求统治者自身以身作则，更重要的是把道德作为一种社会治理方式。“道之以政，齐之以刑，民免而无耻。道之以德，齐之以礼，有耻且格。”(《论语·为政篇第二》)在这里，孔子实际上提出要用道德来治理社会，而不是仅仅依靠严刑峻法。

孟子发展了孔子的德政思想，系统提出了“仁政”学说。民本思想是孟子仁政学说的基本内容。战国时代的政治风云使孟子深刻意识到民心的作用，认识到要巩固政权，就必须依靠民众。他说：“诸侯之宝三：土地、人民、政事。宝珠玉者，殃必及身。”(《孟子·尽心下》)在此基础上，孟子又提出“民为贵”的思想。他说：“民为贵，社稷次之，君为轻。”(《孟子·尽心下》)尽管孟子是从统治阶级的立场出发，是为了维护统治阶级的地位，但他重视民众在政治生活中的重要作用还是有进步意义的。

以民为本，就要施行仁政，才能体现出统治者对民众的重视。孟子从“保民”、“养民”、“教民”三个方面提出自己的仁政纲领，对德政思想作了进一步发挥。“保民”要求“省刑罚，薄税敛”，施仁于民。具体说来，“市，廛而不征，法而不廛，则天下之商皆悦，而愿藏于其市矣；关，讥而不征，则天下之旅皆悦，而愿出于其路矣；耕者，助而不税，则天下之农皆悦，而愿耕于其野矣；廛，无夫里之布，则天下之民皆悦，而愿为之氓矣。”(《孟子·公孙丑上》)只要统治者不与民争利，轻徭薄赋，就能使民众的生产与生活得到基本保证，这就为行仁政奠定了坚实的基础。

孟子所说的“养民”，主要指统治者要千方百计满足民众的生活需要，最大限度地提高人民的生活水平。从统治者的角度来看，得民心者得天下，而要得民心，就在于从民众的角度考虑，满足民众的需要。“得天下有道：得其民，斯得天下矣。得其民有道：得其心，斯得民矣。得其心有道：所欲与之聚之，所恶勿施尔也。”（《孟子·离娄上》）在孟子看来，只有人民生活富足，从根本上解决了生存问题，才能实现国家的长治久安和富强。为了“养民”，孟子提出了“制民之产”的主张。他说：“是故明君制民之产，必使仰足以事父母，俯足以畜妻子，乐岁终身饱，凶年免于死亡。”（《孟子·梁惠王上》）“五亩之宅，树之以桑，五十者可以衣帛矣。鸡豚狗彘之畜，无失其时，七十者可以食肉矣。百亩之田，勿夺其时，数口之家可以无饥矣。”（《孟子·梁惠王上》）有恒产者才能有恒心，无恒产者无恒心。只有民众有了固定的产业，过上富足的生活，这样才能“使民养生丧死无憾也”（《孟子·梁惠王上》）。否则，居无定所，生活不定，就会“苟无恒心，放辟邪侈，无不为已”（《孟子·滕文公上》）。

“教民”是要对民众施行教化。富然后教之，这是孔子的理想。孟子继承了孔子的思想。在孟子看来，民众生活富足后，“教民”是统治者必须去做的一件事情。“善政不如善教之得民也。善政，民畏之；善教，民爱之。善政得民财，善教得民心。”（《孟子·尽心上》）而要做到“教民”，首先统治者自身必须以身作则，成为道德上的榜样。“君仁，莫不仁；君义，莫不义；君正，莫不正。”（《孟子·离娄上》）统治者应该仁义天下，用自身的模范行为来感化民众。“是以惟仁者宜在高位。不仁者而在高位，是播其恶于众也。”（《孟子·离娄上》）“教民”，除了统治者率先垂范之外，还需要设立学校。“设为庠序学校以教之。”“学则三代共之，皆所以明人伦也。”（《孟子·滕文公上》）教

化的目的，在于明人伦，美风俗。“谨庠序之教，申之以孝悌之义，颁白者不负戴于道路矣。”（《孟子·梁惠王上》）

行仁政、施教化、美风俗，其目的是要达到孔子的政治理想，即达到天下大同。而要达到天下大同，就要行王道，弃绝霸道。“以力假仁者霸，霸必有大国；以德行仁者王，王不待大。”“以力服人者，非心服也，力不赡也；以德服人者，中心悦而诚服也。”（《孟子·公孙丑上》）在孟子看来，王道就是行仁政，以德服人，而霸道在于凭借武力，四处征伐，以力服人。孟子坚决反对霸道，积极倡导王道。在孟子看来，王者之道在德不在力，王道之本就在于内行仁政，以民为本，推行保民、养民、教民的政治纲领，“使天下仕者皆欲立于王之朝，耕者皆欲耕于王之野，商贾皆欲藏于王之市，行旅皆欲出于王之途，天下之欲疾其君者，皆欲赴愬于王。其若是，孰能御之？”（《孟子·梁惠王上》）如此，则天下归仁矣。

荀子的德政思想主要从统治者的角度来考虑如何才能治理好国家。他说：“国者，天下之大器也，重任也，不可不善为择所而后错之，错险则危。”“故道王者之法与王者之人为之，则亦王；道霸者之法与霸者之人为之，则亦霸。”（《荀子·王霸》）因而，对统治者来说，选择何种治理方式非常重要，是王道还是霸道，关系到国家的存亡。作为一国之主必然以义为先，如果背信弃义，靠权谋来治理的话，这样的统治是无法长久的。他说：“义立而王，信立而霸，权谋立而亡。”（《荀子·王霸》）从这样的立场出发，荀子从政治、经济、文化等方面提出了自己的措施。从政治上来说，作为王者，其核心任务在于争夺人才。所以，“选取贤良，举笃敬，兴孝弟，收孤寡，补贫穷，如是，则庶人安政矣。庶人安政，然后君子安位”（《荀子·王制》）。从经济上来说，荀子认为：“田野什一，关市几而不征，山林泽梁以时禁发而不税，相地而衰政。”（《荀子·王制》）“轻田野之税，平关市之征，省商贾之数，罕兴力役，无夺农时，如是，则国富矣。”（《荀子·富国》）在荀子看来，通过降低税赋，减轻民众的负担，国家与民众都可获利。在这个意义上，国富与民裕并不是对立的。荀子强调“以政裕民”，国富以民裕为前提。如果把两者割裂开来，无论是国富还是民裕最后都无法实现。从文化上来说，为政者还需要教化民众。荀子说：“论礼乐，正身行，广教化，美风俗，兼覆而调一之，辟公之事也。全道德，致隆高，綦文理，一天下，振毫末，使天下莫不顺比从服，天王之事也。”（《荀子·王制》）荀子的王道之路主要是为富国考虑，在这个前提下要求为政者要从民众出发，使民众的生活得到提升。

董仲舒继承了孔、孟、荀等人的德政思想。董仲舒从其天人感应学说出发，认为“天有四时，王有四政，四政若四时，通类也，天人所同有也”。（《春秋繁露·四时之副第五十五》）“天道之大者在阴阳。阳为德，阴为刑；刑主杀而德主生。是故阳常居大夏，而以生育养长为事；阴常居大冬，而积于空虚不用之处。”“王者承天意以从事，故任德教而不任刑。”（《汉书·董仲舒传第二十六》）“故天数右阳而不右阴，务德而不务刑。”“为政而任刑，谓之逆天，非王道也。”（《春秋繁露·阳尊阴卑第四十三》）在董仲舒看来，德为阳，刑为阴，从阳尊阴卑理论出发，董氏确认，为政当然要以德为先。如果天降灾难，就要统治者以德治政，补救为政之失。他说：“五行变至，当救之以德，施之天下，则咎除；不救以德，不出三年，天当雨石。”（《春秋繁露·五行变救第六十三》）这就凸显出董氏强调德政的切入点。在此基础上，董仲舒提出了他的解救措施。“救之者，省繇役，薄赋敛，出仓谷，赈困穷矣。”“救之者，举贤良，赏有功，封有德。”“救之者，省宫室，去雕文，举孝悌，恤黎元。”“救之者，举廉洁，立正直，隐武行文，束甲械。”“救之者，忧图圄，案奸宄，诛有罪。”（《春秋繁露·五行变救第六十三》）此外，统治者还负有教化民众的责任。他说：“是故教化立而奸邪皆止者，其堤防完也；教化废而奸邪并出，刑罚不能胜者，其堤防坏也。古之王者明于此，是故南面而治天下，莫不以教化为大务。立大学以教于国，设庠序以化于邑，渐民以仁，摩民以谊，节民以礼，故其刑罚甚轻而禁不犯者，教化行而习俗美也。”（《汉书·董仲舒传第二十六》）通过减轻赋税、推举贤能、减少修建楼堂馆所，任用廉洁正直之人，及时审判罪犯，罚其所罪，从而施行德政于天下。

从对孔子、孟子、荀子及董仲舒四人德政思想的简单梳理中，我们发现，这些古儒无一例外都把希望寄托在统治者的德性上，期望他们能行仁政，美风俗，睦民风。其本质是为了维护统治阶级的统治，这也就决定了这种治理方式具有很大的偶然性，它取决于统治者是否具有相应的德性。这往往使农业社会的德政至多只是一种美好的想往。统治者自身没有内在动力去主动施行德政，只有当统治者从社会动乱中感受到民众的力量时，他才会有动力推行德政，而这种动力是在外在压力下产生的，因而不具有可持续性。当社会处于升平盛世时，统治者往往好大喜功，或劳民伤财，或大兴土木，没有动力去实行德政。这也就是说，农业社会的德政只是统治者的自言自语，它把被治者排除在治理过程之外，因而被治者只好用暴力等极端方式来表达他们对善治的愿望。这样，农业社会的德治并不是必然的，因为它取决于最高统治者是否开明，是否具有相应的德性与德行，如果遇到一个昏庸无能的统治者，德治就根本没有实现的可能。所以，“在权力关系处于主导地位的等级化社会中，道德是没有任何保障的，而且，道德功能的发挥也更多的是在较小范围的家元实体中才会成为可能，在社会治理的意义上，起决定作用的还是权力，一旦道德与权力发生冲突的时候，权力的力量就会让道德变得微不足道”[①]。

① 张康之：《论伦理精神》，南京：江苏人民出版社 2010 年版，第 176 页。

三、天道与神道：权力的神圣化

天的意蕴在中国文化中丰富多彩。按照我国台湾学者傅佩荣的解释，天至少表达这样几层意思："启示之天表现于占卜、君王的智慧与人民的集体意志上"，"造生之天的首义是指生命的终极本源，而非一'自虚无中创造万物'的造物者；并且天在造生人类时，同时赋予人以道德意识"，"载行之天委任君王为人间世的代表，领导百姓踏上正途、获得幸福"，"审判之天的特色是以天本身为绝对正义，并以'天子'君王为绝对正义的化身"。[①] 天介于有与无之间，不可言而又不能不言，无处不在，无时不在，"瞻之在前，忽焉在后，惚兮恍兮，恍兮惚兮；却又其中有信、有物、有象而甚真；无处不在，却又不可被固定于任何强力和概念抽象之中"[②]。天不可言说，却又无处不在，成为古人们终其一生去参悟的终极世界。天处于有形与无形之间，既是自然之天，又是命运之天，既是义理之天，又是世界的根源，含义丰富，成为中国思想文化中的一个重要范畴。正是在这个意义上，张祥龙认为中国文化是天道流行的文化。

据有关学者考证，中国人最早使用的与终极关切有关的概念是"帝"，大约在殷商之际，中国人才有了天的概念与意识，天与帝表达着相似的意涵。[③] 在殷人那里，帝与天是同时使用的概念，而天作为万物之本，具有生化万物之功，又最容易直观到，因而具有极强的解释力，才逐渐取代帝，成为中国文化中一个非常重要的概念。正如陈来所指出："正是这样一个由'天'体崇拜发展起来的至上神实体，才能顺理成章地在周代发展为'天命论'，形成后来中国文化与中国哲学

① 傅佩荣：《儒道天论发微》，北京：中华书局 2010 年版，第 32 页。

② 张祥龙：《海德格尔思想与中国天道》（修订第 3 版），北京：中国人民大学出版社 2011 年版，第 188 页。

③ 具体可参见陈来：《古代宗教与伦理》第四章，北京：生活 · 读书 · 新知三联书店 2009 年版。另可参见吴龙灿：《天命、正义与伦理》第一章，北京：人民出版社 2013 年版。

的基本特色的根源。”[①]

“天”是中国文化中一个非常重要的概念。天命有常还是天命靡常？这是中国古人们在具有了最初的思考能力之后首先要面对和迫切需要解决的问题。在与恶劣的自然环境进行斗争以求生存的过程中，初民们感受到有某种无法控制的力量始终缠绕在自己周围。当他们睁开双眼，最先感受到的就是抬头所看到的天，这种冥冥之中既无法控制又无法摆脱的力量在中国人的解释中就开始被自然化了、情景化了、形象化了。这样他们就把思考的目光放到了作为外部自然环境的“天”上。因为这是他们经常遇到的也是最不可捉摸的现象。当初民们这样思考时，所表现的恰恰是天人相分的最初形式，它是在天命靡常的直观感受下，去思考那个主宰着人自身命运的天到底有无规律可言。而当他们这样思考时，他们已经开始这样努力了，尽管原始社会的初民们仍然匍匐于自然界的淫威之下。

到周人那里，天开始具有道德的意涵。周公在《康诰》中提出，“明德慎罚，不敢侮鳏寡”，“用康保民，弘于天，若德裕有身，不废在王命”。同时，周公又提出了“惟命不于常”的思想。这样，我们看到，周公在提出以德治政的同时，又把这种德治的愿望归结为天意，而天意又是通过民意表现出来的。因而，周公在这里提出了一个非常重要的思想，即天命无常，上天的意志是会改变的，它不会把统治权力无条件地赋予一姓王朝，要保证统治的长治久安，就必须在人之行为中体现出上天的意志来。换句话说，在上天的意志与人间行为，特别是统治者的道德行为之间存在某种关联。这样，周公在强烈感受到天命无常后，出于保证周王朝的一统天下，开始把天与道德联系起来，“上天的意志不再是喜怒无常的情绪，而是具有一定原则的道德意志”[②]。只不过，这种联系还只是一种朦胧的感受，一种直觉，还没有坚

① 陈来：《古代宗教与伦理》，第129页。
② 陈来：《古代宗教与伦理》，第190页。

实的哲学基础。

周公的这种思想在孔子、孟子那里得到了继承。无论是孔子，还是孟子，对天都没有进行系统的论述。在孔子那里，天已经不是一种不可捉摸的力量，天是可知的，天命有道。他说："天下有道，则礼乐征伐自天子出；天下无道，则礼乐征伐自诸侯出。"(《论语·季氏篇第十六》)天命是通过人事体现出来。当诸侯犯上作乱，代替天子，制礼作乐，四处征伐时，恰恰说明天下无道。也就是说，天命是可以把握的，只要我们观察人事，了解社会，就可发现其中无不体现出某种规律、法则，这就是天命、天道。《论语》中又说："咨！尔舜！天之历数在尔躬，允执其中。"(《论语·尧曰篇第二十》)并不是任何人都可以成为统治者，这要看天意是否能降临在他身上。一方面，真命天子，意在说明这种统治权力的神圣性，天命如此，天命不可违；另一方面，天命并非一劳永逸地降临在某个人身上。这样，"国家将兴，必有祯祥；国家将亡，必有妖孽。见乎蓍龟，动乎四体。祸福将至，善，必先知之；不善，必先知之"(《中庸·第二十四章》)。在孔子这里，天命不再是初民们所体验的那样不可知的东西，而是通过人的行为与占卜，可以被感知。

孟子的天命观与孔子相比，没有太大的差别。孟子同样承认天道有常。他说："天下有道，小德役大德，小贤役大贤；天下无道，小役大，弱役强。斯二者，天也。顺天者存，逆天者亡。"(《孟子·离娄上》)孟子这里所表达的是，天命不可违，无论是小役大，还是弱役强，都是天意的体现，人只能顺从天意，不能违背天意。但是天自己并不会说出人间得失。"天不言，以行与事示之而已矣。"(《孟子·万章上》)这也就为后来董仲舒论证天人感应留下了足够的空间。在这里，我们看到，古儒们的意图在于如何处理天人关系，即如何证成人间秩序是天的意志、天的安排，只不过，在孔、孟那里，天与人是相关的，而且这种相关性是以天人分立为前提，而在董仲舒那里，天与人合二为一。“从孔孟荀到董仲舒，天始终是人行为合理与否的价值制定者和功能保障者。区别只在于，前三人是以人生悲剧的慨叹而发出议论的，后者则自觉利用神圣的天之权威，为人立法。”[①]

正如荀子所说，“天行有常，不为尧存，不为桀亡。应之以治则吉，应之以乱则凶。”（《荀子·天论》）荀子这里所表达的是天自有其法则，这种内在规律性并不因为统治者的意志而变化。如果我们能服从这种规律，就会顺利，如果逆天而行，则会遭遇凶险。虽然孔、孟、荀意识到天与人之间存在某种相关性，但二者究竟如何相关，他们并没有解决。这个问题在董仲舒那里得到解决。

天人合一的关键在于天人相类。也就是说，天与人之间存在相同或类似的地方，否则，就缺失了二者相关的基础。在董仲舒那里，天具有了至上性，天为万物之本。他把天与人相比附，以天道解释人道。“人之身有四肢，每肢有三节，三四十二，十二节相持，而形体立矣；天有四时，每一时有三月，三四十二，十二月相受，而岁数终矣；官有四选，每一选有三人，三四十二，十二臣相参，而事治行矣。以此见天之数，人之形，官之制，参相得也。人之与天，多此类者，而皆微忽，不可不察也。”（《春秋繁露·官制象天第二十四》）天生万物，唯独人为贵。这是因为唯有人可与天相比拟。“唯人独能偶天地。人有三百六十节，偶天地之数也；形体骨肉，偶地之厚也；上有耳目聪明，日月之象也；体有空窍理脉，川谷之象也；心有哀乐喜怒，神气之类也。观人之体，一何高物之甚，而类于天也。”（《春秋繁露·人副天数第五十六》）在这里，我们看到，董仲舒把人伦抬高为天理，用天意解释人间秩序，从而赋予了天以至高无上性与神圣性，这样也就为专制统治的天然合理性提供了注解，虽然朝代可以轮替，但这种轮替只

① 任剑涛：《伦理王国的构造——现代性视野中的儒家伦理政治》，北京：中国社会科学出版社2005年版，第118页。

不过是以有道替无道，是天理的显现，而政治伦理秩序依然如故。在董仲舒的理解中，天与人虽然可以相通，互相解释，但是我们要注意到，与人相比，天已经具有比人更高的地位了。董仲舒说："人之为人本于天，天亦人之曾祖父也，此人之所以乃上类天也。"（《春秋繁露·为人者天第四十一》）以人释天，把人道上升为天道，又反过来用天来解释人，从而使这种人伦秩序绝对化了。

天人合一之后，天与人如何相通呢？天不能言，只能以自己的方式来表达意愿。这就是董仲舒所提出的天谴说。在董氏看来，"以观天人相与之际，甚可畏也。国家将有失道之败，而天乃先出灾害以谴告之；不知自省，又出怪异以警惧之；尚不知变，而伤败乃至"。（《汉书·董仲舒传第二十六》）"天地之物有不常之变者，谓之异，小者谓之灾。灾常先至而异乃随之。灾者，天之谴也；异者，天之威也。谴之而不知，乃畏之以威。""凡灾异之本，尽生于国家之失。国家之失乃始萌芽，而天出灾害以谴告之；谴告之而不知变，乃见怪异以惊骇之；惊骇之尚不知畏恐，其殃咎乃至。"（《春秋繁露·二端第十五》）天表达对人间的不满是逐步显现出来的。正如傅佩荣所说，"德治政体并不表示人在道德方面要完全摆脱一位超越的主宰；它的重点在于肯定君王是绝对正义的体现。古代中国凡是遇着危机时期，几乎毫无例外都要归咎于君王之失德"[①]。中国历史上一些皇帝在国家处于灾难时，或者因自身决策不当而给国家造成巨大损害时，也往往会下一些罪己诏之类的东西，这可以看作是统治者有时出于政治表演，有时出于被迫，有时出于自律而进行的自我检讨，他们往往把这种失败归结为自己的失德，从而警省自己。如此，天谴在政治上的表达就以这种形式表现出来。

在解决了这样一个理论基础后，用天来说明统治者统治的合理

① 傅佩荣：《儒道天论发微》，第48页。

性，也就水到渠成了。天子受命于天，其统治也就具有天然合理性了。董仲舒说："受命之君，天意之所予也。故号为天子者，宜视天如父，事天以孝道也。"（《春秋繁露·深察名号第三十五》）在天与君主之间存在着父子关系，君主是天之子，既然天子受命于天，那么，君主的所作所为也就具有了天然合理性，其言其行无时不体现着天意，与天意相合拍。"圣人副天之所行以为政，故以庆副暖而当春，以赏副暑而当夏，以罚副清而当秋，以刑副寒而当冬。庆赏罚刑，异事而同功，皆王者之所以成德也。庆赏刑罚与春夏秋冬，以类相应也，如合符。故曰'王者配天，谓其道'。天有四时，王有四政，四政若四时，通类也，天人所同有也。"（《春秋繁露·四时之副第五十五》）董氏在这里以自然四季比附统治者的四种统治手段，虽有牵强附会之嫌，但他努力用天来解释人事，努力把天意与政治贯通的思考却值得我们注意。

天不言，天也不能言，它的意志仅仅以自然界或人世间的事象表现出来。王者承天意而行事，其所行与所事无不体现着天意。当其所行与天意相符时，就会有吉祥的征兆出现，而当统治者所行所事违背天意时，天就会谴责，而这种天谴通常会以灾异的形式出现。如果统治者面对灾异，不知悔改，那么就会有巨大的灾难来临。"王正，则元气和顺，风雨时，景星见，黄龙下；王不正，则上变天，贼气并见。"（《春秋繁露·王道第六》）君主应该时时意识到，虽然这种"授命君主"式的天意降临在自己头上，使自己的统治具有合理性，但如果自己不能行德政，造福于民，这种统治的合理性就会逐渐丧失。"有道伐无道，此天理也。"（《春秋繁露·尧舜不擅移汤武不专杀第二十五》）天理、天命是比"道"更高一个层级的概念。每一朝代的农民起义都打着"替天行道"的旗帜，从而使自己的造反行为具有合理性。天道下降为人伦秩序，如果在这个过程中，君主不能代天行事，恣意妄为，偏离了天理，那么任何体现着天命的人都可以起来反抗。为了防止最高权力被其他力量取代，统治者不得不在一定程度上眼睛向下，注意民众，节制民力，关注民生。“上天的意志不再是喜怒无常的，而被认为有了明确的伦理内涵，成了民意的终极支持者和最高代表。由于民众的意愿具有体现上天意志的强大道德基础和终极神学基础，所以在理论上民意比起皇天授命的君主更具有优先性，因为皇天授命君主的目的是代行天意来爱护保护人民。在这样一种思想和信念中，在上天面前，人民与君主是不平等的，人民对君主具有优先性和重要性。人民对君主并没有无条件服从和忍受压迫的义务，反而，以皇天作为终极支持者，人民有权利要求君主实行德政；如果君主不行德政而施暴虐，则人民视君主为寇仇是正当的，作为正义的代表上天就会降罚级君主或改变他对人间君主的任命。”①

这样，一个完整的君权神授理论以中国式的语言由董仲舒完成了。它以天人相通为起点，以天谴论为中介，以天人感应为核心，在天与人之间建立了完整的联系链条，把人上升到天，以天说人，再把天意下降到人世，为君主统治提供合法性证明，从而赋予君主专制权力以神圣性。天理不仅具有至上性，而且还体现着民意，代表着民意，而民意是否通达则又取决于君主个人的德性与德行。王者上承天命，下务化民，中间节制自己，才能最终实现德政。因而，董仲舒认为，“天令之谓命，命非圣人不行；质朴之谓性，性非教化不成；人欲之谓情，情非度制不节。是故王者上谨于承天意，以顺命也；下务明教化民，以成性也；正法度之宜，别上下之序，以防欲也”。(《汉书·董仲舒传》)换句话说，在天道—民情—德政—权治的结构性关联中，天意具有了无可怀疑的伦理品格。它强调国家的“统治者要以‘德’为国家政治——行政运作的核心法则，并在具体形态上表现为一系列的善民措施。由此可见，天命的伦理性格是在大的王朝变动的历史经验中

---

① 陈来：《古代宗教与伦理》，第 201 页。

得以获得的”[①]。而其实质，就在于最后要落实到基于权力的社会治理上来，也就是说，在这样的治理逻辑中，只能把希望寄托在统治者的德政善行上。正如张康之教授所批评的那样，基于权力的治理，把希望寄托在统治者的个人品行上，恰恰是最不稳定的，因为在专制统治之下，个人的品行无法得到切实保证，更不要说，因为宗法统治的封闭性，决定了统治者的选择也主要取决于生物性因素。从而这种形式的治理也就走向了自己的反面，基于权力意志形成的经验型的行政精神面临着被取代的命运。当社会进入到工业化时代，基于权治的经验式行政管理就不可避免地要为理性化的行政管理所代替，并形成一种新的行政精神，即法的精神。

① 陈来：《古代宗教与伦理》，第 193 页。

第三章
公共行政的科学化与技术化

工业社会是一个寻求确定性的社会，工具理性的形式合理性恰恰适应了这种要求。当行政管理被当作一个技术过程来看待时，它就具有了自己的内在逻辑，此后的行政管理理论与实践就沿着科学化、技术化的路线突飞猛进。行政管理的发展也就越来越受理性主义的影响，法的精神成为管理行政下所形成的精神品质。

第一节　管理行政的精神世界

工业社会对确定性的追求要求与之相应的行政管理，这就是管理行政的出现。管理行政的核心就是对科学理性的追求，一方面是在政府管理内部追求组织的科学化，即组织幅度、机构设置、组织功能等的科学化；另一方面是追求管理对象的科学化。面对越来越复杂的管理对象，管理型政府必然要把这些管理对象事无巨细地纳入管理之中。要实现有效管理，就必然要求发现管理对象背后所隐藏的科学规律。当管理型政府的行为越来越成熟之后，它与工业社会的可复制、可批量生产的知识一样，成为一种技术化的知识形态，因而，管理行政在实践上就必然以技术化的方式呈现出来。

一、科学：管理行政的灵魂

按照韦伯的看法，科学在于呈现事实。用我们比较熟悉的话来说，那就是科学在于求真。这种真意味着对世界的真实呈现。但是，我们知道，科学在发现事实的过程中并不是事无巨细地呈现现象世界，而是致力于发现世界的因果规律，即致力于透过现象来发现世界中所存在的那些具有规律性、普遍性的内容。在科学研究中，人们致力于通过发现普遍性的知识，达到对世界的控制和支配。“在这种认知兴趣的指引下，各种各样的技术得以发展，旨在谋划和掌控人类行为和自然世界原理。这种知识类型的特征被哈贝马斯概括为‘实证分析’，它并不局限于自然科学的范围内，而是深入到包括管理和组织研究的社会科学领域中。”① 杜威也说过：“人们根据事物中固定不变的特性以及其可以用数学确切加以陈述的本性，认为法则具有普遍控制的权力……这个见地一劳永逸地代替了以玄妙神秘的东西统治着一切，经常干预着一切的世界观。它建立了一个以规律性和齐一性代替杂乱无章的状态的理想。”② 这也就是说，科学的核心任务在于通过发现事物之间的内在规律性，为我们呈现出一个具有内在秩序的世界，这个世界不再是一个不为我们所认识、由难以驾驭的力量所掌控的世界。如果说，农业社会中人们长期匍匐于这种冥冥之中不为人所知的力量之下的话，那么，经过启蒙熏陶的人们，在充分认识到理性的力量之后，就以理性为武器去认识并进而去控制他们周围的世界。

按照科学精神塑造出来的行政管理最为典型的形式就是管理行政。或者我们可以这样来理解，管理行政是工业社会的产物。我们知道，工业社会是一个社会分工日益走向细密的社会。分工越深入、越细密，越要求社会各部分之间的协作。换言之，分工到什么程度，也就要求社会的协作达到什么程度。然而，这种协作却不是社会各部分自然达成的结果。要使社会各部分有效协作，就必须有一个部门专门

① 〔瑞典〕马茨·阿尔维森等：《理解管理：一种批判性的导论》，戴黍译，北京：中央编译出版社2012年版，第72页。

② 〔美〕约翰·杜威：《确定性的寻求》，傅统先译，上海：上海人民出版社2005年版，第160页。

承担起管理、协调的职能，这种职能自然而然落在政府的肩上。这就是管理行政产生的逻辑起点。政府是有继承性的，工业社会的政府同时承担起两种职能，即统治职能与社会管理职能，而工业社会日益分化的现实必然要求政府管理性的一面越来越凸显出来。正如张康之教授所说，“如果把国家和政府的职能分析、分解成统治职能和管理职能的话，就会发现市场经济在对国家和政府的统治职能以及因应这种职能需要而建立起来的组织结构、运行机制和秩序体制的排斥中渴望着国家和政府提供公平、公正、高效的管理。管理如果不是偶然的政府行为，就必然需要政府根据管理的需要而作出制度安排”[①]。这也就是说，工业社会对管理的需要不是偶然的，而是社会的客观要求，管理行政只不过是适应这种客观要求而逐渐建构起来的。当管理行政把核心放在管理上时，也就意味着它首先关注的是能否建立起科学化的行政管理，问题的关键在于如何通过制度化安排使管理行政得以确立。

如此看来，管理行政要成立的话，首先要解决的一个前设性问题就是行政如何独立于政治，或者说政府的统治职能如何与社会管理职能相分开。这个任务是由威尔逊与古德诺完成的。威尔逊深感社会发展需要一门独立的行政科学，但他认为当时的美国难以承担这样的历史任务。当时的美国政府人浮于事，贪污腐败横行。尤其是“政党分肥制”的流行，使得政府行政处于周期性的瘫痪状态。有感于此，威尔逊认为应当建立一个不受政治左右的行政管理体系。他说：“在我们的行政实践中不可能发现很多公平的科学方法。市政府中的污浊气氛、州行政当局的幕后交易，以及在华盛顿政府机构中屡见不鲜的杂乱无章、人浮于事和贪污腐化，都使我们决不相信到目前为止，关于建立良好行政管理的任何明确观念已在美国广泛流行。”行政管理力求“使

① 张康之：《论伦理精神》，南京：江苏人民出版社2012年版，第128—129页。

政府不走弯路，使政府专心处理公务减少闲杂事务，加强和纯洁政府的组织机构”[①]。威尔逊认为：“行政管理的领域是一种事务性的领域，它与政治领域的那种混乱与冲突相距甚远。在大多数问题上，它甚至与宪法研究方面那种争议甚多的场面也迥然不同。”“行政管理的问题并不是政治问题，虽然行政管理的任务是由政治加以确定的，但政治却无须自找麻烦地去操纵行政管理机构。”“政治是‘在重大而且带普遍性的事项’方面的国家活动，而‘在另一方面’，‘行政管理’则是‘国家在个别和细微事项方面的活动。因此，政治是政治家的特殊活动范围，而行政管理则是技术性职员的事情’。”政治决定了行政管理的任务，行政则是对这些任务的完成和目标的实现，因而在威尔逊看来，行政完全是个事务性的领域。[②]在威尔逊的基础上，古德诺明确提出政治是国家意志的表达，行政是国家意志的执行。古德诺认为：“有所有的政府体制中都存在两种主要的或基本的政府功能，即国家意志的表达和国家意志的执行。此外，所有国家也都设立了分立机构，每个机构主要负责这些功能中的某些功能。这些功能分别是：政治和行政。”[③]

政治与行政二分有其历史背景，这就是美国当时政治生活中存在的政党分肥制，在这种制度下行政官员随所属政党的胜败而进退，每一次选举后便发生一次人事大变更，从而造成行政管理混乱，政治秩序紊乱。为了避免社会秩序因政党更替陷入混乱，应当有一个不随政党进退、相对独立的管理社会公共事务的机构。因而，政治与行政二分有其前提条件，即实行竞争性政党政治和文官制度，反过来，竞争性政党政治和文官制度的实行，又进一步强化了政治与行政的二分。行政处于政治之外，行政问题并不是政治问题。“虽然行政管理的任务是由政治加以确定的，但政治却无须自找麻烦地去操纵行政管理机

① 彭和平等编译：《国外公共行政理论精选》，第 5 页。
② 彭和平等编译：《国外公共行政理论精选》，第 14 页。
③ 〔美〕古德诺：《政治与行政》，丰俊功译，北京：北京大学出版社 2012 年版，第 18 页。

构。”“政治是政治家的特殊活动范围，而行政管理则是技术性职员的事情。政策如果没有行政管理的帮助就将一事无成，但行政管理并不因此就是政治。”[①]行政管理的技术性决定了它与“企业办公室所采用的工作方法是社会生活的一部分以及机器是制造品的一部分是一样的”[②]。当行政管理变成纯粹的技术性活动时，行政管理就不用再担心政治的风云变幻。正如张康之教授所说，“由于不用对党派利益负责，公务员所担负的行政使命就得以远离政治的风云变幻，并开始通过反复的行政行为而逐渐将自己建构为一个独立的领域，稳定地维持着国家的运行并开展着职业化、专业化的社会治理活动”[③]。

行政管理从艺术走向科学，并成为一种独立的科学建构活动，关键在于它在脱离政治之后有无自己的安身之地。如果行政管理不能找到自己的立足之地，没有自己的学科归属，这种分离也就注定失去了意义。正因为如此，当行政被当作管理来看时，我们兴奋地发现，它的合法性基础就安顿在管理学上。而在当时，管理学已经是发展相对成熟的学科，已经建立起相对完善的学科形态。因而，怀特才郑重其事地说：“公共行政研究的起点应以管理为基础，而非以法律为基础，因此我们应多加注意‘美国管理学会’的活动，而不必太在乎法院的各项判决。”[④]事实上，此后的行政管理越来越多地从管理学那里吸取营养，而管理学本身借助于数学模型的支撑，越来越向数学化发展，并且陶醉于成为科学的喜悦之中。只不过，为了问题而建立起来的模型，除了用数据来证明模型的正确之外，还能说明什么呢？更不用说，有些人为了验证模型，不惜更改数据，以使试验适应模型，从而证明自己理论的正确性。因为有管理学的显赫背景，作为管理的公共行政在

① 彭和平等编译：《国外公共行政理论精选》，第14—15页。

② 彭和平等编译：《国外公共行政理论精选》，第14页。

③ 张康之：《公共行政的概念》，第49页。

④ 转引自〔美〕戴维·罗森布鲁姆等：《公共行政学：管理、政治和法律的途径》，张成福等译，北京：中国人民大学出版社2002年版，第18页。

行政学领域逐渐成为主流。虽然罗森布鲁姆努力矫正人们对行政管理的管理学解读的失误，提出应当从政治、管理与法律的重叠性中理解公共行政，但如果仔细分析的话，罗森布鲁姆的三种途径只不过是在重新为公共行政的管理学途径作注解。因为作为社会分化以至学科分化的产物，行政管理必然要求从政治学中独立出来，虽然这种独立是不彻底的，也无法彻底做到独立。但如果要求公共行政具有独立身份，那么政治的理解势必受到质疑。而法律途径更是为管理意义上的公共行政服务的。这也就是说，无论我们如何强调公法意义上的政府行政，一旦把行政管理当作执行命令的工具来看待，也就意味着政府行政要落到实处，必然要以法律的形式将其行为固定下来，因而法律意义上的行政归根到底还是为管理学意义上的行政服务的。这样，我们看到，尽管罗森布鲁姆试图拓展对行政管理的理解，但他仍然无法跳出管理行政的框架。

因此，行政管理的科学化追求确实是从管理学那里获得力量的，直到今天，行政管理仍然从管理学那里获得丰富的营养。作为基于管理经验的理论抽象，科学管理要求“通过使工作流程系统化、把工作细分为详细规定的任务、决定执行每项任务‘最好的方法’、用这种‘最好的方法’训练工人、评估工人的业绩、为超出每日既定量的生产提供经济利益的刺激来提高产量”[①]。泰勒通过自己的实际经验，总结出科学管理的基本原则。他认为，科学管理的优势就在于，“把老的知识收集起来，加以分析、组合并归类成规律和条例，构成一种科学；并使得工人和管理层双方对彼此的职责、责任、态度有了彻底的改变。而且，两者之间的职责有了新的分工，其亲密、友善协作的程度，在老的管理原则下是不可能有的”[②]。

① 〔美〕乔纳森·汤普金斯：《公共管理学说史》，夏镇平译，第72页。
② 〔美〕乔纳森·汤普金斯：《公共管理学说史》，夏镇平译，第89页。

在泰勒看来，他提出并致力推广的科学管理是一种普遍原则，这种原则是普遍适用的，它不仅适用于企业管理，而且适用于其他领域，包括行政管理。泰勒说："科学管理是由一些普遍通用的原则和一些可用于多方面的基本原理，以及任何个人就如何应用这些原则的说明组成的"，"在科学管理下，将会更繁荣、更愉快，不协调与纠纷会更少。而这种时期会更少更短，遭受的痛苦也更小。那些首先用科学管理代替单凭经验管理的城镇、州和国家表现得尤为突出。"这种代替经验式管理的科学管理"将会得到整个文明世界的普遍采用"[①]。这样看来，泰勒的科学管理适应工业社会对标准化、确定性及控制的要求，使科学管理替代农业社会的经验式管理成为必然。在此基础上，法的精神也就逐渐取代了权力意志的任性。

泰勒的科学管理体现了工业社会所要求的理性精神，其核心是在分析试验的基础上，使工作任务标准化，其目的是提高工作效率，而这一目的又与分离后的行政管理的要求相契合，因而就成为有效的工具，推动行政管理的科学化、技术化。泰勒创立的科学管理适应形式合理性要求，不仅提高了企业管理效率，而且还被广泛应用于其他社会领域。科学管理彻底改变了传统管理的非专业化和个性化特征，建立了专业化和普遍抽象的管理原则与方法。传统管理纯粹是一种经验型管理，缺乏普遍适用的知识体系，没有共同的管理准则，管理经验与个人习性息息相关。作为一种人格化的管理，传统管理更多地被看作是一种艺术而非科学。科学管理找到了超越个人经验的具有科学性、普遍性的管理原则和方法，并逐步发展成为一套可以学习和实践的知识系统。事实上，曾任美国全国办公室管理协会会长的威廉·莱芬韦尔就把科学管理原理运用到机关办公室管理中，并取得了极大的成功。泰勒的合作者莫里斯·库克也曾成功地把科学管理原理运用到费城市

① 〔美〕乔纳森·汤普金斯：《公共管理学说史》，夏镇平译，第13、14页。

的市政管理工作中，并为行政管理的职业化、专业化奠定了良好的基础。他们所做的努力就是按科学管理原则来实现行政管理的标准化，并在科学原则的指引下进行政府改革。他们确立的标准化的会计程序，标准化的工作职位描述和工作薪酬制度，行政组织的业绩标准以及集中购买物资、系统的政策分析与项目评估，对行政人员进行定期的知识培训等，都是泰勒的科学管理原理在行政管理领域的具体运用。当时行政管理学界所做的努力，比如确立行政管理的主要职能和主要的管理原则，如目标原则、职责原则、组织阶层原则、控制幅度原则、专业化原则等，都可以被看作是科学管理原理在公共行政中的阐发和应用。

要使政府行政按照科学精神的要求，切实做到科学行政，除了从管理学那里获得身份支撑之外，它自身还必须找到一种根据科学精神建立起的组织实体，这种组织必须在科学理性的指导下，约束自己的行为。而最合适的组织形式就是韦伯式的官僚制组织。工业社会的理性化要求普遍有效的规则的统治，要求规则具有可预期性、稳定性、不因人而异。官僚制恰恰适应了理性化的普遍性要求，它极力排除行政行为中的个人因素，使行政管理尽量摆脱管理者的主观任性，从而使行政管理成为可以预期的理性化行为。正因为如此，韦伯才以赞扬的语气说："充分发展的官僚体制在某种特殊意义上，也处于'不急不躁'的原则支配之下。它的特殊的、受资本主义欢迎的特性，使这种可预计性发展得更为充分，它越是'脱离人性'，发展就更为充分。……它成功地从解决职位上的事务中，排除爱、憎和一切纯粹个人的、从根本上说一切非理性的、不可预计的感觉因素。"[①]

在官僚制组织中，一切行动都建立在功能关系上，"精确、迅速、明确、精通档案、持续性、保密、统一性、严格的服从、减少磨擦、

① 马克斯·韦伯：《经济与社会》下卷，林荣远译，第297—298页。

节约物资费用和人力，在由训练有素的具体官员进行严格官僚体制的、特别是集权体制的行政管理时，比起所有合议的或者名誉职务的和兼任职务的形式来，能达到最佳的效果”①。官僚制的管理行为属于形式合理性取向的行动，它对社会治理和经济发展的促进，从效率上看远远胜过非理性或价值合理性的行动类型。因此，在韦伯看来，建立在权限法定、等级制、专业培训、职能分工和非人格化基础上的现代官僚制具有技术上的优越性，使其成为一种被广泛采用的社会组织形式。这种被讽刺为由天才设计让白痴操作的组织形式，像一部受到严格控制的机器，行政人员只是整部机器的一个部分，一个零件，他们分工精细，按部就班，严格按照明确的规则和程序来行动。事实上，在这里，韦伯与泰勒的意见是一致的，他们都认为高效的组织就是能实现对组织的人、财、物进行全面控制，从而使组织运行达到高度的精确性，满足社会对确定性的要求。

这样，政治与行政的二分使公共行政的科学化成为可能，科学管理理论则为公共行政的科学化提供了坚实的理论基础，而韦伯的理性官僚制则使科学行政找到了最为适合的组织形式，三者相结合，使公共行政的科学化成为一股潮流。当“行政被作为一个管理过程而不是政治过程来看待的时候，也就决定了泰勒在管理原则、方法、过程等方面的研究成果都能够满足行政科学化、技术化的追求”②。当公共行政从管理学那里获得自己的学科身份后，它就有了自己独立的边界和领地，虽然这种边界并不稳定。在工具理性的支配下，学科身份的获得必须以能否科学化为标准，而一旦管理能够数学化、模型化之后，公共行政的科学化也就成为必然。尽管我们描述的只是行政管理发展初期如何按照科学逻辑来建构自己，但我们非常清楚，正如生物物种的遗传因素在代与代之间发挥作用，某种生物在

① 马克斯·韦伯：《经济与社会》下卷，林荣远译，第 296 页。

② 张康之等：《公共行政的概念》，第 52—53 页。

其发育之初，不可避免带有遗传因素，并且这种遗传因素会深深影响其后来发展，公共行政的发展也是如此。作为管理的行政一旦从管理学那里寻找自己的学科归属，这种胎记性的因素不可避免会深刻影响到公共行政后来的发展。

与传统行政管理中的权力意志相比，管理行政的优势就在于，由于它把行政管理当作管理过程来看待，由于管理学的科学化已经达到相当程度，从而使得它能够按照科学的逻辑来进行知识的建构，即，由于行政管理要取得作为独立学科的身份，它不得不通过科学化方式使行政管理成为一种能够为行政实践活动提供确定性知识的活动。由此，按照科学逻辑建构起来的行政管理，就致力于履行为公共行政寻找确定性的承诺，即严格按照数学的精确性要求在如机械般受因果规律支配的管理世界获得某种绝对知识。事实上，整个工业社会的管理行政一直试图去寻找这种绝对知识，而且在管理行政的发展历程中，这种对绝对知识的追求变得越来越明显。

二、科学行政的理论规划

如果说，作为管理的公共行政以科学为其灵魂，如果说管理学使得科学行政获得如同自然科学般的精确结果，那么，接下来的问题就是，管理行政在获得独立的身份后，如何通过积极地建构获得相对完善的学科知识体系。从今天的眼光来观察行政管理的学科史，我们看到公共行政的科学化建构沿着两个方面展开：一方面是对公共行政自身的科学建构；另一方面是对管理对象的科学探索。或者说一方面是自内探求，另一方面是向外拓展。

我们所说的科学，是在一种可计算的意义上讲的，也就是说，只有那些可计算、可量化、可进行定量分析的才能称之为科学。正如韦伯所说的那样，“科学是一项纯粹的、独立的和理性的教育工作，这就是说，它是对一些经验事实的纯粹的仲裁者，它利用归纳法得出的因果律和系统的抽象，可以从这些事实中推断出超越时空、因此也是超越生活的一切确切规律。就我们的政治和历史科学这一具体的领域而言，这意味着对人的行动加以计算，‘从原则上说，它不服从任何非理性的力量和摆布’”[①]。对于科学家来说，在一个受因果律支配的世界里，行政管理要想成为一门科学，也必须达到这样的标准，即在其学科体系的建构中必须达到可计算性，通过可计算性来寻求公共行政各要素之间的内在规律。

如果说政治与行政二分、科学管理理论以及韦伯的官僚制理论为行政管理的科学化奠定基础，使作为科学的行政管理成为可能，那么接下来的问题就是行政管理自身如何可能。当把行政作为管理，作为一种纯技术性的事务来看待时，首先遇到的问题就是行政管理有无自己的规律性？它能不能像自然科学那样去发现自己行为的确定性，从而沿着固有逻辑运行？对研究行政管理的学者来讲，这种内在逻辑就是公共行政的内在规律性。这项开创性工作首先是由法约尔完成的。法约尔在其名著《工业管理与一般管理》中对管理的要素作出了原创性探索。他认为：“管理：是计划、组织、指挥、协调和控制”，“管理职能并非一种专有特权，也不是某个负责人或企业领导的个人责任；同其他基本职能一样，这是一种由组织领导和组织所有成员共同行使的职能”。[②]在总结自己丰富的管理经验的基础上，法约尔对管理的五种职能作了比较详细的说明。[③]在法约尔这里，管理第一次被当作一个完整的过程来看待，并且不再基于个人经验，而是具有自己的内在规律。

法约尔认为自己所提炼的管理要素和管理原则不仅适用于企业，

---

① 〔德〕马克斯·韦伯：《学术与政治》，冯克利译，北京：生活·读书·新知三联书店2005年版，第147页。

② 〔法〕法约尔：《工业管理与一般管理》，迟力耕等译，北京：机械工业出版社2013年版，第6页。

③ 〔法〕法约尔：《工业管理与一般管理》，迟力耕等译，第46—114页。

也适用于国家行政管理。这一点可以从他对行政科学的认识中清楚地看出来。法约尔说："我对已经得到广泛采纳的行政一词所下的定义在相当程度上扩展了行政科学的领域。它不仅包括公共服务领域，而且包括各种规模、各种形式和各种目的的企业。所有企业需要计划、组织、指挥、协调和控制，为了能功能发挥正常，所有企业都必须遵守同样的一般原理。"① 法约尔在管理学历史上第一次提出了管理职能的五要素说。因为这项卓越的工作，他被看作管理学的先驱之一。正如雷恩所评价的那样，"法约尔的管理要素为管理过程提供了现代的概念体系；他的管理原则是管理行为的灯塔"②。法约尔的管理要素说影响了后来的美国管理过程学派。他们把管理视为一个过程，并试图通过分析其中的要素，建立起普遍的管理原则和组织理论。法约尔的理论也对我国行政管理产生了较大的影响，"特别是管理要素说和管理原则，在很大范围内已经得到了直接或间接的应用，其中的许多内容已经成为现代行政管理理论的重要组成部分"③。

法约尔的思想深深影响了后来者。古利克曾直言自己关于行政管理的七职能说直接来源于法约尔。他说："亨利·法约尔在《工业管理与一般管理》一书中对管理职能进行了精心分析，对最高管理者工作的这种说明正是根据法约尔的分析修改而成的。"④ 在法约尔管理五职能说的基础上，古利克提出了管理的七职能说，并发展了法约尔的思想。他说："'什么是最高管理者的工作？他要做些什么？'答案是 POSDCORB。当然，POSDCORB 是一个组合词，目的在于唤起人们对最高管理者的各种职能性的工作要素的注意，因

① Luther Gulick and L. Urwick eds., *Papers on the Science of Administration*, London: Routledge, 2003, p. 109.

② 〔美〕丹尼尔·雷恩：《管理思想史》，孙健敏等译，北京：中国人民大学出版社 2009 年版，第 258 页。

③ 丁煌：《西方行政学说史》，第 67 页。

④ Luther Gulick and L. Urwick eds., *Papers on the Science of Administration*, p. 14.

为‘行政’和‘管理’已经丧失了所有具体内容。POSDCORB 是由下列活动的首字母组成的并象征着这些活动。计划是为了实现企业所设定的目标，制定出需要完成的事情的纲要及完成这些事情的方法；组织是为了实现已确定目标而建立起的正式的权威结构，通过这种结构安排，规定和协调下属的工作；人事就是雇用和训练工作人员以及保持有利的工作条件等整个人事工作方面的职能；指挥就是指下列连续性的任务，作出决策并以各种特殊和一般的命令和指示使之具体化，发挥企业领导者的作用；协调就是使工作的不同部分相互联系起来的所有重要职责；报告是使经理对之负责的那些人不断了解所进行的工作，也包括通过记录、研究和调查使经理及其下属不断了解有关情况；预算包括所有以财务计划、会计和控制形式出现的预算。”[①]

引人注意的是，厄威克也对管理职能做了有益的探索。在厄威克看来，当把组织当作一个技术问题来看时，我们所要做的主要工作就是去寻找能使组织有效运行的那些原理。当我们去寻找这些原理时，我们不需要去考虑企业的目标，组成企业机构的人员以及任何宪法的、政治的或社会的理论。这样，对管理的关注就转化为一个纯技术性的问题，即关注的核心在于如何在企业组织内的人员中进行不同行动、责任和职责的分配，协调各种行为之间的相互关系以及对企业内人员工作情况的持续控制来确保以最经济和最有效的方式来实现企业目标。[②]在厄威克看来，管理的五种职能作为领导职责的不可分割的部分，意味着它们在任何情况下都不可能从领导者的人格中完全分离。也就是说，基于自己的理解，厄威克认为管理的五种职能事实上是不可能分开的，它们互相影响，互为前提。

---

① Luther Gulick and L. Urwick eds., *Papers on the Science of Administration*, pp. 13-14.

② Luther Gulick and L. Urwick eds., *Papers on the Science of Administration*, p. 51.

厄威克说，计划能够确保工厂的日常运行得以制度化维持，并且使那些小的问题或障碍能够得到及时处理。而组织必须依靠这样的计划和预测。因为计划和预测是实现特定目标所必需的适当人力及物力资源的保证与安排。指挥则使组织根据计划得以顺利运行。如果说组织关注结构的数量和建立以使它们工作保持一致的话，协调则关涉组织运行的一面，它要确保工作时时刻刻能够进行下去，使机器处于工作状态从而确保企业运行处于和谐与平衡状态。如果说组织关注企业的静态方面的话，那么指挥与协调则关注企业动态的一面。而控制则是为了查看企业的一切是否按照已采用的计划来执行。正如协调是组织行动的一面，在某种意义上，控制是指挥的结果，是对正在行动中的指挥结果的经常性检查。[①] 正是在这一点上，我们说，厄威克对于管理职能的理解，要比法约尔、古利克两人更为深刻。应该说，如果我们排除学科、知识及意识形态上的偏见，从科学性的角度来考虑，法约尔、古利克及厄威克等人关于管理过程的解释确实具有穿透性，我们今天对管理的理解，尤其是关于管理过程的理解，仍然没有超过他们，事实上我们还在享用他们的成果。

对公共行政的科学化努力，除了从整体上去把握行政管理的构成外，一些学者还深入到组织内部，去研究组织的构成原则、设置规模等更具技术性的问题。古利克集中讨论了行政管理中的几个主要原则。比如专业分工原则、协调原则、控制幅度原则、统一指挥原则等。在古利克看来，由于人们在特性、能力及技术等方面存在差异，决定了个人只能发挥自己所有能力中最为突出的那一部分。而工业社会本身又以分工为前提，随着社会的发展，这种分工会越来越深入，也会越来越精细。通过分工，企业和社会的生产效率会得到极大提高。社会分工的不可避免，也就意味着协调成为一种必然。换句话说，协调与

① Luther Gulick and L. Urwick eds., *Papers on the Science of Administration*, p. 84.

分工相伴而生。古利克认为协调既可以通过组织方式进行，也可以通过思想方式进行。前者是通过组织内的权力金字塔自上而下进行，而后者主要是依靠组织内人员对于组织整体目标的理解而实现。就控制幅度原则来说，古利克注意到所有组织都有控制幅度的限制，但要区分工作性质的不同。对于那些具有常规性、重复性、可量化及同质性特点的工作来说，管理者可直接指挥的下属达到几十名。而当工作具有多样性、非定量化的特质时，特别是当工作呈现出分散特点的时候，一个管理者只能监督少数几个下属。这种多样性、分散性及非定量化的情况在每一组织的上层最为明显。古利克认为，“听命于几名上级的下属可能是思想混乱的、低效的和不负责任的；而听命于一名上级的下属可能是有条理的、有效率的和负责任的”[①]。人们从经验中意识到，对行政管理来说，多重指挥只能造成混乱。因此，统一指挥是对那些受到指挥的人而言，而不是那些发布命令进行指挥的人而言。

如果说法约尔、古利克、厄威克等人初步奠定了行政科学的基础的话，那么西蒙则把行政科学向前推进了一大步。法约尔等人主要致力于寻找行政管理的内部机制，这项工作大体完成后，公共行政科学建构的着力点又从哪里寻找呢？西蒙把关注点放在了行政管理之外，也就是行政管理对象上。如果说在市场经济发展初期，“守夜人”式的政府还能够为社会发展提供支持的话，那么，到了 19 世纪后期，随着市场中垄断因素的出现，特别是当垄断成为经济社会发展的阻碍性因素时，政府不能再是消极无为的，而是要积极介入社会。“一旦政府开始实施对社会的干预时，就对政府自身的建设提出了更高的要求，而政府自身建设的最佳方案就是政府在结构上、运行机制上以及行为上都能够满足科学化、技术化的要求。”[②]不过，西蒙的行政科学建构却是

---

① Luther Gulick and L. Urwick eds., *Papers on the Science of Administration*, p.9.

② 张康之：《论伦理精神》，南京：江苏人民出版社 2012 年版，第 109 页。

从激烈批评法约尔、古利克等人开始的。

在西蒙看来，法约尔、古利克人等所确立的行政原则，并不能称为科学，这些所谓的原则只不过是一些行政谚语而已。他特别指出，法约尔、古利克等人所确立的管理原则有一个致命缺陷，那就是，这些管理原则总是成对出现的。他说："无论对哪个原则来说，几乎都能找到另一个看来同样可信、可接受的对立的原则。虽然成对的两个原则会提出两种完全对立的组织建议，可是，管理理论里却没有指明，究竟哪个原则才适用。"[①]不仅这些原则内部充满着歧义，而且这些原则之间也是相互矛盾的。比如，专业化并不是高效管理的必要条件，因为所有群体性活动都具有分工的特征。因此，"管理上的真正的问题，不是泛泛地追求'专业化'，而是要以特定方式沿着达到管理效率的特定路线去实行专业化"[②]。不仅如此，专业化原则直接与命令统一原则相冲突。因为命令统一意味着下级只服从一个上级的领导，而专业化原则则意味着一个下级基于专业分工会产生不同的上级。所以，在西蒙看来，"命令统一原则与专业化原则在裁决争端方面都无能为力，它们只会彼此冲突，而不会指明任何解决冲突的程序"[③]。对大型组织来说，因为组织成员众多，需要保持一定的控制幅度，来保证组织的高效率。但问题在于，当限制了管理幅度时，必然会引起管理层级的增加，而当上下级在众多层级之间进行信息、指令的上传下达时，管理上的效率也就被牺牲了。从另一个方面来说，为维持管理的高效，可以通过增加管理者指挥的人数，来减少管理层次，保持管理的高效。但这也会带来另外一个问题，即因为管理者所要监督的人数过多，而

① 〔美〕赫伯特·西蒙：《管理行为》，詹正茂译，北京：机械工业出版社 2011 年版，第 26 页。

② 〔美〕赫伯特·西蒙：《管理行为》，詹正茂译，北京：机械工业出版社 2011 年版，第 27 页。

③ 〔美〕赫伯特·西蒙：《管理行为》，詹正茂译，北京：机械工业出版社 2011 年版，第 28 页。

使其控制能力减弱。[①] 因而，在西蒙看来，如果不能做到用科学方法评价行政管理，那我们就很难说行政科学能够成立，我们所期望的行政科学也只能是一句空话。

在对已有行政管理原则进行批评的基础上，西蒙认为，行政管理之所以还不能成为科学，关键就在于没有或者无法确立像自然科学那样的方法和基础，而这一问题又与关于行政的传统理解相关。从传统的政治—行政二分的观点来看，政治是国家意志的表达，行政是国家意志的执行，或者说政治就是决策，而行政就是执行，而这就意味着决策与执行是相分离的。西蒙认为，这种二分的观点是导致行政管理无法科学化的一个主要原因。西蒙认为，任何管理活动都包含着决策与执行，当"组织的总目标确定后，决策过程并没有结束。'决策'工作同'执行'工作一样渗透到整个管理型组织中，事实上这两者紧密相连，缺一不可"[②]。从决策—执行的链条来看，上一级的执行环节，在下一级或者较小一级来看时，就变成了决策。"某些目标必须依赖于其他一些更远大的目标才能发挥作用。这个事实导致目标的层级结构，每一层相对于其下层都是目的，相对于其上层又是手段。通过目的的层级结构，行为得以保持完整性和一致性，因为每个备选行动方案都使用综合的价值尺度即'最终'目的来权衡。"[③] 事实上，当把行政看作是一个决策—执行的连续过程时，西蒙已经颠覆了关于管理的传统理解，这样，行政管理的重心就转向了对管理行为的研究，这从其书名《管理行为》中就能清楚地看出来。

而要科学研究行政行为，首先要区分事实与价值。所谓事实命题

① 〔美〕赫伯特·西蒙：《管理行为》，詹正茂译，北京：机械工业出版社 2011 年版，第 30—31 页。

② 〔美〕赫伯特·西蒙：《管理行为》，詹正茂译，北京：机械工业出版社 2011 年版，第 2 页。

③ 〔美〕赫伯特·西蒙：《管理行为》，詹正茂译，北京：机械工业出版社 2011 年版，第 67 页。

"是对可观察的世界及其运作方式的陈述。事实命题原则上可以经过检验来确定真伪，也就是确定它们的论述是不是确实会发生"[①]。所谓价值命题是关于偏好的表达。事实命题可真可假，一个事实命题是否正确，是否具有客观真实性，取决于它与事实是否相符，这可以通过实证研究来进行证实或证伪。而一个价值命题所表达的是"应当如何"，这并不是事实，我们无法通过经验或理性的方式检验道德命题的真实性与正确性。[②]正如休谟所主张的那样，由于在"是"与"应当"、事实与价值之间存在着不可逾越的鸿沟，事实命题不能以任何方式从价值命题中导出，而从事实命题也不能直接引出价值命题。虽然任何决策中都不可避免地包含有价值成分，但在西蒙看来，价值要对决策发挥作用，取决于两个条件，即"（1）设定为组织目标的价值观必须清楚明确，这样才能对目标在任何情况下的实现程度进行评价；（2）必须能判断特定行动方案实现目标的概率"[③]。这也就是说，要使价值对决策起作用，必须使价值像事实那样达到科学上的精确性。而事实上由于价值的模糊性及主观偏好的差异性，西蒙在不知不觉中取消了决策中的价值问题，把决策转化为纯粹的事实问题。

既然行政管理完全是关于事实的陈述，那么剩下的问题就是选出能够产生最优结果的策略，这就成为理性决策的任务。[④]这样，行政理性的重要性就凸显出来。从理论上来说，只有充分掌握了所要决策问题的信息，在此基础上做出的决策才最准确，也最可靠。问题在于，这一要求是建立在完全理性的假定上。这种完全理性取决于四个先决

---

① 〔美〕赫伯特·西蒙：《管理行为》，詹正茂译，北京：机械工业出版社2011年版，第49页。

② 〔美〕赫伯特·西蒙：《管理行为》，詹正茂译，北京：机械工业出版社2011年版，第49页。

③ 〔美〕赫伯特·西蒙：《管理行为》，詹正茂译，北京：机械工业出版社2011年版，第52页。

④ 〔美〕赫伯特·西蒙：《管理行为》，詹正茂译，北京：机械工业出版社2011年版，第69页。

条件：“（1）存在着数种可以相互替代的行为类别；（2）每一类行为都能够产生明确的结果；（3）经济主体对行为产生的结果拥有充分的信息或情报；（4）经济主体拥有一套确定的偏好程序表，以便让他依据自己的所好来选择自己认为适当的行为。”[①] 但是由于实际生活中知识的不完备性、社会生活的开放性以及备选行为范围的有限性，西蒙认为事实上完全理性是不存在的。他认为决策中我们实际上只能达到有限理性。

如果说“经济人”追求完全理性，那么“行政人”则只要求有限理性。如果说“经济人”要求达到最优，那么“行政人”只需达到满意。用西蒙自己的话来说，“尽管‘经济人’追求最优，也就是从所有备选方案中选择最好的那种，他的近亲‘管理人’却追求满意，也就是寻找一种令人满意或‘足够好即可’的行动方案”。“因为管理者追求‘满意’，而不是‘最优’，所以他们在做出抉择之前，不需要考察所有可能的行动方案，也不需要预先确定所有的备选方案确实就是这些。……所以管理人只用相对简单的经验法则，对思维能力不提过高要求就能够制定决策。”[②] 这也就是说，行政管理事实上是在信息不完全情况下进行的决策。但是，无论是完全理性还是有限理性，所谓的决策都是在一系列备选方案中通过理性计算，即通过得失的比较，选择那些利益最大化的方案作为最终结果。这样，西蒙把关注的焦点转向对决策过程的分析。他认为决策过程可以划分为情报活动、设计活动、抉择活动和审查活动这样几个阶段。第一个阶段是情报活动，其任务是探查环境，寻求要决策的条件；第二个阶段是设计活动，其任务是设计、分析和制定可能采取的备选行动方案；第三阶段是抉择活动，主要就是在各种可供选择的备选方案中挑出一个适用的行动方案；最后一个阶段就是审查活

---

① 丁煌：《西方行政学说史》，第 180 页。
② 丁煌：《西方行政学说史》，第 102、103 页。

动，其任务是对已经作出的决策进行评价。[①]

从西蒙的努力中我们可以看出，他穷其一生所做的工作就是为建立科学化的行政管理知识体系、科学化的行政学理论而努力。其经典名著《管理行为》被沃尔多认作从传统行政学向行为主义行政学转变的一个重要转折点，它标志着行政管理以科学化的概念、实证的研究方法取代传统的、充满含混思想的概念和方法。西蒙的科学化努力使学者们关注的焦点由“对制度、法制、结构等静态层面的研究转变到对决策过程的动态研究”[②]。在强调以自然科学的所谓量化、精确化作为科学与否的标准方面，西蒙对行政管理科学化的贡献是有目共睹的。他第一次试图把行政管理建立在精确的数量基础上。

如前所述，当西蒙从决策的角度来理解行政管理时，他以事实与价值二分取代了政治与行政二分，并且由于价值只是个人偏好的表达，从而在事实上排除了价值考量，把行政管理当作一个纯粹的事实之间因果律的追寻过程。这样，行政管理就变成对行政行为，尤其是决策行为的研究。尽管我们还没有找到直接证据来证明西蒙的理论与政策科学之间的逻辑关系，但是，从我们的推测看，政策科学的兴起无法不受到西蒙的影响。因为当把行政当作一种决策，当作一种连续的决策过程来看的话，行政管理研究的焦点自然应当转到政策科学上来，因为就其实质而言，决策是在一系列可供选择的备选方案中进行抉择。而选择的关键就在于能否提供可以进行选择的方案，如果只有一种办法，一种方案，也就无所谓选择，无所谓决策了。从另一方面来看，在一个稳定的政治—行政体制之下，在政府机构设置、政府决策、执行机制都相对稳定的情况下，政府治理的主要内容就是制定政策，就是通过制定政策、实施政策来进行社会治理。在这个意义上，政策科

① 〔美〕西蒙：《管理决策新科学》，李柱流等译，北京：中国社会科学出版社 1982 年版，第 34 页。

② 丁煌：《西方行政学说史》，第 193 页。

学的兴起也就成为必然。

事实上，政策分析充当了政策科学研究的方法论，而政策分析的一般过程和西蒙所说的决策环节没有什么本质上的区别。“政策分析是政策科学的研究方法论，其目的在于帮助决策者制定和改进政策，它在广泛搜集信息和资料的基础上，帮助决策者阐释目标、寻找备选方案、预测方案的效果、建立模型并对方案作出评估，从而为决策者选出最佳行动方案。”[①] 一般意义上，政策分析包括以下主要环节：“1. 帮助决策者确定他所需要实现的目标；2. 找出实现决策者目标的各种可能方法，或称备选文字；3. 推断出根据各种备选方案制定的决策可能产生的后果；4. 采用适当的标准将各种备选方案按优排序，或将这些备选方案提交给决策者，让他们根据自己得到的合适信息对方案进行排序；5. 对选出的备选方案制定一个程式，它能告诉我们，该方案的实施会产生什么结果，它又将在何种程度上实现我们最初选定的目标。”[②] 因此，无论何种政策科学，就一般意义而言，它们的分析过程大体上是相同或相似的，从纯技术的意义上来说，没有本质上的区别。

从另一方面来说，政策科学研究，尤其是政策分析中所采用的研究方法也是纯技术性的。西蒙认为无论是程序化决策还是非程序化决策，都要大量使用决策技术，特别是现代技术来帮助决策。如果说决策需要现代技术，那么政策科学同样也是如此。在西蒙看来，“程序化决策的传统技术包括由组织成员的实际知识、习惯性技能和操作规程等集体记忆构成的习惯，与习惯紧密相关的标准操作程序以及在标准操作规程之上的组织结构；而程序化决策的现代技术则包括运筹学，如线性规划、动态规划、整体规划、博弈论、决策论、排队论、概率论等数学工具以及利用电子计算机模拟等电子数据处理技术”[③]。这也就

① 丁煌：《西方行政学说史》，第 353 页。
② 丁煌：《西方行政学说史》，第 355 页。
③ 丁煌：《西方行政学说史》，第 184 页。

是说，行政科学只有采用了定量分析之后，才配称得上科学，否则就像西蒙所说的只不过是一些行政谚语而已。定量分析“强调战略性地运用复杂的分析技术如预测、成本—收益分析等。定量的或分析的管理的倡导者们认为，系统的分析减少了决策过程中的不确定性，因而在‘高端政策’领域提升了行政决策的有效性与质量”[①]。由于把行政理解为一个纯技术化的过程，由于把公共行政理解为一个在诸多可能性方案中进行抉择的过程，其最高的标准就是效率，就是工具理性所追求的如何通过理性的算计，在进行成本—收益计算的基础上，选择那些收益最大化的方案，而一旦按这样的标准来考量公共行政，按这样的要求来进行政策分析，效率也就意味功利的最大化，这也就是功利主义所说的“最大多数人的最大幸福原则”。

如果说政策科学还只是采用经济学的方法来分析行政管理中，尤其是政策领域中的问题，为政策制定、决策提供参考的话，那么公共选择理论则使行政管理的根基发生了彻底改变。正如大家所熟知的那样，公共选择理论的核心是经济人假设，即人是自利的，追求个人效用最大化是人的基本动机。正像亚当·斯密所说的那样，作为市场活动主体的个人都在追求自己的私利，通过市场这只“无形的手”发挥调节作用，追求私利的行为促进了社会整体的繁荣和社会财富的增长。公共选择理论把经济人假设运用到政治公共领域，认为政治也是一个追逐个人私利的市场，政治市场上的个体同样也是追求自身利益最大化的“经济人”。

在公共选择理论看来，政治家和官僚是追求个人利益或效用最大化的“经济人”，其目标既不是公共利益，也不是组织效率，而是个人效用。布坎南认为，“简单而直接的观察表明，政治家和官僚……

① 颜昌武、马骏编译：《公共行政学百年争论》，北京：中国人民大学出版社2010年版，第132页。

的行动与经济学家研究的其他人的行动并无不同”[①]。公共选择理论把政治看成是一个进行交易的市场，政治市场中的主体与一般市场中的主体相比，其行为并无差别，他们都按照成本一收益原则追求个人利益的最大化。选民总是倾向于选择那些可能会给自己带来更大利益的政治家或政策。而政治家或政府官员在政治市场上所追求的也是个人效用的最大化，比如权力、地位、待遇等，至于公共利益，不过是他们在追求个人利益过程中的副产品。因而，按照“经济人”的行为方式看待政府及其运行的逻辑，其最终结果是从整体上把政府塑造成一个“经济人”。因为如果政府只是考虑何种行为、何种途径能带来利益的最大化，其背后自然隐藏着一个非常危险的逻辑，即政府自身就成为一个最大的同时也是最有实力的“经济人”。[②] 事实上，如果承认政府是一个利益主体，承认其追求自身利益最大化的行为具有合理性的话，那么我们只能接受政府作为最大“经济人”的现实，因为政府自身在社会竞争中所处的强势地位，它在信息、资源等方面所占据的绝对优势地位，决定了即使那些最强大、最优秀的企业家也只能处于劣势。如果是这样的话，政府就真成了霍布斯所说的“利维坦”。如果是这样的话，建立在经济人假设基础之上的行政管理也许实现了科学化，但问题在于，当我们原来所期望的作为公共利益代表的政府按照经济人的逻辑去运行，当政府及政府官员按照商业组织的逻辑去如此这般行事，当政府按照商业的规律进行交易时，利益及利润的考量便成为第一位的。当一个个政府官员具有了“企业家精神”，并因此按照商业的逻辑去运作政府时，政府的公共性、公共利益到底如何落实就成了问题，公共选择理论在这个问题上无法自圆其说。

在胡德看来，新公共管理并无多少创新，它只不过是通过新的包

① 〔美〕布坎南：《自由、市场与国家——20世纪80年代的政治经济学》，北京：北京经济学院出版社1988年版，第27页。

② 张康之：《寻找公共行政的伦理视角》（修订版），第173—174页。

装，把原先称为“行政管理”的东西改为“公共管理”而已。但是因为术语的包容性，各种倾向的人都能从这个语词中找到共鸣。他说：“通过强调‘公共’一词，公共管理对这样一些人具有吸引力，这些人认为政府和公共服务中有一些特别的内容，需要有关于这些内容的特殊知识和实践。另一方面，通过强调‘管理’，这一名词又吸引了另外一些人，他们认为政府和公共服务不过是运用工商学派中管理方法论的又一个新领域，他们强调公共服务供给的‘制造工程’的方面，而不是公共行政所热衷的政治的复杂性和责任性的问题。”[①]

胡德认为，所谓的新公共管理，无论是作为一个研究领域，还是作为一场运动，其目的都是通过改革，使政府变得更像商业组织。正如我们所熟知的那样，新公共管理的出现，并作为一场声势浩大的政府改革运动，其直接目标是针对当时西方社会中广泛存在的政府低效问题。因而作为一场政府改革运动，其直接目标就是通过改革，使政府变得更有效率。胡德说：“当代公共管理中广受欢迎的理念，常常自寻烦恼地带有‘经济理性主义’的色彩，其定义标准是增强而不是降低效率，而其技术则是源于私营商业实践的全面质量管理。”[②]而对企业管理技术的青睐，则包含着行政管理的工程化隐喻。这一强有力的隐喻意味着政府管理只是一种工程而已，其实质在于对效率的再次强调。因为这种工程化理解，效率可以通过技术上的改进与完善而得到实现，这样，不同学科之间可以对如何达成效率获得共识。[③]

这种效率，当然首先着眼于政府整体效率的提高。也就是说，它“不争论政府的大小而力求政府的效率，不强求政府做什么而着眼于政

---

① 〔英〕克里斯托弗·胡德：《国家的艺术：文化、修辞与公共管理》，彭勃等译，上海：上海人民出版社2009年版，第4页。

② 〔英〕克里斯托弗·胡德：《国家的艺术：文化、修辞与公共管理》，彭勃等译，第5页。

③ 〔英〕克里斯托弗·胡德：《国家的艺术：文化、修辞与公共管理》，彭勃等译，第5页。

府怎么做，不纠缠征税多少花钱多少而讲究适当征税花钱得体，不辩论政府办事的动机而着重政府办事的后果”[①]。新公共管理并不是对政府体制进行细枝末节的修补，而是在政府之外引入市场竞争机制，把原来由政府垄断提供的公共产品与公共服务改为由政府、企业、非政府组织等通过竞争的方式来提供，通过管理体制的根本性变革，使政府服务变得更有效率。“我们解决我们的问题，既不是靠大把花钱增加政府开支，也不节制支出缩小预算；既不靠新建一批政府官僚机构，也不用对现有的官僚机构实行‘私有化’。在某些时候在某些地方，我们确实要多花钱或者少花钱，需要制订一些新的计划或者把一些政府功能私有化。但是，为了使我们的政府重新变得有效，我们一定要改革政府。”[②]这也就是说，要从整体上对政府进行改革，把政府从原来的封闭半封闭状态中解放出来，使政府变得更加具有开放性。作为一种机制，政府不能再是运动员，它充当的是裁判员角色，也就是说，除了为不同竞争对手之间提供竞争规则之外，它还要作为竞争的参与者，通过降低成本，提高效率，来获得为公众提供基本公共服务的机会。而要获得这样的机会，政府就必须放下身段，致力于降低成本，提高服务质量，这样才能在竞争中获胜。其目的是让“决策者货比三家地自由挑选最有能力和效率的服务提供者，使他们花同样的钱能够得到更大的效益，使他们充分利用服务提供者之间的竞争”[③]，有效地降低服务成本，提高服务效率。

但奥斯本、盖布勒一再指出，他们所说的企业式政府，并不意味着把所有政府职能完全交给市场这只无形的手来接管。在他们看来，

① 〔美〕戴维·奥斯本、〔美〕特德·盖布勒：《改革政府：企业家精神如何改革着公共部门》，周敦仁等译，上海：上海译文出版社 2006 年版，初版译序，第 3 页。

② 〔美〕戴维·奥斯本、〔美〕特德·盖布勒：《改革政府：企业家精神如何改革着公共部门》，周敦仁等译，前言，第 6 页。

③ 〔美〕戴维·奥斯本、〔美〕特德·盖布勒：《改革政府：企业家精神如何改革着公共部门》，周敦仁等译，第 10 页。

“我们可以把个别的掌舵性职能加以私有化，但是不能把治理的全过程都私有化。如果这样做，我们就会失去作出集体共同决定的机制，就没有为市场制定规章条文的途径，就会失去管制执行行为规范的手段。我们就会丧失社会公平感和利他主义精神”，“企业界做某些事比政府强，政府做某些事又比企业界强。……公共部门在政策管理、规章制度、保障平等、防止歧视或剥削、保障服务的连续性和稳定性（比方说，在公立学校中使不同种族和阶层的人混合）以保持全社会的凝聚力等方面倾向于更胜一筹。企业界则在完成经济任务、创新、推广成功的试验、适应迅速的变化、抛弃不成功的和过时的活动、完成复杂的或技术性任务方面往往更胜一筹。第三部门则在完成微利或者无利可图的任务，需要有同情心和对个人关心尊重的任务，需要顾客或当事人方面具有广泛信任的任务，需要亲自动手和直接关心的任务（例如日托、咨询和对残疾人和病人的服务）以及牵涉到贯彻道德准则和个人行为职责的任务方面倾向于更胜一筹”[①]。值得我们注意的是，新公共管理并不准备在政府领域完全实现私有化，并不准备把原来由政府所承担的所有职能都移交出去。事实上，如果政府把自己所承担的所有职能都移交出去，政府也就失去了存在的理由。由于政府、企业、第三部门各自的优势和劣势，决定了任何一个部门都不可能包打天下，而只有发挥各自长处，发挥它们的整体合力，着眼于提高服务水平与服务效率，才能最终促进政府绩效的提高。

除了强调要通过机制性的变革，使政府变得更灵活、更开放、更有适应性、更能回应社会的需求外，新公共管理还致力于使政府及政府官员具有“企业家精神”。所谓的“企业家精神”，最早由法国经济学家萨伊提出来，它意味着“将资源从生产力和产出较低的领域转移

① 〔美〕戴维·奥斯本、〔美〕特德·盖布勒：《改革政府：企业家精神如何改革着公共部门》，周敦仁等译，第18—19页。

到生产力和产出较高的领域”[①]。虽然德鲁克、奥斯本等人并没有为“企业家精神”作出一个明确的界定，但从其引用萨伊的话来看，他们对所谓的“企业家精神”还是比较赞同的。“企业家精神”就是勇于创新，不因循守旧，具有成本意识、具有主动精神等，应当说，这一概念具有丰富的内涵，也许正是这一点，才让这些思想大家放弃了对它的教条式界定，因为一旦进行解释，它就变成了死的东西，就成为束缚人们思想的教条。在德鲁克看来，无论是企业、第三部门，还是政府都需要有“企业家精神”。他说：“无论是现存的大型机构还是一个白手起家的个体企业家，企业家精神的原则都是一样的。不管它是营利性企业还是非营利性的公共服务机构，也不管它是官方还是非官方机构，其中的差别并不大。企业家精神的原则大同小异，能起作用的因素也差不多。”[②]“在官僚主义行为与企业家行为之间是一个巨大的连续体，政府肯定可以在这个区域内调整自己的位置。”[③]

在胡德看来，新公共管理只不过是传统的管理主义或者泰勒的科学管理的现代回归。因为无论是老的管理主义还是新公共管理都把政府低效或者无效归结为“糟糕的管理”。它们相信技术的力量，相信通过政府改革、机构的调整、职能的完善，通过加强管理，通过引进新的管理方法与技术，甚至于把企业领域的工商业管理技术引入公共管理中，来提高政府工作效率，也就是说，它们相信的仍然是科学管理的逻辑。换句话说，在新公共管理令人眼花缭乱的理论背后，其核心的东西并没有太大改变，其目标指向仍然是政府效率，而为达成政府的高效率，当老的管理主义把政府内部的潜力已经挖掘得差不多的时候，新公共管理则引入外部力量，以效率为直接目标，以成本—收

---

① 转引自〔美〕彼得·德鲁克：《创新与企业家精神》，蔡文燕译，北京：机械工业出版社2009年版，第18页。

② 〔美〕彼得·德鲁克：《创新与企业家精神》，蔡文燕译，第128页。

③ 〔美〕戴维·奥斯本、〔美〕特德·盖布勒：《改革政府：企业家精神如何改革着公共部门》，周敦仁等译，第18页。

益核算为基本方法，以“企业家精神”为导向，使政府成为企业式政府，使政府官员成为企业家，或者至少要按照企业家的方式处理公共事务，其核心仍然是效率逻辑。

三、科学行政的实践形态：技术化

西蒙曾把行政科学分为纯粹的行政科学和应用性行政科学。在他看来，所谓纯粹的行政科学就是“试图回答这样一些问题，比如‘什么因素决定了组织效能的程度？’‘在什么情形下，政府机构会承担起公共责任？’”而且，对这些问题的研究不依赖于研究者的价值偏好。因而，纯粹的行政科学就致力于探索那些使组织有效运作的条件。而应用性的行政科学则“努力运用在纯粹科学的基础上建立起来的一套经验命题来实施某个特定的（完整的）价值体系”[①]。我们非常清楚，西蒙通过事实与价值二分，致力于建立纯粹的行政科学，从而达到他所向往的科学行政。但我们知道，行政科学从来没有也无法达到物理、化学、数学等自然科学那样的精确程度。虽然西蒙不承认有所谓的应用性行政科学，但我们不得不承认，行政管理是一门应用性科学，这种应用性就在于行政管理从来都不是书斋里的学问，它不是纯学院式的研究，而始终是现实的行政管理活动。因而，当我们把目光转向现实的行政实践活动时，当我们承认行政管理是一种管理活动时，当我们从管理学那里寻找公共行政的知识资源时，我们正是从纯技术的意义上来理解实践形态的行政管理的，科学行政在其实践形态上必然是以技术化的形式出现的。

作为一种实践活动，行政管理的技术化从两个方面得以展开。一方面是行政组织的技术化。我们非常清楚，与工业社会相适应的是管理型政府，而管理型政府所采取的组织形式必然是管理型组织。这种

① 颜昌武、马骏编译：《公共行政学百年争论》，第 52—53 页。

管理型组织适应工业社会的发展要求，在其内部通过横向分工与纵向分工建立起专业部门来从事公共管理。通过分工所确立的专业化优势就在于可以发挥专业操作的特长，因而，无论是纵向分工还是横向分工，“我们必须将组织的业务工作细分，由具备某种特定技术的人参与执行需要该种技术的所有过程。与此类似，要发挥决策专长的优势，我们就必须对决策职责进行分配，安排具备某种特定技能的人制定需要该种技能的所有决策”[①]。社会分工日益加深，社会各领域专业化趋势也日益增强，这种社会分工与专业化的加强，反映到政府管理中，就表现为政府管理部门化的加强。面对社会中出现的新问题、新领域，政府总是试图通过成立专门的部门来加强管理，试图把一切事务都纳入政府的掌控之中，这样就可以实现社会的有序运行。而为了实现管理型政府的职责，政府在其管理实践中发展起丰富多样的组织技术和管理技术，除了通过设立新的部门外，政府还会对组织层级、组织权限、管理体制、管理幅度等进行调整，这种调整与改革当然是在技术的层面上进行的，其目的就在于通过变革来优化组织机构，从而实现政府的高效。

如果我们把行政管理理解为政府对社会公共事务的管理，那么公共行政的管理性一面就会充分体现出来，并在此基础上，发展出公共行政的管理主义。全钟燮指出：“无论是在20世纪的工业社会还是在今天的后工业社会，国家治理都强调理性、科学和技术的行动。”以理性为核心的管理主义思维仍然是公共行政运转的核心力量。尽管管理的途径已经被频繁地证明越来越不适合日益复杂的后工业社会，但问题在于，行政管理者在应对复杂的社会公共问题时，仍旧自觉不自觉地“过度依赖工具和技术手段，控制政策制定进程，

① 〔美〕赫伯特·西蒙：《管理行为》，詹正茂译，北京：机械工业出版社2011年版，第7页。

设计各种选择，动员民众和评估绩效，以此寻求解决问题和变革政府的答案”[①]。从行政管理的实践来看，既然是管理，就必须按照法约尔的管理职能理论对行政管理体系内部进行职能划分，不管这种划分是以功能为基础，还是以直线制为基础，不管是以地域为基础，还是以管理对象为基础，其实质都是一样的，即只要出现新的社会事务，只要社会有这样的需要，就会对之进行事无巨细的管理。这意味着管理主义下的公共行政“使用严格刻板的程序和技术，以产生能够促进规划和制定决策的知识；客观指标被用作衡量冲突化解、问题解决和变革的基础”[②]。

管理行政、管理型政府，强调自上而下的控制，强调政府对社会、对人的控制。在这里，政府变得更加强势，并演变成对社会公共事务事无巨细的控制与管制。最近在国际社会闹得沸沸扬扬的斯诺登“棱镜项目”所反映出来的恰恰是政府的盛气凌人以及政府的管理定式，在管理的思维定式下，政府可以以国家或公共利益的名义，肆意侵入私人领域。即使在危机四伏的后工业社会，政府及行政管理者仍然以管理主义、技术主义的思维定式去解决问题。“面对动荡的环境变迁，管理的范围增大了，管理的复杂性增强了。许多行政管理者反而变得被动反应和保守，而不是富有前瞻性和创新性。……他们的目标是从一个财政年度到下一个财政年度，维持政府系统及其工作职位。危机设计过程低估了危机解决途径的长期意义，政府将注意力固定在短期的需要上。”[③]以至于碰到任何问题，无论是新问题，还是老问题，无论是属于工业社会中产生的问题，还是后工业社会中出现的问题，我们都寄希望于政府管理，而没有深入分析问题产生的根源以

① 〔美〕全钟燮：《公共行政的社会建构：解释与批判》，孙柏瑛等译，第17、19页。

② 〔美〕全钟燮：《公共行政的社会建构：解释与批判》，孙柏瑛等译，第70页。

③ 〔美〕全钟燮：《公共行政的社会建构：解释与批判》，孙柏瑛等译，第68页。省略号为引者所加。

及政府是否必要、是否应当进入这些领域。总而言之，无论是工业社会的行政管理还是后工业社会的行政管理都深受管理主义的影响，行政管理在社会生活中的强势地位得到进一步强化。因此，管理意义上的公共行政，其核心在于管理与控制。在处理复杂社会问题的过程中，政府及行政管理者越来越多地依赖技术化的手段，比如组织结构功能的调整、组织层次的重塑以及公共政策的修正等。伴随着各种各样的管理手段的日益频繁的应用，行政管理至少产生了三个结果："（1）越来越多地运用理性和工具的方案来解决组织问题；（2）越来越多的集中化政策制定；（3）越来越少的人文关怀和价值关怀。这些解决方案的实施导致了更多管理权力的形成和更多技术手段的使用，以此来控制组织活动的进程。"①

在设立稳定的政府组织与组织机构的基础上，管理型政府所面对的最大的，也是其常规性的问题就在于如何对社会中出现的公共问题进行管理。面对这些公共问题，政府发展出了熟练的管理技术，并在实践中走向了技术主义。技术主义源于20世纪组织理论研究上的技术决定论。这种技术主义应用于管理实践中时就是把组织看作是纯粹的技术化产品。在法国学者费埃德伯格看来，组织的技术决定论主要表现在三个方面：问题的技术化；解决问题方案的技术化；组织变革工具的技术化。

费埃德伯格详细分析了这种技术化现象的表现，并试图探索其背后的逻辑。在费埃德伯格看来，所谓问题的技术化就是"功能障碍被说明和解释为不完整的调查诊断的一种功能，它所依据的是一种还原性的技术论者的观察视角……它提出狭义的问题定义，为现存的技术专业能力的限定性领域划定边界，它相信解决方案显而易见必定能在这一领域找到"②。所谓解决问题方案的技术化意味着"为任何一种人类

① 〔美〕全钟燮：《公共行政的社会建构：解释与批判》，孙柏瑛等译，第179页。

② 〔法〕埃哈尔·费埃德伯格：《权力与规则——组织行动的动力》，张月等译，上海：上海人民出版社2005年版，第383页。

环境之外被限定的问题确立现成的技术性的解决方案。这种解决方案的技术化，是对于问题的技术化的一种自然反应；它是技术专家与技术专门人才的产品，这些技术专家与人才在进行过他们的调查诊断之后，相当自然地就到他们自己的专业领域里寻找解决方案，无论是从其他组织中的‘同行技师’那里寻找，还是从技术领域内部的顾问那里寻找”[①]。正如张康之教授所指出的那样，这种技术化的解决方案，无非是从一个组织拷贝到另一个组织，从一个国家移植到另一个国家。至于这些方法或方案是否真正解决了组织所面临的问题，没有人去关注，而组织领导者对此却乐此不疲。即使在实施过程中引发不良后果，也往往会被认为是产生的新问题，从而引发新一轮的“问题的技术化”和“解决方案的技术化”，而不是追问技术本身。[②]

在考察前两种技术化表现的基础上，费埃德伯格转向对技术化的第三种形式——组织变革工具的技术化的分析。他说：“对于这两种广为人知、建构良好甚至可以说经典的技术化形式——它们彼此依存，相互强化——我们不得不补充第三种形式，即诸种变革工具的技术化形式。与技术化的其他两种形式相比，第三种技术化更为直接地与咨询事业的发展联系在一起。这里的问题并不仅仅在于毫无道理地将变革简化为对新技术或新工艺的采用，强调的重点在于别处：被呈现出来的‘变革技术’的发明，可以这么说，如同组织可能购买的包装精美、‘随时可用的’工具包和配方，将它们运用于组织之中，应该会自动并且即刻赋予人类体系以活力，使这一体系更加具有弹性，改善沟通与交换的诸种路径，而且，简而言之，增强组织成员对于组织的忠诚，并且提高组织的总体绩效。”[③] 正是由于这些变革技术能够有效

① 〔法〕埃哈尔·费埃德伯格：《权力与规则——组织行动的动力》，张月等译，上海：上海人民出版社 2005 年版，第 383 页。

② 张康之：《公共行政的行动主义》，南京：江苏人民出版社 2014 年版，第 58 页。

③ 〔法〕埃哈尔·费埃德伯格：《权力与规则——组织行动的动力》，张月等译，上海：上海人民出版社 2005 年版，第 383—384 页。

解决组织所面临的问题，因而对技术的追捧就无法让人拒绝。“就发现困难和解决困难而言，‘技术的’方法以及‘技术的’诊断是适用的。技术的解决方案可以是，而且经常是最为适用的和最为有效的——至少在短时期内——就‘技术性’干预来说是如此。‘变革技术’能够用于克服对变革最初的抵抗，而这正是人们对这些技术最为感兴趣的地方。从这样一种观察视角来看，它们引人注目是因为它们流行这一事实变成了一种资源。恰恰因为它们是流行的，所以没有任何一个人能够真正地公开反对它们，至少在一段时间里还不得不与它们和平共处。”① 由于技术化方案直接面对实际问题，问题的解决具有现实针对性，因而技术化的思路也就为人们所认可。

费埃德伯格对组织技术化的经典分析，同样适用于公共行政。这一点从我们对于组织技术及管理技术的两个方面的分析中就能够看到。公共行政一方面发展出丰富多样的组织技术，如机构设置、绩效管理、全面质量管理等，熟练地运用这些组织技术直到炉火纯青的地步；另一方面，公共行政在面对公共问题时所普遍采取的是技术化的解决方案，其基本内容就是费埃德伯格所总结的问题的技术化、解决方案的技术化及变革工具的技术化。通过技术化的思路，公共行政日益摆脱了价值的纠缠，更加醉心于技术上的优化及再优化。不仅如此，技术主义的行政管理把管理化约为普遍的知识体系，这种知识体系在现代社会分工协作体系之下，就表现为分门别类的知识专家，每一领域内的专家因其所掌握的专门知识而具有权威性，这种权威性是门外汉无法拥有的。借助于这种可普遍化的知识体系，行政管理的技术化便拥有了坚实基础，这就是技术化的知识是可以通过培训获得的，而技艺则无法通过培训而获得，它必然是个人化、经验化的，只能通过个人

① 〔法〕埃哈尔·费埃德伯格：《权力与规则——组织行动的动力》，张月等译，上海：上海人民出版社 2005 年版，第 384 页。

的长期经验积累而获得。正是在这个意义上，现实的行政活动一直试图通过培训和学习来获得技术主义的支持。这种可普遍化的知识及技术，适应工业社会的整体要求，即工业社会对稳定性与确定性的追求，特别是在社会及政府的常态运行中，能够达到某种程度的稳定性与确定性。有了这样一个前提条件，技术主义的行政管理也就表现出巨大的优越性。[①]

第二节　技术化行政的行动逻辑

当行政管理成为一个相对独立的领域后，它就沿着自身固有的逻辑前行。作为一种事务性领域，行政管理越来越被当作技术化的事情来看待。技术化的行政管理其目标是经济和效率，其典范的组织形式是现代科层制，其行动方式是技术主义和实证主义。

一、行动基础：技术化行政何以可能

要了解技术化行政如何开展其行动，首先就在于追问公共行政能不能技术化。我们的回答是肯定的。对公共行政的技术化理解在威尔逊那里已经有所表现。他认为，一切政府都在结构方面具有很强的相似性，因而可以找到普遍有效的行政管理原则。这样，不同的行政管理制度之间可以相互借鉴和学习。“这样，我们便可以对外国政府进行解剖学的观察，而不用害怕会把它们的任何疾病传染到我们的血管中来，可以详细解剖外国制度而不用害怕血液中毒。”[②] 当威尔逊讲不同国家可以相互学习政府管理时，其背后隐藏的逻辑就在于行政管理在性质上是技术化的。

---

① 张康之：《公共行政的行动主义》，第 59 页。

② 彭和平等编译：《国外公共行政理论精选》，第 25 页。

而在厄威克那里，行政管理作为一个技术问题得到了清晰的表达。厄威克在其论文《作为技术问题的组织》中明确把行政管理看作是一个技术问题。他说："在研究人类组织经历过程中可以推断存在一些原则，这些原则影响着每一种结社的安排。这些原则可以被当作技术问题来研究而不去考虑企业的目的、组成人员或者任何支持它创立的宪法性、政治的或社会理论。他们关注分配给所有个体不同的行为、实现目标所必需的责任的方式方法，行为之间的关系以及对个体工作的持续控制，从而确保企业目标以最经济和最有效的方式实现。"[①] 在英国学者波利特看来，管理主义的核心就在于通过更好的管理使社会问题得到显著改善。这种对管理的信念又建立在这样几个条件之上："1. 社会进步的主要途径在于经济学意义上的生产力的持续增长。2. 这种生产力的增长将主要来自于前所未有的复杂技术的应用。这包括信息技术和组织技术以及生产物质产品的技术'硬件'。组织化的、大型的、多功能的企业和政府机构已经迅速成为一种主要形式。3. 这些技术的应用只有被那些按照生产力理想规训的劳动力运用才能达成。4. 管理是一种分离的、显而易见的、重要的组织功能，在诸如计划、执行、衡量生产力实质性提升等方面发挥着重要作用。商业上的成功将越来越依赖于管理者的素质和职业主义。5. 为'履行关键作用'，管理者必须拥有合理的'管理权限'。"[②] 波利特在这里把管理当作提高生产效率的必不可少的一个工具或手段，公共管理同样也是如此。也就是说，他们把社会产生问题的原因归结为"管理不善"，进而通过对管理流程再造、管理工艺的完善、管理方法的引进与提升，通过新技术与方法的引进与使用，确保管理适应社会要求，并且在社会问题的解决中发挥主导性作用。

---

① Luther Gulick and L. Urwick eds., *Papers on the Science of Administration*, p. 51.

② Christopher Pollitt, *Managerialism and the Public Services-Cuts or Cultural Changes in the 1990s*? Oxford: Blackwell Publishers, 1993, p. 3.

这里同样隐藏着对公共行政的技术化理解。那么公共行政的技术化品质到底如何体现出来？

米切姆曾把技术分为作为知识的技术、作为过程的技术、作为产品的技术和作为意志的技术。在他看来，作为知识的技术主要是指“无意识的感觉运动如何使用或运用人工产品、技术性的准则或前科学的经验方法、描述性的法则或陈述以及技术规律的意识”。作为过程的技术指的是“发明、设计、创造、运作、管理，以及计划、教学、指导的功能”。作为产品的技术指的是“用具、仪器、设备、工具、机械、自动装置或自动化的/计算机化的机器”。作为意志的技术就是指“生存意志、权力意志、自由意志、帮助他人的意志、挣钱的意志、出名的意志、实现自我认识的意志”①。如果从一种客观的角度来理解，我们发现，米切姆关于技术的类型分析是适用于公共行政的。这也就是说，公共行政发展到今天，当它从理论与实践上已经成为一门独立的学科时，当它不再为自身的身份而怀疑时，无论是从知识、过程、产品，还是从意志等方面来看，它的技术性特点都已表现得越来越明显。就知识方面来说，公共行政已经积累起了丰富的知识，甚至构建起了相对完善的知识体系。不仅如此，公共行政的各个分支，比如公共财政、人事行政、公共卫生、市政管理等方面也积累起相当丰富的知识，而且是专业性、技术性很强的知识体系，在这个意义上来说，这种作为知识的技术在公共行政上表现得非常突出。就过程来说，我们现在所共享的管理过程，比如计划、指挥、协调、控制等管理过程，如果我们承认的话，事实上也被公共行政所采用。而这一过程本身就是一个技术性的流程，是一种技术性非常强的活动过程。就公共行政内部的行政决策来说，一方面决策本身有设定目标、

---

① 转引自〔美〕戴维·法默尔：《公共行政的语言——官僚制、现代性和后现代性》，吴琼译，第145页。

备选方案、选择方案等过程；另一方面围绕决策发展起各种决策技术，以至于决策本身都已经成为技术性非常强的活动。也正是在这个意义上，法默尔认为，公共行政的技术本质上是低技术含量的过程技术。像预算、决策就属于法默尔所说的行政技术的分支。[①]就作为产品的技术来说，公共行政所提供的公共产品及公共服务本身是无所谓价值属性的，只不过因为它们要由政府来生产，因为其自身的公共性质，使得它们的技术性特征披上了更加迷人的外衣罢了。就作为意志的技术来说，公共行政必然需要政府发挥其协调与指挥功能，当这样的功能发挥其作用时，必然体现出政府管理者或领导者自身的自由意志来，而当这样来思考时，关于意志行动的技术性一面也就凸显出来。从这个意义上来说，现代社会中公共行政的技术化属性越来越明显。

二、行动动力：经济与效率

正如我们所看到的那样，当行政管理成为一种技术性事务，它就会如同自然科学追求精确性那般，以机械性效率为目标，而为达成效率，就要持续不断地改进管理工艺和技术。因而，行政管理就在事实上转变为对行政管理内部规律性的寻求上。在很长一段时间内，行政管理的研究及实践主要是对组织结构、管理幅度、行政原则、人事行政、财政制度等内部的规律进行探索，其目的就是通过对管理工艺的改进来提高管理效率。事实上，威尔逊以来的公共行政基本上都坚持这样的基色。基于政治与行政二分的判断，威尔逊认为行政就是对政治目标的执行，这样，行政就成为一个纯粹的事务性的领域，其所关注的目标就是如何来执行政治所作出的决策。在威尔逊看来，“行政学

① 〔美〕戴维·法默尔：《公共行政的语言——官僚制、现代性和后现代性》，吴琼译，第141页。

研究的目标在于了解：首先，政府能够适当地和成功地进行什么工作。其次，政府怎样才能以尽可能高的效率及在费用或能源方面用尽可能少的成本完成这些适当的工作”[①]。在威尔逊看来，行政管理的目标就是经济与效率。

古利克也认为，“对行政科学来说，不管是公共行政还是私人行政，基本的‘善’是效率。行政科学的基本目标是以最小的人力和物质支出对手头工作的完成。这样，效率是行政价值体系中的第一原理”[②]。正如我们所看到的那样，古利克用很大一部分精力致力于探索组织内部的结构如何设计才能更有效率，这和他所坚持的原则是一致的。怀特认为，我们需要把行政作为一个单独的过程来看待，这样，行政管理应当建立在管理的基础上，而不应当建立在法律的基础上。[③] 同威尔逊、古利克的看法一样，怀特认为行政管理的目的也在于效率：“公共行政的目的，就是在官员和雇员的处置下，对各种资源加以最有效能的利用。各种资源中，不仅包括拨款及公共建筑、机械设备、高速公路、运河等物质资源，而且包括成百上千为国家工作的男女人力资源。良好的行政千方百计追求的是：消除浪费、保持材料和能源，迅速而圆满地完成公众的目标，既要节约又要保证工人们的福利。”[④]

布朗洛、梅里亚姆等人也持有相同的观点。在为当时美国政府机构改革所提的建议中，他们指出：“经济不是唯一的目标，虽然整顿是节约的首要步骤；消除重复的和相互矛盾的政策不是唯一的目标，虽然应该注意做到这一点；结构简单、匀称的组织不是唯一的目标，虽然新的组织应该是简单的和匀称的；较高的薪金和较好的工作不是唯

① 彭和平等编译：《国外公共行政理论精选》，第 1 页。

② Luther Gulick and L. Urwick eds., *Papers on the Science of Administration*, p.201.

③ 彭和平等编译：《国外公共行政理论精选》，第 43—44 页。

④ 彭和平等编译：《国外公共行政理论精选》，第 45 页。

一的目标，虽然这些都是必要的；较好的经营方法和财政管理不是唯一的目标，虽然确实太需要它们。整顿政府只有一个主要的目的，这就是当前在国家政府中建立民主政体的工作，即使政府成为执行国家意志的一个现代的、有力的和有效的工具。”[①] 布朗洛、梅里亚姆等人从当时美国的实际需要出发，对政府目标进行了比较详细的阐述，其核心仍然是作为执行国家意志的现代化工具，政府如何有效地完成自己的任务，以及如何在组织结构、人事制度、财政制度、公共政策等方面都遵循效率这一核心目标。

当行政管理进入行为主义阶段时，行政管理以效率为首要目标并没有发生太大变化。当西蒙在研究中意识到政治—行政事实上无法完全分离时，他从事实与价值二分出发，为实现行政管理的科学化而努力。在他看来，所谓的科学化，就是如同自然科学那样的精确化，而精确化的标准就是定量分析工具。为了做到这一点，他把行政当作一个连续的决策过程，在事实上把价值排除在行政管理之外，从而把行政当作一个在不同事实之间连续进行选择的过程。而这种选择当然是以功利主义所追求的效用最大化为原则的。尽管西蒙在效率与效用之间进行了区分，但我们看到，决策的核心始终是以效用最大化为判断标准进行选择。这也就是说，通过成本—收益间的计算，在所提供的不同方案的资产负债表中选择那些能让净收益最大化的方案作为实现行政目标的途径。西蒙曾这样说过，“管理者应用于事实问题的准则是效率准则。管理者有权处理的资源和投入都相当有限，管理者的职能并不是建立空想的完美计划，而是通过有效利用可用的有限资源，力争最大程度地实现政府目标”[②]。对政府机构来说，对效率的理解不能像企业那样狭隘。西蒙认为应从整体上来理解效率：“效率准则应用于政

① 彭和平等编译：《国外公共行政理论精选》，第 82 页。

② 〔美〕赫伯特·西蒙：《管理行为》，詹正茂译，北京：机械工业出版社 2004 年版，第 227 页。

府机构决策时，必须考虑这些机构的活动可能造成的经济效应。用经济学的语言来描述就是，公共机构的效率问题必须从总体均衡而不是局部均衡的角度来解决。”[①] 这种效率不是绝对效率，而是相对效率。因为这种选择只是对不同方案效率的相对比较。但是，不管是绝对效率，还是相对效率，西蒙认为效率是行政决策中的一个普遍原则。“无论是在民主制国家还是在集权制国家，效率都是适用于决策问题事实要素衡量的一个合适准则。”[②]

建立在公共选择理论基础上的新公共管理理论也坚持政府行政以经济与效率最大化为其目标。正如登哈特夫妇在批评新公共管理时说的那样，“公共选择是从市场和顾客的观点来看待政府的。进而，公共选择理论对理性选择的信奉就意味着一种对价值观的选择，通常包含着一种对效率和生产率的承诺。于是，正如胡德所指出的那样，新公共管理很自然就明显地将强调的重心放在了诸如效率、消除浪费或者使资源与明确的目标相称这样的价值上”[③]。在奥斯本、盖布勒等人看来，官僚主义就是低效的代名词，这就需要对政府进行改革，这种改革不是对政府机构和职能进行细枝末叶的修修补补，而是全面引入市场竞争机制，从外部注入强大压力和动力，对政府的运作方式进行全面变革，从而迫使政府在持续的外在压力下致力于效率的提高。奥斯本等人认为，“政府的基本使命是‘办好事’，而不是挣钱，所以企业中的成本效益计算到了公共部门就变成了道德的绝对准则。政府必须常常替每个人平等服务，不管这个人的支持的能力和对服务的需要如

---

① 〔美〕赫伯特·西蒙：《管理行为》，詹正茂译，北京：机械工业出版社 2004 年版，第 219 页。

② 〔美〕赫伯特·西蒙：《管理行为》，詹正茂译，北京：机械工业出版社 2004 年版，第 226 页。

③ 〔美〕珍妮特·登哈特、〔美〕罗伯特·登哈特：《新公共服务——服务，而不是掌舵》，丁煌译，北京：中国人民大学出版社 2010 年版，第 14 页。

何，于是政府也就做不到公司企业那样的市场效率”[①]。

奥斯本等人认为，尽管政府不同于企业，但企业家所拥有的“企业家精神”却不能为政府及政府官员所拒绝。在等级化的制度体系长期规训下，政府官员形成了因循守旧的特点，他们按部就班，不思进取，没有主动性，也没有创造精神，既没有韦伯所设想的工作高效，也没有像企业那样注意节约成本。在官僚制体系中充满繁文缛节、官僚主义以及浪费，政府官员追求的是更多的投入，更多的财政资金。因而，在奥斯本等人看来，政府需要企业家精神。这种企业家精神首先就是效率和效能，就是工作的高效以及对成本的节约，而不是不计成本。正如奥斯本等人所指出：“我们说到公共事业的企业家，指是正是那些这般行事的人。我们说到企业家式的模式时，指的是习惯性地这般行事的公共部门的机构，不断地以新的方式运用其资源来提高其效率和效能”[②]。以研究公共管理思想史而著称的美国学者汤普金斯认为，新公共管理的信条是“私人部门普遍使用的技术——包括清晰目标的规定、绩效评估、以绩效为依据的奖励、更多地利用市场机制——是改进政府绩效的关键”[③]。新公共管理引入市场竞争机制，通过竞争方法，改变原来政府对公共服务的垄断式提供，从而有效地提高政府效率。这样，我们看到，无论是作为实践还是作为理论的新公共管理，其所追求的核心目标都是经济与效率。从这个意义上来说，技术化行政的最大动力就在于对效率与经济的追求。

三、行为方式：技术主义

既然技术化行政以效率为其行动目标，以现代官僚制为其行动的

---

① 〔美〕戴维·奥斯本、〔美〕特德·盖布勒：《改革政府：企业家精神如何改革着公共部门》，周敦仁等译，第18页。

② 〔美〕戴维·奥斯本、〔美〕特德·盖布勒：《改革政府：企业家精神如何改革着公共部门》，周敦仁等译，第4—5页。

③ 〔美〕乔纳森·汤普金斯：《公共管理学说史》，夏镇平译，第2页。

背景性框架，当这些条件准备就绪后，所剩下的就是如何行动了，这就转变为对公共行政行为方式的关注。

技术化的行政，其典型的思维与行动方式是逻辑实证主义。逻辑实证主义宣称自己与现代物理科学之间有着非常密切的关系。逻辑实证主义厌恶形而上学，远离伦理道德，强调经验主义，重视严格的逻辑分析。“实证主义者不想高谈阔论，而是要求知识；不想沉思意义，而是要求灵活的行动；不是感情，而是客观性；不是研究神秘的作用力，而是要清晰地确定事实。”①对实证主义者来说，关键在于如何发现并寻找那些看起来毫不相关的事物之间的因果联系。在这里，每个人都被功能化了，都在社会的结构化分工协作体系中发挥各自的功能性作用。“本质的人性降格为通常的人性，降格为作为功能化的肉体存在的生命力，降格为凡庸琐屑的享乐。劳动与快乐的分离使生活丧失了其可能的严肃性；公共生活变成单纯的娱乐；私人生活则成为刺激与厌倦之间的交替，以及对新奇事物不断的渴求，而新奇事物是层出不穷的，但又迅速被遗忘。没有前后连续的持久性，有的只是消遣。”②实证主义倾向于为世界设立一种通用性的语言，结果是世界的多样性与差异性消失了。“由于实证主义提出了简明性的普遍要求，即通过简明性而使事物均能得到普遍理解，所以，它就倾向于为各式各样人类行为的表现形式建立一种‘通用语言’。不仅物品的样式，而且社会交往的规则、言谈举止的姿态、说话的措辞用语、传达信息的方法都趋向于统一。”③它所看重的就是对一系列事实之间因果规律的考察与寻找。

众所周知，逻辑实证主义对事实与价值进行了明确的区分。科学

① 〔德〕卡尔·雅斯贝尔斯:《时代的精神状况》，王德峰译，上海：上海译文出版社2013年版，第20页。

② 〔德〕卡尔·雅斯贝尔斯:《时代的精神状况》，王德峰译，第21页。

③ 〔德〕卡尔·雅斯贝尔斯:《时代的精神状况》，王德峰译，第23页。

就其本义来讲就是处理事实问题，因为只有事实是可以从经验上得到证实或证伪的。而价值问题则是偏好的表达，它与伦理道德有关，而伦理道德的显著特点在于它们无法从经验上得到证实或证伪。逻辑实证主义在事实与价值、“是”与“应当”之间划了一条不可逾越的鸿沟，认为从事实不可能推导出价值来，同样，从价值也不可能推导出事实来。正如西蒙所说，行政管理要做到如同物理、数学那般精确，才能达到所谓的科学标准，才能称得上一门科学。这也正是沃尔多与西蒙在行政管理能否称为科学问题上发生论争的一个重要原因。在沃尔多看来，由于逻辑实证主义认为价值不可能达到如数量化那样的精确程度，因而事实上把价值从行政管理中排除了出去，把行政管理变成了对事物或事实之间因果律的寻求。而从规范的意义上来讲，沃尔多认为，这样的科学不能称之为科学。[①] 正如沃尔多所批评的那样，逻辑实证主义通过在事实与价值之间进行区分，很轻松地把价值丢弃在一边，从而使行政管理具有一种不成熟的技术性倾向，它把行政管理看作是实现外部确定的目标的一种工具。这意味着“放弃广泛的人类经验领域——即放弃人的审美经验、道德经验和形而上学经验，并进而让‘理性’为‘非理性’服务，或者说至少是让‘理性’为一些被判定为超出了理性研究范围的问题服务”[②]。因为价值的不可量化，当逻辑实证主义按照数量化的分析标准把价值问题从行政管理中排除之后，行政管理就只能在一系列可观察、可测量的事实之间去寻找其内在的规律。

如此，在西蒙的眼中，行政管理就变成一个连续的决策过程。就政府决策来说，西蒙认为它是在既定的目标之下如何做出决断的问题，其所服从的准则就是效率最大化。当西蒙把行政管理当成决策，当成

① 颜昌武、马骏编译：《公共行政学百年争论》，第 38 页。
② 丁煌：《西方行政学说史》，第 214、215 页。

一系列的决策过程来看待时，行政管理在不知不觉之中变成了在一系列备选方案中进行抉择的过程，即是说根据既定的目标，从各备选方案中选择那些能够带来利益最大化的方案。这样的话，决策过程就意味着根据技术的逻辑来进行，即通过问题的技术化、解决问题方案的技术化这样的过程来进行。事实上，政策科学的繁荣，在某种程度上就是通过这样一种逻辑完成了对问题的转化，把问题转化为一个技术性的问题，进而通过技术化的手段来解决问题。这样，技术主义的行政管理就醉心于对手段的越来越精致的寻求之中。

四、组织运行：现代官僚制

既然行政管理被化约为一种纯粹的技术，那么，要实现其行动目标——效率，就必须有相应的行动载体，这一行动载体就是韦伯所设想的现代官僚制。这也就是说，没有这样的现实载体，技术化行政所期望的效率也就无以实现。充分发展的官僚制是一个严密的权能系统，它把整个社会变成了一架庞大的非人格化机器。既然行政管理被化约为一种纯粹的技术，那么，要实现其行动目标——效率，就必须有相应的行动载体，这一现实的组织载体就是韦伯所设想的现代科层制。这也就是说，没有这样的现实载体，技术化行政所期望的效率也就无以实现。充分发展的官僚制是一个严密的权能系统，它把整个行政管理体系变成了一架庞大的非人格化机器。作为严格按照科学原则建构起来的一种组织形式，官僚制组织排除了组织运行中的人格化因素，使行政管理达到了工业化大生产所期待的精确化，把行政管理变成一种可以和技术相媲美的行为，并且成为一种建制化行动。在官僚制中，一切社会行动都建立在功能关系上，“官僚制组织之得以有所进展的决定性因素，永远是其（较之其他形式的组织）纯粹技术上的优越性。拿发展成熟的官僚制机构跟其他形态的组织来比较，其差别正如机器生产方式与非机器生产方式的差别一样。精准、迅速、熟悉档案、持续、谨慎、统一、严格服从、防止摩擦以及物资与人员费用的节省，所有这些在严格的官僚制行政（尤其是一元式支配的情况）里达到最理想状态。比起任何合议制的、名誉职与兼职等等形态的管理，训练有素的官僚表现——就上述所列要求而言——都显得更优秀”[①]。作为建立在工具理性基础上的现代组织类型，官僚制以其精确、高效而为韦伯所推崇。

因为技术上的优势，官僚制被现代社会广泛接受，并成为占主导地位的社会组织形式。“官僚体制本身纯粹是一种精密仪器，它可以为种种不同的统治利益所利用，既包括纯粹政治的统治利益，也包括纯粹经济的统治利益和其他的统治利益。”[②]在韦伯看来，这主要在于社会本身的发展需要。首先是经济、尤其是市场经济的充分发展为现代官僚制的存在提供了先决条件。韦伯认为，建立在自然经济基础上的传统官僚制下的官员的收入主要以实物津贴的形式出现。如果这种收入不稳定，那么官员就会把官职当作谋取个人收入的来源。这种做法本身会削弱官僚机器。因此，充分发展的市场经济，以及建立在其上的税收制度是保证官员拥有稳定收入的前提条件。这构成了现代官僚制赖以存在的先决因素。其次，现代技术的发展也为官僚制的运行提供了可能。铁路、通信等技术的发展为官僚制的进一步发展提供了技术基础，使得官僚全面迅速掌握有关信息成为可能。最后，现代性社会中社会公共事务的增多，迫切需要专门化的适应现代社会需要的公共管理机构来承担管理的职能，而官僚制因其技术优势，无疑成为最合宜的形式。[③]

因为现代官僚制本身是基于效率而建构起来的，因而就与技术化

---

① 〔德〕马克斯·韦伯：《支配社会学》，康乐等译，第44—45页。

② 〔德〕马克斯·韦伯：《经济与社会》下卷，林荣远译，第312页。

③ 〔德〕马克斯·韦伯：《经济与社会》上卷，林荣远译，北京：商务印书馆1997年版，第286—294页。

行政的效率追求相契合，进而构成技术化行政行动的背景性框架，这也就是说，技术化行政是在这一背景下展开其行动的，并由现代官僚制组织推动实施。如前所述，技术化行政的核心目标在于经济与效率，因而，它需要与之相应的行政技术来支持。这样，由于行政管理被看作是一个技术问题，首先要关注和解决的就是作为管理的行政从整体上看其管理流程是什么。这个任务是由法约尔与古利克来完成的。法约尔的管理五要素即计划、组织、指挥、协调与控制成为管理学文献中的经典定义，至今仍然在影响着管理学——包括行政管理学——的研究者。古利克在法约尔的基础上，提出了行政管理的七要素说或七职能说，即计划、组织、人事、指挥、协调、报告和预算。无论我们今天对管理要素有什么样的不同看法，但至少我们看到，作为技术的管理事实上通过他们的原创性工作而建立起来了。这也就是说，无论谁要讨论管理职能或要素，法约尔、古利克都是绕不过去的思想资源。今天我们看到的无论是管理流程再造、全面质量管理，还是绩效管理，就其实质而言，都是对于管理流程或者行政管理某一细节的完善，都是对行政管理技术的提升与改造，其目的在于能够更加经济与高效地实现组织目标。

因而，为提高行政效率，保证政府工作的高效，就需要把行政管理当作一个管理流程，而当其管理出现无效或低效时，其必然的应对之策就是去改进管理方法，完善管理的工艺流程，对政府组织内部的各个部分进行优化，从而使作为整体的政府效率达到最佳状态。这种对管理工艺流程的改进注定是一个持续的过程，因而也就注定了行政改革、政府改革同样是一个持续的过程，是永远处于行进状态中的，甚至于在某种意义上，行政改革乃至政府改革成为公共生活的常态。随着社会生活的变化，对行政管理的要求也会发生变化，行政管理的职能、功能也会发生变化，因而政府就需要通过行政改革、体制完善、职能调整、机构的撤并与重组等方式来满足这样的社会要求。事实上，历史上每一次政府改革都是在进行这样的工作，通过管理流程的优化、管理工艺的提高，促使政府效率保持在一个比较高的水平。而在政府内部，公共财政、人事管理、预算安排等涉及政府职能安排的部门内事务，专业性、技术性更加明显，技术主义的色彩更加浓厚，更加需要具有这些专业特长的专家来进行处理与操作。

这种公共行政中的技术主义还表现在行政管理中不断采用现代化的管理方法和管理技术。西蒙把行政决策分为程序化决策和非程序化决策，而无论是程序化决策还是非程序化决策都会大量运用到决策技术。在西蒙看来，“程序化决策的传统技术包括由组织成员的实际知识、习惯性技能和操作规程等集体记忆构成的习惯，与习惯紧密相关的标准操作程序以及在标准操作规程之上的组织结构；而程序化决策的现代技术则包括运筹学，如线性规划、动态规划、整体规划、博弈论、决策论、排队论、概率论等数学工具以及利用电子计算机模拟等电子数据处理技术”①。而政策科学中广泛使用的决策树分析、成本收益分析、最佳程度曲线、分配分析等技术，则使行政管理的技术主义色彩更明显。以成本收益分析为例，作为一个简单而又灵活的工具，成本收益分析将“每个政策选择的总成本比作每个政策选择所预期产生的收益总额。分析人员通过把每个这样的比较表述为一个成本收益差别，能容易确定哪个建议最具有经济意义。成本收益分析的效用在于这样一个隐含的假设，即对社会产生最大纯收益的备选方案应当得到执行”②。

总之，从我们的分析来看，当把公共行政理解成管理时，其技术化特征就凸显出来。当技术化行政以经济与效率为其行动目标，以现代官僚制为其行动的背景性框架，以实证主义为其行为方式和思维方

---

① 丁煌：《西方行政学说史》，第184页。

② 〔美〕杰克·雷斌等主编：《公共管理学手册》，张梦中等译，广州：中山大学出版社2006年版，第584页。

式时，技术化行政就在行动目标、组织形式、行为方式等方面沿着自己固有的轨道前行。这就构成了技术化公共行政持续不断改进的内在机理。

第三节　公共行政中的理性主义

根据欧克肖特的看法，我们这里所说的理性主义，是近代以来的理性主义，即建立在理性基础上的一种算计，一种世俗的算计的理性主义。工业社会深深染上了理性主义的印记。公共行政也深受理性主义的影响，其组织结构以及行政行为随着工业社会的发展逐渐理性化，并在此基础上进一步发展出行政管理的技术主义、管理主义与职业主义。而理性主义的公共行政排除了价值的观照，把公共行政当作纯粹的技术化操作。在理性主义行政的运转之下，形成了相应的行政气质，即技术化的行政管理。公共行政的技术化操作导致行政管理中的道德冷漠、责任的碎片化及对精神问题的回避。只要理性主义还在社会生活中占据支配地位，我们就很难指望短时间内消除理性主义在公共行政中的影响。

一、"经济人"及工具理性

基于私人领域与公共领域的二分，传统理论，尤其是经济学理论的学者们往往关注的是私人领域，即市场主体的行为。他们把市场等同于私人领域，认为在市场中追求利益最大化的主体是不折不扣的"经济人"。对于公共领域，他们要么弃之不顾，要么将之作为根本不同于私人领域的东西来对待，认为公共领域中的公共人是具有特殊品质的贤人，也就是说，在这些学者的意识中，公共领域中的公共人成为公共人并且作为公共人而行动是无条件的，这些公共人先天具有为公共服务的品质，公共人是不需要加以形塑的。这意味着在传统经济学理论中，经济人与行政人，私人与公共人遵循不同的行为模式，市场中的私人眼中只有自身利益，追求个人利益的最大化，而公共人则追求公共利益，出于对国家与社会的忠诚进行公共服务。经济人与行政人的行为模式是完全分离的。

公共选择理论把公共人与私人两种模式统一起来。“商界人士为可敬的事业奉献出时间和金钱，政客们偶尔也会给他们认为是正确的事情投赞成票，而不只是为能帮助他们重新当选的事情投赞成票。然而，这两种行为，与个人使自己福利最大化的行为相比较，则是相对次要的活动了。”[①] 当公共选择理论从“经济人”假设来思考政治、行政管理等公共领域中的问题时，其所坚守的核心原则也是效率。因为“经济人”假设的前提就是理性的经济人从个人利益出发，如何尽可能实现个人利益的最大化。这种利益最大化同我们前面谈过的决策中的资产负债表没有什么两样。也就是说，经济人从成本—收益的考量中，自然而然选择那些能使自身资产负债表中净收益最大化的方案，否则就不能称其为经济人。当把“经济人”假设运用到政治、行政领域时，政府及政府官员也成为利益最大化的追求者，除了个人利益之外，没有其他动机能为他们提供行为的动力。名誉、地位、权力、金钱是这些政治主体最为着迷的目标。为了追求这些东西，他们可以突破规则的规制，可以进行冒险，可以逾越一切底线，因为他们根本就没有底线，只要他们认为这种冒险为达成个人利益最大化是值得的。一言以蔽之，政治市场中的主体所关注是自我，他们思考所有问题的出发点是个人利益。政治也就成为一个相互交换利益的市场，政治成为交易型政治，政治活动中的主体关注的是个人效用的最大化。

无论是私人还是公共人，在公共选择理论中都被看作是追求个人

---

① 〔美〕戈登·塔洛克：《公共选择》，柏克、郑景胜译，北京：商务印书馆2011年版，第18页。

利益最大化的主体，都是不折不扣的“经济人”。当我们这样来思考“经济人”时，实际上已经意味着我们把经济人看作是理性的，甚至在某种程度上，理性人与“经济人”表达同样的含义，即当他们进行成本—收益的考量时，一定会选择那个能给他们带来净收益最大化的方案，这也就意味着他们考虑问题的出发点一定是工具理性的。换句话说，经济人在多种可能性方案中，必然会选择那些净收益最大化的方案或行为，经济人也会做出牺牲，也会牺牲自己的眼前利益和暂时利益，但他们的最终目的还是为了个人效用最大化。但是，这种工具理性如何产生？它在社会生活中又如何发挥作用？它又如何影响公共行政？这可能是我们需要进一步追问的问题。

理性包含工具理性，也包含价值理性。在启蒙思想家那里，理性是工具理性与价值理性二者的统一。“当他们以理性的名义反对封建专制与教会统治，批判封建专制与宗教神学价值体系，要求以理性的精神充当个人和社会存在与发展的依据时，他们所指的理性是价值理性。当他们面对自然、社会，以理性的名义宣称知识就是力量，主张通过发展科学技术来消灭贫困，主张建立一个严密法制的社会公正秩序时，他们心目中的理性则是技术理性。”① 只不过，由于科学实证精神的兴起，理性逐渐向工具理性转变，这种工具理性最直接的体现就在于以追求确定性、功用性为目标。

工具理性要求人选择最有效的手段去实现既定目的，也就是说，工具理性意味着通过手段的最优化来实现特定目的。在这里，像工艺的应用、手段的改进、方案的选择等都被用来服务于经济利益和政治生活的需要。从而，我们看到，工具理性不仅仅是一种思维方式，而且是作为一种理性精神而存在，“并贯穿于社会生活的一切方

① 高兆明：《道德失范研究 —— 基于制度正义视角》，北京：商务印书馆 2016 年版，第 310—311 页。

面，从而被结构成为一种理性的社会模式。所以，无论从社会的组织、社会的结构以及这个社会的每一个领域中和每一个构成部分中的制度来看，还是从具体的每一种社会关系层面去观察，处处都可以看到工具理性原则是如何深入地渗透到了这个社会的每一个毛孔之中的”[①]。工具理性有着自己的演进历史，其演进的历史就是它逐渐在整个社会占据支配性地位的历史。适应工业社会大规模社会化生产的需要，从早期追求生产规模、财会制度、经营手段的合理化开始，到追求消费者结构的合理化，再到追求管理体制上的合理化，我们所看到的是形式合理性的发展历史。到今天，“整个社会已经被制作成无处不体现出合理性的人的生活和行为空间，在开展每一项行动的时候，我们都可以建立起一整套程式化的合理性作业程序；在选择一切人的欲望得以满足的方式和途径的时候，我们都可以通过合理性契约进行；在调整人的一切社会关系的时候，我们都可以发现和建立起合理性的规则系统”[②]。一句话，现代社会的发展史就是工具理性不断拓展的历史，是工具理性逐渐居于社会支配地位的历史，是价值理性逐渐边缘化的历史，是工具理性按照自身逻辑建构社会的历史。

工具理性既然要求在各种可能的方案中，根据一定的效用标准，选择那些成本—收益最大化的方案。这也就是说，工具理性的进一步发展必然要求在行为中以数量化的形式使这种选择尽可能达到精确化。如果我们要求对行为选择给予一个确定的理由，其最终结果一定是通过实证的方式给予数字上的解释。因而，从工具理性走向实证主义也就成为必然。在马尔库塞看来，实证主义至少意味着：“（1）认识依据对事实的经验而获得有效性；（2）认知活动以物理

---

① 张康之：《寻找公共行政的伦理视角》（修订版），第 123 页。

② 张康之：《寻找公共行政的伦理视角》（修订版），第 125 页。

科学为确定性和精确性的模型；（3）想念知识要进步必须以此为方向。”[①] 马尔库塞在这里实际上指出了工具理性之所以能够占据支配性地位的原因：其一，理性的认识必须借助于经验事实的获得，这种知识是能客观化的，即知识必须是可证实或证伪的，这意味着形而上的深思在实证主义那里是找不到根基的。其二，事物的数量化。“纯粹的和应用的操作主义，理论的和实践的理性，科学的和商业的谋划都在把第二性质还原为第一性质，对‘特种实体’进行量化和抽象。”[②] 数量化的优点在于使事物变得具有可操作性，从而把工具理性的优点发挥到了极致。“科学使自然同固有目的相分离并仅仅从物质中抽取可定量的特性，与之相伴随，社会使人摆脱了人身依附的‘自然’等级，并按照可定量的特性把他们相互联系起来。”[③] 但从另一方面来看，数量化消解了一切存在的差异性。由于一切存在都可以通过数量化分析得到理解，这样，事物存在的差异性就在数量化追求中被无情消解了，一切都只剩下数量化的表达，一切都变成数字化的存在。其三，现代技术的巨大进步在强化着人们关于工具理性的认识。随着科学技术的迅速发展，人们改造自然的实践能力空前增强，“技术不再仅是人类用来征服改造自然的工具，它甚至已成为人类组织自己社会生活不可缺少的工具。社会结构体系中的精密制约，管理过程中的科层制，社区、社团、企业管理中的技术操作实证性研究的优先地位，都以无可辩驳的事实表明人类社会在某种程度上已经被技术化，成为技术性的存在”[④]。于是，我们看到，“理论上的操作主义与实践上的操作主义渐趋一致。由此导致对自然进行愈加有效统治的科学方法，通过对自然的统治而逐步为愈加有效

① 〔美〕赫伯特·马尔库塞：《单向度的人》，刘继译，上海：上海译文出版社 2006 年版，第 157 页。

② 〔美〕赫伯特·马尔库塞：《单向度的人》，刘继译，第 143 页。

③ 〔美〕赫伯特·马尔库塞：《单向度的人》，刘继译，第 143 页。

④ 高兆明：《道德失范研究——基于制度正义视角》，第 311—312 页。

的人对人的统治提供纯概念和工具。保持纯粹性和中立性的理论理性已经开始参与实践理性的事业”[①]。工具理性导致的最后结果是使一切都服从技术的逻辑。技术的逻辑仍然是奴役状态的逻辑，因为它使人服从于工具，甚至使人本身也变成工具。

工具理性满足了人们对确定性的追求。我们知道，人们在生活中都会面临着某种不确定性，而工业社会所带来的不确定性却是结构性的。由于这种不确定性的广泛存在，人们产生了对确定性的需要。工业社会的这种不确定性从总体上来说是可控的，工具理性试图以结构化的方式来消解这种不确定性。“理性主义者专注于确定性。技术和确定性在他看来是不可分隔地连在一起的，因为确定的知识，在他看来，是不需要在它自身之外寻找确定性的；知识，就是不仅以确定性终，而且也从确定性始，确定性贯彻始终的知识。”[②]也就是说，工具理性通过对事物之间因果关联的判断，从而在功能的意义上来寻找问题的解决之道。这样，我们看到，从总体上说，工具理性以科学的名义获得了对确定性的承诺，从而使一切都在科学的名义下获得了支持。而工具理性在科学的名义下所获得的知识当然是确定性的知识，是可操作性的知识。同样，当工具理性应用到行政管理中时，也就意味着它更需要科学的支持，不过，这种科学支持却是按照事物发生的可能性来认识的。也就是说，当我们认为行政行为是理性的时，必然要求我们从科学上回答行政行为发生的可能性大小，这种发生的可能性必须用可以统计的数字从概率上得到说明，从而获得建立在数学基础上的科学，而能够以数字来表达的科学才是真正的科学。正如有学者所说，“概率却是官员们作出理性选择的基础。没有根据概率统计原理创建的决策理论，就无法成就任何公共决策、风险分析、环境影

---

① 〔美〕赫伯特·马尔库塞：《单向度的人》，刘继译，第144页。

② 〔英〕迈克尔·欧克肖特：《政治中的理性主义》，张汝伦译，第11页。

响以及军事战略。为使意见具有客观性的外表，我们用计算取代了判断”[①]。

工具理性应用于社会科学，尤其是应用于社会实践中时，其典型的思维形式是分析性思维。正如有学者所指出的，“我们在科学叙事中经常使用的工具理性和技术理性概念所指的都是分析性思维，至少，可以说明直接源于分析性思维的，工具理性是分析性思维的功能性描述，而技术理性则是对分析性思维的动态描述”[②]。在某种意义上我们甚至可以把分析性思维与工具理性等同起来。而一旦分析性思维被应用于社会科学领域，我们就会看到，分析性思维“就会在科学研究活动中以实证的研究方法出现，并被运用到社会科学各领域，甚至实现了对社会科学的重塑”[③]。而当分析性思维在社会科学研究中占据支配性地位时，也就意味着社会科学研究中的理性已经被工具理性所替换，这时，社会科学实际上是按照如同数学那样可以获得精确性的自然科学那样的标准来看待的。这样，我们就可以理解，按照工具理性塑造起来的行政管理作为一个学科为什么最终不得不走向实证主义，不得不按照数学的标准来确保自己的确定性，因为只有这样，才能达到学科上的精确性，才能以数字来回答公共行政经常要回应的何种行为选择才能带来结果最大化。

工具理性追求实实在在的利益，关注行为当下所能产生的后果，从而在实际生活中转化为一种实利精神。在理性化的追求之下，由于工具理性所带来的实实在在的利益，使得价值理性变得更加虚无缥缈。人曾经自豪于成为自然的主人，但在不知不觉之间，人又沦为自己所创造的物质的奴隶。马克斯·舍勒曾说过：“在种种本质价值中，有两种属于中间价值领域；在这两种本质中，必有一种明证地优于另

---

① 〔加〕伊恩·哈金：《驯服偶然》，刘钢译，第6页。

② 张康之：《反思社会科学研究中的分析性思维》，《长白学刊》2015年第6期。

③ 张康之：《反思社会科学研究中的分析性思维》，《长白学刊》2015年第6期。

一种：这便是有用价值和生命价值。”[①] 就一般意义而言，在生命价值与有用价值之间存在着一种词典式次序，生命价值具有优先性。但是现代性社会工具理性的高涨，使得这两者之间发生了次序的颠覆：生命价值转而从属于有用价值。人之目的发生了根本性的偏转。“在现代文明的发展中，人之物、生命之机器、人想控制因而竭力用力学解释的自然，都变成了随心所欲地操纵人的主人；‘物’日益聪明、强劲、美好、伟大，创造出物的人日益渺小、无关紧要，日益成为人自身机器中的一个齿轮。”[②] 按舍勒的理解，生命是第一位的，古代人生活当中所展示的恰恰是人之生命力的顽强以及与之相关的技艺。而现代人在为物操劳当中，却为物所操纵，失却了生命之真义，迷失了生命力的展示及其方式。舍勒把这种有用价值凌驾于生命价值之上的“价值的颠覆”归结为近代启蒙运动以来逐渐凸显的二元对峙。他说：“近代新教精神将上帝和世界割裂、将灵魂和肉体割裂，进而导致自然和世界失去神性、失去灵魂、失去价值，它激发出的与其说是一种新的对上帝之爱，不如说是一种对世界和别质的新仇恨，只有它才会把自然看作数量巨大而又无生气的、须通过造形劳动才可建成为世人住所的物质。”[③]

在舍勒看来，因为“价值的颠覆”而造成有用价值凌驾于生命价值之上，使得现代人对于生命、生活的理解是工具性的，欠缺把生命理解为人之生命力展示的那种情怀，因而在现代生活的随波逐流中逐渐迷失了自己。“现代世界观谋求贬抑，竭力像理解死物那样去理解所有的活物，把生命干脆理解为一种机械的世界进程中的偶然事变，把生命组织理解为对一种凝固了的死的环境的偶然适应。”[④] 生命本身

① 〔德〕马克斯·舍勒：《舍勒选集》上卷，刘小枫选编，上海：上海三联书店 1999 年版，第 507 页。

② 〔德〕马克斯·舍勒：《舍勒选集》上卷，刘小枫选编，第 528 页。

③ 〔德〕马克斯·舍勒：《舍勒选集》下卷，刘小枫选编，第 1205 页。

④ 〔德〕马克斯·舍勒：《舍勒选集》上卷，刘小枫选编，第 527 页。

具有意义，生命力的展示是生活意义当中非常重要的一部分。但在舍勒看来，“身体训练本是对生命有益的力量的运动，是本身就有价值的纯粹游戏，如今不再被认为本身有价值。为生命而训练生命机能，不是为了工作而训练。这种训练生命与精神的一切形式的禁欲，按群体禀赋有目的地分配传统教育资源和已获得的精神财富，在现代都丧失了意义”①。

二、工具理性的结构化与物化

在韦伯看来，西欧社会生活的理性化，首先在于自由劳动的理性组织方式，而这种理性的生产劳动的组织形式进一步要求普遍化的规则与管理，这就引发理性化的法律及行政管理。在资本主义社会理性化过程中，法律的理性化与行政管理的理性化起到了关键性作用。只是在这一连串连锁反应中，社会生活的理性化才确立起来，那种理性的算计才成为社会生活中的一种精神与气质。“没有这种理性的资本主义劳动组织方式，所有这一切，即便有可能，也绝对不会具有同等的意义，尤其不会有与之相联系而产生的现代西方社会结构及其全部特殊问题。精心的核算与筹划（这是其他一切事情的基础）只是在自由劳动的基础上才是可能的。”② 韦伯进一步指出：“在这些方面中具有毋庸置疑的重要性的是法律和行政机关的理性结构。因为，近代的理性资本主义不仅需要生产的技术手段，而且需要一个可靠的法律制度和按照形式的规章办事的行政机关。”③ 在韦伯看来，理性化的法律与理性化的行政管理在推进西方社会的理性化进程中扮演了极其重要的角色，没有这种理性化的法律与行政管理，理性化的生产组织也无法稳定下

---

① 〔德〕马克斯·舍勒：《舍勒选集》上卷，刘小枫选编，第516页。

② 〔德〕马克斯·韦伯：《新教伦理与资本主义精神》，于晓、陈维刚等译，西安：陕西师范大学出版社2006年版，第8页。

③ 〔德〕马克斯·韦伯：《新教伦理与资本主义精神》，于晓、陈维刚等译，西安：陕西师范大学出版社2006年版，第10页。

来，进而也无法使整个社会理性化。也正是在这个意义上，韦伯进一步指出，经济生产的理性化引起法律与行政管理的理性化，进而推展到社会生活的其他领域，理性化必然要渗透到技术、科学、军事等社会生活的各个部门甚至文化领域当中。[①] 韦伯这里所说的理性当然是工具理性，即事物按照功能性设置，在专门化分工中通过自身的功能优化，最终达到整体效能的最优化。

其实，韦伯这里所说的仅仅是工具理性扩展自己领地的两个方面，当工具理性成为整个社会的精神气质时，它必然会按照这种精神气质来塑造整个社会。现代社会的知识体系是根据工具理性建构起来的。自然科学就完全根据工具理性的要求发展起来。因为在这里，理性等同于确定性，不能给这个世界带来确定性的就无法成为知识，也就无法理性化，进而也就无法按照理性化的要求建立起可以记忆、可以培训的知识体系。受自然科学的影响，人文科学、社会科学也受工具理性的思维方式，也在追求确定性，成为可以学习、记忆的知识体系。现代社会中数学、物理学、心理学、社会学、管理学等理论领域都尽可能按照工具理性所追求的确定性建立起技术化的知识体系。现代社会本身也是按照工具理性建构起来的。当人们发现建立在功能理性基础上的组织建制能够带来整体效率的提高，即斯密所说的由于专业分工而产生的生产效率的提高时，整个社会就根据专业分工分门别类地设置专门化组织，甚至在不同社会组织内部，也是根据工具理性所要求的确定性以及功能性效率而设置内部机构，并据此进行组织机构改革，据说，这样的改革是为了让组织变得更有效率。进而，现代社会治理体系也是依据工具理性的要求而建构起来的。工具理性沿着发现问题—寻找问题产生的原因—找到解决问题的办法这样一个思路，即

① 〔德〕马克斯·韦伯：《新教伦理与资本主义精神》，于晓、陈维刚等译，西安：陕西师范大学出版社 2006 年版，第 10—11 页。

按照因果关系来寻找相应的解决手段来治理社会问题，因而这样所建构起来的社会治理体系并不关注问题本身产生的历史，并不关注问题背后所存在的文化因素。无论是经济问题还是政治问题，无论是私人问题还是公共问题，工具理性都首先关注问题是什么、什么办法解决最为有效，由此所建构起来的社会治理体系必然是工具化的。

工具理性注重实际效果，注重事物的结果如何，并且把结果作为判断事物合理性的唯一标准。工具理性对结果的重视暗含着它一定会把结果变成实实在在的东西，也就是说，工具理性最后一定会走向行动的全面物化。因为这些物化的东西一方面是实实在在的，另一方面又是可以量化的，投入多少，产出多少，一目了然。这样，我们也就非常清楚，只要追求工具理性，就一定会走向全面物化。当我们谈投入产出时，我们是在物化；当我们讲经济增长率是多少时，我们是在物化；当我们在谈民生幸福指数时，我们是在物化；当我们讲恋爱对象的房产时，我们也是在物化；甚至当我们检查一个教师的工作成绩时，我们也是根据科研项目数、发表的论文数等来确定他是否是一个称职的教师……换句话说，当整个社会按照工具理性建构起自已时，社会通行的准则就是全面物化了的指标体系。弗格森对这种社会评价的物化有着非常精彩的说明。他说："我们评价他人是根据他赚钱的数额、房子、衣服、车马以及随行人员。所有这些条件都是我们评价何为优秀的依据。尽管我们知道主人只不过是他的财富所构成的一个盛大华丽的场景而已。但是，我们还依然看重他的地位，向他献殷勤，甚至对那些几乎不足以糊弄小孩的东西也仰而弥高、心生羡慕、低声下气、自觉沮丧。"[①] 因为这些可以物化的东西是最实在、最确定、最现实、最可靠的，它们就在那里现实存在着，是不可否认的现实存在的东西。这样，我们看到，建立在工具理性基础上的现代社会不知不觉

① 〔英〕亚当·弗格森：《文明社会史论》，林本椿、王绍祥译，第 281 页。

之间把工具理性转变为物化的、可以确定的指标。

作为受工具理性影响比较明显的领域，行政管理的结构化与物化非常明显。就知识体系建构来说，从行政管理孜孜以求地寻找自己的学科身份起，其对自己的学科知识体系建构就一直不遗余力。只要我们看看西蒙的努力与成就就可以看到，作为学科的行政管理在追求确定性的知识体系方面的要求有多强烈。虽然行政管理不时会面临学科身份危机，但不容否认的是，其在学科建构方面的努力是不容忽视的。

既然行政管理与价值无涉，只涉及如何高效、经济地完成政治意志，那么首先就要为它找一种有效的组织形式，这种组织形式就是韦伯所推崇的现代理性官僚制。在韦伯看来，“一种充分发达的官僚体制……精确、迅速、明确、精通档案、持续性、保密、统一性、严格的服从、减少磨擦、节约物资费用和人力，在由训练有素的具体官员进行严格官僚体制的、特别是集权体制的行政管理时，比起所有合议的或者名誉职务的和兼任职务的形式来，能达到最佳的效果”。现代社会的发展迫切需要可预期的普遍化规则。而“充分发展的官僚体制在某种特殊意义上，也处于‘不急不躁’的原则支配之下。它的特殊的、受资本主义欢迎的特性，使这种可预计性发展得更为充分，它越是‘脱离人性’，发展就更为充分”[①]。具有科学特征的官僚制组织犹如一架运转精密的机器，行政人员成为这个机器中的零部件，就像现代化工厂中的生产流水线，众多工人集中在特定的生产区域，重复着单一化的机械动作，从而高效完成某一生产任务一样。由于韦伯顺应了社会发展的需要，按照资本主义精神进行社会建构，“从而使官僚制理论得到了社会的普遍认同，能够被广泛地应用到社会生活的各个领域的建构中去。不仅在政府部门、国家的政权建设和公共权力的行使中，而且在企业等私人部门的经营活动中，也可以把官僚制理论付诸

---

① 〔德〕马克斯·韦伯：《经济与社会》下卷，林荣远译，第296、297页。省略号为引者所加。

实践”[①]。

韦伯找到了使理性化行政管理得以实现的组织形式，在此后的发展中，行政管理的结构化与物化进一步从两个层面展开。其一是行政管理内部的职能分工以及行政管理本身的专业化。行政管理的职能分工则是理性化行政的进一步深化。法约尔认为“管理就是实行计划、组织、指挥、协调和控制”[②]。古利克则在法约尔的基础上，把行政管理的职能由管理的五项职能拓展为七项职能，即计划、组织、人事、指挥、协调、报告和预算。也就是我们所熟悉的POSDCRB。[③]法约尔、古利克等人的管理要素说具有经典性意义和深远影响，至少后来的管理以及行政管理中的管理过程学派都是按照五种要素来思考管理或行政管理，直到今天，行政管理也还基本上是按照这种职能划分来进行的。

行政管理物化拓展的第二个方面就是行政行为的理性化与物化。如果说行政职能的理性化还只是静态的意义上的行政管理理性化，那么行政行为的理性化则意味着动态的意义上的行政管理的理性化。韦伯曾说过：“文官的荣誉所在，是他对于上司的命令，就像完全符合他本人的信念那样，能够忠实地加以执行。即使这命令在他看来有误，而在他履行了文官的申辩权后上司依然坚持命令时，他仍应忠实执行。”[④]韦伯在这里想表达的是对官员行为可预期性的期望，期望通过法律的约束，能够改变农业社会官员那种偶然的、权力意志式的行为，使官员的行为具有可预期性。当达尔通过规范价值、人的行为及社会文化环境三个方面的分析，认定行政管理还不成其为科学时，西蒙的

① 张康之：《寻找公共行政的伦理视角》（修订版），第127页。

② 〔法〕法约尔：《工业管理与一般管理》，周安华等译，第5页。

③ 丁煌：《西方行政学说史》，第114页。

④ 〔德〕马克斯·韦伯：《学术与政治》，冯克利译，北京：生活·读书·新知三联书店2005年版，第76页。

理论工作就在于通过理性化决策，使行政管理摆脱原来那种仅仅是执行政治命令的传统模式，把行政管理当作一个过程来看，从而使行政管理真正成为一门科学。

西蒙通过事实与价值的二分从理论上排除了行政管理的价值负担，把行政决策当作理性选择的过程。西蒙认为，决策意味着行为主体完整地“描述每个备选策略所产生的各种结果，并对这些结果进行比较。他必须从各个层面上了解他行为的变化可能导致的变化，必须使用无限延伸的时间、无限扩展的空间和无穷的价值观来探究各种行为结果”①。按照西蒙的理解，决策就是对各种可能方案发生概率进行判断，这种判断当然是建立在对事实进行描述、分析然后进行抉择的基础上，这意味着决策是一个科学、理性的过程。而判断的标准就在于某一方案可能产生的结果，从而必然会注重那些能够带来可见的、可以物化的结果的方案。甚至这样一种标准也在有意无意中催生人们去关注那些可以物化的东西来。

工具理性注重实实在在的效果，要求某一投入必须有相应的产出，注重投入产出之间的成比例，也就是我们所说的经济与效率，因而，它注重实际结果是什么，并且一定要通过相应的物化成果来体现。如果没有结果或者结果得不偿失，那就意味着行为不合乎理性要求，这样的行为就要被抛弃。由于工具理性注重结果，也一定要达到某种结果，这样一来，对政府及公共行政来说，倚重工具理性的后果，就是行为标准的全面物化，因为只有通过物化，才能体现出工具理性的要求。同样，只要行为是合乎工具理性的，它的后果就一定会通过某种物化的东西体现出来。正如法默尔所说：“当某个官僚说‘是部门政策要求我如此这般……’的时候，她就是在把部门政策物化；当她说

① 〔美〕赫伯特·西蒙：《管理行为》，詹正茂译，北京：机械工业出版社 2011 年版，第 71 页。

‘管理的功能就是……’的时候，她就是在物化；当她声称‘宪法提供……’的时候，她就是在物化”，因而，现代政府管理的本质就是物化，而且这种物化构成现代民主制度的核心。[①] 这种物化在政绩制及绩效管理中以变本加厉的形式表现出来。在这里，按照工具理性的要求来行动，也就是要在一定时间内尽可能多出成果、多出政绩，而这些成绩、政绩又要尽可能以物化的形式表现出来，至于民生、制度的完善等无形的或者无法物化的东西，要么尽量以物化的形式达成，要么就弃之不顾。所以我们看到，在任期制的硬约束下，为官者要想以尽可能快的速度爬到高位，就必须使政绩最大化、最明显化。这就驱使各级官员以各种手段来物化其政绩，大广场、综合性的商业中心、招商引资的项目数，甚至连养老这样的民生工程也变成了以增加了多少养老院、增加了多少张床位来计算。也就是说，只要工具理性还是支配性的社会文化，只要工具理性还是政府及官员行为的“制度性背景”，只要这种工具理性还支配着政府及其行为，那么，政府及行政官员就一定会想方设法使其政绩尽可能以物化的形式表现出来。

三、工具理性带来的问题

近代以来，人们对理性寄予厚望，不惜在社会生活中把理性贯彻到底，但理性原来所代表的预期、希望、意图并没有随之而至。理性“不但远不能消除人类生存环境中令人讨厌的任意性、偶然性及不可理解性，还重新带来并强化了那些偶然性、无目标性和不可预见性”，[②] 理性不仅没有控制自然、社会、人自身，没有带来所预想的那种确定性，反而进一步强化着不确定性。“理性指导的行为不仅没有被推到自

① 〔美〕戴维·法默尔：《公共行政的语言——官僚制、现代性和后现代性》，吴琼译，第53—54页。

② 〔英〕齐格蒙特·鲍曼：《流动的恐惧》，谷蕾等译，第91页。

然法则的高度，反而它的后果被降格到了没有理性的自然的水准。自然灾害并没有变得更像道德过失‘在原则上可以管理’；相反，那些不道德的领域却变得或被发现越来越像‘典型的’自然灾害；像它们一样危险，不可预见、不可预防、不可理解，对人类的理性和希望具有免疫力。”① 随着社会理性程度的加深，随着从工业社会向后工业社会的演进，作为受工具理性影响最深部分的行政管理在某种程度上成为人们批判的对象。

首先，理性化行政导致道德冷漠。如前所述，理性化行政通过事实与价值二分，把行政转化为对事实的描述与分析，从而把价值排除在行政管理过程之外，排除了行政管理过程中的道德判断，用鲍曼的话就就是“道德去技能化”。或者说正是理性化的行政体制导致人们失去了道德判断能力或者进行道德判断的意愿。鲍曼说过，“对于致力于追求行政体制的完美模式的机构而言，不管其官员身上还保留多少道德良知，其运作都不会受其影响。因为行政体制是理性和秩序的高度体现，它反对由道德激发的行为，认为它和秩序概念与理性戒律相对立，甚至认为它们是不相容的”②。正如韦伯所坦承的那样，行政官员的荣誉在于不折不扣地执行上司的命令，不管这命令是对还是错，因而行政官员的道德就在于服从命令，这是对行政道德的最好诠释，因而“行政体制需要的是遵守规则，不需要道德判断”，也正因为如此，理性化行政导致对道德的麻木，甚至在某种意义上，理性化行政隐含着对道德的排除。③ 如果说工业社会通过理性化行政的操弄，使行政失去了道德判断，或者说把道德判断排除在行政管理之外，那么后工业社会则通过技术的努力与加强进一步使“道德

---

① 〔英〕齐格蒙特·鲍曼：《流动的恐惧》，谷蕾等译，第93页。
② 〔英〕齐格蒙特·鲍曼：《流动的恐惧》，谷蕾等译，第95页。
③ 〔英〕齐格蒙特·鲍曼：《流动的恐惧》，谷蕾等译，第94—95页。

镇静”获得了同样的效果，使道德冷漠更为严重。“道德镇静为道德冲动提供了表面上的便捷出口，也为道德困境提供了权宜之计，同时还通过把责任转移给技术工具使行为人对这种道德冲动和道德困境都不必担负责任”，它让人们的道德良知休眠，在道德困境面前回避道德，“让这些行为人在面对要求一不定期程度自我否定和自我牺牲的困难选择时，失去道德的武装”[①]。高度现代化社会中的理性化行政造成对道德的无视，使人们在失却良知后，即使为非作歹也变得心安理得。

其次，理性化行政还意味着责任的碎片化。虽然韦伯强调理性官僚制造成从“信念伦理”向“责任伦理”的转换，但问题在于，“责任伦理”在官僚制的运转中无法完全实现，不仅如此，它还导致责任的碎片化。“行政体制非常有效地把‘对什么负责’替换成了‘对谁负责’；把对行为影响的对象负责换成了对上级（即命令发布者）负责。”[②]而官僚制解脱责任的秘密又在哪里？这里的关键是如何理解建立在专业分工基础上的官僚制本身。根据鲍曼的看法，建立在专业分工基础上的理性官僚制，其高效运转有赖于各组成部分的功能理性，也就是说，有赖于各部分功能的有效发挥及各部分之间的协调，这样，对处在组织机构内的行动者来说，其最直接的责任是一种分工基础上的技术性责任。而在鲍曼看来，恰恰是技术性责任“忘记了行动是达到行动本身以外的目的的一个手段。由于行动的外部联系从视线中被有效地消除了，官员自身的行动在本质上就变成了结果。它只能通过其是否适当和成功的内在标准来判断。与以功能专门化为条件的、公务员自吹自擂的相对自主权同时出现的，是公务员远离组织总体上既分离又协作的劳动的总结果。一旦与他们遥远的后果相分离，大多数

① 〔英〕齐格蒙特·鲍曼：《流动的恐惧》，谷蕾等译，第97页。

② 〔英〕齐格蒙特·鲍曼：《流动的恐惧》，谷蕾等译，第95页。

功能专门化的行为要么在道德考验上掉以轻心，要么就是对道德漠不关心。当行为不再受道德忧虑的阻碍时，就可以在清晰的理性基础上来对行为做出判断了。因此重要的是，行动是不是按照当前最好的技术知识来进行的，以及行动的结果是不是有成本效益，标准明确而便于操作”[①]。

由于官僚体系内的每个行动者只对他职责内的行为负责，而这种行为仅仅是实现组织总目的的一个中介或环节，这样，在行动者与行为后果之间存在若干环节与中介，行动者并不能直觉或领悟到其行为与后果之间的关联程度有多大，其直接后果就是有组织的不负责任。用鲍曼的话来说，就是责任的漂移。“责任的‘漂移’，几乎无法对其定位和精准归结，实际上把责任变成了‘不属于任何人的’责任；第二，让遵守命令的职责具有因无法抗拒而至高无上的力量，不亚于上帝指示的力量。”[②]这样，通过官僚制内部的功能理性设置，道德问题就转化为技术问题，官僚制下的行动者所剩下的就是如何通过自身的行为高效地完成组织任务。由于每一个官员只是在其职责范围内思考问题，缺少对问题或事件的整体了解与把握，甚至也不需要从整体上去了解整个事情的因果关系，只是根据其职位要求去行动，其直接后果就是从行政行为中清除了道德判断，使官僚制体系中的行动者的道德能力萎缩。“道德判断遭到贬损，因被认为无关而从决策过程中清除出去，这样的状况造成了道德判断力量的极大降低——这种发展趋势使决策者在选择工具的使用方式时同时感到自由和无助。由于对价值的兴趣和关注减弱，价值选择这一任务所要求的技能也逐渐消失。”[③]

① 〔英〕齐格蒙特·鲍曼：《现代性与大屠杀》，杨渝东等译，南京：译林出版社2002年版，第135页。

② 〔英〕齐格蒙特·鲍曼：《流动的恐惧》，谷蕾等译，第95页。

③ 〔英〕齐格蒙特·鲍曼：《流动的恐惧》，谷蕾等译，第96页。

最后，公共行政中的理性主义还造成心灵的虚空。如前所述，通过事实与价值的二分，公共行政很方便地将价值、道德从行政管理中排挤出去，使行政管理变成纯技术性的活动，同时，通过将知识与技术混为一体，使行政管理中的技术主义得到进一步强化。公共行政在将理性置换成工具理性、技术理性的过程中，逐步远离了价值、意义，成为纯粹的技术工作，它只是用一个它希望成功的理性主义计划代替另一个已经失败了的理性主义计划，它只关注当下，关注成本与收益之间的比较，关注如何以最小的投入带来最大、最好的结果。这种结果是当下的，即时的，因而在理性主义那里不需要历史，也没有历史。这是理性主义无法摆脱的思维定式。我们不能通过"更真诚、更深刻的理性主义来避免它的错误"，"它不仅导致特殊的错误，而且它也使心灵本身干涸：靠戒律生活最终产生理智的不诚实"[①]。正如韦伯在《新教伦理与资本主义精神》的最后忧心忡忡地说专家没有灵魂，纵欲者没有心肝时，他实际上已经预见到充分发展的理性主义，尤其是技术理性、工具理性在社会中的整体性渗透所带来的后果，即对价值等问题的回避。

作为一种现代精神，理性主义具有超越特殊性的普遍性特点，任何想成为现代国家的民族都无法回避这一特征。公共行政的理性主义在不同民族具有不同的地方性和民族性，但作为一种现代性的精神样态在不同民族中却是一致的。这种一致性就在于理性主义对确定性的追求。"理性主义专注于确定性。技术和确定性在他看来是不可分隔地连在一起的，因为确定的知识，在他看来，是不需要在他自身之外寻找确定性的；知识，就是不仅以确定性终，而且也从确定性始，确定性贯彻始终的知识。"[②] 在欧克肖特看来，以确定性为目标的理性主义，

① 〔英〕迈克尔·欧克肖特：《政治中的理性主义》，张汝伦译，第31页。

② 〔英〕迈克尔·欧克肖特：《政治中的理性主义》，张汝伦译，第11页。

其背后隐藏着一个逻辑，即理性主义所追求的是一种技术化的知识。理性主义的公共行政被当作一种技术，一种可以通过培训而不断地为不同人所应用的管理技术，正是在这个意义上，欧克肖特指出："理性主义者认为，一切人类活动中所含有的唯一知识要素是技术知识，我称之为实践知识的东西实际上只是一种无知，如果它不是实际有害的话，可以忽略不计。对于理性主义者来说，'理性'的霸权意味着技术的霸权。"①

正如欧克肖特所说，只要理性主义存在的社会环境没有消失，那么行政管理在气质上必然还是理性主义的。当代社会的政治明显具有理性主义的气质。任何想成为现代国家的民族都无法回避这种气质。"所有当代政治都深深感染了理性主义……不仅我们的政治罪恶是理性主义的，而且我们的政治美德也是如此。我们的种种计划在目的与特性上大体是理性主义的；但更重要的是，在政治上，我们整个的精神态度都类似地被决定了。……理性主义不再只是政治上的一种风格，它已经成了一切应受尊重的政治的风格标准。"②欧克肖特在这里仅就政治而言，但作为政治一部分而与政治难解难分的行政管理又何尝不是如此呢？罗森布鲁姆曾说过："如何整合不同研究途径所拥有的价值、结构与程序安排以及技术方法。对此尚无良法，这也是为什么我们仍处在十字路口的原因。"③罗森布鲁姆的判断是准确的。公共行政之所以大量使用其他学科的方法，就在于其作为独立学科的自主性无法完全确定下来。而当代行政管理所面临的最大困境就在于如何跳出工具理性、技术理性的思维定式，在行政管理中凸显自身的价值性，以

① 〔英〕迈克尔·欧克肖特：《政治中的理性主义》，张汝伦译，第11页。

② 〔英〕迈克尔·欧克肖特：《政治中的理性主义》，张汝伦译，第20页。

③ 〔美〕戴维·罗森布鲁姆等：《公共行政学：管理、政治和法律的途径》，张成福等译，第589页。

及如何实现价值性与技术性两者的有效结合，从而改变行政管理者的气质，使之养成超越技术理性的精神气质，能在境遇化理解中，不再以机械化的方式，而是以差异化的方式，积极主动地作为，凸显出行政管理的公共性特质来。

第四章
价值中立的幻象

传统行政理论认为行政管理与价值无涉，只是执行政治命令的驯服工具，其唯一的目标就是效率。即使新公共行政以及新公共管理对传统行政所持有的价值中立观进行了不遗余力的批判，但时至今日，效率至上仍是公共行政实践中压倒性的声音。公共行政到底有没有价值性？假若没有，如何理解新公共行政以及新公共管理对传统行政模式的批判？假若有的话，其价值是什么？对这些问题需要从理论上解释。

第一节　行政价值的确立

公共行政有无价值？或者更确切地说，它有无自己相对独立的价值？还是像罗尔所说的那样公共行政的价值在于实现政体价值？古典公共行政理论不承认行政具有价值性，它把行政管理看作实现政治意志的工具；新公共行政理论在对古典行政理论进行批判的基础上，明确认识到价值之于公共行政的重要性，并试图对行政价值进行界定，但没有对行政价值问题作出清晰的回答。新公共行政理论承认了公共行政的价值，但问题在于，这种价值依据是从公共行政自身来寻找，还是从行政之外来寻找？

一、公共行政的身份危机

公共行政一直在为自己的身份而焦虑。行政管理从诞生之日起，就处于持续的身份危机之中。这种身份危机来自于它作为一门学科的自我认同困境。在政治与行政混沌一体的情况下，行政管理是没有自己的独立身份的。当威尔逊、古德诺明确表达政治与行政之间有着明确的区分时，公共行政开始拥有自己独立的身份和地位，但这并不表明其身份是明确的。作为从政治中独立出来的学科，行政管理无论如何都与其母体学科存在着亲缘关系，在它们之间存在着某种重合性，这种重合性一方面说明行政管理的学科地位并不稳固，另一方面也在不断引起、加剧人们对行政管理学科身份的怀疑。这使得学说史上对政治与行政二分的质疑一直没有停止过，甚至古德诺也不得不在明确表达了政治与行政二分的意见之后，又说在事实上政治与行政之间存在着某种联系，这种联系要求行政从属于政治。

为了证明自己作为一门独立的学科而存在，行政管理首先从管理学那里获得自己的学科认同，这就是把行政当作管理过程来看待。当法约尔、古利克等人以自己原创性的努力，论证作为管理的公共行政存在普遍的管理要素——无论是五要素还是七要素——时，这种对管理要素的总结与提炼本身就标志着行政管理为证明自己是一门学科而进行的最初努力。而古利克所总结的组织设置等一系列普遍化原则，则是为完善作为学科的公共行政所做的进一步努力。

当西蒙挑战这些行政原则时，公共行政又面临着一次巨大的身份危机。当西蒙说古利克等人所总结的管理原则不过是一些行政谚语时，就表明了他对公共行政作为科学的怀疑。在西蒙看来，这些所谓的行政原则既不能证实也不能证伪，它们只不过是一些互相充满矛盾的命题而已。而人们之所以会提出一些相互矛盾的原则，原因就在于对公共行政理解上的偏误。西蒙认为行政就是决策。作为决策的行政意味着在不同方案之间进行抉择。这首先取决于可以通过量化的手段表示出各备选方案的“资产负债表”，然后选择那些收益最大化的方案。从科学的观点来看，价值无法进行量化分析，这样就在事实上把价值排除在行政决策之外。这样，行政管理就建立在了科学的基础上，这种科学是完全按照自然科学的标准确立起来的。通过这样的努力，西蒙终于建立起他心目中的行政科学。

正如我们所看到的那样，西蒙的努力暂时化解了公共行政的身份危机，但他并没有最终解决公共行政的身份危机。达尔就对西蒙的学说提出挑战。在达尔看来，第一，公共行政必须回答价值问题。西蒙通过在“是”与“应当”、事实与价值之间划了一条不可逾越的鸿沟，从而在行政管理中回避了价值问题。但公开的回避并不意味着价值问题就不存在了。也就是说当他前门拒斥价值时，又在后门偷偷迎回了价值。有学者曾不无讥讽地这样评价西蒙的行为主义：“如果把道德价值私下地偷运进社会科学的做法变为公开的、诚实的活动，就会获益匪浅。公共行政学的作者们常常以为他们可以舒适地避开价值冲突的风暴；然而，当他们宣称自己最不关心目的之时，他们通常是最关心目的的。效率学说就是一个恰当的例子；作为行政的一个主导目标，它像一根隐约可见的丝线贯穿于公共行政文献的锦缎中。”[①] 但是效率本身是无法自我证明的，这也就是说，效率总有一定的衡量标准，即根据什么样的价值尺度才是有效率的，什么人的效率才是有意义的？对效率的追求以及把效率作为最高标准事实上隐含了这样一个尺度，即何种效率和什么人的效率。这样，对效率本身的崇拜背后蕴含着某种特殊的价值表达。所以在达尔看来，“公共行政学者不能避免对目的的关注。他们所应当避免的是在目的问题上的疏忽，即没有将构成其学说基本成分的目的或价值阐明清楚。如果目的和规范的考虑始终能够得到清楚的表述，公共行政科学将会得到真正的收获”[②]。这也就是说，如果公共行政能很好地解决价值问题，其作为一门科学的地位也就不

① 颜昌武、马骏编译：《公共行政学百年争论》，第36页。

② 颜昌武、马骏编译：《公共行政学百年争论》，第38页。

会受到持续的质疑。

第二，公共行政必须回答人的问题。作为管理的公共行政虽然也要研究财务、人力资源等问题，也回避不了对管理流程及管理工艺的追问，但行政管理不同于其他学科就在于它必须回答公共领域中人的行为问题。达尔认为，“公共行政的大多数问题是围绕着人来考虑的，因此，公共行政研究本质上是对处在具体环境中表现出某种行为，以及预计或预测会表现出某种行为的人的研究”。公共行政区别于其他学科的核心就在于“它关心的是在由政府机构完成的服务领域中的人的行为”①。无论是作为管理的行政，还是作为决策的行政，都把公共行政看作是一个技术性问题，要么专注于对管理流程的改进与完善，要么以效用最大化为终极标准，而在事实上醉心于决策方法与工具，从而把人排除在管理之外，即使是考虑到人，也是把人当作工具意义上的人，当作整个管理流程中的一个部件或工具而已。而在整个管理系统中对人的各种规训实际上也不过是服从于这种理性的需要。“把人从公共行政科学中排除出去是很方便的；忘掉人并用‘科学的’精确性描写人要比考虑人并困扰于人的令人恼火的不可预见性简单得多。”“如果要有一门公共行政科学，我们必须理解公共行政领域中的人的行为。”“未来的公共行政科学受到特别关心的原因在于广阔的服务领域是由政府管理的；在我们深入研究这一广阔领域中多种多样的动机和行为并使得它们能够被预测之前，是不会有一门公共行政科学的。”②所以在达尔看来，公共行政科学的发展，本身意味着人的科学在公共服务领域中的发展。仅仅依靠不断的重申和自我辩护，并不意味公共行政就已经成为科学。他说：“我们不能按照一种机械化的‘行政人’来创造一种18

---

① 颜昌武、马骏编译：《公共行政学百年争论》，第39页。

② 颜昌武、马骏编译：《公共行政学百年争论》，第42页。

世纪理性人的现代后裔，并靠这种方法创立一门科学，这种‘行政’只存在于公共行政学的书中。”[①]这也就是说，公共行政必须在公共领域服务化的背景下来考察人的行为，只有如此，它才能成为一门真正的行政科学。

第三，公共行政还必须回应普遍性与特殊性之间的关系。如果我们承认公共行政是管理的话，那么它必然存在着一些普遍的原则。但这并不意味着我们可以不加区分地直接把这些原则应用于任何国家。正如黑格尔所说，普遍的原则在不同国家、不同民族会呈现出不同的具体样式。换句话说，任何普遍的原理或原则都必须与各个国家、民族的特殊条件相结合。普遍性是通过特殊性而表现出来的。正是在这个意义上，达尔认为，“我们没有理由设想：公共行政的原则在任何民族国家中会同样有效，或在某个国家中取得成功的公共行政实践在不同的社会、经济和政治的环境中必然也会取得成功。一个特定的民族国家实际上是许多历史事件、创伤、失败和成功的结果，这些结果反过来构造了特殊的习惯、习俗、制度化的行为样式、世界观，甚至‘民族心理’”[②]。我们认为公共行政学不能脱离具体社会文化环境的影响，通过抽象与总结出一些原则，就可以创立起一门普遍的公共行政科学。在达尔看来，如果公共行政没有有效地回答以上三个问题，作为科学的公共行政是无法建立起来的。即使在今天，达尔所说的三个问题，公共行政也没有很好地解决，公共行政的科学化追求依然任重而道远。

事实上，在20世纪六七十年代，管理学或者公共行政陷入孔茨所说的“管理理论丛林”状态。据孔茨总结，当时流行的管理理论流派达到六种之多。管理过程学派把管理视为这样一种过程，通过操纵有

① 颜昌武、马骏编译：《公共行政学百年争论》，第42页。
② 颜昌武、马骏编译：《公共行政学百年争论》，第43页。

组织群体中的个人来完成组织的任务。经验主义学派认为管理是对经验的研究，其假设是通过对管理者的经验教训进行考察，可以获得进一步的管理技巧。人际关系学派将管理视为人际关系加以研究，它使用心理学和社会心理学的知识来强调管理中人的方面。社会系统学派将管理视为由不同群体互动与合作而形成相互关联的文化系统。决策理论学派集中于分析和理解谁来作出决策，决策如何作出，以及如何从种种选项中确定行动路径的整个过程。数理学派认为管理是一个数学模型和程序的系统。孔茨认为，不同学派之间的纷争为我们理解管理确实提供了不同的视角，但也正是由于不同学派基于不同的理解视角，造成了对管理理解上的“语义上的丛林”，从而使管理陷入纷争之中。[①] 公共行政不可能不受到时代的影响。沃尔多在评价这段历史时说过，“研究主题的性质与范围和研究、教学这一研究主题的方法都变得有问题了。现在，经过 20 年的批评，身份危机并未得到令人满意的解决。公共行政的大多数重要的理论问题与这一持续的危机相关，与可用于解决这一危机的方法有关，也与可能的解决文字的意蕴和结果有关”[②]。

和其他学科相比较，公共行政的学科地位确实不断受到人们的质疑。这主要体现在两个方面：其一，公共行政的研究对象，或者公共行政所指向的范围不明确。如果说其他学科有着自己的明确边界，即自己成熟的和公认的领地的话，那么，公共行政一直在为能够拥有这样一个属于自己的学科边界而焦虑。在某种意义上，公共行政的研究范围似乎比较广泛，似乎无所不包，但这样一种宽泛性在某种程度上受到人们的诟病，即公共行政没有自己的学科边界。正如沃尔多所说，“公共行政不是一门科学性的学科。它从广义上来

① 〔美〕丹尼尔·雷恩：《管理思想史》，孙健敏等译，第 459—460 页。

② 转引自〔美〕文森特·奥斯特罗姆：《美国公共行政的思想危机》，毛寿龙译，上海：上海三联书店 1999 年版，第 19 页。

看是一种职业性专业，一种有关职业性专业的集合，它能够行动，并运用来自许多学科的范式、技术以及其他东西”[①]。汤普金斯持有同样的看法。他认为，“之所以有各种不同的、意义相悖的学派随实践的推移相继涌现，正是因为组织理论是一个多学科的领域。理论家们出于不同的理由提出不同的问题，并且把他们的分析聚焦在不同的因素和层面”[②]。

其二，公共行政的研究方法比较庞杂，这也在一定程度上影响了自身的科学性，使自己作为学科的身份不时受到削弱。而这一点与前面一点紧密相关。由于没有清晰的学科定位，由于公共行政一直没有自己明确的学科边界，这使得它经常冒犯别人的领地，与其他学科相窜扰。从研究方法上来讲，这就使得公共行政研究经常陷入对时尚的追逐之中。“公共行政学的基调或技术基调，常常因追逐时尚而自降身份。对作为技艺的技术的强调更是火上加油，使时尚追逐变本加厉，朝秦暮楚，无有定所。最近的‘全面质量管理’和‘重塑政府’的时尚就是例子。公共行政实践的历史就充满了这类潮流和时尚，既在大范围内，又在每天的地方管理中。”[③]由于没有自己明确的身份定位，没有自己明确的学科边界，公共行政不得不大量使用其他学科的研究方法，这就是法默尔所说的追逐时尚。而不断地追求时尚，使用其他学科的研究方法，又进一步加剧了公共行政自身的身份危机。

二、行政价值的确立依据

当我们思考行政价值时，首先面临的问题是行政价值的有无问题，即行政价值是否存在？在行政管理的研究和实践过程中，很长一段时

---

① 转引自〔美〕文森特·奥斯特罗姆：《美国公共行政的思想危机》，毛寿龙译，第20页。

② 〔美〕乔纳森·汤普金斯：《公共管理学说史》，夏镇平译，第7页。

③ 〔美〕戴维·法默尔：《公共行政的语言——官僚制、现代性和后现代性》，吴琼译，第147页。

间内行政价值问题被忽视，一些人甚至否认公共行政具有价值。这种认识有两个传统。其中之一就是认为行政来源于政治，同时把政治当作一种政治科学，这也就意味着在政治领域排除了价值问题，而作为发源于政治学的公共行政，本身也就继承了母体学科的因子。当马基雅维利喊出“政治无道德”时，已经包含了这样的判断，即政治本身不需要价值。这种对政治的认识成为行政无价值的大传统。在此背景下，当行政管理从政治学当中独立出来时，就逐渐形成了自己的小传统。当公共行政把自己的合法性根据确定在管理学中时，也就意味着行政管理在试图按照科学化要求来塑造自己。事实上，无论是作为独立的学科，还是作为一种实践，公共行政所走的路线正是根据科学化来不断强化自己作为管理学的身份和地位。公共行政的科学化程度越深，也就意味着它离价值越远。因为当公共行政愈来愈坚守自己的科学化路径时，其背后所持有的依据就是公共行政是一种纯技术化的活动，是不需要价值的。而正是这种小传统与大传统的结合，使行政无价值的理念变得根深蒂固。

除了行政无价值这种观点之外，学界还有一种看法，那就是把行政价值等同于公共行政的合理性。与前一种观点相比，认为行政价值就是公共行政的合理性有了一些进步。这种进步性体现在部分承认了行政价值的存在。如果我们在存在论的意义上把行政价值理解为公共行政的价值，理解为公共行政存在的价值，那么这就事实上指向了公共行政存在的合理性。但是，公共行政的合理性还包含着更为丰富的内容，即公共行政的正当性。更为重要的问题在于，公共行政的合理性是谁的合理性？当我们进一步去追问时，实际上意味着把公共行政置于合理性与合法性的拷问之下。公共行政不能孤芳自赏，不能完全醉心于技术化的完善当中。当我们追问公共行政的合理性时，我们首先关心的是公共行政把自己的合理性安顿于什么地方，是公共行政之外，还是公共行政自身？

显然，当我们这样来追问时，公共行政的合理性可以从两个方面来理解：一方面，合理性涉及到公共行政存在的本质，即公共行政存在的合理性依据是什么。显然，公共行政存在的合理性依据必须到公共行政的公共性规定中去寻求，现代社会公共行政存在的合理性在于其为社会提供公共产品和公共服务，即马列经典作家所说的政府的社会服务和社会管理职能。另一方面，当我们如此思考公共行政的合理性时，实际上意味着我们把合理性等同于正当性。如果说前者涉及公共行政存在的根本问题，后者则涉及到行政行为的正当与否。在现实生活中，我们更多地会遇到后者，即行政行为是否正当。显然，当我们从后者来理解公共行政的价值性时，则面临着一个更为根本的问题，公共行政的合理性由谁来判断。当我们去关注公共行政是否正当时，已经隐含着这样一个前提性预设，即：公共行政的合理性、正当性的评价主体只能是公共行政之外的社会，或者从更根本的意义上来说，就是民众。

行政价值在某种程度上意味着公共行政的合理性，但两者并非同一问题。如前所述，行政价值可以在双重意义上来理解，既是对公共行政正当与否的追问，也是对公共行政存在的合理性依据的思考，这就意味着行政价值与公共行政的合理性之间有相互重合的地方，但二者并不能等量齐观。对行政价值的理解，应当在把握公共行政本质的基础上，在公共行政与社会的互动中才能得到完整的理解。这也就是说，仅仅把行政价值理解为一种外在价值的设定，由外在力量来设定，这种观点没有关注公共行政本身。同样，如果仅仅关注公共行政自身，行政管理就可能成为管理者的自我辩护，行政价值也就可能成为行政管理者的自我设定，行政管理必须在整个社会系统中才能找到自己存在的理由这一事实提示我们必须在维持公共行政的开放性中才能准确把握行政价值问题。

公共行政有无价值，关键在于对公共行政本身的理解。这也就是说，我们必须到公共行政自身中去寻找。在我们看来，行政价值之所以凸显，就在于公共行政的二重性。我们认为，公共行政具有技术性与价值性的两面。就技术性一面来说，当公共行政成为一门独立的学科建置后，它所追求的是公共行政的科学化，当我们把公共行政当作对国家与社会公共事务的管理时，我们所遵循的是科学的、技术的逻辑，即寻求公共行政的科学化。就价值性的一面来说，弗雷德里克森指出："价值是公共行政的灵魂。我们从来不认为公共行政的理论和实践仅仅是技术的或管理的问题。那种一方面把政府政治和政策制定过程作为价值表达，另一方面把行政作为单纯技术的和价值中立的政策执行的做法，是失败的。无论任何人，欲研究行政问题，皆要涉及价值之研究；任何从事行政实务的人，他实际上都在进行价值的分配。"[①]然而，"在官僚制的祛魅原则下，道德等价值因素在公共行政的显性结构中受到排斥，也因为这种排斥而使其以公共行政的隐性结构要素的形式出现。因为，这些因素虽然在制度安排和机构设置中受到排斥，却又根深蒂固地附着于作为人的政府组织成员身上，而且也会在行政过程中发挥作用。"[②]价值并不构成公共行政的独立因子，价值隐含在行政关系当中，而不是显现于外。行政价值之所以为人们所忽视，一个很重要的原因就在于它不是实体性因素，它弥散于行政体系当中，无所不在，无时不在，能"时隐时现地为人们所感觉到却又无法准确把握。"[③]价值性因素虽然不那么容易为人们感知，但却是理解公共行政的重要维度。

价值因素如何在行政管理中发挥作用，其作用机理如何，不是我们这里讨论的重点。但是公共行政的二重性特点向我们清楚地标识出

① 〔美〕乔治·弗雷德里克森：《公共行政的精神》（中文修订版），张成福等译，北京：中国人民大学出版社2013年版，第107页。

② 张康之：《公共行政的显性结构与隐性结构》，《行政论坛》2017年第1期。

③ 张康之：《公共行政中的哲学与伦理》，第6—11页。

行政价值的不可或缺性。然而，从本质上来说，行政价值之所以浮现，更在于行政管理从本质上来说涉及到人。行政管理大师沃尔多认为，行政管理不只是对社会公共事务的管理，也不只是对社会公共事务的“物”的方面的强调。无论是作为行政管理者的政府及行政人员，还是行政管理乃至政府服务的对象来说，其主要的方面都是人。在沃尔多看来，人能思考和进行价值判断。思维意味着创造性与自由意志，价值意味着道德、善恶及选择。而这些都是建立在自然科学之上的技巧性科学思维所无法回答，也无法解决的。沃尔多认为，“如果在人类事务领域可以获得机械性的因果关系，那么就无需告诉政府要做什么；政府所要做的是已经预先确定的、固定的且无法改变的东西。正是因为人类事务领域存在着自由意志，因而告知政府什么应当做以及什么时机由政府做出回应也就显得必须而且可能。”[①] 正因为行政管理主要涉及到人，因而价值问题也就渗透到行政管理当中。这样看来，公共行政既不是纯粹的技术性活动，也不仅仅意味着只关注自身的合理性，而是需要在开放的社会中来思考行政价值问题。

如果不是把行政管理与社会看作二元对立的结构，而是把它们看作一个整体系统，把社会看作人们进行活动的空间，行政管理只不过是整个社会体系中的一个部分；如果不是把公共行政看成封闭的治理体系，而是看作一个开放的治理体系，那么，对行政价值的理解就不会仅仅锚定于外在价值的赋予，而是在外在价值与内在价值的统一中得到理解。这意味着行政价值从显性的意义上似乎来自于自身以外的力量为其设定一系列价值，就像罗尔认为公共行政的价值在于服务于其所存在的政体价值。显然，公共行政无法摆脱其赖以存在的社会环境，特别是是政治环境。无论在何种意义上，政治都是影响公共行政的最明显、最重要的因素。从这个意义上可以说，行政价值来自于政

---

① Dwight Waldo, *The Administrative State*, pp. 181-182.

治体系的设定。但政治体系所设定的价值从根本上来说还是源自社会。这是因为，政治无非是把社会所期望的价值以制度化的方式表达出来。虽然公共行政无法避免政治体系为其设定价值，但如果把行政价值等同于政治体系所设定的价值，那就无法解释不同政治体系在价值设定上的差异性，甚至也无法解释公共行政本身的价值存在依据。显然，从开放社会治理体系中来理解，行政价值有其内在规定性，来自于公共行政自身的要求，这即是我们一再所说的公共行政的公共性本质。

作为社会公器，任何社会都不能离开行政管理，即使在统治日益失去存在理由的现代社会，作为管理或服务存在的公共行政仍然是社会所必需的。这也就是说，随着统治色彩日益淡化而来的是公共行政的公共性逐渐凸显，是行政管理的公共性越来越具有实质性内涵。这样，我们就不得不从社会系统中来寻找行政价值的依据。社会作为一个分工协作体系，存在着一个如何有效协作的问题，而对社会各组成部分进行有效协作的工作，历来是由政府来承担的。在可以预见的未来，以政府为主体的公共管理仍然会承担这样的责任。随着社会的组织化程度越来越高，社会的复杂性日益增强，政府所承担的这种协作与公共管理的任务会越来越重要，即使在经典作家所设想的未来理想社会，我们认为仍然需要某种对社会进行公共管理的组织。因而，行政管理的价值依据是在作为类存在的人以及作为类的人的组织形式的社会当中去寻求，在人的日益显现的共生共在中去寻找。作为公共管理非常重要的主体，政府自身的价值合理性依据也正在这里。当然，在不同的历史时期，这种价值合理性依据的具体表现形式会不尽相同。在统治行政和管理行政那里，公共行政的合理性依据更多的从政治那里去寻找，更多的还是一种政治价值，而在服务行政那里，在政治逐渐蜕去其神秘色彩的时期，在统治和管理日益失去其支持的时期，行政管理的公共性日益显现，这种价值更多的不再是一种外在的政治价值，而是一种内生的价值，是在国家与社会之间的对立日益消弥基础上，从作为共同体的社会中去寻找公共管理的内生性价值。[①]

三、设定性价值与非设定性价值

米尔恩在寻求人的权利与义务的价值合理性依据时，曾把人的存在分为设定性事实与非设定性事实。[②]根据这一思路，我们可以把行政价值进一步区分为设定性价值与非设定性价值。设定性价值意味着公共行政的价值是由外部力量所赋予的，在现实的社会结构体系中，这种设定性价值就体现为社会的政治体系对社会价值要求的明确表达，并通过制度化的方式传递给行政组织。因而，在某种意义上，公共行政的设定性价值所表达的就是公共行政所存在的政治环境，就是由政治所表达与赋予的价值，对公共行政体系来说，这种价值是先在的。公共行政在既定的政治环境中运作，首先就要面对既定的政治价值体系。这种政治价值，不是也无法由公共行政自身自主选择，而是被选择的结果，在某种意义上，公共行政存在的价值就在于保障这种政治价值得到实现。也正是在这个意义上，在美国当代行政伦理学家罗尔看来，行政价值就是公共行政所服务的政体价值。罗尔认为，所谓的政体价值是指“是由宪法所批准而得以存在的政治共同体的价值，它造就了目前的美国共和国”[③]。罗尔这里所指涉的政体价值——尽管以美国为蓝图，他在叙述过程中也丝毫没有掩饰这一点——其实是一种政治价值，正如他在《官僚制伦理》的后半部中所具体阐述的那样，平等、自由、财富等基本价值都属于政治价值，因而在某种意义上属于政治哲学考察的范围。

从行政与政治之间的关系来说，行政价值就在于促进与实现平等、

---

① 张康之：《寻找公共行政的伦理视角》（修订版），第303—304页。

② 米尔恩：《人的权利与人的多样性》，夏勇等译，北京：中国大百科全书出版社1995年版，第55页。

③ John Rohr, *Ethics for Bureaucrats*, New York: Marcel Dekker, Inc., 1989, p. 68.

自由、财富等基本价值。而且，行政与政治之间也从来就没有完全、彻底地分离开来。行政是政治中的行政，行政从来没有，也无法彻底脱离开政治。罗尔进一步考察了政体价值的三个方面："1. 伦理规范应当来源于政体的神圣价值；2. 这些价值对于官僚来说是规范性的，因为他们已经发誓要维护这一政体；3. 这些价值可以在政体的公法当中发现。"[①] 这一方面说明了政体价值不是外在的赋予，另一方面说明政体价值的客观性。这些政体价值是被发现的，是存在于政体建立之初，并在政体完善过程中逐渐丰富起来的。在这个意义上，罗尔所说的政体价值，是公共行政得以有效运作的"道德遗产"，或者说它构成了泰勒所说的"制度性背景"。也就是说，在任何一种类型的行政管理得以运作之前，在它产生之初，都有一个不言而喻的前提，这个前提就是既有的政治体制、文化传统等所构成的公共行政的制度性背景，而在这些政治体制、文化传统的背后也必然隐藏着人们世代累积起来的对于行政管理的道德期望，这种期望无疑是现实中的人与社会对行政管理的理想与要求。

当行政人员决定加入到某种类型的行政管理体制当中来，并以其服务来维护某种他所认肯的政体时，事实上已经预设了这样一个不言而喻的前提，即行政人员宣誓去维护宪法成为行政伦理的基础。[②] 这意味着当行政人员加入到某一行政体系当中时，事实上是以承认政体价值作为自己的道德基础和道德起点为前提的。而当行政人员加入到这样的行政体系时，也同时意味着他所加入的政治体系是基本公正的，即在基本公正的政治体系中，一个人可以同时成为好人和好公民。当然，政治体系的公正是政治哲学要回答的主要问题，它不是我们关注的重点。

---

① John Rohr, *Ethics for Bureaucrats*, p. 68.

② John Rohr, *Ethics for Bureaucrats*, p. 70.

问题在于，如果说行政价值就在于促进或实现政体价值的话，那是否就意味着可以在行政价值与政体价值之间画等号？答案显然是否定的。尽管在行政与政治之间存在着某种剪不断、理还乱的关系，但这并不意味着行政与政治之间没有边界。同样，尽管行政价值与政治价值之间有重叠的地方，但也并不意味着行政价值没有自己的独立性，尽管这种独立性是相对的。如果我们认肯公共行政有自己区别于政治价值的相对独立的价值，那么我们就需要进一步考察这种相对独立的价值是什么。这样，我们就由对公共行政的外在价值的思考转向对公共行政的内在价值的讨论。

所谓非设定性价值，意味着这种价值不能由人自主赋予，而是事物本身所具有的。虽然从根本上来说，所有价值都由人而引起，但行政价值的非设定性表明，这种行政价值具有相当的稳定性，是由公共行政本身的规定性所赋予。如果说设定性价值经常发生变化的话，那么非设定性价值则相对稳定；如果说设定性价值经常受到社会环境的影响的话，那么非设定性价值则相对独立。这也就是说，当设定性价值传递给行政体系后，这种设定性价值如何成为现实，就要通过公共行政的非设定性价值来实现。在这里，设定性价值就在行政体系内部转化为非设定性价值。如前所述，公共行政的设定性价值是由政治价值所决定的，这就是威尔逊、古德诺等人所说的行政就是国家意志的执行背后所表达的价值意蕴。但当我们进一步追问公共行政如何执行、如何保障政治意志或政治价值得到实现时，公共行政的内在价值就凸显出来，这种内在价值就是公共行政如何自我生存、自我发展，是公共行政的自我价值。从这个意义上来说，公共行政的内在价值就在于公共性的维持。而公共行政为了维持自身的生存与发展，就有一个如何执行政治意志的问题，因而公共行政的内在价值就在于权威与效率。这种内在价值的浮现就体现出公共行政价值的非设定性。

现代公共行政内部，首先需要的是权威。韦伯曾区分了三种权威类型，即克里斯玛权威、传统权威及法理权威。他认为现代官僚体制的有效运行是建立在法理权威基础上。之所以如此，就在于，工业社会中的行政官僚体制是在法治的基础上进行的内部职能分工，是一个内部等级秩序基础上层级节制的体系，而为维护这种等级体制的有序运行，为了使得政治意志能够得到有效执行，就必须具有权威，这种权威更多的是一种法理权威，而不是建立在个人德性基础上的权威。正如康德所说，“我对贵人鞠躬，但我的良心并不鞠躬”。我之所以低下我高贵的头颅，不在于在我的上司比我高明多少，不在于他具有道德上的优越性，也不在于他的道德品行比我高多少，而在于他所拥有的职位，他有命令我如此这般的权力。这种权力也就构成了其权威性的来源。而正是这种对法理权威的敬畏，才能保证行政体系的有序运转，才不至于使行政体系无所适从。所以，在韦伯看来，“典型的合法型的统治者即‘上级’，由于他发号施令，所以要服从非个人的制度，他的号令是以这个制度为取向的”，这种服从，“并非服从他个人，而是服从那些非个人的制度，因此仅仅在由制度赋予他的、有合理界限的事务管辖范围之内，有义务服从他”[①]。这种服从就在于行政体系内部是一个金字塔式的等级体系。因而权威与服从，就构成了行政体系内部价值的两面，它们是一体两面的。换言之，权威要求服从，服从是权威的基础，而权威又以服从为前提。

效率是政治与行政二分以及官僚制基础上必然的价值选择，也是行政体系的内在要求。按照古典行政理论家关于政治—行政二分的看法，行政是一个事务性领域，其目标是如何有效地执行政策，这种技术性的工作所追求的价值必然是效率。而韦伯所推崇的建立在形式理

① 〔德〕马克斯·韦伯：《经济与社会》上卷，林荣远译，北京：商务印书馆1998年版，第243页。

性基础上的现代官僚制因其“准确、速度、知识、连续性、灵活、统一、严格的服从、磨擦少、物力和人力成本低”[①]，即效率而具有的技术上的优势，成为理想的行政组织形式。因此，在马克斯·韦伯看来，现代官僚制必然的价值选择只能是效率。威尔逊认为，行政学研究的目的，在于揭示政府能够适当地和成功地进行什么工作，以及政府怎样才能以尽可能高的效率及在费用与能源方面用尽可能少的成本去完成这些适当的工作。[②]

这样，作为一个内部层级节制的等级体系，公共行政要通过内部的层级节制以及部门之间的有效协调以有效地保障政治价值得到实现。正如韦伯所说，支配官僚制运转的是“官职层级制与审级制。有一套明确制定的、官府间上下级关系的制度，其间下级官府是在上级的监督之下。此一制度也提供被支配者，遵照既定程序，向相关上级申诉下级单位之决定的可能性。在发展成熟的官僚制里，官职层级是采取‘一元制’的支配形式”[③]。这也就是说，这种权威与高效地完成或实现政治意志或政治价值，是建立在行政组织内部的层级节制基础上。作为一种现代科层制组织，公共行政是一个金字塔式的组织体系，它要求下级对上级的服从，上级的命令能得到不折不扣地执行，而这种执行又以上级的权威性得到保证为前提。很难想象，一个命令不断受到下级质疑的上级，其权威性能得到保证，而上级的权威性得不到保证的行政组织又如何高效有序地运转呢？

同时，随着社会公共事务的日益增多、日益复杂，一方面为了对社会公共事务进行有效管理，另一方面也为了高效而经济地执行政治意志，现代行政普遍地在其内部进行职能分工，这也就是我们所看到的行政组织的部门化。随着社会公共事务的日益复杂，这种内部分

① 〔美〕文森特·奥斯特罗姆：《美国公共行政的思想危机》，毛寿龙译，第 37 页。
② 彭和平等编译：《国外公共行政理论精选》，第 1 页。
③ 〔德〕马克斯·韦伯：《支配社会学》，康乐等译，第 22 页。

工会越来越细化，也会越来越深入；随着社会的变化与新要求的不断出现，新的行政组织与部门也会应运而生。这是问题的一方面。问题的另一方面在于，随着组织内部的职能分化以及部门化而产生的部门之间、职能之间的协调问题也越来越凸显出来。行政组织作为一个整体，当它接受了政治所赋予的目标或价值之后，便需要通过对多个行政组织或部门进行协调来完成这些目标或价值。因而随着部门分化而产生的问题的另一面就是部门之间的协调。只有通过行政组织内部的层级节制以及部门之间的相互协调，公共行政的权威与效率才能得到保证。

第二节　文明演进中的行政价值

从文明史的角度看，迄今为止，人类经历了三种基本社会类型，即农业社会、工业社会和后工业社会。我们在这里所使用的后工业社会与其说是一种迥异于工业社会的社会类型，不如更确切地说是一个时间性的概念，即工业社会之后。使用这三个概念，是为了叙事的方便。在农业社会，行政与政治混沌未分，行政是服务于政治的工具，其价值完全被政治所遮蔽；工业社会虽然使行政与政治相分离，然而在形式理性化的推动下，行政管理虽然有自己的独立性，但它仍然被看作技术化、科学化的东西，因而其价值被扭曲了；后工业社会对建立在形式合理性基础上的理性行政进行反思，逐渐发现行政本身所蕴含的价值。因而，从人类文明演进的过程来考察，行政的价值就蕴含于行政本身之中，行政价值的凸显是一个行政的价值逐渐被发现的过程。

一、农业社会：被遮蔽的行政价值

由于生存和生产的需要，在原始初民社会中产生了不同类型的组织形式，如氏族、部落、部落联盟等。尽管这些社会组织形式非常简单，但是它们内部因为共同利益的需要已产生了要求及时处理的公共事务。为了能有效处理这类公共事务，需要一个能够协调全体人员的公共的执行权力以及与之相应的被赋予权威的职位。“在每个这样的公社中，一开始就存在着一定的共同利益，维护这种利益的工作，虽然是在全社会的监督之下，却不能不由个别成员来担当。如解决争端；制止别人越权；监督用水，在非常原始的状态下执行宗教职能。”[①]最初，处在这些职位上并担任一定职务的当然是氏族和部落首领。但这时他们的权力还是一种执行性的权力，在很大程度上也仅仅是荣誉性的。正如恩格斯所指出的，“酋长在氏族内部的权力，是父亲般的、纯粹道德性质的；他手里没有管制的手段”[②]。尽管如此，这种公共权力由具体的个人来担当，并且自然而然地落在了氏族与部落首领身上，从而使阶级与国家的产生成为可能。

国家产生以后的农业社会，按照马克斯·韦伯的说法，存在两种典型的社会形态，一种是领主庄园经济，以中世纪的欧洲为典型；一种是封建地主经济，以封建社会的中国为代表。在中世纪的欧洲，以自给自足的领主庄园经济为基础，各地形成封建主割据的局面，因而无法形成统一的中央集权国家，也无法形成相对稳定的中央行政机关。当时欧洲的各个王国不过是一个个马背上的国家，国王通过不断的巡游各地来治理国家，中央权威非常微弱，只有国王所经之处，才能显示出其权威性。[③]但是在对国王直接领地的家政管理中发展出最初的世袭官僚制。“除了家族的神职人员和可能有随身医生外，首先是经济的行政管理各部门的领导人：食品库存和橱房的监管人员（膳务总管）、地窖监管人员（酒窖管理员和掌橱宫官）、马厩管理人员（马夫，掌

① 《马克思恩格斯选集》第3卷，北京：人民出版社1972年版，第218页。

② 《马克思恩格斯选集》第4卷，北京：人民出版社1972年版，第82页。

③ 〔美〕哈罗德·伯尔曼：《法律与革命——西方法律传统的形成》，贺卫方等译，北京：中国大百科全书出版社1993年版，第584页。

马官）、仆役和领主封臣的监管人员（家务总管）、徭役管理人员（徭役总监）、服装和兵器库管理人员（军需官）、财宝和收入管理人员（财务官员）、庄院行政管理协调人员（宫廷总管），以及不管其他根据家族行政管理需要详细分工的什么职能……一切超出直接的家庭经济的事务，最初划归家族行政管理部门掌管。”[①] 建立在封建地主经济基础上的中国传统社会，确立了传统社会所能具有的发达的官僚制，因其所固有的超稳固性，而得以在中国存续二千年之久。而且，因为其随着社会发展而得以不断完善，传统官僚制也具有了现代理性官僚制的特征。比如，中国传统官僚制的科举考试成为西方现代文官制度的直接根源。但是无论是建立在领主经济之上的世袭官僚制，还是建立在地主经济基础上的中国传统官僚制，都不可能是现代意义上的理性官僚制。[②]

农业社会中的传统行政具有以下特征：第一，公域与私域未分。正如韦伯所分析的那样，农业社会中对社会公共事务的管理，只不过是管理皇帝或国王家族事务的副产品。行政管理被“看作是统治者的纯粹个人的事务，占有和行使他的政治权力被看作是他财富的通过捐赋和收费可利用的组成部分”[③]。

第二，官职权限并不是由普遍理性的规则所决定的，而是基于君主的任意专断。虽然官职在设立之初有某些具体目标，但其界限往往含混不清，因而，官职权限完全是变动不定的。建立在领主经济之上的世袭官僚制，当它以各种“俸禄”或“采邑”形式视官职为个人财产时，是难以出现官职的权限划分的。在古代中国，同庞大的行政管理对象相比，行政管理职权的划分很少或者说几乎没有。中国传统社

① 〔德〕马克斯·韦伯：《经济与社会》下卷，林荣远译，第347—348页。

② 〔德〕马克斯·韦伯：《经济与社会》下卷，林荣远译，第373页。

③ 〔德〕马克斯·韦伯：《经济与社会》下卷，林荣远译，第351页。另参见〔英〕安东尼·吉登斯：《民族-国家与暴力》，胡宗泽、赵力涛译，北京：生活·读书·新知三联书店1998年版，第80页。

会建立在自然经济基础上的传统官僚制，以货币薪俸取代了实物俸禄。在形式上官员俸禄是由政府来支付，但是，政府只支付实际从事行政管理人员当中很少一部分人的薪俸，这一点报酬仅仅是这部分人收入当中微不足道的一小部分，单凭这点薪俸官员不足以养家糊口，更不用说用来支付管理社会公共事务的成本。而且，中国传统社会中对官吏名额的限制，往往只注重形式而不顾实际需要。因此，各地方行政长官，为处理好地方公共事务，不得不聘请幕僚，依托地方士绅。但是幕僚并不是正式官员，没有正式报酬，因而地方行政长官必须自己付给幕僚报酬。在当时的官僚体制下，官僚们少得可怜的正式俸禄无论如何很难养家糊口，更不用说再支付幕僚报酬。[①] 因此，地方行政长官就以税收包干的形式敛财，除了上交一定的税收之外，其余的用来满足个人需要和行政管理，官员私人开支和公共管理费用并没有区分开来。[②] 因此，做官成为发财的捷径，官职成为个人的私有财产。“权力的行使首先是官员个人的统治权利：在神圣的传统所确定的局限之外，他也像统治者一样，一件事一件事地作决断，也就是说，完全根据个人的随意专断和恩惠。”[③]

第三，官员与国王或统治者之间完全是一种主奴关系。封建领主经济下的官员只不过是国王或领主的家臣，他们之间不可能建立像现代理性官僚制那样建立在契约之上的平等的人格关系，而是不可避免地存在着人身依附关系。因此官员的忠诚，并非建立在理性规则基础上，基于知识分工对于职位的忠诚，而是仆从的忠诚，是奴仆对主人

① 吴思：《潜规则——中国历史中的真实游戏》，昆明：云南人民出版社2002年版，第43—53页。另参见王亚南：《中国官僚政治研究》，北京：中国社会科学出版社1981年版，第120页。

② 〔德〕马克斯·韦伯：《儒教与道教》，王容芬译，北京：商务印书馆1995年版，第108页。

③ 〔德〕马克斯·韦伯：《经济与社会》下卷，林荣远译，第364页。

的忠诚。[①] 有人说中国古代社会中的科举制具有现代民主的特质，不错，科举制打破了传统社会的等级身份限制，扩大了统治阶级的统治基础，但这只是科举制的表象。“任何人走上仕途，如全凭考试，他们就不会对上峰表示特殊恩遇”，所以，对于任何统治者来说，“没有用人的特殊权力，没有任意拔擢人的特殊权力，就根本无法取得臣下的拥戴”。因而，任一施行科举制的王朝，“都必得为专制君主保留亲自钦定的制举方式，必得为其他大官僚保留诠选、选授、衡鉴一类的拔用方式”[②]，所有这些，再加上荫补、捐纳等方式，使封建君主牢牢地把用人的权力控制在自己手中，其目的就是为了维护专制统治。所以，在古代中国，科举制并不能完全达到选贤任能的目的，它至多只是君主维护统治阶级利益的便利工具而已，科举制下的官员不是依附于君主，就是依附于这个或那个大官。他们不可能有平等的人格关系。

第四，科举制考试不是现代理性官僚制下的专业技能考试，而是一种文化考试。科举考试选拔官员不是看他是否拥有进行行政管理所必需的专业知识，而主要是看应考者是否是一位君子，这同西方建立在社会分工基础上的职业思想正好相反。因而，科举制下的官员首先是，而且主要是能吟诗作赋、风花雪月，他们很少受过专门的行政管理的训练，而且本身也很少从事行政管理工作。[③]

由此，我们可以看出，农业社会中行政和政治混沌未分，行政与政治高度一体化，行政成为政治的附庸，成为封建君主私人权力的延伸。农业社会中行政管理的目的主要是为了维护封建君主的统治及其私人利益，而不是为了促进社会的公共利益。如果说农业社会有行政管理的话，那也是统治行政。因为在日常生活中，统治首先表现行政

① 〔德〕马克斯·韦伯：《经济与社会》下卷，林荣远译，第 353 页。

② 王亚南：《中国官僚政治研究》，北京：中国社会科学出版社 1981 年版，第 110 页。

③ 〔德〕马克斯·韦伯：《经济与社会》下卷，林荣远译，第 720 页。另可参见〔德〕马克斯·韦伯：《儒教与道教》，王容芬译，第 173 页。

管理，正是在这个意义上，韦伯把这种行政称为“政治的行政管理”。恩格斯也说过：“政治统治到处都是以执行某种社会职能为基础，而且政治统治只有在它执行了它的这种社会职能时才能持续下去。”[①] 在统治行政下，行政的公共性淹没于政治统治之中，行政的价值也为政治所遮蔽。

二、工业社会：被扭曲的行政价值

按照韦伯的看法，现代化是理性化的过程。理性化意味着世界的去魅，即世界去除了某种神秘力量的掌控，人们可以凭借理性的力量来解释世界。世界的去魅化意味着宗教神学不再统治一切，不再成为束缚人们的精神枷锁，意味着宗教成为个人自由选择的事务。韦伯指出：“我们这个时代，因为它所独有的理性化和理智化，最主要的是因为世界已被除魅，它的命运便是，那些终极的、最高贵的价值，已从公共生活中销声匿迹，它们或者遁入神秘生活的超验领域，或者走进了个人之间直接的私人交往的友爱之中。”[②]

韦伯所担心的工具理性与价值理性之间的对峙，引致了现代社会世俗与神圣之间的紧张。在理性化的追求之下，由于工具理性所带来的实实在在的利益，使得价值理性变得更加虚无缥缈。人曾经自豪于成为自然的主人，但在不知不觉之间，人又沦为自己所创造的物质的奴隶。在舍勒看来，“以前的忠诚关系和信仰关系，现在由任意的契约来奠基，所有直接的生活共同体都以一个工于算计的获益者的社会为基础。对这一平均类型来说，‘思想’变成了‘计算’，‘身体’变成了各种物体中间的一个物体，成了物体世界普遍机制的一个部分”。由此而产生的直接后果就是“世界不再是温暖的、有机的‘家园’，

① 《马克思恩格斯选集》第 3 卷，北京：人民出版社 1972 年版，第 219 页。

② 〔德〕马克斯·韦伯：《学术与政治》，冯克利译，北京：生活·读书·新知三联书店 1998 年版，第 48 页。

而是变成了计算和工作进取的冰冷对象，不再是爱和冥思的对象，而是计算和加工的对象。商品成为金钱的交换工具，而金钱不再是商品品质的交换工具”[①]。这种营利的冲动驱使着人义无反顾地投入到空前的忙碌中，似乎只有通过忙碌的工作才能驱散心中的焦虑。但是，“这种空前的‘忙碌’并不产生某种意义和目标；相反，事情倒好像是，在他的精神运动学上装置了的焦躁不安——作为对这一人之类型的无存在价值状态和形而上学的绝望的一种深刻意识的结果——事后才使自己产生一种无限制的工作和营利的冲动，以之作为自己生存的一个表面意义，并且产生一种道德上的价值相关物，以之作为永恒生命的‘代用品’：即所谓的‘进步’，无目标、无意义的进步”[②]。按舍勒的理解，生命是第一位的，古代人的技艺所展示的是人之生命力的顽强。而现代人在为物的操劳当中，却为物所操纵，人为物役，道为技隐，失却生命之真义。

世俗化意味着原来被奉为神明的东西失去了那种超凡脱俗的魅力。世俗化在把人由“神”还原为“人”的过程中起到了积极的作用。问题在于，当我们把以往视为神圣的东西都视为需要批判的对象，从而将信仰、理想、灵魂等等都弃置不顾，当我们解构了一切，义无反顾地投身于市场经济的汪洋大海中时，财富、美女、权力等可以直接带来感官确定性的东西便成为我们孜孜以求的目标。不仅如此，现代市场经济、科技文明与大众文化的发展不仅消解了信仰所依赖的神圣形象，而且解构了我们生活中的英雄，从而带来整个世界的平凡化。而现代文化的产业化更使人的终极体验感性化。“文化原来所遵从之内在价值的标准被文化市场上之文化商品的外貌及需求所取代，最没有意义但最容易了解的信息变成最好的信息，因

① 〔德〕马克斯·舍勒：《舍勒选集》下卷，刘小枫选编，第988页。
② 〔德〕马克斯·舍勒：《舍勒选集》下卷，刘小枫选编，第989页。

而住处的复杂性也就被牺牲掉，代之以大量容易被了解、被接受的信息，文化劳作变成愈来愈粗糙、愈来愈只注重感官的感觉。”[①]过度世俗化的直接后果就是耻言理想，嘲弄信仰，蔑视道德，拒斥传统，不要规则，躲避崇高，变成了什么都行，从而走向相对主义，甚至走向虚无。信仰曾经使人类处于愚昧状态，但理性告诫我们必须有信仰。有无信仰、信仰什么，其结果根本不同。没有坚定的信仰，就不可能成就伟业。[②]

生活是一个统一的整体，社会也应当从系统的角度去理解。现代社会的发展以及随之而产生越来越深入的专业化分工，使人越来越成为社会机器中一部分，迫使他只能发挥其潜能当中很小的一部分。人应当是全面发展的，人也确实有全面发展的可能与潜力，但是现实社会却使之成为不可能。心灵需要时间来安顿，但是劳动的永不停歇，却使心灵片刻得不到安顿。行政管理是社会系统的一部分，社会的结构性变动以及由于社会结构本身的变动而引发的人们精神价值的变化不可能不影响到行政管理。

韦伯认为现代社会的标志之一是伴随着社会的理性化进程而建立的理性行政。但问题在于，传统行政是如何演变为现代行政的？传统世袭官僚制是如何演进为现代理性官僚制的？在建立在领主庄园经济基础上的中世纪欧洲，中央集权式官僚制无法建立起来。只是到了中世纪末期，适应从封建社会向资本主义社会过渡的历史要求，统一的中央集权民族国家逐渐形成，官僚政治也正是在这一时期逐渐发展起来，并最终走向理性官僚制。所以王亚南认为，就欧洲社会的历史演进来看，官僚制是“由封建制到资本制的历史过渡阶段的必然产物”[③]。我们在这里要关注的是这种官僚制是如何形成的，同时作为一种历史

① 杭之：《一苇集》，北京：生活·读书·新知三联书店1991年版，第9页。
② 高兆明：《现代化进程中的伦理秩序研究》，北京：人民出版社2007年版，第180页。
③ 王亚南：《中国官僚政治研究》，北京：中国社会科学出版社1981年版，第26页。

过渡产物，它又是如何演变为理性官僚制的。

从12世纪开始，欧洲开始了其中央集权化历程，在这当中，现代理性行政的因素出现并迅速发展，从而使传统官僚制转变为现代理性官僚制成为可能。随着统一的民族国家的逐渐形成，社会公共事务的增加，欧洲各领主国开始了其集权化历程。各王国的国王或君主通过在自己身边安排一些受过专门训练的人员，协助自己处理社会和国家公共事务，从一开始只是作为一种习惯到逐渐固定化，设立了专门的行政机构，标志着理性化行政进程的开始。在当时的英国，增加了“永久性的、专业的和中央集权的政府权力和职能，由此改造了英格兰和诺曼底公共行政管理制度”①。这当中负责税收和财政管理的财政署、负责司法的高等法院和指导与协调其他部门工作的文秘署的先后建立及初步分工，意味着政府职能专门化的开始。其中最为重要的当然是文秘署。由于它“集职业的专门技能与对政府事务的总体指导和协调于一体”，“通过一群专家职员的活动而发挥作用”②，维持和发展了日常的行政活动，因而在现代国家的发展中起到了至关重要的作用。但这种秘书机构不是国王即王权的全部。其实质在于它把对国家和社会公共事务的管理变成一种与国王个人相分离的独立的活动，“并因此使政府事务也从那些与国王本人联系最密切的某些王室事务、其中特别是军事和外交事务中分离出来”③。文秘署的建立对于正在形成中的民族国家来说至关重要，它具备足够的专业知识管理各类特殊部门，负责公共行政管理和政府事务。它意味着对社会和国家公共事务的管理从纯粹国王的家政事务和私人事务中解放出来，由相对独立的机构负责，

① 〔美〕哈罗德·伯尔曼：《法律与革命——西方法律传统的形成》，贺卫方等译，北京：中国大百科全书出版社1993年版，第535页。

② 〔美〕哈罗德·伯尔曼：《法律与革命——西方法律传统的形成》，贺卫方等译，北京：中国大百科全书出版社1993年版，第536页。

③ 〔美〕哈罗德·伯尔曼：《法律与革命——西方法律传统的形成》，贺卫方等译，北京：中国大百科全书出版社1993年版，第537页。

意味着公域和私域的相对分离。正因为文秘署所具有的专业技术优势，使得当时英国的政府治理模式成为欧洲各公国纷纷仿效的样板，以至于“到13世纪几乎每个欧洲的政府都有一个有效能的文秘署”[①]。

但在韦伯看来，政府职能的分工以及官员的专业化还不能看作理性化行政的确立。因为面对社会的日益专业化以及由专业化的官员所控制的行政机构拥有越来越大的权力和日益离心化倾向，越来越陷入外行境地的王公们为避免边缘化，为把国家最高权力控制在自己手中，联合创立了合议的最高行政机构，这种合议机构可以是内阁，也可以称为其他名称，它由王公的亲信以及各部门领导组成，在王公的亲自主持下开会，从而确保王公对最高领导权的控制。这才标志着国家的理性化的初步实现。[②]欧洲的传统官僚制是适应从封建社会向资本主义社会过渡的历史性要求，适应民族国家形成过程中对中央集权制的需要而出现的一种过渡性形式，同时因为其内部所包含的理性化因素，决定其能够演变为适应工业社会的理性官僚制形式。

19世纪后半期，在三股力量的共同作用下，行政管理终于从政治中独立出来，科学化行政成为公共行政发展的主要目标，效率成为行政的主导价值，并且在公共行政的科学化追求中达到极致。首先，政治与行政二分的思想使行政科学化成为可能。其次，科学管理理论的兴起为行政的科学化提供了理论基础。最后，韦伯的理性官僚制则为行政的理性化、科学化找到最适合的组织形式。这样，当行政管理终于寻找到自己的独立身份时，就在科学的名义下，把自己塑造成一个完全按照工具理性标准要求的学科，它按照自然科学的要求把对科学化、精确化的追求推到极致。

---

① 〔美〕哈罗德·伯尔曼：《法律与革命——西方法律传统的形成》，贺卫方等译，北京：中国大百科全书出版社1993年版，第538页。

② 〔德〕马克斯·韦伯：《经济与社会》下卷，林荣远译，第748页。

行政管理被当作是一个事务性领域，这意味着它可以被当作工艺流程一样分解为不同部分，因而有规可循。行政管理知识是可以通过培训来加以掌握的。[①]在韦伯看来，建立在权限法定、等级制、专业培训、职能分工和非人格化基础上的现代理性官僚制具有的技术上的优越性，使其成为一种被广泛采用的社会组织形式。这样，政治与行政的二分使公共行政的科学化成为可能，科学管理理论则为公共行政的科学化提供了坚实的理论基础，而韦伯的理性官僚制则使科学化的行政管理找到了最为适合的组织形式，三者的结合，使公共行政的科学化成为一股潮流。既然行政管理是一个技术性领域，追求行政的客观性、科学化、理性化也就成为压倒一切的要求，这样，在科学化的口号下，效率成为行政的主导价值，并且在行政理论和实践中被发挥到极致。这样，我们看到，在工具理性已经取得绝对优势的社会中，行政管理也无法置身事外，行政管理不能不受到工具理性的影响，不能不经历工具理性化。根据我们的分析框架，行政管理应当是价值性与技术性的统一，而当行政管理按照工具理性的要求建构起来时，其行动逻辑必然是按照工具理性所追求的效率标准来衡量，而当行政管理如此来行动时，也就意味着工业社会所建构起来的行政管理的价值是以扭曲的形式出现的，如果说效率还能被认为是公共行政的价值的话。

三、后工业社会：行政价值的重新发现

尽管理性官僚制具有技术和效率上的优势，但在实践中暴露出了许多问题。首先，官僚制带来了人和生产工具的分离。其次，官僚制实践中的手段目的化。韦伯之所以推崇官僚制，是因为官僚制所追求的目标是精确性和效率。如同工厂中的工艺有一定规范一样，

① 彭和平等编译：《国外公共行政理论精选》，第33—36页。

行政也需要纪律，以保证行政目标的实现。行政纪律只具有工具性意义。但是对纪律的强调，使官僚制行政的目标发生了逆转。对纪律的强调逐渐变成了行政目标本身，纪律从一种工具性价值变成一种目的性价值。人们不再把遵守纪律看作旨在实现具体目标的一种途径，而是逐渐把它当作一种“官僚在组织中生活的直接价值”。手段目的化带来的直接后果是行政的僵化、形式主义。再次，官僚与公众之间的冲突。官僚制的一个显著特点是非人格化，它要求行政管理者在处理社会公共事务过程中严格按照固定程序办事，不掺杂个人情感和偏好，不因人而异，中规中矩。从另一方面来说，公众希望自己在面对政府官员时能受到人性化对待，个人的正当利益和要求能得到尊重。而官僚制从本质上说是不尊重“人”的，它只见“物”不见“人”，从而造成官僚与公众之间的冲突。最后，官僚制所追求的客观化、形式化的合理性背后隐含着对人的否定。人是社会的最高价值，既是社会发展的动力，也是社会发展的目的。行政管理存在的合法性就在于维护和实现人的价值，人的尊严与人的权利。但是韦伯式官僚制的科学化、技术化设计却从根本上否定人的价值，它把人当作一种工具。

行政管理的科学化追求在实践中遭遇种种困境，促使行政理论界进行反思。20世纪六七十年代兴起的新公共行政就是对行政科学化反思的产物。新公共行政的领军人物弗雷德里克森认为古典公共行政关注的是效率与经济，即如何才能利用可利用的资源提供更多的或更好的服务（效率）？怎样才能够花费更少的资金保持服务水平（经济）？新公共行政则增加了这样一个问题：这种服务是否增强了社会公平？[①]新公共行政把社会公平作为公共行政的核心价值，并赋予它以丰富的内涵。正如弗雷德里克森所言：“社会公平强调政府提供服务的公平

① 彭和平等编译：《国外公共行政理论精选》，第300页。

性；社会公平强调公共管理者在决策和组织推行过程中的责任与义务；社会公平强调公共行政管理的变革；社会公平强调对公众要求作出积极的回应而不是以追求行政自身需要满足为目的的；社会公平还强调在公共行政的教学与研究中更注重与其他学科的交叉以实现对解决相关问题的期待。……总之，倡导公共行政的社会公平是要推动政治权力以及经济基础福利转向社会中那些缺乏政治、经济资源支持，处于劣势境地的人们。”[①]

如果说新公共行政对公平、正义等价值的重视还只是理论呼吁的话，那么，随后兴起的新公共管理运动，更多地从操作层面上把行政价值变成一种生动的实践。新公共管理运动方兴未艾，并且在世界范围内引发了一场声势浩大的行政管理改革运动。美国行政学家彼得斯总结了世界上各主要国家所进行的行政改革的四种模式，即市场式政府、参与式政府、弹性化政府和解制型政府。[②]虽然西方各个国家行政管理改革的模式不尽相同，但它们在改革中还是体现出一些共同点来。

作为一场声势浩大的运动，新公共管理改变了传统管理模式下政府与社会之间的关系，政府不再是高高在上、封闭性的“自我服务”的官僚机构，而是具有“企业家精神”的政府。强调公共管理主体的多元性，政府并不是社会公共产品与服务的唯一提供者，除了一些纯粹的公共产品必须而且只能由政府提供外，其他公共产品与公共服务应当引入市场机制，由非政府组织、企业甚至个人来提供，打破了公共服务提供方面政府是单一的垄断者的局面。通过在公共服务当中引入竞争机制，促使政府不断提高公共服务水平。新公共管理更加重视行政活动的产出和结果，强调对预算的总量控制，节约成本，提高服

---

① H. George Frederickson, *New Public Administration*, Alabama: The University of Alabama Press, 1980, pp. 6-7.

② 参见〔美〕B. 彼得斯：《政府未来的治理模式》，吴爱明、夏宏图译，北京：中国人民大学出版社 2001 年版。

务效率，进而保证行政活动的结果更经济。此外，新公共管理重新看待行政与政治之间的关系。传统公共行政强调行政与政治之间的分离，强调行政人员保持政治中立。新公共管理则正视行政所具有的浓厚的政治色彩，强调行政与政治之间的相互渗透，主张让行政官员参与政策制定过程，并且承担相应的责任，以保持其政治敏感性。只有这样，才能提高行政人员的自觉性，激发他们的主动精神，增强他们对社会公共利益的责任感，从而更有效地解决社会问题。

新公共服务则直指新公共管理的矛盾。它认为新公共管理在政府管理中引入市场竞争，呼唤官员的"企业家精神"，实质上放弃了政府自身的公共性品质，把政府等同于企业，把政府官员等同于企业家，从而在事实上回避了政府自身的职责。而且，就新公共管理的实际效果来看，它并没有完全达到预期目标。新公共管理的本意是通过公共服务主体的多元化来解决传统行政模式的低效率。在降低成本、提高政府效率方面虽然取得了一定效果，但市场化改革的核心在于在事实上承认政府是一个不折不扣的"经济人"，从而放弃了政府的职责。当新公共管理致力于政府效率的提高，以为这就是其心目中的公平时，却在不知不觉中伤及公平正义。因而新公共服务旗帜鲜明地提出公共管理的本质就在于服务，不能把服务对象当成顾客，而是要把他们当作公民，且需要在公民的民主参与中实现政府治理水平与服务水平的提高。

行政管理以公共性为其本质规定，这决定了行政管理不可能是一种纯粹的技术性活动，行政管理离不开价值规定性。我们走向后工业社会的趋向越来越明显，后工业社会服务关系日益占据社会的核心地位，使得公共行政的价值性越来越凸显。可是，如果按照科学标准来思考价值问题，我们会发现，价值不可能像自然科学那样获得确定性的知识，尽管人们一直以来试图按照自然科学的形象来塑造价值。所以，在杜威看来，像善、恶等问题是与人的情感冲动等联系在一起的，它们往往是变幻不定的，因而无法获得那种普遍的确定的知识，不可能像数学和逻辑那样以其确定性而容易为人们把握。[①] 但是，正如我们所看到的那样，后工业社会的发育以及社会结构的展开，恰恰需要我们打破工业社会所建构起来的思维方式，需要我们从公共行政本身所担负的责任与使命，即从公共性这一本质规定中去重新理解其价值，去理解行政价值何以是公共行政本身所具有的。因为，当后工业社会越来越凸显出人的重要性时，当人的生活本身的价值上升到前所未有的高度时，当公共行政把更多的精力和时间都投注于人本身时，当公共行政所面临的社会结构服务性特征越来越明显时，也就意味着公共行政必须在差异性中去理解其所服务的对象。当公共行政越来越呈现出开放的特点时，其价值也就在社会本身所呈现出来的服务关系中得到诠释。

总之，从人类文明的历史演进来看，公共行政的价值是一个客观存在，行政的价值就包蕴在行政本身当中，而不是外在的强加，也不是人为的赋予。行政价值的凸显是一个逐渐被发现的过程。只不过，长期以来，行政的价值要么无法明确体现出来，要么被其他价值所取代，从而扭曲了行政本身的价值性。只是到了后工业社会，由于社会结构及社会关系的根本变化，公共行政的价值才逐渐凸显出来。这也就意味着对行政价值的理解需要在后工业社会涌现出来的社会关系中来思考，因而，行政价值也就内在地存在于行政关系当中，存在于行政关系所处的社会结构当中。

第三节　公共行政的价值

如前所述，行政价值的存在是毋庸置疑的。现在的问题是，如何

---

① 〔美〕约翰·杜威：《确定性的寻求》，傅统先译，第49页。

理解效率？效率能否作为公共行政的价值目标？如果能的话，效率是公共行政的唯一价值，还是只是价值中的一种？如果是后一种情况，那么效率在整个行政价值体系中处于何种位置？如何理解效率与其他价值之间的关系？

一、效率具有工具性价值

效率最初是自然科学中使用的一个概念，主要指所产出的能量或功与所投入的能量或功的比值。后来，效率被应用到社会科学领域，成为社会科学中广泛使用的一个术语。从19世纪开始，管理学家开始重视对管理效率问题的研究。科学管理的始祖泰勒把效率运用到企业管理当中，探讨如何用最少的成本，生产出最多最好的产品。后来，泰勒又把效率概念应用到行政管理当中，提出人员、时间、经费是决定行政效率的主要因素。为了提高行政效率，必须明确规定组织的规章制度、工作标准等，这对改进管理和提高工作效率起到了积极的推动作用。

效率是政治与行政二分以及官僚制基础上必然的价值选择。行政管理是一个事务性领域，即涉及对公共政策的执行，其目标是如何有效地执行政策，这种技术性工作所追求的价值必然是效率。而韦伯所推崇的建立在形式理性基础上的现代官僚制因其“准确、速度、知识、连续性、灵活、统一、严格的服从、磨擦少、物力和人力成本低”[①]，即效率而具有技术上的优势，成为行政组织最理想的组织形式。因此，在马克斯·韦伯看来，现代官僚制必然的价值选择只能是效率。当行政管理被认为是对政治命令的不折不扣的执行时，其逻辑推论只能是如何更快更有效地去执行命令。因而，效率也就成为公共行政的至高无上的要求。这也就是说，当公共行政以效率来规定善时，更迅速地完成任务就获得了善的规定性。效率成为公共行政的最高价

① 〔美〕文森特·奥斯特罗姆：《美国公共行政的思想危机》，毛寿龙译，第37—38页。

值尺度。

但是，我们非常清楚，现代社会中，公共行政的作用从根本上是为了促进自由、民主、正义等人们所共享的基本价值。因此，公共行政所追求的基本价值不是一个，而是多个，如秩序、安全、效率、正义等，效率仅是公共行政所追求的基本价值之一。行政从本质上说属于社会公器，它要向全体社会成员提供公共产品和公共服务，它所作出的决定与制定的公共政策和全体社会成员休戚相关。这一公共性本质规定了行政管理必须保证公共产品和公共服务始终面向全体社会成员，而非只为某一特殊群体或利益集团服务的工具。正是行政的这一特质决定了效率仅具有工具性价值，即只有在确保所提供的公共产品和公共服务是公平、正义的前提下，效率才有意义。正是在这个意义上，古利克虽然认为效率是公共行政的最高原则，但由于政治与行政的不可分性，决定了效率还必须受到进一步的限制。他指出，“公共行政和政治都是政治科学的分支，因此，我们最终被迫根据政治价值尺度和社会秩序调节纯粹效率概念”①。西蒙也说过，效率的应用应有严格的前提限制，“如果不考虑政府机构活动可能产生的经济效应，便无法把效率准则应用于政府机构的决策”②。对公共行政来说，效率与正义不是同一层次上的概念，正义具有价值上的优先性。效率作为行政价值具有其存在的合理性，问题在于传统公共行政走向极端，把效率当作行政价值的核心，甚至是行政的唯一价值。这种效率至上的价值观具有片面性，在实践中也会产生巨大危害。

如前所述，行政效率仅是一种工具性价值，它必须受到进一步的规定。就行政效率来说，可以进一步区分为功能性效率和价值性效率，但不管是功能性效率还是价值性效率，对于公共行政来说，都只

---

① 〔美〕文森特·奥斯特罗姆：《美国公共行政的思想危机》，毛寿龙译，第152页。

② 〔美〕赫伯特·西蒙：《管理行为》，杨砾等译，第169页。

具有工具性价值。价值性效率只有在满足人的社会需求、提升人自身这一终极价值目的上才是合理的，也就是说，它始终受到人这一最高价值目标的规定，否则，我们就可能遇到经济虽然发展，然而问题越来越多的困境。同样，功能性效率是指行政部门内部的工作效率，即如何向全体社会成员提供更多更好的优质高效的公共产品和公共服务。换言之，这一效率指向行政自身之善。这一意义上的效率同样也受到更高更基本价值之规定，即它服从于向全体社会成员提供公共产品和公共服务的公平正义这一目的性价值，只有在这个意义上，才能对效率作合理的理解。离开这一前提约束，效率就可能变得任意妄为，凌驾于其他目的性价值之上，手段目的化，而忽视了其他更根本的价值。

把效率作为行政的价值核心甚至是唯一价值，隐含着一种风险，即效率可以摆脱其他目的性价值而独立存在，甚至使目的性价值从属于效率这一工具性价值。单纯讲效率，可能会忽视行政的公共性本质，忽视行政作为社会公器而存在的特点，比如，要求政府提供公共产品和公共服务的平等性，对弱势群体的扶助。在行政实践中，效率至上的直接后果就是单纯追求经济增长，以经济总量的多少论英雄，把政府存在的合法性建立在经济增长上。效率虽然可以带来经济增长，但经济增长并不是人们所追求的全部，物质需要并不能取代人们所追求的其他基本价值。

而且，把效率作为公共行政的核心价值在行政实践中会产生另一种危害，即行政官员为追求政绩而千方百计地制造政绩，比如时下众多的形象工程、官场上出现的数字游戏以及为制造政绩而造成的政绩债等，这些均是片面追求效率造成的恶果。

二、正义：公共行政的目的性价值

行政管理的本质就在于公共性。这种公共性意味着行政管理在本质上异于私人部门管理，它更多地体现“公共”的特性。“公共性是公共行政的根本性质，它决定着政府的目标和行政行为的取向。所以，公共行政需要在维护公共利益、提高公共服务品质、鼓励行政人员的创新意识和加强行政人员的责任感之中来表现公共性。”① 无论我们如何理解行政管理，公共性都是其基本规定性。这也就是说，从社会正常运行、维系社会秩序的角度来看，行政管理存在的必要性就在于维护这种公共性。从这个意义上来说，公共性构成公共行政的基本要求。正如哈贝马斯所说：“不仅国家机关，而且一切在政治公共领域中具有公开影响的机构，都要求具有公共性……这些组织本身的自身内部结构以及它们彼此之间的互动和它们与国家之间的互动都是建立在公共性的基础上的。”②

公共行政的公共性不是取决于国家权力机关的自我辩护，也不是取决于法律的明文规定，而是来源于社会历史发展所呈现出来的客观性。这也就意味着行政管理的公共性是一个逐渐生成的过程。“在政府的统治功能和管理功能此消彼长的过程中，政府的公共性开始产生和成长。”“在政府公共部门化的过程中，才出现了公共性问题。政府的公共性是政府作为公共部门构成部分的根据，政府所拥有的公共性是否充分，也就是政府作为公共部门的纯洁性的标准。不过，我们也应看到，虽然公共性是在客观的历史进程中历史地生成的，但是，它同时又是可以选择和能够获得的。政府可以通过提高公共产品的供给能力和水平来提升自身的公共性程度。”③

公共性并不是公共行政的公开声言，也不是政府机关的自我辩护，公共行政的公共性以公共利益为内容。这也就是说，公共性是公共行

---

① 张康之：《公共行政的行动主义》，第 92 页。

② 〔德〕哈贝马斯：《公共领域的结构转型》，曹卫东等译，上海：学林出版社 1999 年版，第 244 页。

③ 张康之：《公共行政的行动主义》，第 113 页。

政的形式要求，而公共利益则是公共行政的实质规定。公共性意味着行政管理有着不同于私人管理的需要维护的公共利益，这种公共利益赋予行政管理善的规定性。在黑格尔那里，对国家与政府、国家与行政的区别还没有那么明显，这可能是因为当时社会对这方面的需求并不是非常急迫。但在黑格尔晦涩的语言中却包含着对国家是公共利益维护者的肯定。在黑格尔那里，国家被看作是一个伦理实体，而国家之所以是伦理实体，就在于它代表着普遍利益。但这并不意味着国家有自己的特殊利益，或者说国家可以以自己的名义形成普遍利益。按照黑格尔的说法，国家作为一个普遍物存在，就在于作为国家成员的个人在其中可以实现自己的特殊目的。从这个意义上说，国家所代表的普遍利益并不是绝对“把自己规定为单一性的那种普遍性。在这种普遍性中一切特殊性和规定性都被抛弃了”[①]。

国家“承认普遍物作为它们自己的实体性精神，并把普遍物作为它们的最终目的而进行活动”。但是，这并不是说，国家可以以自己的名义把自己规定为普遍利益或公共利益的代表。在黑格尔那里，普遍利益又是以公民的特殊性为规定。黑格尔认为，“现代国家的本质在于，普遍物是同特殊性的完全自由和私人福利相结合的”[②]。这也就是说，在黑格尔那里，国家之所以拥有普遍性，并不是其自身先天拥有公共性，而是在实现社会成员福利的过程中获得公共性。因而，黑格尔所说的作为整体性的国家之所以拥有公共性，并不是完全对特殊性的排斥，而是以特殊性为规定的普遍性、公共性。正是在这个意义上，我们一再说明，作为国家一部分的政府之所以拥有公共性，原因就在于它承担着为全体公民谋幸福这一使命。虽然黑格尔的语言过于晦涩，虽然他是用普遍利益来论证国家的公共性的，但我们还是要看到其论

---

① 〔德〕黑格尔：《法哲学原理》，范扬、张企泰译，第 294—295 页。
② 〔德〕黑格尔：《法哲学原理》，范扬、张企泰译，第 200、201 页。

证背后所表达的现代社会中公共行政存在的合理性。公共利益是存在于不同社会集团、不同利益群体之间的普遍利益，是超越于任何个人、集体、社会集团和社会阶层的[①]，对公共利益的追求，构成公共行政的目标，由此，公共行政的公共性也就获得了实质性内容。

从行政的本质——公共性来看，正义是其根本目的。行政作为社会公器而存在，公共性是其本质特征，公共性规定了行政是为全体社会成员服务的，也决定了其向社会成员提供公共产品和公共服务的公平性。我们看到，公共行政的公共性是被赋予的，是行政管理在社会中所处的地位决定了其应当承担这种公共性，因而，公共行政的公共性是有待展开的过程。麦迪逊曾说过："正义是政府的目的"，"正义过去一直被追求，将来也会被追求直到正义实现为止，或者说直到在追求正义过程中丧失自由为止"[②]。按照美国当代著名伦理学家罗尔斯"正义即公平"的观点，公共性规定了行政管理必须把正义作为其最高价值。进一步说，正义包含形式正义与实质正义两个层面。就形式正义来说，工业社会建立在市场经济的基础上，市场经济的前提预设是自利的个人在市场上通过自由竞争来实现个人利益最大化。但市场的有序运行还必须有其前提，即有外部力量的保证，这种力量只能是政府。换句话说，市场中的秩序并不是靠自生自发的演化而得来的，哈耶克虽然极力反对一种组织化的秩序，主张社会秩序的自然演进，但这并不能否认政府在稳定社会秩序中的巨大作用。就市场经济自身来说，市场秩序的获得，即对市场主体资格的确认、市场规则的有效执行、对市场上的违规者的及时惩罚、市场的监管等等，都是市场自身无法实现的，必须借助于政府的力量。换句话说，由政府确保市场主体在市场竞争中形式上的平等就是行政正义的最基本的要求。当然，

---

① 张康之：《公共行政的行动主义》，第 133 页。

② *The Federalist Papers*, Beijing: China Social Sciences Publishing House, 1999，p. 324.

形式正义不仅仅局限于市场竞争的平等，平等的基本自由权利是属于所有社会成员的，这是罗尔斯所说的正义第一原则。

但人们对政府的期望不止于形式正义。一方面，人们期望政府提供公共产品与公共服务的平等性；另一方面，人们又期望政府对自己的具体情境予以关注，即根据权利义务的对等性，提出实质正义的要求，不仅是普遍抽象法则的无差别适用，人们更希望自己能受到与之相当的人的同等对待。这样就从形式正义进入到实质正义的层面。罗尔斯的正义第二原则虽然着重于政治正义，但在公共行政领域仍然是适用的。可以以罗尔斯的正义原则为标准判断政府行为是否合理正当。即一方面政府的政策是否面向全体社会成员，是否有利于全体社会成员；另一方面，如果政府政策和决定对社会成员存在不平等对待，这种不平等是否是最有利于社会最弱群体的利益最大化。

公共行政追求秩序、安全、效率、正义等基本价值。公共行政所追求的基本价值不是一个，而是多个。这些基本价值对于公共行政而言，都有其存在的合理性，但它们之间在某一特定的历史时期会存在一定的紧张，即某一价值处于主导地位，从而可能损害其他基本价值。但这并不意味着其他基本价值没有存在的意义。从时间的维度，即时间的延续性来说，这些基本价值对于公共行政都是可欲的，行政因为公共善而存在或者说行政必须按照公共利益而行动，行政之目的是为了促进和最大化自由、平等、民主、正义等基本价值。在这些价值序列中，正义是核心，是目的性价值。正义是行政价值序列中的灵魂，它统摄其他价值。正如在柏拉图那里，正义是智慧、节制、勇敢、正义四种美德中的主德，并且在某种程度上涵括其他三种美德在内一样，对公共行政来说，在某种程度上，正义也把秩序、安全与效率包含在内。

秩序是公共行政的最基本要求。按照社会契约论的观点，人们之所以从自然状态中走出来，组成社会，建立国家，其最根本的目的就是为了维护一定的社会秩序。马克思主义经典作家也以自己的方式谈到了公共行政的这一最基本功能。“国家是表示：这个社会陷入了不可解决的自我矛盾，分裂为不可调和的对立面而又无力摆脱这些对立面。而为了使这些对立面，这些经济利益互相冲突的阶级，不致在无谓的斗争中把自己和社会消灭，就需要有一种表面上驾于社会之上的力量，这种力量应当缓和冲突，把冲突保持在‘秩序’的范围以内；这种从社会中产生但又自居于社会之上并且日益同社会脱离的力量，就是国家。”[①] 尽管经典作家是从国家是阶级矛盾陷入不可调和状态的产物，国家在本质上是阶级统治的工具看问题，但我们仍然可以看出国家的首要职能就是为了把阶级冲突限制在一定的范围之内，即维持一定的社会秩序，从而不至于使社会在冲突中毁灭。工业社会普遍以市场经济为基础，但市场本身需要一定的秩序，这种秩序只能由政府来提供。因此在资本主义发展初期，人们所希望的政府是一种“守夜人”式的政府，其基本职能在于为人们展开自由竞争提供最基本的秩序。这种秩序就是正义。虽然人们一再论及法律秩序的自生自发演进，但“徒法不足以自行”，没有公共权力的强力支持，法律只是一纸空文。市场尽管可以产生一种自然秩序，但如果没有公共权力的维护与支持，这种秩序也难以持久。霍布斯、斯密、休谟、洛克等近代启蒙思想家都从不同侧面表达过这一思想。正是在这个意义上，人们才宁愿要一个有秩序而无自由的政府，而不愿意生活于有自由无秩序的社会中。

但正义的含义又不局限于此。秩序只是一种最初级形式的正义。按照美国心理学家马斯洛的需要层次理论，人有对安全的需要，这种安全首先是对个人人身安全的需要。在自然状态下，人们自由平等，虽然有自然法的约束，但由于在自然状态中每个人都是自然法的执行者和监督者，每个人都可以根据自己对自然法的理解来进行裁决，由于每个人都享有同样的权利，每个人对每个人都处于战争状态，这样恰恰是不安全

① 《马克思恩格斯选集》第 4 卷，北京：人民出版社 1972 年版，第 166 页。

的。为了避免出现这种情况，人们把自己的一部分权利转让出来，交给一个共同认可的权威来行使，这就是国家，所以休谟才会说政府的产生是为了人们的财产与安全。当然，现代社会中人们要求政府所提供的安全不仅仅局限于人身安全，它还包括社会安全、国家安全。显然，社会安全与国家安全构成人身安全的前提与基础。同样，对政府行政来说，效率也只有在正义的规定下才有意义，必须在公平、正义的前提下，要求政府为全体社会成员提供优质高效的服务，要求政府以最少的资源耗费提供最大可能的公共服务。从以上分析我们可以看出，正义具有包容性，一方面它涵括了秩序、安全、效率等价值，另一方面，秩序、安全、效率也只有在正义的规约下才有意义。

我们在这里对正义、秩序、安全、效率等基本价值所列出的类似于罗尔斯说的词典式次序并不意味着这几种价值的先后次序绝对不变。比如在面临突发性公共卫生事件时，或者面临突发性的公共安全事件时，对人身安全和秩序的要求就上升为公共行政的主导性价值，这时政府如果不能及时提供应对方案，不能有效地保护公民的人身安全，就是最大的失职，就是不义。正如里普森所说："为了自由，有时候会牺牲生命；为了平等，自由可能会被减少；公共的安全可能会剥夺个人的权利。在人类历史的某一个阶段，人们为了私人的进取而努力，在另一个时候，则为了公共福利而搏斗。有时，他们重视自由不被国家侵犯，有时又要求国家保护他们的安全。"①但这种非常态情况及政府在非常态下所做出的应对并不代表对秩序、安全、效率以及正义之间所存在的先后次序的否定，不是也不能否认正义在这些价值序列中所具有的核心地位。如果社会无法提供一个公平正义的"背景性框架"，而是以秩序、安全为借口，不断干预人们的基本自由权利，那么即使

---

① 〔美〕莱斯利·里普森：《政治学的重大问题》，刘晓等译，北京：华夏出版社 2001 年版，第 17 页。

它带来了某种秩序和安全，这种秩序与安全也是不稳固的、不持久的，一种近乎任性的权力意志会使人们的基本权利享有处于不断恶化的状态，直至社会丧失秩序与安全。

这样，我们看到，公共行政所追求的基本价值不是一个，而是多个。同时，这些基本价值是按照一定的价值序列排列的，即它们之间具有一种类似于罗尔斯所说的词典式次序。总之，从公共行政的本质要求来看，正义是公共行政的目的性价值，在公共行政的基本价值当中具有统摄性。它是其他价值的核心，又内在地包含着其他价值。

三、上升的螺旋：后工业社会中的行政精神

后工业社会的行政精神是一种超理性的行政精神，它是科学精神与价值精神的高度统一。这也就是说，作为一种全新的精神类型，超理性的行政精神是在否定工业社会法的精神基础上产生的。这并不意味着对法治精神的彻底抛弃，而是说，后工业社会的行政精神是在继承法的精神基础上的超越，它继承了法治精神中的合理内核，并赋予这种行政精神以新的内涵。后工业社会的行政精神是科学精神与价值精神的统一，在这种统一中，如果说科学精神是工业社会法的精神的直接体现的话，那么价值精神则体现出公共行政价值性的一面。但这并不是说，科学与价值二者可以等量齐观，如果说在二者之间有所侧重的话，那么价值性的一面将在公共行政的运转中处于优先地位。正如张康之教授所说，“公共管理决不排斥科学，更不排斥技术，科学与技术始终都是有用的社会治理手段，而且，公共管理会更加重视对科学技术新成就的应用，但是，需要指出的是，公共管理将把科学化、技术化的努力置于伦理原则实现的前提之下”[①]。

① 张康之：《论伦理精神》，南京：江苏人民出版社 2010 年版，第 33 页。

如果要对后工业社会这种新的行政精神类型的特质做进一步提炼的话，那就是张康之教授所提出的伦理精神。这种伦理精神体现了我们所说的行政精神的两面，即科学精神与价值精神。换句话说，价值精神并不排斥科学精神，我们不能在两极对立、非此即彼中思考两者的关系，以为只要讲价值精神或伦理精神，那就必然意味着与科学精神相对立，其实这是对作为实践理性的行政精神的简单化理解。在张康之教授看来，“当人类向后工业社会迈进的时候，出现了生活伦理与治理伦理相统一的趋势，伦理精神将成为后工业社会中的‘普照之光’，照亮社会生活以及社会治理的一切领域”①。基于对后工业社会的新理解，张康之教授热情呼唤后工业社会需要伦理精神。如果说工业社会是一个不断分化的社会，那么后工业社会将是一个各领域重新走向融合的社会，是一个总体性的社会。原来分属于社会生活各领域的规范将重新走向统一。“在生活的领域中，伦理规范是显性的规范；在生产以及一切组织化的活动中，科学规范是较为显性化的规范；在社会治理活动中，法治规范则是最为显性化的规范。后工业社会将使生活、生产和治理统一起来，因而，这三种规范也将实现统一，都会贯穿着伦理精神。”②

这种伦理精神将同样体现在公共治理活动中。“公共管理中的伦理精神将会成为一种普遍精神，在整个公共管理学的学科体系建构中，都需要贯穿伦理精神和得到伦理精神的指导，这就像近代社会成长起来的一切科学都需要贯穿着法的精神一样。就公共管理是一种服务型的社会治理模式而言，它的制度、程序和行为体系都必然是伦理精神的实现；就公共管理是对传统的科学管理模式的扬弃来看，它将处处体现着伦理价值。”③后工业社会中的行政管理是对工业社会管理行政

---

① 张康之：《论伦理精神》，南京：江苏人民出版社 2010 年版，第 3 页。
② 张康之：《论伦理精神》，南京：江苏人民出版社 2010 年版，第 3 页。
③ 张康之：《论伦理精神》，南京：江苏人民出版社 2010 年版，第 14 页。

的扬弃，是对工业社会占主导地位的法治精神的扬弃。作为一种正在生长着的新的社会类型，后工业社会占主导地位的行政模式是服务行政，服务行政内在地要求把伦理精神贯穿始终。这种伦理精神的生长，对行政管理来说，意味着进行新的行政制度、行政行为的建构，当然，这种建构是建立在伦理精神的基础之上的，或者说是按照伦理精神的要求而建构的。

我们接下来的问题是，在后工业社会背景下，行政精神价值性的一面与技术性的一面如何发挥其作用？换句话说，在一个相对稳定的社会治理体系中，这二者如何对社会产生作用？其内部的作用机理如何？我们说在公共治理中价值精神对科学精神具有优先性，但这种优先性如何具体发挥作用？

多元社会中的价值也是多元的。从总体上来说，多种合理而又基本的价值之间不存在如同罗尔斯所说的优先次序。这也就是说，这些不同价值都有其存在的合理性。而多种价值如何清楚地进行表达，却是后工业社会迫切需要解决的问题。我们可以设想在后工业社会中存在着类似于罗尔斯所说的“公共讲坛”，不同价值立场的人或群体，假设他们具有足够的理性能力、表达能力以及道德能力，在这样一个公共讲坛中就各自的价值立场进行表达，尽管这些价值具有多样性，但是他们通过商谈总可以找到基本共识，进而可以对某个特定时间阶段所追求的价值达成共识。这样，在后工业社会的不同阶段，价值总是可以得到清晰表达，不同价值也总会被排序，进而在特定时间内何种价值具有优先性也可以得到确定，尽管我们一再说明从总体上来讲，不同价值之间不存在一种词典式的优先次序。

价值选择的前提是多元价值被清晰地表达出来，然后才有选择的可能，因为选择是在多元价值之间进行的选择，因而，当社会只给定了一种价值时，是不可能有所谓价值选择问题的。对于行政价值选择来说，也同样如此。如前所述，行政价值的依据需要在行政体系之外去寻找，确切地说，要在作为类的人及其合作化形态——社会当中去寻求。行政管理离不开它所赖以存在的社会环境，甚至它自身也是整个社会巨系统中的一个重要组成部分。因而，行政体系既是一个事实性、客观性存在，同时又是一个价值性存在，是“事实”与“价值”、“是”与“应当”的统一。这是因为，一方面，行政体系确实是一个现实性存在，不管什么时代，社会作为自组织系统，总需要专门的组织来承担对社会进行协调、指挥与组织的职能，这种功能自然地、历史地落在作为管理者的政府组织身上，因而，行政体系是一个事实性存在；另一方面，如同作为存在者的人是一种欠缺性存在一样，作为组织的行政体系也是一种欠缺性存在。换言之，行政体系在面对社会要求时，总是表现出某种滞后性，这意味着社会发展总是日新月异的，总会产生出许多新的事物与现象，而这些现象与事物也总是会以这样或那样的方式表达出对行政体系的某种价值期望来，这种价值期望会以直接或间接的方式传递到行政体系当中来。这也就是说，行政体系同时又是一种价值性存在，在其身上总是承载着作为类的人及其组织化存在形态——社会的某种价值期望。这就意味着最核心的问题是作为类的人及社会对行政体系的价值期望如何有效而又准确地表达出来，并且能够非常顺畅地传递到行政体系当中，这可能是我们需要加以关注的。正如沃尔多所说，公共行政在某些核心及程序方面显然会受到社会力量及社会发展的显著影响，比如反贫困、种族平等以及城市问题等问题的凸显就表现出社会对行政管理的公正价值的要求。①

当作为与行政相对的社会表达出其所关切的价值时，这种价值不是一种，而是几种。社会的多元性意味着当社会各群体表达其价值关切时，其价值期望不尽相同，因而当这些不同的价值关切直接或间接

---

① Dwight Waldo, *Supplement: Developments in Public Administration*, Annals of the American Academy of Political and Social Science, Vol. 404, 1972.

地传递到行政体系当中时，就会有行政价值选择的问题。所谓行政价值选择，“是行政主体根据一定的价值观念对行政体制、行政组织、行政关系和行政行为等加以确立和改造的行政实践活动”[①]。如前所述，在一个多元社会中，社会的要求是多种多样的，也会以各种方式直接或间接地向行政体系传递自身的这种要求，因而在行政实践活动中，“行政客体的客观要求总是表现为某种价值期望，而这种价值期望经过行政主体的加工和提炼之后，以价值观念的形式存在，并指导着行政主体的行政实践”[②]。这种多样的、复杂的社会利益要求，显然是分散的价值要求，在传递给行政体系之后，要经过行政体系的加工与提炼，把这些分散的、不系统的、无机的社会要求，凝结成系统的、有机的价值要求，这种加工提炼的过程显然是行政体系的自觉行为，是行政体系的自觉选择过程。

当社会清晰地表达出其价值要求，当这种多元的价值要求为行政体系所接受，并经过行政体系的加工与提炼，凝结为行政体系自觉的价值追求后，对行政体系来说，重要的问题就在于如何实现已经选定的行政价值。也就是说，在特定时期内，行政体系所要实现的价值选定之后，接下来的问题就在于，行政体系如何以及通过何种方式去实现这种价值。在这里激情让位于冷静的判断。正如沃尔多所说，对政府来说，仅有善是不够的，让“好人”进入到公共职位中同样也是不够的。问题的关键在于如何使政府行政经济且有效率。这时价值就应让位于理性，通过经济而又有效率的方式实现行政本身所设定的价值就成为行政管理的当务之急。这意味着行政流程的完善、行政工艺水平的改进与提升，行政机构的调整与整合、行政职能的转变乃至于对行政人员的培训等无不是服务于行政价值的实现。而对政

① 张康之：《公共行政中的哲学与伦理》，第19页。

② 张康之：《公共行政中的哲学与伦理》，第22页。

府行政的经济、效率的要求又把行政理论与实践导向对行政管理中科学原则的发现与应用，在这里应有的态度是做到像物理科学或数学那样的冷静分析。[①]这也就是韦伯所说的“激情、责任感和恰如其分的判断力”。

但是对行政组织与行政人员来说，仅仅有激情与责任感显然是不够的，甚至在某种程度上，价值确定之后的激情对于行政人员来说是致命的错误。对行政人员来说，更为重要的是一种“恰如其分的判断力”，这种冷静的判断力就是“他能够在现实作用于自己的时候，保持内心的沉着冷静”，即不为激情所左右，在他所面对的事物面前，保持一种距离感，正是这种距离感，才能使他对事情的实存状态做出恰如其分的判断，才能在事物的现实与事物所要达到的未来状态之间做出准确的评价，然后才能采取切实可行的措施。[②]因而对行政体系来说，当特定时期的价值要求确定下来之后，在对行政体系的现状做出冷静的分析与评估之后，为着要实现这种已经确定的价值，行政体系要通过相应的组织设置来保证价值目标的实现，这就要通过设立相应的行政机构或者进行机构改革。无论是新的行政机构的设立还是对已有行政机构进行改革，需要贯彻的恰恰都是一种科学精神，一种客观精神。正如沃尔多所考察的，美国历史上卫生、教育与社会福利部、经济机会办公室、住房与城市发展部等联邦政府部门的设立，既是美国行政体系对当时社会对公平、平等等价值期望的有力回应，也是通过相应的机构设立来使这种价值追求落到实处的体现。[③]

我们这里所说的仅仅是行政管理科学性与价值性运动的一个片断。如果把这一片断拉长，在行政管理的运动过程中来考察的话，我们会

---

① Dwight Waldo, *The Study of Public Administration*, New York: Random House, 1967, p.41.

② 〔德〕马克斯·韦伯：《学术与政治》，冯克利译，北京：生活·读书·新知三联书店 2005 年版，第 100—101 页。

③ Dwight Waldo, *Supplement: Developments in Public Administration*, Annals of the American Academy of Political and Social Science, Vol. 404, 1972.

发现，科学与价值的运动呈现出一种螺旋式上升的过程，是一个价值表达一技术化完善一新的价值表达一进一步技术化完善螺旋式上升、循环往复的过程。这样看来，正如我们在前面所说，行政精神的两个方面会交替对行政实践、行政活动产生作用、发挥影响。行政精神作为以往行政实践活动经验教训的积累，当它成为一种独立的力量后，就反过来对行政实践活动产生反作用。这种反作用并不是它的某一个方面单独发挥作用，而是价值精神与科学精神相互影响，同时作用于行政活动，从而推动行政活动的持续进行。

第五章
后工业社会的行政精神

工业社会按照理性精神建构起来的一整套制度，其核心是防恶原则，也就是说无论如何进行制度的建构与完善，按照理性精神所建构起来的制度最终都是排斥伦理道德作为行政管理的构成性因素的。而后工业社会服务关系的逐渐生长，将最终颠覆工业社会所建构起来的制度体系。后工业社会服务关系的主导性地位，意味着必须从这种关系出发来重新建构起与之相应的制度体系，而这一制度体系的核心就在于如何唤醒原来处于休眠状态的公共管理者的道德能力。

第一节　后工业社会的来临

尽管人们还在为后工业社会的概念争执不已，但后工业社会却已在不知不觉中来到人们中间。与发育相对完善的工业社会相比，后工业社会才刚刚开始自己的行程。工业社会本身以市场主体的存在为其获得进步的无穷动力，后工业社会并没有消灭这一事实。相反，后工业社会继承了工业社会的多元性这一事实，并且在某种程度上使多元性特征表现得更为明显。更为关键的是，后工业社会同时是一个风险社会，也是一个服务性关系占主导地位的社会。服务关系的主导性地位构成服务行政的逻辑起点，也是唤醒公共管理者德性的内在要求。

一、多元社会

后工业社会是多元社会。作为对工业社会的超越，后工业社会的多元性特点并没有发生根本性改变，毋宁说多元性特征表现得更为明显。多元首先意味着多元利益主体的存在。现代社会建立在市场经济的基础上，后工业社会并没有从根本上排除市场经济。相反，它承认市场机制的基础性作用。而只要承认市场的基础性作用，也就无法否认市场经济条件下利益追求是人们行为的原动力。在市场经济中，每一个商品生产者乃至每一个社会成员，都是一个相对独立的利益主体，没有什么能够像市场经济那样造就出如此普遍的利益主体及其主体意识。在这里，每个利益主体以简捷明快的方式追求属于自己的利益。正是由于市场经济创造出无数个利益主体，它本身就是多元的。

多元不仅仅是利益主体的多元，也不能仅局限于在市场经济当中来理解。多元应当放在市民社会中理解。在希尔斯看来，多元社会至少有两层含义：其一，它意味着经济、宗教、文化、知识活动、政治活动等领域的自主性。尽管这些领域彼此界限可能不会那么明显，但它们却是自主的；其二，它还意味着在每一领域内存在着多重部分自主的社团和机构，经济领域包括许多行业和工商业公司，宗教领域包括许多教会与教派，知识领域有许多大学、独立的媒介，此外还有许多自主性的社团等。[①] 所以，多元社会并非简单指具有多种利益群体的社会，而是指利益群体之间相互平等包容、社会结构开放、价值评价体系多样性的社会。任何社会都存在多个利益集团，但并非所有社会都可以称为多元社会。“一个社会只有在经过充分分化基础之上，不同社会群众彼此间获得平等身份、相互包容，才有可能是多元社会。”[②]

多元不是杂多，多元是合理多元。“排他性多元是以多元面貌出现的杂多，一切均处于偶然性的支配之下，漂泊孤离，因而是形式的多

① 邓正来、〔英〕亚历山大编：《国家与市民社会》，北京：中央编译出版社 2002 年版，第 38—39 页。

② 高兆明：《制度公正论》，上海：上海文艺出版社 2001 年版，第 285 页。

元而不是真实的多元。真实的多元以自由为其内在规定，在非排他性的独立自主活动中，整个社会表现出一种生动有序性。真实多元即为合理多元。在合理多元社会中，每一种存在都有其存在的理由，每一种存在都将其他存在真诚地视作与自己一样拥有平等的自由权利的存在，因而，都承认、尊重乃至维护其他存在的正当权利。……所以，合理多元社会是一个有限规定的无限样式社会。”[①] 合理多元意味着多个主体以承认某些基本共识为基础，或者至少承认某些社会底线，在这个意义上，合理多元表明社会的多元性是以承认某些基本共识为基础，这些基本共识构成人们行动的“背景性框架”。

多元利益主体及其基础上的多元社会意味着多种生活方式的存在。多元是非排他性的，意味着每一种生活方式都有自身存在的合理性，这意味着每一种生活方式都是合理的、善的、可欲的。当然，这里有一个底线，即每一种生活方式以不损害、伤害其他生活方式为前提，意味着多种生活方式之间至少是相互平等的，它们之间没有优劣之分。正是在这个意义上，我们不妨把罗尔斯所说的多种学说之间的互竞看作是后工业社会的一个既定特征。在罗尔斯看来，理性多元意味着“在现代民主社会里发现的合乎理性的完备性宗教学说、哲学学说和道德学说的多样性，不是一种可以很快消失的纯历史状态，它是民主社会公共文化的一个永久特征”[②]。罗尔斯这里是从工业社会的理性多元出发，来为其政治正义作论证，即在拥有多种互竞而又无法获得社会全体成员共同认肯的完备性学说的社会当中，政治正义何以可能。多元社会是一个价值评价体系非唯一性的社会。在这个意义上，我们不妨把罗尔斯所说的多种完备性学说看作是工业社会多种生活方式的理论总结，即每一种完备性学说，都包含着人们对一种生活方式的理

---

① 高兆明：《制度公正论》，第290—291页。

② 〔美〕罗尔斯：《政治自由主义》，万俊人译，南京：译林出版社2000年版，第37页。

解，甚至包含着人们对生活意义的理解，在这里不能通过管制要求人们保持一致性。所以罗尔斯才说："这些学说是公民们所认肯的，也是政治自由主义必须予以关注的。它们不仅仅是自我利益和阶级利益的结果，或者仅仅是民族从一种有限立场来看待政治世界的可以理解的倾向。相反，它们部分是自由制度框架内自由实践理性作用的结果。"[①]价值多样性是一个现代社会里具有理性的人生活经验长期累积的结果。而一个民主社会存在的多种互相冲突且无公度性而又都具有合理性的完备性学说不过是社会生活本身多元性的反映，是不同价值体系的抽象化、理论化表达。

现代社会"既不是一个圣徒的社会，也不是一个以自我为中心的社会。它在很大程度上只是我们日常人类世界的一部分，直到我们在没有它的情况下发现我们自己之前，它都不是一个我们所以为的极富美德的世界。然则，在任何时候、任何情况下，作为提出或认可公平合作项目并随后按照这些公平合作项目而行动的道德能力之基础的道德力量，又都是一种根本性的社会美德"[②]。罗尔斯的这一思想中包含双重重要内容：一方面，它揭示了现代社会"既不是一个圣徒的社会，也不是一个以自我为中心的社会"，而是以每一个社会成员的平等基本权利为基础的政治正义社会。政治正义的社会是权利—义务统一的社会，它"确定了社会合作的利益和负担的适当分配"，这种安排作为行为或行动的背景性框架，为人们的行为选择提供了一个确定性规范，"当规范使各种对社会生活利益的冲突要求之间有一恰当的平衡时，这些制度就是正义的"[③]。另一方面，政治正义的社会制度又以社会成员的道德能力为基础，没有这

① 〔美〕罗尔斯：《政治自由主义》，万俊人译，第37—38页。

② 〔美〕罗尔斯：《政治自由主义》，万俊人译，第56页。

③ 〔美〕罗尔斯：《正义论》，何怀宏等译，北京：中国社会科学出版社1988年版，第5页。

些“根本性的社会美德”，政治正义的社会制度是不可想象的。而社会成员的这种道德能力离开了政治正义的制度及其日常生活，亦是不可想象的。

后工业社会的多元性同样也在公共管理关系当中体现出来。也就是说多样化的社会价值要求都会通过这样或那样的方式反映到公共管理过程当中。这样公共管理就会面临着相互冲突而又都具有合理性的价值要求，这些不同价值之间是无公度性的，但同时又都有存在的合理性。对公共管理来说，不存在对某一种价值的偏好，不存在价值之间的优劣之分。但问题在于，在某一特定时间阶段内，政府只能实现或满足一种价值，这就面临着抉择的风险，而这种抉择的过程同时也是一个充满矛盾与冲突的过程。“纳税人希望民选官员抠紧办公机构的预算（经济），同时他们也期望公共管理者使他们缴纳的税起到最大的作用（效率）。政府服务的消费者期望他们的需求得到满足（计划效能），其他利益相关者则希望国家的政策在制定和实施时能考虑他们的利益（对事负责）。民选官员和普通大众期望公务员用合法的、道德的、负责的方式执行他们的职责（对人负责）。所有同政府打交道的人都希望受到公平的对待（平等以及正当的程序）。”[①] 正是在多种合理的然而又不可能同时实现的价值之间进行选择的矛盾才令人回味无穷，让人体会到其中的道德与高尚。选择一种价值可能需要暂时牺牲另一种价值，为何选择这种价值而不选择另一种价值，往往会面对社会的质疑，公众的不理解，甚至媒体的诘难，这时的选择往往需要道德勇气。

道德价值原则是抽象的，日常生活是具体的。作为一种生活态度与行为指南，道德价值原则只告诉人们在特定场景下应采取的基本行为立场、态度与方向，而不会告诉人们究竟应当如何具体应对。究竟

① 〔美〕乔纳森·汤普金斯：《公共管理学说史》，夏镇平译，第2页。

应当选择何种应对方式有赖于人们对具体情境的真切把握。将生活的道德原则应用于具体场景，这是一种生活智慧与能力。对公共管理来说，在公共生活中面临多种价值选择的困境时，道德价值只能给予一种原则的指导，至于具体行为选择，则有赖于个人对具体情境的真切把握与恰当处理的智慧能力。比如，为了保护环境，必须关闭污染严重的企业，或者禁止对自然资源的掠夺式开采，然而，这又意味着在短期内会减少大量就业机会，甚至意味着在短期内当地相当一部分民众会面临着基本生存问题。显然，这类在多种价值之间的抉择，就不是简单的是与否、二者择其一的问题，而必须出于高度的社会道德责任感与正义感，对多种价值进行权衡，从而选择出一个损害最小而收益最大的方案来。

二、服务性社会

后工业社会是服务关系占主导地位的社会。根据对美国社会中各产业所占比重的分析，丹尼尔·贝尔预言一个新的社会类型即将或者正在到来，这就是后工业社会。在贝尔看来，后工业社会是服务业占主导地位的社会，是知识和技术的重要性日益凸显的社会。服务古已有之。农业社会也有大量人口从事服务，但这种服务只是为少数个人，主要是为统治者服务。工业社会的服务主要是为生产提供辅助性劳动，服务仍然处于从属地位。只有到了后工业社会，服务才发生了根本性变化，它不再是为少数人服务，也不再处于从属地位，服务关系第一次占据社会主导地位，成为社会的主导性关系，成为标识人与人之间主要属性的核心关系。服务关系之所以能成为社会的主导性关系，根本原因就在于，后工业社会中个人基本权利从整体上得到基本实现后，个体所主要面对的是平等的自由权利，这种自由权利是实质性的自由权利，是为了满足个人自我实现的需要。

但我们要清醒地看到，迄今为止关于后工业社会的认识还主要是从经济意义上理解的。“在经济学家们的眼中，是由于20世纪50年代开始的新技术革命和信息革命，把人类带入了‘后工业社会’或者‘信息社会’。在这个阶段中，社会的主导性资源已经转变为知识、信息和技术，主导性产业是信息产业和服务业。信息产业减少了产品和劳务中的物质消耗并提高了其中的智能和信息比重，使经济表现为‘信息经济’。在人类的物质生活需要得到满足的基础上，人们追求的不再主要是物质享受，而是精神享受，是旅游娱乐服务、文化艺术、保健、教育等，从而促进了‘服务产业’的发展，表现出‘服务经济’的特征。社会生产开始从耐用消费品转移到丰富和提高居民的生活质量，社会的主导部门在某种程度上表现为‘生活质量部门’，即服务部门和环境保护部门，整个社会的重心也由满足人的物质产品需要而转向更高级的需要，即精神文化生活的需要。”①显然，仅仅从经济意义上来理解，无法充分把握后工业社会的丰富内涵。作为一种全新的社会类型，后工业社会包含着比经济更为丰富的内容。

正如笔者在后面要论及的那样，后工业社会生活政治的出现，从另外一个侧面呼应了全新社会类型来临这一历史发展趋势，即在人们的基本自由权利得到保证之后，在解放政治所赋予的历史任务已经基本完成之后，生活政治的发生及其发展，意味着人们的多样化需求日益增长，这已经不是解放政治所能容纳的了。在这个意义上，社会的结构关系包括行政管理都要进行重构，这种重构的核心就在于如何满足人们的多样化需求，如何在满足人们多样化需求的过程中提供差异化服务。在这个建构过程中，政府及其管理的重要性不是降低了，而是增强了，不是政府没有用了，而是政府必须适应这种新的要求，转变自身的作用方式。政府必须从管理走向服务，在服务当中体现和实

① 张康之:《论伦理精神》，南京：江苏人民出版社2010年版，第37—38页。

现自己的价值，获得自己存在的理由。

在贝尔看来，农业社会主要面对的是人与自然界的竞争，人们对世界的认识是以对季节、土壤性质和水量等自然因素的依赖为条件的。生活的节奏也是由这样的条件所决定的。也就是说，劳动节奏随季节和风雨的变化而变化。这是因为，农业社会生产力还比较低，人们应对自然的能力还比较低下，面对变幻无常的自然界，农业社会的人们常常感受到自然界的威力难以琢磨，无法控制。因而农业社会的生活方式以及生活条件更多地取决于自然环境，用马克思的话说，这时的人们还不得不匍匐于自然界的淫威之下。工业社会主要面对的是人与人工自然的关系，它以人与机器之间的关系为中心，利用能源把自然环境转变为技术化的环境。也就是说，这是一个已经技术化与合理化的世界，"这是一个协调行动的世界，人、原料和市场为商品的生产和分配而密切配合。这是一个有日程、有规划的社会，商品的各部分都按确切的时间和确切的比例装配起来，以加速商品流通。这是一个有组织的世界——等级森严的官僚科层体制的世界——人被作为'物'来对待，因为协调物比协调人比较容易"①。这是一个标准化的世界，是一个追求确定性的世界，是一个整齐划一的世界，它服从的是技术的标准，生活是按照经济学的要求而建构起来的。

后工业社会主要面对的是人与人之间的关系。在这样一个服务关系占主导地位的社会里，人们主要面对的是人与人之间的竞争。而人与人之间进行竞争的最有力的武器就是信息和知识，谁获得信息，谁就在竞争中占据有利地位。而后工业社会的技术，尤其是以互联网为基础的现代通信技术为人们获取信息提供了极大的方便。后工业社会中人们对知识的重视超过以往，原因就在于只有用专门化知识才能为

---

① 〔美〕丹尼尔·贝尔：《后工业社会的来临》，高铦等译，第142页。

他人提供多样化服务，也才能获得他人的承认。正是在这个意义上，贝尔认为，“如果工业社会的定义是根据作为生活标准标志的商品数量来确定的话，后工业社会的定义则根据服务和舒适——保健、教育、娱乐和文艺——所计量的生活质量的标准来确定的”①。应当看到，丹尼尔·贝尔对后工业社会的主要关系、主要问题的把握是非常准确的，尽管后工业社会刚刚开始，还没有发展出成熟的形态，但是它已经向我们展示出其大致的轮廓来。这也就是说，后工业社会主要面对的是人与人之间的关系，是人与人之间的服务关系，而如何提供服务，就主要不再是协调、管治的问题，而是合作的问题。在服务关系占据整个社会主导地位的情况下，政府就必须通过向社会提供基本公共服务来获得自己存在的理由。正因为如此，贝尔一再强调，“后工业社会越来越成为一个公众社会，在这里，公共机制而不是市场成了产品的分配者，公共选择而不是个人的需求成了服务的决定者”，后工业社会“把清新的空气、干净的用水和群众运输工具变成了公共问题，并且增加了社会规章和社会控制的必要性。对较高教育和较好保健条件的要求必然极大地扩大政府作为基金提供者和标准确定者的作用。人们对舒适环境的需要，对较高生活质量的要求，使政府进入了环境、娱乐和文化的领域”②。

后工业社会中社会关系的根本变化，意味着管理行政及其治理体系远远不能适应这一全新的社会要求，这就迫切需要政府及公共管理关系进行相应的重构。这也就是说，政府不再是管制型政府，不再是封闭式的，也不能仅仅以管理获得自己存在的理由。政府必须在人与人的服务需求满足中寻找自己的生长点，并进而思考自身与社会的关系，政府内部构成及各部门间的相互关系。但是从根本

① 〔美〕丹尼尔·贝尔：《后工业社会的来临》，高铦等译，第143页。
② 〔美〕丹尼尔·贝尔：《后工业社会的来临》，高铦等译，第179页。

上来说，政府是从服务中获得自己存在的理由，并通过服务实现自己的价值与使命。在一个生活已经日常化的世界中，在一个激情已经归于平静的社会中，在一个理性而又合理的社会中，如果不赋予政府过多的道德内涵及使命的话，政府存在的理由就只能在于如何为社会提供服务，如何在差异化服务当中实现自身的价值。

后工业社会的服务性特质，并不意味着后工业社会本身是确定性的，换言之，我们不能根据工业社会对确定性的要求来构想后工业社会，甚至也不能用工具理性的思维去把握后工业社会的特征，尽管在面向未来的社会构想中，人们还存在着这样的思维惯性，即企图用原有的思维方式去诠释一种全新的事物。对后工业社会的构想也同样如此。正如鲍曼所理解的那样，晚期现代性社会是一种流动的现代性，这种流动性意味着风险社会的到来。

三、风险社会

后工业社会还是风险社会。风险意味着一种不确定性。这种不确定性不同于那种令人恐惧的、可能给人的生活和前景带来巨大破坏的灾难。如果说人们在灾难面前还可以通过团结、集体的力量来共同应对的话，那么，后工业社会中的风险则意味着人们无法应对，至少无法彻底根除，因为风险已经成为后工业社会的构成性特征。没有人能够准确预料社会风险在什么地方、什么时间以什么样的方式发生。正如鲍曼所说："最为可怕的灾难，现在在任意地发动袭击，在用一个怪异的逻辑，或是根本没有任何可见的逻辑，来选择它的牺牲品，变幻莫测地实施它们的打击，因此没有办法可以预见谁遭受这一厄运，而谁又能从中侥幸逃脱。"[①] 在这样一个充满风险的社会中，暂时性成为一

---

① 〔英〕齐格蒙特·鲍曼：《流动的现代性》，欧阳景根译，上海：上海三联书店 2002 年版，第 231 页。

种标识性特征。“资产马上就可能变成负债，金光闪闪的奖品也可能会变成耻辱的象征。时尚以惊人的速度到来，却又以同样惊人的速度变成过时落伍的东西，所有我们追求的事物，在我们还没有来得及完全消受它们之前，就已经变得陈旧落后，令人不快甚至是大倒胃口、可恶至极。”①

后工业社会中的风险既是现实的，又是非现实的。说它是现实的，是因为有很多危险和破坏确实已经发生。生活在后工业社会中的人们都或多或少地经历或者体验到这种困境，生活中的无力、无望、不可靠性、不稳定性、不确切性和不安全性等，就是对现代人这种生存窘况的确切描述。说它是非现实的，是因为风险是人们基于知识的累积与理性的反思性而对未来的预期。风险在这个意义上始终是一种可能，以至于人们甚至怀疑风险的存在。②但是，这种基于知识的累积性所产生的风险一旦发生，其后果是无法预期的，也是人们无法控制的。在这个意义上，风险始终是一种可能，它只不过是人们基于理性反思对未来生活的一种批判意识，是作为一种思维性存在而存在的。但是，风险却又是客观存在的，随时会变为现实。因而，后工业社会中的风险的核心是未来决定现在，“不明的和无法预料的后果成为历史和社会的主宰力量”③。“风险总是可能性，仅此而已，然而却又不排除任何事物。今天，当一种风险接近零时，我们可以以此赶走批评者，但由于误解了可能性论断，明天灾难发生后我们便只能为公众的愚昧而哀叹。风险具有无限可再生性，因为在多元社会里我们能够而且必须根据某些决策和观点对决策作出评价，而风险则随着这些决

---

① 〔英〕齐格蒙特·鲍曼：《流动的现代性》，欧阳景根译，第252页。

② 〔英〕安东尼·吉登斯：《失控的世界》，周红云译，南昌：江西人民出版社2001年版，第27页。

③ 〔德〕乌尔里希·贝克：《风险社会》，何博闻译，南京：译林出版社2004年版，第20页。

策和观点而自我繁衍。”[①]

后工业社会的这种不确定性源于社会自身，是后工业社会本身所带来的制度性危机。[②]用鲍曼的话来说它是现代性本身所带来的副产品。后现代社会是流动的，它没有过去，也没有将来，它只不过是陌生人之间的一次不期而遇。[③]时间和空间是社会历史的两个维度，但后工业社会，尤其是在高技术主宰下的后工业社会时间与空间相分离，对人类而言，它们失去了参照意义。“空间简直可以在‘须臾’之间穿越；‘远在天边’和‘近在眼前’之间已经没有差别。空间不再对行动和行动的绩效产生约束，空间已没有多大意义，或者说根本没有意义。”[④]时间的瞬时性意味着空间的贬值。“既然能在同一时间段内到达空间的所有部分，那么空间的任何部分就都不具有优越性，也就没有‘特殊的’价值。”[⑤]空间的不在场，意味着时间也失去了意义。“‘瞬时’意味着直接的、立即的‘当场’实现和完成——但是它的重要性也是在直接的、立即的枯竭和衰减。把起点和终点分隔开来的时间—空间正在一起缩减或者消失。”[⑥]时间的瞬时性意味着时间变成了一系列没有任何参照的、不间断的点。时间和空间本来是两个相互参证、相互确证的维度。时间以空间为确证，空间由时间来说明，但流动的现代性则使空间趋向于无，时间“吞没”了空间，时间也失去了存在的价值。这意味着由风险支配的后工业社会是一个没有承诺、捉摸不定、熟练地逃避和没有希望与追求的社会。

后工业社会的风险还源于现代与传统之间的持续紧张。现代总是

① 〔德〕乌尔里希·贝克等：《自反性现代化》，赵文书译，北京：商务印书馆 2001 年版，第 14 页。

② 〔德〕乌尔里希·贝克等：《自反性现代化》，赵文书译，第 12 页。

③ 〔英〕齐格蒙特·鲍曼：《流动的现代性》，欧阳景根译，第 148 页。

④ 〔英〕齐格蒙特·鲍曼：《流动的现代性》，欧阳景根译，第 184 页。

⑤ 〔英〕齐格蒙特·鲍曼：《流动的现代性》，欧阳景根译，第 185 页。

⑥ 〔英〕齐格蒙特·鲍曼：《流动的现代性》，欧阳景根译，第 186 页。

置身于传统的对立面。现代本身是在反传统过程中发展起来的。但是现代性在其发展行程中并没有消灭传统。人们在寻求解决各种困惑或者疑难问题时总是寄希望于既定的权威，或者是知识专家，或者是个人经验，或者走向了彼岸，从宗教中寻求确定性。科学就是现代性反传统过程中的产物，科学本身也成为一种传统。当人们因为理性累积性和反思性，而把科学也置于理性的审视之下时，风险也随之而生。风险社会中的风险并不是因为人们自己的无知。恰恰相反，它是因为人们企图以自己的知识累积对周遭环境进行干预而产生的。随着技术的进一步发展以及社会的构成性变化，我们生活的世界中出现了越来越多的不确定性。风险则是对这种不确定性的理性反思。反思意味着人们以一种审慎的态度来对待后工业社会中的社会风险。

后工业社会是面向未来的，它不取决于过去，这意味着后工业社会中所继承下来的现代性是一个永未完成的事件。现代性是“强迫性的、使人着迷的、连续不断的、永不停息的、永远没完没了的”①，这意味着我们在现代性的驱动下无法停止下来，发展在某种程度上成为我们的宿命。现代性是一个没有终点的旅程。这种特点源于人类自身。因为后工业社会是依靠人之需要的满足而获得自己前进的源源不竭的动力的。但是需要的满足是一个持续的过程，永远的满足是不可能的。当人的某种需要被满足后，又会产生新的需要，从而引起满足新需要的要求，如此循环往复，永无停息。这意味着满足永远是一件有待完成的任务。人们注定要在永无止境的行进中不断进行社会改造和自我改进。

---

① 〔英〕齐格蒙特·鲍曼：《流动的现代性》，欧阳景根译，第42页。

第二节 生活政治的出现

如果说工业社会对应的是解放政治的话，那么后工业社会对应的政治类型则是生活政治。生活政治并不是生活的政治的同义反复，而是意味着一种全新的政治类型。只有在人们的基本平等自由权利这一问题得到基本解决与保证，并以制度化的形式固定下来以后，才会出现生活政治的问题。生活政治是生活方式的政治，其核心在于正视人们的差异性。用罗尔斯的话说，人们的差异性构成了后工业社会的一项永久性特征，是一个客观存在的事实。而生活政治的根本问题就是在差异性的基础上，如何满足人们对实质性自由平等权利的要求。

一、解放政治的主题

所谓解放，意指把人从某种束缚中解脱出来，这种束缚可以是传统社会秩序，也可以是某种剥削与压迫，或者是社会中存在的某种不平等，乃至民族压迫等等，它们都可能成为解放政治的因缘。解放的目的是让个体能够在某种意义上拥有在其社会生活环境中自由和独立行动的能力。正是在此意义上，吉登斯把解放政治界定为“一种力图将个体和群体从其对生活机遇有不良影响的束缚中解放出来”[①]的政治，它包含两个要素：其一，力图打破过去的枷锁，对未来持一种改造的态度；其二，力图克服某些个人或群体支配另外一些个人或群体的非合法性统治。因而，解放政治所关心的是“摆脱压迫的自由，社会正义以及消除社会经济的不平等”[②]。

根据吉登斯的观点，解放政治至少包含两层含义：其一，就一般

① 〔英〕安东尼·吉登斯：《现代性与自我认同》，赵旭东等译，北京：生活·读书·新知三联书店1998年版，第247—248页。

② 〔英〕安东尼·吉登斯：《失控的世界》，周云红译，第115页。

意义而言，解放政治意味着从一种专制、束缚、奴役的状态下解脱出来，比如从封建主义政治到资本主义政治的这种历史性转变，就是一种把人们从奴役下解放出来的政治范式的根本性变革。正是在此意义上，马克思说："犹太人、基督徒、一切宗教信徒的政治解放，就是国家摆脱犹太教、基督教和一切宗教而得到解放。当国家从国教中解放出来，就是说，当国家作为一个国家，不再维护任何宗教，而去维护国家自身的时候，国家才按自己的规范，用合乎自己本质的方法，作为一个国家，从宗教中解放出来。可是政治上从宗教中解放出来并不是彻底的没有矛盾的解放，因为政治解放并不是彻底的没有矛盾的人类解放的方法。"[①] 人的解放首先是政治解放。政治解放意味着从传统政治形态向现代政治形态的转变，即政教分离，建立现代政治形式。其二，晚发民族国家从不独立、受剥削的状态走向独立、自由，为争取独立、自由而努力，也是一种解放政治。如果说前者更关注个体意义上的解放，那么后者首先关注的是民族国家的独立与解放。不论是哪一种形式，解放政治的基本特征都是从某种不自由、受束缚的状态下解脱出来，因而解放政治致力于建构一种宏大叙事，其目标指向了人的自由、平等、正义等基本价值。

解放政治的主要手段是革命。这种革命是全面的社会革命。用亨廷顿的话来说，革命就是"对一个社会据主导地位的价值观念和神话，以及其政治制度、社会结构、领导体系、政治活动和政策，进行一场急速的、根本性的、暴烈的国内变革"[②]。革命不同于政变，政变只涉及政府权力的更替，政府形式可能没有发生任何变化，而革命所包含的内容更为深刻、更为广泛。革命往往需要暴力，但革命并不仅仅涉及暴力。正是在这个意义上，阿伦特这样界定革命：

---

① 《马克思恩格斯全集》第3卷，第170页。
② 〔美〕塞缪尔·亨廷顿：《变化社会中的政治秩序》，王冠华等译，第220页。

“只有发生了新开端意义上的变迁，并且暴力被用来构建一种全然不同的政府形式，缔造一个全新的政治体，从压迫中解放以构建自由为起码目标，那才称得上是革命。”[①]革命意味着对抗、反抗，这也是革命最初的含义。英国的光荣革命、美国革命都是在革命的本源意义上来使用的，即对僭主破坏的正当政治秩序进行恢复。而法国大革命则开启了革命的另一层含义，即一种新社会秩序的建立。[②]革命不仅仅是破坏，革命还意味着建构。因而，一场全面的革命意味着“对现存政治制度的迅速而猛烈的摧毁，意味着动员新的集团投入政治，并意味着新的政治制度的创立”[③]。经典作家曾以热情的语调赞扬革命，马克思说革命是每一个孕育着新社会的旧社会的助产婆[④]，恩格斯说革命是“社会运动借以为自己开辟道路并摧毁僵化的垂死的政治形式的工具”[⑤]。

强权政治下的绝大多数人们处于某种被束缚、不自由的状态，解放政治就是为了把人们从被束缚、不自由的社会状态中解脱出来。“解放意味着自由，或者说各种各样的自由，包括摆脱武断地坚持传统的自由，摆脱武断的权力和物质剥夺的约束的自由。”[⑥]解放政治以摆脱奴役与束缚作为出发点，以革命作为手段，以追求平等自由的生活权利为目的，因而解放政治是一种“生活机会的政治”[⑦]。从这个意

① 〔美〕汉娜·阿伦特：《论革命》，陈周旺译，南京：凤凰出版传媒集团、译林出版社2007年版，第23页。

② 〔英〕戴维·米勒等主编：《布莱克维尔政治学百科全书》，北京：中国政法大学出版社2002年版，第707页。

③ 〔美〕塞缪尔·亨廷顿：《变化社会中的政治秩序》，王冠华等译，第222页。

④ 马克思这里所说的革命，在其原话中是“暴力”。具体可参见：《马克思恩格斯选集》第2卷，北京：人民出版社1995年版，第266页。

⑤ 《马克思恩格斯选集》第3卷，北京：人民出版社1995年版，第527页。

⑥ 〔英〕安东尼·吉登斯：《超越左与右：激进政治的未来》，李惠斌、杨雪冬译，北京：社会科学文献出版社2009年版，第11页。

⑦ 〔英〕安东尼·吉登斯：《超越左与右：激进政治的未来》，李惠斌、杨雪冬译，第11页。

义上说，解放政治的目标指向了社会上大多数人的基本自由权利。解放政治所追求的是人们获得参与政治生活的普遍、平等的自由权利，因而在政治上建立起民主政治制度，并通过制度化的方式把这种基本自由权利巩固下来。解放政治同时也意味着人们获得了自由生活的权利，尽管这种自由权利可能只是形式上的，人们在现实生活中可能会受到财产、等级、个人出身、文化程度和职业等条件的限制，但它毕竟是平等自由的权利。解放政治把政治限定在国家、阶级、制度、正义、权利等宏观政治问题上，因而它主要是通过革命的方式来建立善的政治制度与秩序。

近代中国人所做的一切抗争与努力都是为了实现民族的独立和国家富强，也就是说为了实现解放。近代中国历史舞台，哪一个政治组织和阶级能够领导中国人民实现民族独立与民族解放，哪一个政治组织和阶级也就自然获致民众的认肯。对于中国共产党来说，其创立以来所做的一切努力，一言以蔽之，是为了人的解放。当然这种解放首先是政治解放，即把旧中国从受人奴役、不自由的束缚状态中解脱出来。从这个意义上来说，解放是一个过程，是一个历史的实践过程。新中国的成立就是近代中国解放政治的最大成果。革命成功、新中国建立所激发出来的民族热情，成为建设新中国的强大思想动力。正如胡绳在《中国共产党的七十年》中所说："中华人民共和国的成立，标志着一百多年来殖民主义、帝国主义同封建统治者勾结起来奴役中国人民的历史和内外战频仍、国家四分五裂的历史从此结束。中国人民从此站起来，成为新国家、新社会的主人。人民企盼已久的独立、统一的新民主主义新中国，终于诞生了。在巨大胜利的鼓舞下，全国各族人民革命热情高涨。……广大工农劳动群众满怀翻身的喜悦。青年学生和知识分子欢欣鼓舞，大批参加革命工作。华侨青年和留学生纷纷回国。许多中间力量，包括从反动营垒中分化出来的力量，主动向人民靠拢。……中华大地上呈现出万象更新的局面。”[①] 中华人民共和国成立以后，我们所做的努力则是在政治解放的基础上实现人自身的解放，这是一个更为宏大、更为艰苦的过程。

二、生活政治的旨趣

如果说解放政治是生活机会的政治的话，那么，生活政治则是生活方式的政治，它是一种自我实现的政治。[②] 在高度现代性社会中，生活成为人之安身立命之基。这是因为，从总体上说，高度现代性社会的生活具有极大的不确定性，萨特说，人是被抛入自由当中，他实际上想说的是，人之生活的极端不确定性。虽然我们有生活选择的自由，但这种自由往往与痛苦相伴。“生活是由有风险的选择组成的，在得到一些机会的同时也失去了另外一些机会；每一次选择都带有不可挽回的不确定性；每一次选择的未知后果都有无法容忍的责任。人类个体无法排除未来的未被预见的可能性带来的持续恐惧，他们担忧个人能力的不足，担忧无法理解新近改善的、由变化莫测的未来所带来的生活公式。”[③] 这种不确定性更多的是人为的不确定性，它意味着我们生活中随时承担着无法预见的风险。“与全球变暖、臭氧层破坏、大规模污染或沙漠化等相联系的风险是人类活动的结果。与此并存的还有人为制造的各种其他风险，如大规模的战争，全球经济崩溃，全球人口过剩，或‘技术流行病’——因技术影响产生的疾病，如产生空气、水或食物污染的那些技术影响。”[④] 生活本身对生活于现代性社会之中的现代人具有决定性的影响，正因如此，生活方式的选择也就成为政治生

---

① 胡绳主编：《中国共产党的七十年》，北京：中共党史出版社 1991 年版，第 262—263 页。

② 〔英〕安东尼·吉登斯：《超越左与右：激进政治的未来》，李惠斌、杨雪冬译，第 11 页。

③ 〔英〕齐格蒙·鲍曼：《后现代性及其缺憾》，郇建立等译，上海：学林出版社 2002 年版，第 225 页。

④ 〔英〕安东尼·吉登斯：《超越左与右：激进政治的未来》，李惠斌、杨雪冬译，第 61 页。

活的重要组成部分。

生活政治，是在高度现代性社会场景下，“一种由反思而调动起来的政治”[①]，“是关于我们如何在一个一切都曾经是自然的（或传统的）而现在在某种意义上要被选择或决定的世界上生活的问题”，因而，生活政治是“认同政治、选择政治”[②]。生活政治的出现，无论是在个体层面还是在群体层面上均极大地改变了社会活动的方式方法，也对人之生活产生了极大的影响。正是在此意义上，生活政治是关于生活方式的政治。生活政治的目标是既要保持和尽可能实现解放政治的核心价值，又必须正视解放政治所产生的各种社会问题，寻求通过另一种方式来实现解放政治的基本价值，从而既能避免解放政治的严重意外后果，又能促进人类自由与自我实现的价值。[③]正是在这个意义上，生活政治以“我们如何生活”为出发点，以生活方式的选择为手段，以自我认同与自我实现作为解决问题的目的。所以生活政治关注的问题域相当广泛，它既重视正义、平等、自由等解放政治所珍视的核心价值所引发的宏观政治问题，也关注自然生态、性与身体、自我认同与自我实现等日常生活中的微观问题，这些问题都与我们如何过有德性的生活密切相关。[④]

吉登斯认为，“作为一套完全独特的问题和可能性的生活政治，只有在高度现代性稳固之后才会出现”[⑤]。吉登斯在这里所要表达的是，生活政治在一个稳定的宪政框架基础上才有可能出现。这也就是说，解放政治为生活政治提供了赖以存在的前提与基础，但有解放政治并不

---

① 〔英〕安东尼·吉登斯：《现代性与自我认同》，赵旭东等译，第251页。

② 〔英〕安东尼·吉登斯：《超越左与右：激进政治的未来》，李惠斌、杨雪冬译，第70页。

③ 〔英〕安东尼·吉登斯：《超越左与右：激进政治的未来》，李惠斌、杨雪冬译，第70—71页。

④ 胡颖峰：《吉登斯现代性思想研究》，北京：中央编译出版社2011年版，第129页。

⑤ 〔英〕安东尼·吉登斯：《现代性与自我认同》，赵旭东等译，第252页。

意味着生活政治必然出现。如前所述，解放政治所关注的是如何从剥削与压迫中解脱出来，而生活政治则关注个体自由如何实现。生活政治的出现并没有降低解放政治的重要性。在某种意义上，生活政治是解放政治的延续，因为，按照马克思的观点，人之解放是所有哲学的最高目标。生活政治则是更高意义上的解放。但是生活政治毕竟不同于解放政治，不能用解放政治的标准来衡量生活政治。生活政治说到底，是由生活决定的政治。①

如果说解放政治的手段是革命、是暴力的话，那么，在一个已经建立了稳定的宪政制度框架的社会中，生活政治的手段显然主要是和平、民主、合法的方式，即哈贝马斯所设想的协商民主。在高度现代性的社会背景下，因为社会中人为不确定性的增加，在已有的民主政治程序基础上，尽管许多问题不可能有简单答案，但通过一种协商民主机制，按照特定的决策评价标准，还是可以就这些问题达成基本共识的。“对话民主指的是这样一种情况：那里有发达的交往自主权，这种交往构成对话，并通过对话形成政策和行为。”② 通过协商机制来解决各种问题和存在的分歧，是生活政治的基本特点。这也就是说，在一个绝大多数民众的基本自由权利已经得到确认，且能得到基本保证的社会，生活政治同样指向绝大多数人们的基本自由权利，但这种基本自由权利已经是对形式上的自由权利的超越，是一种实质性的基本自由权利，因而它需要通过程序化的方式来保证这种实质性的基本权

---

① 吉登斯的原话是这样的：“作为一套完全独特的问题和可能性的生活政治，只有在高度现代性稳固之后才会出现。”另外，他说：“解放政治不会走向死路，因为生活政治会要求获得更多的整体政治议事日程；实际上，所有的生活政治问题也会出现解放政治的那种问题。”具体可参见〔英〕安东尼·吉登斯：《现代性与自我认同》，赵旭东等译，第252、267页。此外，吉登斯还说：“随着生活政治的到来，解放政治的问题的重要性没有削弱。相反，生活政治的问题逐渐成为了政治决定的新条件。……然而，关键的是，生活政治问题不能按解放政治的标准解决。”具体可参见〔英〕安东尼·吉登斯：《失控的世界》，周云红译，第115页。

② 〔英〕安东尼·吉登斯：《超越左与右：激进政治的未来》，李惠斌、杨雪冬译，第88页。

利能得到落实。关注普通民众的日常生活，可以说是让政治回归生活，回归其本来的面目。政治本源于生活，政治的目的就是为了让民众能够过上优良的生活。[①]

任何民族国家都要经历或者已经经历了从解放政治向生活政治的转变。从封建专制统治中解放出来，从殖民统治中解放出来，从剥削与压迫中解放出来，构成了解放政治的中心任务。如果说 20 世纪之前处于现代性历程中的那些民族国家已经实现了解放政治的使命或者正在为解放政治而努力，那么 21 世纪则是生活政治的世纪。因为绝大多数现代民族国家已经取得了民族的政治独立，这为其进一步发展奠定了坚实基础。

当代中国同样也面临生活政治问题，也面临着政治范式的根本性转变。解放是鸦片战争后中国人所要解决的最重大问题，这种解放当然首先是政治解放，即把中国从帝国主义与封建主义的半殖民统治与半封建统治的束缚中解放出来，即我们所熟悉的民族民主革命。因而解放也就构成了最重要的政治话语。中华人民共和国成立后，解放政治的话语依然延续，这主要是因为我们仍然延续着革命政党的思维，仍然从革命—解放的语境中来看待执政党在掌握国家政权并且在长期执政条件下所面临的问题，我们仍然从解放政治的思维出发去解决问题。正如吉登斯所说，生活政治虽然以解放政治为基础，并且在某种意义上是解放政治的延续，但生活政治毕竟不同于解放政治，因而我们不能用解放的逻辑来解决生活的问题。只有这样，我们才可以理解，为什么医疗保险改革、教育、网络、就业、农民工、居住环境等可以成为政治生活的议题，为什么经济可以成为最大的政治，能源问题可以成为政治家们角力的领域，水资源的分配可能演变为政治问题，所

---

① 〔古希腊〕亚里士多德：《政治学》，吴寿彭译，北京：商务印书馆 1965 年版，第 130、137 等页。

有这些都必须从解放政治向生活政治的历史转变中才能得到合理解释。

如果说解放政治是政治的生活，是由政治决定的生活，政治宰制生活，渗透到生活的方方面面，政治话语成为生活中的话语霸权，那么生活政治就是生活的政治，是由生活决定的政治，生活本身对政治产生决定性的影响，并成为政治生活的主题，这种生活当然是绝大多数人的生活。生活政治的兴起并不是要取代解放政治，也没有降低解放政治的重要性。相反，解放政治倡导的社会公正、平等、自由等基本价值的确立及实现能为生活政治关注的许多问题的解决创造条件。解放政治也只有与生活政治相联系，才能获得自己更大的存在空间。生活政治必须以解放政治为基础，需要解放政治所创造的基本条件，即一个稳定的制度架构下所创设的人们平等的基本自由权利。如果说解放政治所创设的是平等的基本自由权利，哪怕这种自由权利仅仅是形式上的、程序上的权利，那么，生活政治则更多地关注自由权利的平等，即在一个基本权利得到保证的现代社会中，个人和自由权利如何得到实质性实现。

生活政治的出现从一个方面说明社会类型的根本性变化，这种变化就在于在一个基本自由权利平等的社会体系下，在一个稳定的社会治理体系之下，人们的基本自由权利得到基本保证之后，社会生活的主题已经转向了平等的自由权利，这种平等的自由权利是建立在解放政治所奠定的基础之上的，这也是鲍曼一再解释生活政治图景下为什么还会有解放政治的影子的原因。换句话说，在后工业社会背景下，主要是从平等的自由权利这一诉求出发，来重新构建行政制度，使政府及行政制度能够更好地保证人们平等的自由权利的实现。

三、基于生活政治的行政精神再造

根据经典作家的意见，文化属于上层建筑，是由一定的经济基础决定的。也就是说，文化的性质是由文化所处的经济以及社会关系所决定，有什么样的经济与社会关系，也就有什么样的文化，如果一个社会的经济及社会关系发生根本性的变化，也就意味着原来的文化或迟或早为新的文化类型所取代，这种取代不是偶然的，而是必然的。从历史的维度来说，文化与其所处的社会关系及社会结构具有统一性。封建社会有其相应的文化形式，同样，资本主义社会也有与之相应的文化形式。在这个意义上，一定的文化形态反映了其赖以存在的社会基础，它不可能绝对独立。“基督教文化在将天堂和地狱的等级复制到社会的等级秩序和教会的等级秩序中时，表现出连续性，它在社会和审美表达中都寻求着拯救。现代早期，资产阶级文化和资产阶级社会结构用一种围绕着秩序和工作主题的独有的性格建构，溶聚成了一个独特的统一体。”①

这样看来，文化是由其赖以存在的社会结构所决定的。工业社会有工业社会的文化类型，后工业社会也有自己的文化形态。工业社会的社会化大生产以及在此基础上的社会分工与协作，要求的是整齐划一，要求的是普遍规则的统治。“在现代社会中，技术领域的轴心原则是功能理性，其调节模式是经济化。从本质上来说，经济化意味着效益、最低投入、最大回报、最大限度利用、最优选择和雇用和资源混合的相似判断标准。其对比是成本和收益，通常用财政术语表达出来。其轴心结构是官僚制度和等级制度，这些制度源于功能的专门化、部门化和协调合作的需求。其价值观只有一个衡量标准，即效用。其变化也只有一个原则，即不断更新产品或生产流程的能力，因为它们更为有效，也能以更低成本取得更大回报，这就是生产性原则。”②建立在工具理性基础上的生产性原则，其核心是社会化大生产，而不是手工业式的、作坊式的小生产，这种社会化大生产克服了手工业生产的

① 〔美〕丹尼尔·贝尔：《资本主义文化矛盾》，严蓓雯译，南京：江苏人民出版社 2012 年版，第 36 页。

② 〔美〕丹尼尔·贝尔：《资本主义文化矛盾》，严蓓雯译，第 9—10 页。

地域限制，在更大范围内把一切可以联接的生产要素联系起来，因而，它对一切附加在这些生产要素身上的特殊性、地域性因素视而不见，它只注重那些普遍的、共同的要素。适应这一根本要求，现代社会的变革，是通过文化、政治、经济等方面的全面转型而实现的。这就是通过文化上的理性主义、政治上的自由民主制度以及经济上的市场经济来完成社会的全面转型。当然，西方社会的这一历史转变并不是一蹴而就的。

从政治方面来说，正如吉登斯等人所指出的那样，解放政治意味着把人从各种束缚中解脱出来，而当人从各种束缚当中获得解放时，就必然需要把这种解放的成果巩固下来，否则，就会出现革命的反复，有时甚至是倒退。在这个意义上，西方社会资产阶级革命后普遍用法的形式把革命成果巩固下来，就不是偶然的，虽然它带上了西方社会的文化烙印。解放政治的核心就在于为人们提供平等生活的机会，它否认等级、门第、身份、特权等，而要打破这些禁忌，就必须冲破血缘、地缘等因素的阻碍和束缚，把人们所需要的平等生活机会用普遍有效的法则确立下来。从这个意义上来说，一方面，工业社会在其发展之初，所要应对的是人们所普遍面对的物质的匮乏状态，因而生产性原则是第一位的；另一方面，其政治上的表现就在于要打破传统社会的等级、身份的偏见。无论如何，我们看到，工业社会的根本要求决定了必须按照法的精神来确立自己的统治。

法的核心是理性，是人为自己立法。但我们非常清楚，工业社会所确立起来的理性精神只能是工具理性。这种理性以理性的算计为特征，以成本核算为形式，以效益为评价标准，一切都建立在功能协作的基础上，它把一切都工具化了，一切都是手段，都是为特定目标服务的。这也就是说，工业社会的工具理性把价值理性边缘化，使自己在整个社会占据主导地位，成为人们行为的至上准则。“我们受到了关于确定性的虚假承诺的诱惑，完全陶醉在现代科学的神奇的魅力之中，认为现代科学几乎可以代替一切已经消亡的东西。……我们最终获得的只是操作性的知识而不是智慧的知识，经典的科学思维方式从未在对事物本身、尤其是在对微妙现实事物本身的理解方面产生过兴趣。"①现代意义上的行政管理也是按照工具理性建构起来的，其管理过程也是根据法的精神来进行设置的。也就是说，现代社会的行政文化与行政精神典型地体现了法的精神。

作为一种现代精神，工具理性曾经发挥过非常进步的作用，但是在其演化过程中，它所具有的革命性、进步性却逐渐消失了。正如我们所熟悉的那样，韦伯时代的那种充满进取的现代精神是未来取向的，"人们把所有的注意力都集中到未来；为了今后的生计、为了子孙去挣钱、攒钱，去把世界改变得更加美好，甚至雄心勃勃地要建立'地球上的天堂'"②。这种新教伦理成为清教徒们的坚定信念，推动他们不辞辛劳，奔走于世界各地。他们这样做，并不是为了自己，也并不完全是为了后代，而更多的是出于一种神圣的使命，而正是这种未来取向的现代精神，推动了资本主义社会的迅速发展。

正如贝尔所观察到的，在高度发展的现代社会中，原来那种生机勃勃的资本主义精神已经丧失了。"在晚近现代精神中，与未来的肯定性关系似乎也消失了，只留下以关心当前的满足来掩盖的'自恋人格'。"③人本来是一个三维性存在。人居于当下，背靠过去，指向未来。但是在现代精神的形塑之下，现代人的处境陷入危机，他既没有过去，也没有未来，只有一连串居于当下的断续的点。而当人既没有过去也没有未来可以依靠时，他就蜕变为纯粹及时享乐的动物。也正是从这里，贝尔发现了资本主义文化的内在矛盾性，即社会结构与文

① 〔美〕大卫·格里芬编：《后现代精神》，王成兵译，北京：中央编译出版社 2005 年版，第 52 页。

② 〔美〕丹尼尔·贝尔：《资本主义文化矛盾》，严蓓雯译，第 10 页。

③ 〔美〕丹尼尔·贝尔：《资本主义文化矛盾》，严蓓雯译，第 10 页。

化系统之间存在着根本性的断裂，生产性原则和享乐主义之间的根本对峙。一方面，社会结构“受经济原则支配，这原则就是根据效益和功能理性，通过给物（包括将人看成物）制定秩序来确定如何组织生产”；另一方面，资本主义社会的文化则是“挥霍无度、不加选择的，受非理性的、反智性风气所主导”。也就是说，在典型的西方现代社会中，社会结构与其文化形态发生了尖锐冲突。[①] 贝尔看到了这种冲突，也试图揭示这种矛盾，这从其书名《资本主义文化矛盾》就可以看出来。如果换一个角度来看，这种在工业社会框架中似乎是难以调和的矛盾，是否预示着一种新的社会关系乃至新的社会类型的到来？

其实，如果根据马列经典作家的观点来看这个问题的话，我们就会发现，在贝尔所观察到的矛盾与冲突背后，其实已经出现了一种新的社会类型，这就是后工业社会。后工业社会是服务关系占主导的社会，贝尔的另一本著作《后工业社会的来临》也正揭示了这个主题。他用翔实的数据说明美国社会以服务为代表的第三产业在整个经济结构中占据主导地位。虽然贝尔只是从经济学的意义上来谈的，但我们不得不承认，这一发现揭示了人类社会演进的深刻变化，这就是，在人类历史上，服务关系第一次在整个社会结构与社会关系中占据了主导地位。我们正在由生产性社会向服务性社会转变，这是社会类型的根本转变。

每一个时代都有属于自己的时代精神，这种时代精神是在一定的社会关系基础上逐渐生成的。在此背景下，每一个时代也会产生相应的行政精神，这种行政精神离不开其赖以存在的社会环境，它受到其所处的社会环境的制约，在此环境下养成，并积极发挥作用。而当一种新的社会类型生成之时，它就以自己特有的方式塑造着与自己相应的文化类型。如果说工业社会起决定作用的是生产性原则，那么后工

---

① 〔美〕丹尼尔·贝尔：《资本主义文化矛盾》，严蓓雯译，第 37 页。

业社会的核心原则则是服务；如果说工业社会的文化精神是法的精神，那么后工业社会则洋溢着服务精神；如果说工业社会占支配地位的是工具理性，那么后工业社会则是对工具理性的扬弃，是工具理性与价值理性的统一，是在此基础上的实践理性精神的回归。这样看来，后工业社会的政府及其行政存在的理由就在于如何在服务型关系中找到自己的位置，并在此基础上，通过提供社会需要的各种服务来证明自己存在的合理性。也只有在这个基础上，才会有一种新的行政精神的生成。这样，我们需要在生活政治的基础上对行政精神再造，以适应后工业社会的要求。行政精神的再造不是人们头脑发热的产物，而是社会的客观深刻要求，是社会关系与社会结构发生根本性变化的必然产物。而我们可以做的就是适应这一变化，去把握社会关系中的这些新生因素，对行政精神进行积极建构。

第三节 后工业社会的价值探求

从工业社会走向后工业社会成为历史的必然。当后工业社会的曙光来临的时候，当服务关系成为后工业社会的主导性关系时，当合作的社会已经蔚然成势时，我们需要正视这种历史转变的必然性，对行政关系及行政制度进行重新建构，而重构的核心就是要发扬潜藏在作为人的行政官员身上的善性，并在制度建构中打破官僚制体系的那种封闭性、等级性，体现出后工业社会的开放性、民主性，使后工业社会的治理体系在开放、多元、参与中实现良好的社会治理。换言之，制度建构的核心就在于对政府体系中人的重新审视。

一、从“无赖原则”到道德基础的确立

工业社会的行政管理及其物化形式建立在“无赖原则”的基础上。这也就是说，基于对由权治所带来的任性而产生的恐惧，迫切要求对

政治生活中的公共人物进行限制。因为在公共生活中，特别是在政治生活中不可避免地存在“肮脏的手”问题，且有时这种“肮脏的手”还比较严重。因而工业时代的思想家们企图用在“无赖原则”基础上所建构起来的制度体系来实现对官员的有效约束。这样，对“肮脏的手”的治理不能完全寄希望于政治人物的个人品德，而只能通过制度的完善来加以解决。这并不是说在公共领域不需要道德，而是相对于政治人物的个人美德来说，制度更具有根本性。这里值得一提的是英国近代启蒙思想家休谟所提出的“无赖原则”，即在设计制度时必须把每个人都当作无赖。这种人除了私利没有其他目的，而且不论他多么利欲熏心，我们都必须让他来为公共利益服务。[①] 休谟说“人人都是无赖”，并不意味着他要为无赖动机进行辩护，或者鼓励人们成为无赖。相反，他是在致力于寻找一种解决“无赖难题”和“肮脏的手”两难困境的方法，以防止政治家变成无赖。对人的普遍无赖的假定并不意味着无赖超越于美德之上，也不意味着无赖是人类生活中的普遍事实。休谟并不相信人在本性上都是恶的，对人的无赖设定并不表示人人事实上就都是无赖，而是要表示人们在进入公共生活领域、进入政治生活领域后有成为无赖的可能。休谟的无赖假定之目的在于确保通过理性的制度安排能把无赖发生的几率减少到最低限度，从而降低“肮脏的手”发生的几率。

但是，“无赖原则”只是种防恶原则，它在减少无赖发生几率的同时，也阻塞了潜藏在人们尤其是政府官员身上的善性，它没有激发出行政人员身上的善良品性。在某种意义上，这种技术—工具理性的官僚制组织本身就在制造着恶。正如艾赅博等人的分析所表明的那样，组织化行为使行政人员在不知不觉中成为邪恶的帮凶，而其可怕之处

---

① 刘军宁编：《市场社会与公共秩序》，北京：生活·读书·新知三联书店 1996 年版，第 70 页。

在于，当行政人员在作恶时他们还真诚地以为是在行善，并且因而心安理得。这种建立在专业分工基础上的官僚制体系的核心就在于通过知识分工割裂了个体与行为之间的距离，每个行政人员只是做自己职责内的事情，并不需要对事情的整体负责，这样，他们事实上就不知不觉陷入作恶当中。[①]这也就是说，制度并不是纯技术化的，制度本身隐含着某种价值导向。用以指导制度设计的原则实际上向人们、向社会传递了某种价值导向，即鼓励什么、惩罚什么实际上已经通过制度的设计体现出来了。正如奥斯本等人所说，“如果一个组织的结构是鼓励企业家精神和行为的，那么几乎人人都可以成为企业家。反之，如果一个组织的结构是鼓励官僚主义行为的，则几乎任何企业家都会变成官僚主义者”[②]。德鲁克也曾表达过类似的思想。他说，“那些最具有创新和企业家精神的人士在接管公共服务机构（特别是政府机构）6个月以后，就会变成最糟糕的趋炎附势者或热衷权力的政客”[③]。而在艾赅博、百里枫看来，生活于官僚制下的政府官员，即使有勇气去抵抗因为技术—工具理性而产生的道德真空，也无法从体制本身中找到反抗行政之恶的途径。这也就是说，建立在技术—工具理性基础上的现代官僚制从根本上是排除伦理道德的。“技术—理性观念也没有为这样的个人提供足够的指导来告诉他如何有效地进行反抗”，而从根本上来说，“技术—理性文化中的伦理结构已经没有多少道德选择的余地，也没有抵抗合法权威制造的行政之恶的余地”[④]。这一方面说明了制度之于政府行政及政府官员的重要性，另一方面也说明工业社会的管理体系已经完全不能适应后工业社会的要求，不能再满足于对工业社

① 〔美〕艾赅博、〔美〕百里枫：《揭开行政之恶》，白锐译，北京：中央编译出版社2009年版，第13页。

② 〔美〕戴维·奥斯本、〔美〕特德·盖布勒：《改革政府：企业家精神如何改革着公共部门》，周敦仁等译，前言，第7页。

③ 〔美〕彼得·德鲁克：《创新与企业家精神》，蔡文燕译，第155页。

④ 〔美〕艾赅博、〔美〕百里枫：《揭开行政之恶》，白锐译，第186、187页。

会的政府体制进行修补，这种修补固然可以起到某种效果，但它注定了要被历史的车轮所碾碎。

后工业社会的来临，预示着工业社会建立在工具理性基础上的一整套制度已经面临危机。在奥斯本等人看来，工业社会建立在工具理性基础上的官僚制具有历史的进步性，因为它适应工业社会对秩序与确定性的要求，适应人们对社会进行控制的要求。它提供了基本的公平感和平等感，提供了人们所需要的基本的、千篇一律的服务。也就是说，工业社会尽管也存在风险，但是这种风险是低度风险，是可控的，用鲍曼的话来说，这种在工业社会基础上形成的现代性是一种固化的现代性，它是稳定的、秩序化的，它的发展速度还是比较慢的。但是我们今天生活在一个全新的时代，生活在一个以知识经济为基础的新的历史时期，其显著特点是整个社会呈现出极强的流动性。流动的现代性意味着一切不再是凝固不变的了，流动的现代性还原出生活的本色，它是多姿多彩、摇曳生姿的。对政府的要求同样也发生了根本变化，这种变化使得政府不再是只提供一些基本的公共服务就尽到自己的职责与使命了，尽管这些职责仍然是必要的。“今天的环境要求各种体制机构提供高质量的商品与劳务，要求具有高水平的经济效益。今天的环境要求各种体制机构对顾客作出反应，提供多种多样的服务供选择，不是靠下命令而是靠说服和奖励来实现领导，给它们的雇员以使命感和控制感，甚至所有者的主人感。”[①] 在这样一个新的社会类型里，政府不再高高在上，人们也不再唯唯诺诺，政府只不过是众多社会组织中的一种，如果说它有什么特殊性的话，那么，这种特殊性也只能意味着它必须承担更多的责任与使命。

因此，在这样一个后工业化时代，我们必须建构起与之相应的政

① 〔美〕戴维·奥斯本、〔美〕特德·盖布勒：《改革政府：企业家精神如何改革着公共部门》，周敦仁等译，第15页。

府治理模式，也就是说要建构起新的行政制度。这种新的行政制度或政府“既不靠大把花钱增加政府的开支，也不靠节制支出缩小预算；既不靠新建一批政府官僚机构，也不用对现有的官僚机构实行‘私有化’。在某些时候在某些地方，我们确实需要多花钱或者少花钱，需要制订一些新的计划或者把一些政府功能私有化。但是，为了使我们的政府重新变得有效，我们一定要改革政府”①。奥斯本等人看到了政府存在的问题，并且希望通过政府改革来提高效率。但是，我们要看到，他们最后又回到了老路上，即重拾泰勒等人的科学管理，有人把他们的观点称为“新管理主义”，而这种新管理主义无非是借助市场的力量来提高政府效率，其着眼点仍旧是效率，这样的话，奥斯本等人仍然没有逃出技术主义的窠臼。但他们在这里对问题的强调确实需要引起我们注意，这就是我们必须改革政府，这种改革不是细枝末节的修补，而是对政府的全面改革。而改革的核心就是如何安顿人，如何看待处于后工业社会中的政府官员，他们是无赖，还是像我们一样，属于日常生活中的个体，并由此建构起相应的制度来发扬他们身上所具有的善性。

正如奥斯本他们所观察到的那样，大多数政府官员是有责任心的、有才能的，也是具有献身精神的，但是由于“受制于陈旧体制的桎梏，创造性得不到发挥，精神遭到浪费。我们相信这些制度可以改变，释放出政府公务员身上巨大的能量，提高他们为公众服务的能力”②。人还是同样的人，为什么会前后判若两人？原因就在于基于不同理念而进行的制度设计。如果把他们看作无赖，防止他们作恶，并在此基础上建构起一整套制度体系防止恶的发生，那么出了问题就会匆匆忙忙地

① 〔美〕戴维·奥斯本、〔美〕特德·盖布勒：《改革政府：企业家精神如何改革着公共部门》，周敦仁等译，前言，第4页。

② 〔美〕戴维·奥斯本、〔美〕特德·盖布勒：《改革政府：企业家精神如何改革着公共部门》，周敦仁等译，前言，第6页。

对这个体系进行修补。如果把他们当作立体的人，而不是抽象化的人，看到他们身上的善性，看到他们身上的多样性，那么在此基础上进行制度设计，则是另外一番景象。“以制度道德化为起点，然后，通过治理者及其行为的道德化影响整个治理体系中的全部成员，实现一切人的道德化。在这里，作为起点的制度道德化是关键，是整个社会治理体系道德化能够稳定地持续地发展的前提。所以，制度的道德化是服务型社会治理模式的前提而不是一个终极目标。在制度道德化的同时，还需要把这一道德化的过程进一步地向前推进，使其延展到个体的层面，实现这种社会治理体系中的社会成员道德意识的普遍生成，使他们的行为合乎道德标准，满足于伦理关系健全的要求。”①

官僚制组织及管理行政给人们提供了确定性的承诺，使人们完全陶醉在工具理性的神奇魅力之中。但政府官员通过工具理性所获得的只是一些操作性知识，而无法获得智慧，这从传统行政下政府官员的亦步亦趋、唯唯诺诺、从不敢越雷池半步就可以看出来。因而后工业社会的制度重构需要打破的恰恰就是这样一种束缚，把官员从枷锁中解放出来，使之不再呈现出两面性的特点。斯肯普曾指出，“最好的治理是无法律的治理。它受真正的政治家的指导，它的规则富有弹性，能适应每个个体的情形……因此最好的治理是独立于法律的。治国之道犹如图画之艺术。一个好的国家不能只由法律来产生和维系，犹如一幅好的图画不能只由调色规则来绘制。”②后工业社会中的行政管理并不是不要法律，也不是说不要制度，而是说，对于行政人员来说，他已经把法律内化为内在法，他已经不仅仅是依赖于规则的制定与程序的执行来完成行政任务，虽然规则与程序是必不可少的。用法默尔的话来说，就是行政需要想象力，想象成为公共行政活的源泉，这种想

---

① 张康之：《论伦理精神》，南京：江苏人民出版社 2010 年版，第 197 页。

② 转引自〔美〕戴维·法默尔：《公共行政的语言——官僚制、现代性和后现代性》，吴琼译，第 268 页。

象构成了行政精神的内在动力，甚至成为行政精神的一个重要组成部分。没有想象的行政在后工业社会是无法想象的。[①]想象意味着对公共事务的前瞻性理解，对事物的整体性理解。工业社会因为专业与部门分工的发展而呈现为一个“碎片化世界”，且这种知识的“碎片化”往往使公共管理者局限于专业或部门视野，无法对行政管理对象获得整体性的理解。后工业社会则需要打破这种“碎片化”，在总体性中来把握事物，并能有效地按照总体而非部门要求来处理公共事务。因而在行政制度的建构过程中，最需要激发的就是行政人员的想象力，没有想象力，也就没有道德勇气和道德热情，也就无以回应后工业社会人们对服务的差异性要求，从而也就无法建构起相应的服务行政。

格里芬曾以非常优美的语言为我们描绘了后工业社会的治理图景。他说：“前现代古典社会的取向是权威主义而非职业主义。金字塔式的等级秩序是它的组织形式，循环不息的传统是它的时间展开形式，宗教祝祷是它的合法形式，绝对化的规则是它的统治形式。”“工业社会的取向是职业主义。它的组织形式是理性化的官僚主义，它的时间展开形式是一种线性进步，操纵性的管理是它的统治形式，职业竞争是它的合法形式。”而后工业社会的社会结构将与此显著不同。“它的取向是创造性原则。社区的整体网络是它的组织形式，它的时间展开形式是一种有节奏的螺旋式运动，艺术想象是它的统治准则，因此，它的合法性首先来自社会的和精神的神秘力量。”[②]格里芬是在与农业社会、工业社会相比较的意义上来描绘后工业社会的治理图景的。在他那里，人的创造性被激发出来，原来被官僚制体系遮蔽的行政人员的德性也得以激发出来。这时候，根据道德原则而建构起来的制度最大限度地祛除了工具理性的冷漠，最大限度地激发出人们的热情、主动

① 参见〔美〕戴维·法默尔：《公共行政的语言——官僚制、现代性和后现代性》，吴琼译，第261—265页。

② 〔美〕大卫·格里芬编：《后现代精神》，王成兵译，第74—75页。

与创造性，在行政人员充满诗性的生活中，在行政人员的道德热情中，公共行政的服务性意蕴得以最大限度地凸显出来。

二、基于道德构想的合作制组织

随着后工业社会的到来，随着全球化的进一步加深，人们之间的相互依存程度日益加深，作为共同体的人类社会不得不共同面对全球性的社会风险。人类正处在一个全新的历史时代，这个历史时代的总特征就是社会呈现出高度的不确定性与复杂性。这并不是说，工业社会不存在风险。工业社会的风险具有低度不确定性与低度复杂性的特点，也就是说，工业社会的社会风险、不确定性与复杂性在总体上是可控的。事实上，工业社会的规章制度，甚至在某种程度上官僚制组织的结构化设置也是为了把社会风险控制在一定范围内。但是随着全球化的加深，社会风险程度大大增强，官僚制组织逐渐无法应对因社会复杂性提高而产生的不确定性，这在 20 世纪 70 年代以来官僚制在面对日益加深的社会风险时的捉襟见肘中就暴露无遗了。

如果说善的制度是我们对后工业社会制度建构的一种期待的话，那么，这种善的制度要落地生根，就必须有现实的载体或者承载者，这个现实的承载者就是合作制组织。如果说官僚制组织是适应工业化社会的理性化而产生的话，那么合作制组织则是与后工业社会相适应的一种组织类型。这种新的组织类型，可以是无边界组织、学习型组织、网络型组织、虚拟组织等，不一而足。尽管新的组织类型还处于生成之中，在某种程度上，还是未定型的，但不同学者已经对它进行了各自的想象与阐释，借助于这些不同想象和阐释我们可以展示出未来组织形态的一些共同特征。

其一，网络式结构。官僚制组织是金字塔式的结构，这种组织结构意味着以权力分割为基础，下级服从上级，上级对下级有领导监督之责。处于塔底的是基层管理者，处于顶端的是组织的领导者，领导者与被领导者之间通过权力责任的划分，以权力关系为中介，从而使整个组织构成一个紧密相连的系统。在组织内部，上下级之间有明确的职责划分，并且通过组织内的命令—监督系统使整个组织得以有效运转。而且我们看到，在组织内部管理者与被管理者之间、部门与部门之间不允许也不可能存在任何横向联系。而合作制组织则打破了这种僵硬的组织结构。在合作制组织中，组织结构不再是一个线性或多线性的组织体系，每一个职位、每一个部门、每一个管理者不再是线性管理链条中的节点，这意味着组织内部的职位、部门、管理者之间可以建立起多重性的联系与关系，每一个部门与管理者不再被动地直接对应于自己的上级，它们可以在组织内部建立起多重性关系，并与其他部门和其他管理者进行联系。

如果说官僚制的组织结构形式是金字塔式的等级制组织结构，是一种自上而下的具有控制导向的组织形式，那么，合作制组织的结构形式是扁平化的。作为对官僚制的扬弃，网络式组织结构的控制性或强制性特征不再表现得那么明显。由于扬弃了官僚制组织中上下级之间的等级关系，组织内成员之间的交流变得日益畅通，“合作制组织在结构上的网络化使组织成员的交往关系和沟通行为变得更加直接和更加灵活，组织成员可以不通过中介环节而实现无距离的沟通，进而在这种沟通的基础上做出行为选择”[①]。网络式结构意味着组织成员都是整个网络的结点，它克服了官僚制组织的中心—边缘结构，每个成员都是组织的中心，而当每个组织成员都是组织的中心时，所谓的中心也就失去了存在的理由。这也就意味着合作制组织至少在组织结构层面不存在或者不需要设立所谓的组织中心。这样，组织成员之间的交流与沟通不再借助于层级中介来进行，而是相互之间直接沟通与行动。这使得官僚制组织中的等级失去了存在的理由。

---

① 张康之：《公共行政的行动主义》，第 328 页。

合作制组织成员间的无距离交往并不意味着不需要权威。“合作制组织中也会存在着权威，但是，这种权威却不是稳定地与职位或人联系在一起的，而是一种不断地在组织成员间转换的权威，组织面对的任务是不确定的，执行任务的路径和方式也会不断地调整，在面对每一项任务和执行任务的每一个阶段中，所需要的知识和技能都会有所不同，因而权威就会不断地转移到最能领导组织选择任务、迎接任务或执行好任务的组织成员那里去。”[①] 这也就是说，合作制组织中的权威并不一劳永逸地固定于某一职位上，并不意味着某一个人因为处在某一职位上就天然具有权威。在合作制组织中，权威因人、因时、因事而变。合作制组织中的权威需要在具体情境中获得，需要不同的管理者因应这种复杂性与不确定性，在管理公共事务的行动中来获得这种权威，因而合作制组织中的权威是不固定的。

其二，组织边界的模糊化。在主流的解释中，组织被理解为一个与环境进行交换的开放系统。当我们这样来理解组织时，实际上已经意味着我们为组织确定了边界。当我们把组织作为一个实体来看待时，边界就成为组织对内维持秩序、对外发挥保护作用的一种制度性设计，是一种保护“壳”。对于个人来说，我们之所以不同于他人，我们之所以能够同他人区分开来，就在于我们与他人之间的边界划分。边界在这里标识的是一种区分，标示个体的身份与认同感。边界成为个体独特性的一种标识。个人如此，组织也是如此。“边界以及边界的建立、加强、超越和解散的过程，像广义的社会生活一样，是组织的一个重要方面。人们坚持不懈地通过一系列的内外的区分，同一性与差异性的区分来包装自己的世界，或者让别人帮他们包装起来。”[②] 边界使不同组织得到清晰区分，表明实体意义上的组织具有自己的独特存在

① 张康之：《公共行政的行动主义》，第 331—332 页。

② 〔英〕尼尔·保尔森、〔英〕托·赫尼斯编：《组织边界管理：多元化观点》，佟博等译，北京：经济管理出版社 2005 年版，第 49 页。

样态，在它与环境、其他组织之间划定了一个明确的界限。

通过外部边界，组织之间泾渭分明。通过垂直边界与水平边界，组织实现了自己内部的职能分工与内部各部门之间的权限划分，从而使得组织自身能高效地运转起来。但在实际运转当中，组织并不是故步自封的，任何组织都有扩张的冲动。企业要扩大自己的规模，政府同样也有扩大自己权力范围的欲望。彼得原理就以非常幽默的形式为我们描绘出政府组织扩张冲动的根源。而组织扩张主要是通过扩大规模与渗透两种策略实现的。“组织并不是封闭的、自给自足的实体，而是被视为不能被孤立于外界环境之外的开放系统，因为它们的边界必须持续不断地被输入和输出所打破，这种特性赋予组织种种限制和与组织的技术及任务环境相关的偶然性。在这种意义上，组织的对外边界不是被视为一个容器壁，而是更像交互地带可渗透的一层膜。”①组织不仅通过渗透的方式来拓展自己的边界，而且通过扩张的方式来扩大自己的边界。这一点在企业中表现得最为明显。由于企业有着利润增长这样的外在约束，它不得不通过扩张规模或者产品的多元化来实现扩张，尽可能地突破已有的边界。

如前所述，官僚制组织建立在严格的职责分工基础上，并有相应的规章制度予以保证。这意味着组织与组织之间、组织与其所处的环境之间、组织内部的各职能部门之间，甚至是组织内部的管理者之间都有着明确的边界划分，通过边界划分来区分各自的权力责任，从而使各组织、各部门、管理者能够高效地完成工作任务。这些边界划分存在的目的就在于区分，在组织与组织之间、上下级之间、组织与服务对象之间进行区分，从而使组织目的明晰。而合作制组织的边界则日益模糊化，这意味着以往严格的边界具有了可穿透性，在这样的组

① 〔英〕尼尔·保尔森、〔英〕托·赫尼斯编：《组织边界管理：多元化观点》，佟博等译，第53页。

织体系内，信息、资源就能够快速而轻易地穿透组织内部的阻隔，从而使组织的运转变得更加顺畅。以政府组织为例，在官僚制体系设计下，政府有着严格的边界，政府部门、上级政府与下级政府之间都有着自己的权力边界，这种权力边界甚至划定了部门、管理者的领地，它不容许其他部门、管理者随意进入。而在合作制组织之下，政府与社会之间的边界已不复存在，公与私之间也不再那么黑白分明。原来被认为是由政府独家垄断的公共服务与公共产品的提供，现在也由政府、社会甚至私人来共同供给。这样，组织边界就不再是不可逾越的了。

但这并不意味着合作制组织不需要边界了。生物体的隔膜给我们提供了形象的说明。在有生命的生物体内，隔膜的存在保证了该生物体的外形与轮廓。它的结构有足够的强度，可以防止自身崩溃为无定形物质。然而，它们又是可穿透的，养料和化学传递介质可以相对不受阻碍地从它们中间渗透，以便生物体的每一部分都能够对整体做出贡献。合作制组织的边界类似于生物体的“隔膜”。隔膜是透明的，生物体的各部分可以方便地进行物质与能量的交换。但隔膜同时又把生物体各部分之间区分开来，使生物体这个“形”还在，而不至于消散于无形。合作制组织作为一种组织化形态，组织之间的区分还是必要的，这意味着组织之间的边界并不会消失于无形，组织与组织之间，组织内部的职能部门之间、管理者之间不再有严格的边界，但还是有着相对的区分，否则结构化的组织形态也就不复存在了。

以国家与社会来说，在传统的行政管理理论与实践中，政府与社会、政府与企业有着清晰的行为边界，政府只能在自己的领地内行动，绝不允许窜扰社会，政府的行政权力必须在社会面前驻足。这样做的目的是为了防止行政权力扩张的冲动，防止其任意侵扰社会自治。同样，作为以营利为目的的企业，在法律确定的清晰产权的前提下，拥有不受政府任意干涉的自主经营权。这也就是说，在传统的管理理论中，政府与社会、政府与企业都有自己的行动边界与权力范围。但是，新公共管理理论的提出并在实践中的广泛运用，使得原来国家与社会二分的说法被突破。传统上由国家独家提供的社会福利，越来越多地由企业来承担。“美国的公司提供许多在其他国家由政府提供的社会福利：医疗保健、托儿所、养老金等。公司越来越多地建立和拥有各种法律功能和程序：内设法律咨询服务、内部争端解决程序、处罚听证和申诉程序——很像法院。公司经常会赞助所在社区的艺术展览，支持廉租屋建设，向低收入人群提供医疗补贴，帮助自己的员工解决接受高等教育的费用等。”[①] 国家和企业变得越来越惊人地相似。国家运行和语言也变得越来越像企业。政府运行也讲成本核算，政府也变得越来越关注经济效益。政府自身引入企业的管理方法，比如绩效考核、全面质量管理、目标管理等，使政府变得越来越像企业。

当治理被当作一种理论来关注时，更是从理论上改变了原来我们关于政府与社会之间关系的认识。在原有的理论当中，政府是社会治理的唯一主体，它不允许其他社会力量来分享自己对公共事务管理的独占权。但是治理理论的提出及其实践使得原来由政府独享的公共事务治理权力发生了深刻变化，由政府独占治理权力转变为治理主体的多元化，原来被排斥在外的社会力量成为公共事务的参与者，成为社会公共服务的提供者。这意味着政府与社会出现相互渗透的趋势，也使原有的组织边界划分模糊化。

随着网络技术的发展，组织边界日益模糊。而虚拟组织的出现更使得组织呈现出无边界的趋势。我们看到某些建立在网络技术基础上的企业，比如一些软件开发企业，它们并无传统的官僚制组织结构，甚至也没有我们通常所熟悉的工厂，其成员只是某些人所形成的松散

① 〔美〕理查德·斯科特等：《组织理论：理性、自然与开放系统的视角》，高俊山译，北京：中国人民大学出版社 2011 年版，第 416 页。

集合。这样组织结构没有了传统的组织边界。当然，根据我们前面的分析，虚拟组织消失的只是物理边界，或者说僵硬的物理边界由于不能适应社会对组织灵敏性的要求，已经变得毫无意义。组织仍然需要边界。只不过，边界的存在方式不同了。比如，传统组织的社会边界，如规则、程序与控制检验，都被用于控制组织成员的生产力；而在虚拟组织中，强调输出而非输入的行为标准占据优先地位。这也就是说，虚拟组织的出现打破了原有关于组织边界的认识，原来那种固定的、僵化的物理边界在虚拟组织中变得不合时宜了。但这并不意味着边界完全消失，至少社会边界与心理边界还有其存在的空间。

生物体中的"隔膜"一方面仍然发挥着区分组织的作用，另一方面，它又是透明的，能量、信息等可以在生物体内自由流动，从而维持生物体的正常运转。无边界组织也是如此，虽然传统的、有形的物理边界没有了，但组织之间、组织内部的必要分工仍然是必要的，这样，无边界组织并不意味着完全没有边界，而是说，与传统的官僚制组织相比，建立在网络式结构基础上的合作制组织的组织形式、组织结构发生了根本性变化。如果说物理边界可以很容易消除，那么社会边界与心理边界则很难在短期内消解。更何况各个不同民族—国家、各种文化长期积淀而成的民族偏见、认知习惯等所形成的心理阻隔是很难用技术来消解的。

其三，组织的开放性。如前所述，官僚制通过严格的职能分工，确定了组织之间、部门之间、管理者之间的权力边界与行动边界，这样的组织体系，毫无疑问是一个严密、封闭的组织体系。边界意味着界限，边界意味着划分，职能划分、职责划分、权力划分。这样的组织体系是排斥与外界的交流的。正如我们所看到的那样，官僚制体系本身是一个封闭的体系，它不仅排斥社会公众的参与，而且通过组织内部的命令—服从体系，使下级成为执行命令的工具。就政府组织来说，本来其存在的理由是为公众提供服务，但是，通过封闭式的结构，政府变成了自我服务的组织，成为具有特殊利益的组织，失却了其本质规定性。正是在这个意义上，马克思说官僚制组织倾向于把行政管理变成机密，从而使得组织变得密不透风。

而合作制组织意味着要打破固有的组织边界，意味着信息、能量、资源在组织之间、组织内部的充分流通。合作意味着多个主体之间的合作，意味着不同组织之间、不同部门之间的合作，因而就必须保持组织的开放性，以便不同主体之间的合作能够顺畅进行。所以，合作制组织是一个开放的系统，它随时准备把一切具有合作意向的人纳入行动系统。合作制组织的合作各方“在合作行为方面有着充分的开放性，如果它不能承受开放式合作行为的压力，那就只能证明它是虚假的合作制组织，或者说是官僚制组织的翻版。因为，合作制组织模式所意味着的是非中心化合作网络体系的确立，这个网络上的每一个节点都不会成为恒定的主要构成要素，每一个新进入合作网络体系的‘闯入者’，都会给合作机制带来新生力量，而不是应当加以排斥的破坏性因素”①。在这个意义上，我们可以说，合作制组织是无边界组织。至少，传统意义上的那种僵硬的组织边界不复存在了。组织与组织之间、组织内部各部门之间有着充分的交流与沟通，官僚制组织所具有的形式主义在合作制组织身上不会再出现了。

最后，差异化原则。我们知道，韦伯所钟情的官僚制组织其最大的优越性就在于普遍规则的统治。这也就是说，官僚制组织适应工业社会对同一性的要求，建立起普遍的、抽象的、无差别的规则的统治。因而，在官僚制组织及其成员那里，无论是管理者还是被管理者都被塑造成毫无差别的抽象化对象。“不因人而异”也就成了官僚制组织的口号与行动原则。就管理者来说，他只是官僚制等级链条中的一个环节，其存在的价值就在于不折不扣地执行上级的命令。在这里，作为

① 张康之：《公共行政的行动主义》，第330页。

命令体系中的一个环节，管理者自身并无自由意志的空间，也不允许他有任何意志自由。而在合作制组织当中，管理者完全呈现出另一种面相，这即是说，合作制组织下的管理者具有充分的自主性，他完全根据自己对具体情境的了解来对问题进行仔细分析与判断，而不用听命于外在的权威与强权，他只服从内在的权威，即自己的良知与判断。在这个基础上，他可以独立判断与行动，而不受任何外在力量的干扰。

就被管理者来说，在官僚制组织当中，他们被看作是无差别的被管理的对象，因而在管理者那里，这些被管理者是被抽掉了个性与特质的无差异化存在，管理者的任务就在于对这些被管理者是否适用规则进行审查。在这里，管理者是按部就班、千篇一律式的，他不需要主动性，也不需要创造性，其唯一的任务就在于根据规则来进行治理。而合作制组织则不同，无论是管理者还是被管理者——如果说管理者和被管理者还存在的话，都具有了充分的自主性与主动性，他们都是合作治理中的行动者，他们以自己的自由与自主建构着一个新的世界与生活秩序。虽然社会的运行有某种内在规律在发挥作用，但因为有人的参与，因为人本身就是社会系统中的行动者，因为人之行为的偶然性与不可控性，当我们试图去准确预测社会运行的规律以及人之行动规律时，我们仍然发现自己有无能为力之感。社会因人的参与而多姿多彩，但也正因其多样性，使得可预期性、可控性在某种程度上变得不可能。近代以来的社会科学乃至人文科学的理性化设置本身就代表着人类驯服偶然性的企图与愿望，即按照理性原则达到认识与控制社会的目的。风险社会的来临使得这种控制企图在某种程度上变得极为可笑。后工业社会的场景凸现了被管理者的差异性，这意味着在合作制组织中，每个行动者的特殊性都需要得到承认。这样，当我们在充分尊重人的差异性中去理解合作制组织时，我们会发现，官僚制组织的按部就班、千篇一律不复存在了，无论是管理者还是被管理者都不再是唯唯诺诺，而是具有了充分的主动与自觉性，他们以自己的积极行动，建构着世界。

三、商谈伦理的反思与再造

罗尔斯在《政治自由主义》中提出的一个核心的问题是，在一个多元社会中政治正义如何可能，即一个具有不同且无公度性善观念的多元社会如何才能长治久安，对此他提出一种建构主义解决方案。罗尔斯的政治建构主义首先预设了一个前提，这就是在多元社会中生活的公民是理性的。当我们说一个多元化社会中的公民是理性的时，我们的意思是他们是理智的，具有充分的理性能力和道德能力，而不是非理智的、甚至是暴力性的。当公民具有足够的理性能力时，哈贝马斯所说的商谈伦理才是可能的。“理性乃是作为公平合作系统之社会理念的一个要素，而它为所有人接受的理性的公平项目，也是其相互性理念的一部分。”[①] 在罗尔斯看来，“理性的个人不是由普遍善本身所驱动的，而是由一种社会世界本身的欲望所驱动的，在这一社会世界里，他们作为自由而平等的［公民］，可以与别人在所有能够接受的项目上进行合作”[②]。这意味着理性的个人具有相应的判断能力和慎思能力，这种能力足以促使他超越个体私利与他人进行合作，这种合作是互惠互利的，正因为如此，“理性的（及其相互性的理念）不是利他主义的（只为他人利益的公正行动），也不是只关注自我（并只受其目的和感情驱使）。在一个理性的社会里，我们可以列举平等社会的问题作最简单的说明，所有的人都有他们自己希望实现的目的，所有的人都准备提出一些可以理性地期许他人接受的公平项目，以至于所有的人都有可能获利，并改善每一个人所能追求的状况”[③]。

多元社会中的公民仅仅是理性的，这还远远不够。罗尔斯认为，

① 〔美〕约翰·罗尔斯：《政治自由主义》，万俊人译，第 51 页。
② 〔美〕约翰·罗尔斯：《政治自由主义》，万俊人译，第 52 页。
③ 〔美〕约翰·罗尔斯：《政治自由主义》，万俊人译，第 56 页。

在理性的多元社会中，公民还必须具有两种能力，即正义感的能力和合理善观念的能力。正义感的能力是“理解、运用作为公平之社会合作项目的正义原则，并在通常情况下能受按照这一原则来行动的有效欲望驱使（而不仅仅是去按照这一原则而行动）的能力”。正义感能力意味着居于现代社会中的公民就良序社会有着基本共识且具有现代社会所要求的行为底线。合理善观念的能力则是“人们形成、修正并合理追求这一善观念的能力，这也就是说，它是人们合理追求一种尊重我们自己有价值的人生观的能力”[①]。公民具有合理善观念的能力意味着生活于多元社会中的个体因其生活境遇的不同而具有不同的关于生活善的观念，每一种善表达了一种不同的社会生活方式，而多种生活方式的共存是现代多元社会的一个事实。面对不同的善观念且这些无公度性的善观念之间存在冲突这一社会事实，罗尔斯提出了政治自由主义的核心论题，即一个具有多种善观念的社会如何才能长治久安？不同的善观念如何共处？具有正义感能力的公民为这种共处提供了可能。这也就是说，正因为多种合理且无公度性的善之间存在冲突的可能，才需要在不同善之间进行协调，而作为个体的公民除了追求自己的利益之外，还需要关心带有普遍意义的问题，这就意味着公民的正义感能力实际上已经超越了那种对个体私利的关注，他们具有了公共理性。

当我们承认多元社会中具有合理善观念和正义感能力的公民为了社会的长治久安而愿意进行合作时，实际上是承认他们在即将展开合作的社会中存在某些基本共识，用罗尔斯的话来说就是“宪法共识”。这种宪法共识实际上提供了多元社会长久存在的程序性保证。“作为一种宪法共识，这些原则仅仅是作为原则而为人们所接受的，而不是作为具有政治观念的社会与个人理念根据的原则，更不是作为一种共享

① 〔美〕约翰·罗尔斯：《政治自由主义》，万俊人译，第320页。

的公共观念而为人们接受的。”“在宪法共识中，能满足某些基本原则的宪法为缓和社会内部的政治对峙，确立了各种民主的选举程序，这种政治对峙不仅包括不同阶层和不同利益之间的对峙，而且也包括拥护某些自由原则反对另一些自由原则的人之间的对立。”[①] 这也就是说，这些宪法性共识提供了解决拥有多种善观念的公民之间冲突的程序，正是在这个意义上，罗尔斯说，“宪法共识既不深刻，也不广泛，它范围狭窄，不包括基本结构，而只包括民主政府的政治程序”[②]。“考虑到对话是自由而开放的，每个行动者或行动团体在协商中合作，是因为他们合理地期待他们的合理看法能够被吸收到在某方面对他们有利的（或至少是无害的）决策中。程序仅仅描述了一些使协商作为联合性活动得以成功的普遍性对话条件，而非成功本身。”[③] 这也就是说，罗尔斯意义上的宪法性共识仅仅提供了一种解决冲突的程序，这种程序既是公民理性的产物，同时又构成公民理性的保障。它使得多元社会中的合作得以进行，而这种合作又发生在共识之前。这样，程序性的宪法共识保证了公民的基本自由权利，并赋予它们特殊的优先性，从而作为一种制度而固定下来。在这个基本制度框架内，公共理性得以保证，并且催生出政治生活中的合作美德。

具有合理善观念与公民正义感的公民基于宪法共识而进行合作，还需要合适的空间，这个空间就是公共领域。无论是从生成还是从规范的意义来说，公民的合作都是离开私人领域而进入公共领域后展开的。“一旦我们达成宪法共识，各政治集团就必须进入政治讨论的公共论坛，并吁求于其他并不分享其完备性学说的那些集团。超出自己观点的狭小圈子并发展各种他们可以依此面对更广阔的公共世界来解

① 〔美〕约翰·罗尔斯：《政治自由主义》，万俊人译，第 169 页。

② 〔美〕约翰·罗尔斯：《政治自由主义》，万俊人译，第 169 页。

③ 〔美〕詹姆斯·博曼：《公共协商：多元主义、复杂性与民主》，黄相怀译，北京：中央编译出版社 2006 年版，第 30 页。

释和正当化其所偏好的政策，以便构筑一个大多数，这一事实对他们来说成为合理的。”[①] 哈贝马斯也说过，“公共领域最好被描述为一个关于内容、观点，也就是意见的交往网络；在那里交往之流被以一种特定方式加以过滤和综合，从而成为根据特定议题集束而成的公共意见或舆论”。如果把公共领域作为一种交往结构来看的话，与其说它集成了人们日常交往的内容，不如说它是在交往行动中所产生的社会空间。[②] 如果没有这样的公共空间或者公共论坛，公民之间展开合作在事实上也变得不可能。在这样的公共空间中，“交往行动者彼此相遇的情境，是用他们的理解来构成，而这种理解又同时是通过他们的合作而达成的。这种主体间共享的言语情境空间，表现在参与者对对方的言语活动表达相互表态、并承担语内行动责任的时候所进入的那种人际关系。在人与人相遇过程中，行动者如果不局限于相互观察的接触、而是依赖于各自对对方的交往自由的承认，他们就是在一个由语言构成的公共空间中相遇的。这个空间原则上是一直向在场的谈话伙伴或有可能加入的谈话伙伴开放的”[③]。这意味着进入公共空间的各方是在宪法共识所提供的背景性框架下进行商谈与合作的。而且这种背景性框架还意味着他们共享某些话语，至少对某些话语是在同一意义上来理解的，否则极易造成理解上的歧义，从而难以达成共识。在这个意义上，这些共享的话语也成为他们行动的某种支持性背景。

这样，具有足够理性能力的公民在宪法共识的框架内进入公共论坛通过商谈的形式来表达他们的意见。因而商谈伦理首先就有了议题的限制。“它们对私人生活领域中形成共鸣的那些问题加以感受、选择、浓缩，并经过放大以后引入公共领域。旨在讨论并解决公共普遍

① 〔美〕约翰·罗尔斯：《政治自由主义》，万俊人译，第 175 页。

② 〔德〕哈贝马斯：《在事实与规范之间》，童世骏译，北京：生活·读书·新知三联书店 2003 年版，第 446 页。

③ 〔德〕哈贝马斯：《在事实与规范之间》，童世骏译，第 447 页。

关切之问题的那些商谈，需要在有组织的公共领域的框架中加以建制化。”[①] 商谈是具有平等身份的主体在公共领域中通过类似论坛的形式来形成意见和意志的过程。它是开放的、平等的。即使是处于强势地位的政府也不能以强权来代替商谈本身。因为商谈的过程是社会各方表达意见、形成意志与取得共识的过程，也是社会各主体的价值偏好表达及凝聚的过程。“如果商谈（以及，如我们将看到的，其程序以商谈方式加以论证的谈判）成为一个可以形成合理意志的场所的话，那么法律的合法性最终就依赖于一种交往的安排：作为合理商谈的参与者，法律同伴必须有可能考察一有争议规范是否得到、或有无可能得到所有可能相关者的同意。”[②]

在商谈过程中，各社会主体及治理主体作为平等的参与者与在场者，在相互交往过程中，其目光不再以自我为中心，而是从他者的视野来考虑问题，并从他者身上来认识自己、理解自己，通过这样一个妥协、辩驳过程，各主体最终才能达成共识。“交往行动的主体愿意使他们的行动计划建立在一种共识的基础之上，而这种共识又建立在对有效性主张相互表态和主体间承认的基础之上。”[③] 后工业社会治理主体的多元化，使政府不能独享对社会公共事务的管理权，不能再居高临下，而必须适应社会的多元化趋势，以平等的身份与其他主体一起参与到社会公共事务的治理当中。治理过程是一个政府与其他社会组织、社会治理主体取得共识的过程，也是它们相互承认的过程，同时，也只有在这样的商谈与治理当中，政府才能不断增强自己的合法性。“当决策达成后，强的和弱的公共性就可以作为判断共识的优劣程度的标准。如果共识满足了特定的最低限度的条件，就具有‘弱’公共性；如果协商过程真正塑造了决策并且决策的正当性为每个公民所知晓，

① 〔德〕哈贝马斯：《在事实与规范之间》，童世骏译，第 454 页。
② 〔德〕哈贝马斯：《在事实与规范之间》，童世骏译，第 127 页。
③ 〔德〕哈贝马斯：《在事实与规范之间》，童世骏译，第 146 页。

则共识就具有‘强’公共性。言论自由是‘弱’公共性的保证，形成共识的秩序良好的协商机构是强公共性的保证。”①

后工业社会本身的风险性意味着不确定性，并且这种不确定性的程度在后工业社会更高。高度不确定性本身意味着政府自身也无法控制社会以及公共事务本身，它本身是开放的、包容的、面向未来的，是在面向未来的过程中达成对事物的理解。“意见形成过程就是在一个由诸多重叠的亚文化公众集体所构成的开放的、包容的网络中进行的。一种这样的多元公众集体，是在一个由基本权利所保障的框架之内多多少少地自发地形成其结构的。”② 按照哈贝马斯的看法，后工业社会中的行动者在交往当中才能达成相互理解、相互承认，进而取得共识。而这取决于交往各方的在场，即他们愿意为了公共善而进入公共领域参与商谈。也就是说共识的达成取决于他者的在场，取决于作为主体的治理者相互之间的理解、合作与承认。“交往行动者彼此相遇的情境，是用他们的理解来构成，而这种理解又同时是通过他们的合作而达成的。这种主体间共享的言语情境空间，表现在参与者对对方的言语活动表达相互表态、并承担语内行动责任的时候所进入的那种人际关系。在人与人相遇过程中，行动者如果不局限于相互观察的接触、而是依赖于各自对对方的交往自由的承认，他们就是在一个由语言构成的公共空间中相遇的。这个空间原则上是一直向在场的谈话伙伴或有可能加入的谈话伙伴开放的。”③

因为后工业社会的高度风险性，使社会公共事务本身的不确定性大大增强，事物本身如何发展向我们敞开了多种可能，没有人能够准确地知道事物最终的发展结果是什么样的。在后工业社会场景下，没有任何人可以逃离，一切人都是在场者，一切人都是当事者，即使政

① 〔美〕詹姆斯·博曼：《公共协商：多元主义、复杂性与民主》，黄相怀译，第 33 页。
② 〔德〕哈贝马斯：《在事实与规范之间》，童世骏译，第 381 页。
③ 〔德〕哈贝马斯：《在事实与规范之间》，童世骏译，第 447 页。

府也不例外。在这样的场景下，政府自身也与其他社会治理主体一样，迫切需要在与其他社会治理主体的合作中求得对事物本身的了解，并在此基础上把握事物的未来发展趋向，进而采取相应的行动。从这个意义上说，后工业社会中的政府尽管仍然作为强势主体而存在，但由于它已力不从心，不得不寻求在与其他治理主体的合作中完成社会治理任务。

因而，在哈贝马斯看来，商谈的表达形式是论辩，它是开放的、包容的，是排除任何内在与外在强制的。“（a）协商过程之发生的形式是论辩，也就是说，是提出建议的一方和批判地检验建议的一方之间对信息和理由的有序交换。（b）协商是包容的、公共的。原则上没有任何人可以排除在外；有可能被决策所影响的任何人都具有同等的机会进入和参加讨论。（c）协商是排除外在管制的。对参与者的约束仅仅是交往的预设和论辩的规则，就此而言他们是拥有主权的。（d）商议是排除任何可能有损于参与者之平等的内在管制的。每个人都有平等的机会去被人倾听、去引入议题、做出贡献、提出建议和批评建议。”[①] 从哈贝马斯的叙述中，我们可以看到，他在这里所强调的是，商谈是在公共论坛中以论辩的形式进行的，因而必须要保证商谈的开放性、包容性，这也就是说，任何主体都可以参与到商谈中来，商谈是平等主体之间的对话。而在博曼看来，商谈就是通过“公共对话才能进行的特定社会活动，因此它就有着不同于一般对话的、属于自身的成功标准和准则”。商谈是“一种联合性社会活动，嵌入在对话性社会活动中——相互交换理性。这种协商一般发生在特定社会情境之中，且是关于这个特定社会情境而进行的。它始于协作破裂的问题情形出现之时，成功于行动者再度能够合作之时”[②]。

① 〔德〕哈贝马斯：《在事实与规范之间》，童世骏译，第 379 页。
② 〔美〕詹姆斯·博曼：《公共协商：多元主义、复杂性与民主》，黄相怀译，第 29 页。

对公共治理来说，平等主体之间的对话显得尤其重要。对公共治理主体来说，尽管我们一再强调治理主体之间的平等，但我们无法否认政府作为行动的一方，仍然有着强大的话语能力。政府本身作为一个强大的行动主体，因为其自身所掌握的各种资源，因为其掌握着对各种资源的支配权，从一开始就处于优势地位，这就注定了商谈中各主体的话语能力是不平等的。那些处于强势地位的群体和主体具有很强的话语权和话语能力，而那些从一开始就处于弱势地位的群体和主体的话语能力就比较弱。这也就是说，进入公共论坛参与商谈的各方注定了不可能是完全平等的。因为商谈各方并不是抽象的主体，他们是生活世界中的行动者。“社会处境相对不好的公民缺乏有效的参与或足够的公共机能，是民主中首要的一个不平等问题，协商也不例外。社会不平等会减小处境相对不好的协商者的效力和影响力：由于他们缺少发展各种公共能力的文化资源和机会，他们更难使他们的理由具有公共性说服力，他们的需要和主张很难体现在决策中。”①

正因为如此，自发的公共领域很容易受到扭曲。它“更容易受到不平等分布的社会权力、结构性的暴力和受系统扭曲之交往的压抑性影响和排外性影响。另一方面，它具有一种无限制交往之媒介的优点；与受程序调节的公共领域相比，在这里新的问题情境可以得到更敏锐地感受，自我理解性商谈可以更广泛、更明确地进行，集体认同和对需要之诠释可以得到管制性更少的阐述”②。正因为公共领域很容易受到社会的结构性影响和侵入，在哈贝马斯看来，需要对公共商谈进行程序性限制和议题性限制的双重限制。程序性限制尤其针对作为强势一方的政府，政府在治理过程中需要保持自身的中立性。这也就是说，

---

① 〔美〕詹姆斯·博曼：《公共协商：多元主义、复杂性与民主》，黄相怀译，第92—93页。

② 〔德〕哈贝马斯：《在事实与规范之间》，童世骏译，第382页。

政府不能以强权介入到关于善的互不相容且相互冲突的讨论当中，不能把自认为合理善的生活观念强加在其他社会主体身上。“任何理由，如果它要求权力拥有者作如下主张的话就不是一个好的理由：（a）说他关于善的观念要好于其他公民所主张的善的观念，或者（b）说不管他的善的观念如何，他都内在地优于一个或一个以上其他公民。”[①]这意味着，在公共商谈过程中，政府作为商谈的一方，要避免把自己关于好生活的观念强加于其他主体身上。不幸的是，在现实生活中，政府往往倾向于这样做，因为政府自身具有强大的话语能力，而且它还可以通过公共权力方便地把这种观念予以推广。

这里需要注意的是，一方面政府需要避免把自认为是合理的善的生活观念强加于其他社会主体头上，另一方面，也要防止其他社会群体，尤其是那些强势社会群体或集团把他们自认为善的生活观念强加于其他群体身上。这一点在社会治理中尤其重要。部分精英群体往往会有意无意地把那些自认为优雅的生活方式灌输给民众，强加于民众。正是在这个意义上，我们需要警惕在公共商谈过程中会或明或暗地存在的话语霸权。因而当我们强调商谈伦理的对话性时，就要尽可能减少商谈各方事实上存在的话语权的不平等，促进话语民主。这种话语民主的核心就在于保证每个公民都有同等的地位，都被平等对待。虽然平等常常是以不平等的方式存在，但商谈伦理必须通过相应的程序限制来使这种平等性在实际协商中能够实现。

从议题性限制来说，虽然哈贝马斯说私人问题有可能成为公共议题，都不能免于批评，但这是否意味着不存在公私之分？是否就此而否认启蒙时代以来的文明成果？答案显然是否定的。即使我们承认在后工业社会公私领域有相互融合的趋势，这也并不必然意味着对行动

---

① 〔德〕哈贝马斯：《在事实与规范之间》，童世骏译，第383页。

各方来说，所有一切都是透明的，所有一切都没有边界。这一点对掌握公共权力的政府来说，尤其如此。这也就是说，只有那些需要政治权力进行调节的事务才能成为公共议题，否则就会出现公共领域娱乐化的危险。我们没有经过启蒙的熏陶，缺少对个人权利的基本尊重，只有公权力在社会领域横冲直撞。而当公权力垄断一切时，是没有私人权利可言的，因为这时公权力可以任意进入私人领域。政治的垄断性特点不允许从这里发掘公共领域的空间。这样，公共领域就只能以扭曲的形式发展，这特别表现在对明星人物私生活的追逐当中，人们在对他们私生活的猎奇当中满足自己的好奇心理。公共领域完全蜕变为猎奇、娱乐的场所，其批判、商谈功能完全被阉割掉了。正是在这个意义上，我们说需要对公共商谈的议题进行限制。“每件需受到政治调节的事务都应该进行公共讨论；但并不是公共讨论的每个正当对象也都要受到政治调节。”[①] 我们所说的限制要比哈贝马斯所说的限制更广泛。这种限制一方面如哈贝马斯意义的限制，要在公共性的重新发现当中来理解，另一方面需要我们来培育公共性。

在这里，我们还需要注意，公共论坛中商谈议题的提出乃至确定仍然摆脱不了强弱之分。就议题的提出来说，大致有三种类型：（1）官员或政治领袖提出动议；（2）政治系统提出动议，并对民众进行动员，获得民众的支持；（3）政治系统之外的力量提出动议，并借助动员起来的公共领域，使议题获得认可。就第三种情况来说，体制外的力量往往选择人们感兴趣的问题，使之议题化，从而进入主流政治层面，并迫使主流政治认可。[②] 无论是前者还是后者，即使强调商谈主体之间的平等、对话，就实质内容来说，商谈伦理仍然没有跳出中心—边缘结构的窠臼。也就是说，前两种情况仍然是由中心提出议题、处

① 〔德〕哈贝马斯：《在事实与规范之间》，童世骏译，第 388 页。

② 〔德〕哈贝马斯：《在事实与规范之间》，童世骏译，第 468—469 页。

理议题，边缘仍然被排除在议题设定之外；就第三种情况来说，虽然议题是由边缘提出，但它必须经过中心的认可，而边缘的种种行动最终也是为了获得认可。由此可见，无论是从中心到边缘，还是从边缘到中心，商谈伦理最终仍然没有摆脱中心—边缘结构的窠臼。虽然商谈是以辩论和平等的方式进行的，但我们需要注意的是，即使在这样的公共论坛中，商谈各方注定仍然是不平等的，这不仅是因为议题的设置与处理仍然由强者所主导，而且在于那些为数众多、分散的行动者一开始所面对的就是那些握有权力和资源，具有强大动员能力和行动能力的组织化行动者，这些强势的、组织化程度高的行动者往往是政府、利益集团，他们往往具有强大的话语能力，而且在某些情况下，他们还会结成联盟，而这更是那些分散的行动者所不具备的。正因为如此，虽然商谈伦理一再强调开放、平等、话语民主，但我们看到的是在其背后仍然隐藏着强者的逻辑。

不仅如此，商谈伦理的原则是全体一致原则。这也就是说，意见的形成与意志的形成必须取得商谈各方的同意，意志是商谈各方最终取得共识的结果。但问题在于，随着商谈各方数量的增加，达成共识的困难也呈几何级数增长。而在商谈主体趋于增加的时候，也就意味着共识的达成变得越来越困难。正如克罗齐耶描述的："在我们社会的每一个领域、每一个方面，参与决策的人数大量地增加，与此同时，必须在决策时加以考虑的观点也显著增多。要做成任何一件事，都需要与为数众多的人进行商谈，需要与各种不同的群体及组织机构的代表进行协商。行政管理的形式化通常会夸大咨询机制的作用，可又总是在削弱这种咨询机制的功能。然而，难点并不首先在行政管理方面。假如完全不考虑各种不同的相关群体与阶层可能做出的反应，那么就会与危险的反对者正面交锋，要实施的方案就有可能面临失败。由此可见，推出一种新的方案，必须进行的活动是如此众多，每一项活动都承载着重负，都蕴含着巨大的风险，计划之中的行动的本身的意义因此被大大降低了。”[①] 这意味着，随着加入商谈的人数的增多，共识的取得将变得异常困难，即使能达成共识，也将旷日持久。

商谈伦理要求通过辩论的方式来达成意见的一致，而这往往需要充足的时间予以保证。而后工业社会的特殊性在于，它是一个充满着不确定性与高度风险性的社会，这意味着社会常常需要面对一些突发性的事件，这些突发性事件往往需要政府及公共管理者当机立断，及时应对。这些突发性事件，从问题的出现到问题的解决，往往不会给行动者以充足的时间达成共识再采取行动。突发性事件的处理往往需要行动者根据具体情况迅速采取行动。我们看到，面对后现代处境，商谈伦理仍然无能为力，它至多较好地解决了合法性问题，解决了我们做什么的问题，它至多会引起我们对某些议题的关注并形成某种意见，但对如何做，如何采取行动，商谈伦理并没有给我们提供明确的答案。面对高度风险性与高度不确定性的后工业社会，商谈伦理注定不是一个成功的治理方案。正因为商谈伦理在面对高度不确定性处境时表现得无能为力，我们不得不把目光转向对新的治理方式的寻求上。

第四节　治理方式变革中的服务精神形塑

工业社会的管理行政总是同某种程度的管制联系在一起的，因为它要追求一个确定性的世界。而对政府来说，确定性就意味着分工负责，意味着当出现新的社会事务以及新问题时，总是通过设立新的专门部门来进行管理。因而这种治理方式是一种基于确定性的治理。而后工业社会人与人之间的服务关系居于主导地位，人与人之间在相互服务中获得满足，合作关系逐渐占据主导地位，这意味着各治理主体

① 〔法〕米歇尔·克罗齐耶：《法令不能改变社会》，张月译，上海：上海人民出版社2008年版，第18页。

只有在相互服务当中，在相互合作过程中才能实现自身所追求的目标。社会关系的根本变化需要政府进行治道变革。

一、从管制到服务

工业社会是一个追求精确化的世界，工业社会的管理行政总是意味着某种形式的管理和控制，它是适应工业社会对整齐划一的要求而产生的。在追求确定性与精确性的过程中，政府承担了许许多多的责任。对社会公共事务的治理同样也需要整齐划一，这就需要通过政府部门的内部分工，对社会事务分门别类地进行管理与控制，在对确定性的追求中达到对社会的全面控制。因而管理行政总是与某种程度的管制相联系的。

现代社会中管制存在的合理性在于市场失灵。从理想的意义上讲，在完全竞争性的市场中，所有市场主体都在市场这只“看不见的手”的作用下，自觉地采取有利于实现自我利益最大化的行动。这也就是说，在这种理想的状态下，市场中的主体通过理性判断完全可以实现利益最大化。然而，在现实中根本不可能存在完全竞争的市场机制。完全竞争的想象与其说勾勒出一幅帕累托最优的美好图画，不如说它说明为什么市场自身并不能有效保证社会公平。这就是说，由于市场并不能建立在真空中，由于市场中存在这样或那样的路径依赖，完全依靠市场的力量自然发展，其所导致的结果必然是扩大社会的不平等，导致贫者愈贫，富者愈富。更何况，完全竞争条件下的市场最容易出现的结果是垄断的产生。正因为市场本身存在着先天性的缺陷，所以才需要政府作为第三方进行一定限度的管制，从而保证市场竞争以尽可能公平的方式进行。因而，管制就首先表现为经济性管制，其主要内容就是通过价格、进入和退出市场、投资、质量等方式对市场进行干预。

在此基础上，管制的内涵不断拓展，出现社会性管制。市场借助主体对自身利益的关注获得源源不绝的动力。这也就是说，无论采取何种方式，只要社会的根本机制立足于人们的自利性动机，即使拥有比较完善的法律体系，市场主体也是倾向于实现自身利益的最大化。这也就是说，在获利动机的驱使下，市场中的主体总是倾向于实现成本的最小化，总是尽可能地转嫁成本，其最典型的表现是市场生产所产生的严重的负外部性。比如，一些企业在经营过程中所产生的环境污染问题，企业生产过程中损害工人和附近民众的健康等问题。对于这些问题，普通民众因为信息不对称很难掌握足够的信息，从而很难形成强大的制约力量。在这种情况下就产生了社会性管制的需求，要求政府在健康、安全、环境、社会福利保障等方面进行管制。社会性管制出现的时间虽然比较晚，但它却使管制的内涵发生了根本性变化，这就是把民众的健康、安全等内容纳入到政府管制的范畴。

工业社会中的行政关系仍然以管制性为基本特征，但行政行为的管制性已经发生了引人注目的变化。这就是在传统的管制权力之外，出现了一种“基于同意的行政权力”。这种“基于同意的行政权力”仍然是一种公共权力。按马克思主义的观点，在有阶级存在的社会中，公共权力具有两个特征，即统治性与社会性。前者指公共权力首先是阶级统治的一种手段，权力的内容体现了统治者的要求和意志；社会性是指公共权力是对社会公共事务的组织管理。公共权力必须同时完成这两个使命。公共权力如果不能完成对公共事务进行组织和管理的任务，创造对于整个社会来说必需的公共秩序，那么它也将不能成其为公共权力。管理性或社会性表明了权力的客观性，统治性或阶级性表明了权力的主观性。霍布斯认为，为社会提供最基本的秩序，是社会认可某一统治权力的前提，构成政治统治“合法性”的根据。然而，这只是政治统治的最低限度“合法性”。霍布斯之后的启蒙思想家认为，国家仅仅具有提供公共秩序的最低限度合法性是不够的，必须把国家与民主政治联系起来，国家的统治只有经过被统治者的认可，才真正具备了必要的“合法性”。[①]

新公共管理主体的出现并没有从根本上改变，而只是在一定程度上削减了行政权力的原来过于浓厚的管制性色彩，使其在部分领域弱化，从而标志着行政权力无所不能的神话的覆灭，一定程度上带来公民自主意识的回归。基于同意的权力除了表现在新行政主体的出现之外，在传统行政主体行使的权力中也有体现，行政指导、行政合同、价格听证会、行政调解等被认为是在传统的管制性权力之外的新的权力作用形式。这些权力均是基于相对人的同意或至少需要以相对人的同意为条件而行使，因而它们可以看作是一种“基于同意的权力”。这至少意味着行政机关与行政人员从原来那种高高在上、唯我独尊的迷思中走出来，意味着行政人员心目中对公民有了一种平等意识，尽管这种平等可能不是他们心甘情愿接受的。

基于同意的行政意味着行政行为从单方意志性到交互性的变化。交互性是指行政机关在行政行为时应与相对人沟通与交流，包括意见交换与信息沟通、告知与反馈、陈述与听取，不再只是单方的调查与搜集。管理行政强调公共利益本位、行政权力优位性和对于获致理想的行政秩序的工具功能，表现在行政权力的运作上即是对行政权的单方意志性的强调。公民参与行政不可能改变行政行为单方意志性的特点。因为无论从理论还是经验事实上，行政权都不可能不最终是行政机关的意志，否则公法与私法、公权与私权、公域与私域的界限必将消失。然而不变之中仍有变化，民主参与对行政活动的影响不是毫无意义的。行政决定虽仍是行政意志的表达，但此种意志经由公民意志在行政程序中的交涉，必然受到影响，甚至在某种程度上受到限制。如经过了听证会的行政决定，其内容要建立在听证意见的基础上，并要表明对公民意见的态度及理由。公民在行政过程中的民主参与越多、

① 李强：《全球化、主权国家与世界政治秩序》，《战略与管理》2001 年第 2 期。

越有效，双方意见的交流就会越充分，行政决定就越可能是行政意志与公民意志交互作用下的结果。

从另一个角度来看，社会性管制的出现，不仅丰富了管制的内涵，更重要的是政府行政的目标和方式在不知不觉中发生了深刻的变化，这就是政府行为中服务性内涵的日益增加。尽管对健康、安全、环境、社会保障等方面的管制表现出行政权力的强制性，但是，在其强制性形式的背后，是服务要求的增长，尽管政府可能没有意识到这一点。因为，这种变化并不是政府主动要求的，而是社会发展的客观要求。也就是说，当社会发展到一定阶段后，就不再是单纯地追求经济增长，而是把人作为社会发展的目的。但是，在整个工业社会的发展过程中，无论是企业还是政府，并不能自觉地意识到这一点，这可能是历史发展的吊诡之处。企业之所以愿意改善工人的生活条件，是为了获取更大的利益，而政府仅仅是追随在市场之后，为市场服务，因而政府也不可能自觉地意识到这一点，甚至政府也不可能主动去改善民众的生活条件。只不过，社会和历史的发展强制性地提出了这一问题，政府和企业只不过是被动地回应了这一问题。但是，在被动地回应社会问题的同时，它们也不自觉地反映了社会发展的客观要求。

根据张康之教授的解释，行政管理经历了从统治行政到管理行政再到服务行政的否定之否定的发展过程。统治行政是农业社会典型的行政类型。统治行政直接是为了维护统治阶级的利益，为了维护统治阶级所需要的秩序。在这种治理模式下，存在的是统治者与被统治者，或者说是管理者与被管理者之间的直接对立，而且农业社会的阶级统治也为这种对立提供了基础。在统治行政中，权力凌驾于社会之上，它统治和支配着社会，统治行为体现了作为管理者或统治者的意志的单向性，它不需要也不可能有被统治者或被管理者的同意。管理行政则是工业社会中建立在理性化基础上的行政模式。尽管 20 世纪的公共行政实践已经以自己的行动证明了它的统治性职能的退隐，行政的公共管理职能则被突出到显要地位，但理论研究一涉及到政府问题，就必然持有或者潜在地持有统治的观念。在从管理行政到服务行政的转变中，管理行政中所缺失的伦理精神，在服务行政中得到了回归，但这种回归不是简单的重复，而是适应时代与人的全面发展要求，获得了全新的内容。服务行政意味着政府及政府中的行政人员对公民权利的尊重，意味着政府与公民地位上的平等，尽管从根本上来说，这种转变不可能彻底改变行政管理的单方意志性，也不可能改变行政在社会中实际所处的优越地位。但是与统治行政和管理行政相比，服务行政中所蕴含的发展趋势，却是我们要关注的。

二、从集权式治理到合作式治理

如前所述，后工业社会的到来，不仅意味着从管制到服务的转变，还意味着社会治理方式的根本转变。我们知道，农业社会及工业社会的治理方式，无论是集权式治理还者是民主治理，其实质都是控制导向的。这也就是说，不管统治者或治理者有多么开明，也不管治理者如何开放其治理体系，让被治者参与到治理过程中来，本质上都是用强制力量维持秩序的。

从行政管理到公共管理、从管理到服务、从管理到治理，并不是学者们在书斋里拍脑袋的产物，而是社会本身的客观要求，其背后有着深刻的社会原因。在这一转变过程中，最为引人注目的现象就是治理主体的多元化。在管理行政下，政府垄断一切，包揽了所有公共产品与公共服务的提供，甚至还不遗余力地不断扩展自己的管制范围。由于政府的自利性和自我服务的倾向，使得这种包揽一切的治理模式并不能达到社会所期望的效果，反而不断地引起社会的不满。正因为如此，社会转而自己为自己提供一部分公共服务与产品，这就在政府的管理行政下打开了一个缺口，迫使政府不得不面对社会日益增长的参与治理的要求。而当政府放下身段，谋求与社会进行共同治理时，多元治理主体便第一次出现了。

但是，多元治理主体的出现只说明政府不能再垄断一切，至于多元主体如何进行治理，并没有一个现成的普遍适用的方式。福克斯的话语民主理论其核心正在于探讨政府之外的治理主体如何参与到治理过程中来。这里需要注意的是，参与治理仅仅表明政府开放了一些空间，但整个治理过程还是操控在政府手中。也就是说，这样的治理方案并没有实质性的改变，如果政府不高兴了或者政府觉得其他社会主体对于其实行控制碍手碍脚，我们不难想象政府会把打开的门重新关上，因为参与或者不参与、参与到什么程度，完全控制在政府手里，就像中国的听证会制度一样。多元治理还没有摆脱政府主导、社会辅助这样一种格局，或者我们可以这样说，政府之外的治理主体虽然有了些身份，但仍然没有摆脱从属地位。在热闹异常的多元治理背后，其实隐藏着一个非常致命的问题，那就是这些治理理论或方案并没有解决好多元主体如何进行治理的问题，或者说没有选择好适合于后工业社会多元治理主体共治的方式。而目前的讨论中都把注意力集中在治理主体的多元化方面，并没有注意到治理方式的根本性转变，更不用说去讨论多元治理的适用性问题了。这样，我们看到，多元治理主体的出现提出了变革治理方式的要求。这种变革显然不是对原有治理方式的细枝末节的修补，而是治理方式的根本性变革，这就是从集权式治理向合作治理的转变。合作治理回答了多元治理如何治理的问题，或者说解决了多元主体共治的方式方法问题。

合作治理首先表明治理主体的多元化。原来由政府垄断提供的公共管理与公共服务无法持续，非政府组织、企业、公民、社区等治理力量迅速兴起，并积极投入到社会公共事务的治理过程中来，使社会治理过程变得日益丰富多彩。而之前的集权治理或者民主治理则与多元治理主体相排斥，或者说，这两种治理模式要么允许政府作为唯一的治理主体，要么政府只是在压力之下有限开放治理空间。正如张康之教授所说："集权治理必然要建立在主体单一化的前提下，同时，集权的治理又必然会扼杀多元主体出现的一切可能性。民主治理在形式上扬弃了集权治理，但在实质上只不过是改变了集权的方式和拥有者，它用代表性的设置把权力一级一级地集中到某个岗位上，用某个党派利益集团去代替农业社会的君主集权。"[①] 而合作治理则不同。在后工业化的进程中，"正在呈现出的社会治理主体多元化向我们展示的是一个全新的社会治理图景，那就是人类社会将进入一个多元治理主体合作治理的局面"[②]。这表明，由政府作为唯一主体的社会治理模式正逐渐远离我们，非政府组织以及其他社会自治力量正在迅速成长起来，并越来越成为社会治理体系中的重要角色。因而，合作治理也就意味着社会治理中的行动者是一个由政府、非政府组织及其他社会自治力量构成的多元化的行动者系统。

社会治理主体由单一向多元的转变，首先表明的是平等的治理主体之间合作进行治理。"合作治理将是一种完全不同的治理，它与任何形式的集权都是不相容的，它把一切社会因素的平等共在作为合作治理赖以成立的基础。"[③] 这样，"合作意味着平等关系的确立，合作意味着共同行动凝聚力的生成，合作意味着任何形式的中心—边缘结构的消解，而且更为重要的是，合作首先意味着主客体结构的消解。这是因为，合作者之间的关系不再是主客体之间的关系，他们在合作行动中都具有充分的主动性。"近代以来在认识论的发展中所形成的主客体分析框架是不适用于理解合作关系的，"如果认识不到这一点，而是在主客体分析框架中去建构合作关系和思考合作行动方案的话，必然会使合作变味。当我们把后工业社会背景下的社会治理转化为合作治理

---

① 张康之：《合作的社会及其治理》，上海：上海人民出版社 2014 年版，第 22 页。

② 张康之：《在后工业化进程中构想合作治理》，《哈尔滨工业大学学报》（社会科学版）2013 年第 1 期。

③ 张康之：《合作的社会及其治理》，第 22 页。

时，就需要告别主客体二分的思维，就需要在社会管理主体之间寻求平等的行动者关系。对于平等的行动者而言，政府的角色扮演绝不可能凌驾于其他社会管理主体之上，因而，也就不允许任何行政傲慢发生在政府里面。政府与其他的社会治理行动者之间是一种平等合作的关系，都是合作行动者”[①]。这样看来，在多元主体合作治理的场景下，政府与其他治理主体一样，都是平等的治理者，政府不能高高在上，它必须低下高傲的头颅，与其他治理主体共同展开行动。

网络的普及为公共空间提供了广阔的技术平台和坚实的技术基础，网络的发展使得人们可以方便地获得自己所需要的信息，也可以就自己感兴趣的公共议题自由地表达意见，从而使多元治理主体共同行动获得坚实的技术基础和社会空间。网络虽然是个虚拟空间，但从人类历史上来看，它第一次使人类自由表达成为现实。网络是个自由的空间。从理论上来讲，至少每个具有基本信息操作能力的人都可以通过网络这个平台来表达自己对某个议题的关切。网络虽然是个虚拟空间，虽然以计算机和通信技术为支撑，但它其实为人们搭建起一个公共空间，一个人们参与公共事务的空间。也就是说，随着计算机及通信技术的发达，地域不再成为人们参与的障碍，借助于网络，在一个超大型的复杂社会中，人们的公共参与第一次成为现实。在这里，人们可以自由地表达自己的看法、态度、情感。如果说在网络技术还没有普及的社会中，人们的公共领域还存在某种技术性障碍的话，这就是说，至少有关议题的信息还可以为人所控制，平面媒体在传递信息时还有时间与空间上的限制，那么，网络的普及则意味着外在的控制、时间与空间的限制对于信息的传递不再存在。一切都是即时性的，即使我们身处天涯海角，但借助于网络，一切人都是在场的，一切人都是事件的参与者与行动者，在这里，不再有因为时间与空间的阻隔而带来

① 张康之：《论主体多元化条件下的社会治理》，《中国人民大学学报》2014 年第 2 期。

的不在场，一切人，只要他们愿意，通过网络这个途径，都是在场者和行动者。

多元主体的平等共在并不意味着它们是无差别的同一的存在。恰恰相反，多元共在意味着治理主体首先是差异性存在。这也就是说，多元首先表明主体之间的差异性，如果没有区分，没有差别，也就不会有多元化的要求及多元化的实存性力量。也正是在这个意义上，我们说，社会的多元化是以对差异的承认为前提。因而，当我们讨论社会治理主体的多元化时，一个不言而喻的前提就是这些多元化的治理力量必然是差异性的存在。而后工业社会的高度风险性及高度不确定性恰恰也是以对差异性的承认为基础。但是，这里需要注意的一个问题是，当我们承认了多元主体之间的平等地位时，是否也意味着必然承认政府和其他治理主体承担着同样的责任和义务？或者我们可以这样说，在多元治理主体共存的情况下，我们是否可以要求政府承担分外的义务或者额外的义务？我们的回答是肯定的。这是因为，多元主体共存并不意味着政府自降身份，也不意味着政府可以以改革等为借口推卸自己的责任。在高度风险性及高度不确定性的后工业社会，政府的责任不是减少了，而是增加了。因为社会的高度复杂性、公共事务的急剧增加使得原先的经验与传统在面对这样的境况时无法及时应对，而事务的紧迫性又要求我们必须迅速采取行动。这时，政府首当其冲，因为无论是非政府组织还是其他社会力量都无法与政府相比，甚至无力独自应对像突发性危机事件等复杂的公共事务。因而从总体上来说，多元主体共存并不意味着政府可以放弃或减少自己的责任与义务，恰恰相反，在后工业社会的背景下，政府应当是引导型的，引导型的定位恰恰说明了政府应当承担的责任不是消极的而是积极的，不是被动的而是主动的，不是推卸自己的责任而是要积极担当。

我们看到，当下不少研究者在讨论治理理论时，不约而同地把目光投到治理主体上，即在多元化的社会背景下，探讨多元主体如何进行治理，这样，多元治理无非就是政府、非政府组织、企业、公民和其他社会自治力量共同来行动。但问题在于，如果我们沿着近代以来的认识论思维来思考的话，也就是说，如果从主客二分的立场来思考的话，那么，我们自然而然会把目光转向作为主体对立面的客体。如果在统治行政或管理行政之下来看的话，政府是唯一的管理主体，政府之外的领域都有可能成为管理的客体或对象。事实上在管理行政之下，随着社会复杂性的增长，社会各领域逐渐被纳入管理的视野之中。这也就是说，如果还是沿着管理行政的思维路径的话，我们还会把已经成为主体性力量的那些事物看作治理的客体，事实上，这种认识与思维已经无法解释后工业社会中的合作治理了。

作为对集权治理及民主治理的否定，合作治理意味着由多元治理主体构成的社会治理体系是一个具有充分开放性的动态系统。“在这里，治理者与被治理者都是相对的，在某个语境下是治理者，而在另一个语境中又是被治理者。在时间和空间的意义上，每一个治理者同时又是被治理者。在静态的视角中，治理者与被治理者的相对性会以治理主体性质的改变等方式去表现自己。因而，如果说在单一治理主体独自承担社会治理职能的时候，所表现出来的是对无所不在的控制的追求，而在多元治理主体合作治理的条件下，每一个进入合作治理系统的要素都必然具有相对于系统其他要素的服务定位。”[①]这意味着，虽然合作治理体系下的治理者获得了主体身份与地位，但是，这种地位不是一劳永逸的，正如张康之教授所说，“治理者与被治理者都是相对的”，因此必须在整个社会的意义上和动态过程中去把握治理对象。只有这样，我们才能真正认识治理者之间的互动及其关系转化。

但是，需要注意的是，在治理什么的问题上，治理者与被治理者

---

① 张康之：《在后工业化进程中构想合作治理》，《哈尔滨工业大学学报》（社会科学版）2013 年第 1 期。

只具有相对意义，但这并不意味着没有治理对象了，而是说治理对象不再是固定的了，一切因时、因事、因势而变，原来的治理者可能在另外一个场景下成为治理对象，而原来的被治理者可能在下一个场景中又是治理者，它们之间的身份是可以互换的。但这并不能否定在治理的对象是什么这个问题上人们所形成的基本共识，即那些能够成为公共事务的都有可能成为被治理者，比如，我们原来视而不见的空气，当它影响到众多人的生活时，就可能成为治理的对象了。同样，我们需要注意的是，在一些地方的实践中，以治理之名而行统治或管制之实，比如，以所谓的社会管理创新为名的“网格化管理”，其实质还是管制与控制，当民众被定位于社会网格中时，也就意味着其行踪在这个网格中一目了然，就像GPS定位一样，任何人在这样的“网格化管理”中都会无处可逃。这种所谓的社会管理创新不是治理，也不是创新，其出发点仍然是政府如何控制社会，虽然有着治理之名。

三、形塑服务精神的路径

一种具有历史必然性的事物并不意味着完全排除人的主动性与创造性。相反，历史从来都是人所创造的，社会发展在重大关口呈现出多种可能性，这就要求人们能够把握住历史发展的可能，进行积极创造，从而建构出一个合乎人性的世界。行政管理的发展也是如此。虽然历史发展已经为我们提供了可能，但要把这种可能变成现实，仍然需要人的积极性与创造性。公共行政所需要的服务精神只有放在后工业社会中才能得到准确理解。这也就是说，作为一种全新的行政精神类型，它是工业社会所无法容纳的。因而这就需要我们在把握社会发展及行政精神演进趋势的基础上，在批判地继承管理行政合理成果的基础上进行积极建构。一种正在生成的社会以及在此基础上出现的全新的行政精神是不可能自动生成的。而且，由于是正在生成中的，就像一株小草刚长出幼芽一样，可能不为人注意，甚至可能被人当作杂草一样清除掉。因此，在新事物发展之初，需要我们的思维具有超前性，能够打破已有框架的束缚，在面向未来的思考中，充满想象力地去探索其内涵。作为一种全新的行政精神，服务精神不可能在工业社会的环境下生长，也不可能是对工业社会理性精神的完全复制。这也就是说，服务精神既需要与之相应的生活环境，也需要在此基础上的精神环境。这是一个新的生活秩序与心灵秩序同构的过程。

如前所述，工业社会的官僚制在其制度性设置中内在地排除了公共管理者的道德能力，它根据功能来考虑组织机构的设置，一切都是手段，是为满足特定目标而存在，因而，管理、控制、效率就成为其显著特征。建立在这样基础上的行政管理没有也不可能养成所谓的服务精神。作为一种新的治理类型，合作治理要把原来处于“休眠”状态的道德能力唤醒，要使公共管理者普遍具有服务精神，靠对官僚制本身细枝末叶的修补，显然无济于事。这就把我们的思考方向指向了对官僚制本身的超越，建构起一种新的制度体系，这种新的制度体系承认道德，能够充分激发出公共管理者的道德能力，承认公共管理者具有充分的主体性，要求他们发扬主体性服务他者。

当我们建构起这样的能够充分发扬公共管理者服务精神的制度时，当公共管理者的道德能力在这种背景性制度安排下得到充分发挥时，相应的生活秩序也就在这样的制度规约下形成，这种生活秩序的核心就在于在这样的制度安排的有效规约之下，人们形成相应的行为模式，即在这样的生活背景下人们的行动及生活所得必须以道德的方式来获得，这就是托克维尔所说的“德行有用”的意蕴，即必须创造出人们的正当合理利益与其道德行为之间具有正相关性的生活环境，在这样的环境中，人们的所得必须通过道德的方式来获取。对公共管理者来说，同样如此，这就是在合作治理条件下，如何从“防恶”走向“扬善”。也就是说，必须通过相应的制度安排把潜藏在管理者身上的善性激发出来，使服务他者成为公共管理者的使命，进而使这种制度成为公共管理者工作的生活背景，形构公共管理者的生活秩序。“一个朝气蓬勃的人的习惯是在与困难作斗争的过程中形成的，而不是在享受安逸中形成的。洞察力和智慧是阅历的结果，而不是在退隐和休闲中吸取的教训。热情和慷慨是一个因自己着迷的事业而亢奋，而受到激励的人的素质，而不是思考或知识的赐予。”[①] 只有在一定生活环境下，才能养成相应的优美心灵。至少在生活环境与心灵秩序之间，生活环境具有优先性。

在新的生活秩序基础上，还要塑造起与之相应的心灵境界。这也就是说，制度安排只不过提供了人们行动的背景性框架，要使公共管理者具有服务精神，还必须着眼于他们心灵境界的提升，使他们拥有优美的灵魂。制度只是为人性走向善提供了一种可能性，而要把这种可能变成现实，还必须注意人们心灵境界的提升。反之，如果只是关注制度建设，有可能不会达到我们所期望的结果。

麦金太尔在谈到正义问题时曾说过，正义只有对具有正义感的人才有意义，必须在正义及正义感之间建立关键性的联系，罗尔斯也曾提到公民的正义感，虽然两人讨论的语境有所不同，但他们都指向了一个共同问题，这就是道德社会的生成还有赖于个体心灵境界的提升。除了通过教育、自省等方式来使个体的心灵得到净化外，这里的关键在于，生活秩序与心灵秩序的形成是一个同构的过程。也就是说，只有通过相应的制度安排并在此基础上形成相应的生活秩序，才能生成我们所向往的心灵秩序。在这里，生活秩序是基础，人都是在既定的背景性框架下生活，生活秩序提供了什么样的行为方式，人们就按照什么样的方式来生活，这就是杜威所说的“生活即教育”。就大多数人来说，人的境界、修养等都是他所处生活环境的产物，在这里，现实生活对精神生活的影响永远是第一位的。企图通过道德教育、榜样

---

① 〔英〕亚当·弗格森：《文明社会史论》，林本椿、王绍祥译，第 285 页。

示范、自我省察等方式来提升精神境界，虽然美好，但未必能取得良好的预期效果。要使公共管理者在处理复杂的公共事务时具有相应的道德能力，就必须改变其所赖以生存的生活环境。与此同时，变化着的生活环境以及在此基础上所形成的生活秩序，也一定孕育着新的心灵，这就意味着新秩序的建构，注定是一个生活秩序与心灵秩序同构的过程。只有在创造了相应的生活秩序的基础上，形成相应的心理行为范式，公共管理者的道德善性才能得以充分发挥。

第六章
行动者：行政主体的自我否定

霍克海默曾说过：“精神的真正功劳在于对物化的否定。一旦精神变成了文化财富，被用于消费，精神就必定会走向消亡。精确信息的泛滥，枯燥游戏的普及，在提高人的才智的同时，也使人变得更加愚蠢。”[①]精神是物化的对立面。如果我们还以物化的方式来理解精神，那么我们事实上就在毁灭精神本身。对行政管理来说更是如此。如果我们对行政精神同样持有物化的思维，那么我们也就会在分析思维的路径下对之条分缕析。这样我们在事实上就没有超越工业社会的思维。管理行政下的管理者仅仅是在实体的意义上被当作主体来看待，但这种主体是没有主体性的主体，是主体性没有得到充分发挥的主体，有主体而无主体性。后工业社会对主体性的呼唤，要求公共管理者的主体性得到充分展现，这就需要对公共管理者的主体性进行重构。而当多元治理主体共存之时，行政主体就走向了自我否定。

第一节　公共管理者：从行政主体到行动者

管理行政下的管理者只是命令的执行者，他们完全听从于上级的命令，在执行命令时不能掺杂个人的任何情感、偏好、价值。如果说管理行政下的管理者是旁观者，对管理对象不掺杂任何个人偏好，那么后工业社会的公共管理者则是行动者。后工业社会环境下的行政管

---

① 〔德〕马克斯·霍克海默、〔德〕西奥多·阿道尔诺：《启蒙辩证法》，渠敬东等译，上海：上海人民出版社 2006 年版，第 4 页。

理者所面对的情境是开放的，他要和其他社会治理主体一道通过合作来完成对公共事务的治理。在这个过程中，公共管理者是积极的行动者。

一、后工业化进程中的行政主体

从历史的演进来看，农业社会、工业社会、后工业社会成为我们理解社会历史发展的一条非常清晰的线索。只不过，这条线索所呈现出的历史图景不同于我们所熟悉的以阶级划分来描绘的社会历史图景。沿着这个思路，我们会发现，人类正在走向一个新的社会历史阶段——后工业社会。作为一种新的社会类型，后工业社会虽然在工业社会的基础上发展而来，但绝不仅仅是工业社会在时间上的延续，它具有不同于工业社会的结构与特征。工业社会已有四五百年的历史，其制度安排、治理体系等方面已经发展得相当成熟。和工业社会相比，后工业社会简直不值得一提，它的历史尚无法叙说，它是一幅正在展开的画卷，它的状态正在生成之中。

从西方发达国家的情况来看，20 世纪六七十年代出现了产业结构的构成性变化。随着生产技术的革新，从事生活必需品生产的部门在整个经济结构中的比例迅速下降，大量的劳动力转向服务业或者第三产业，而且，劳动分工越来越细密，劳动力也日趋专业化。这也就是丹尼尔·贝尔所说的“后工业社会”的到来。当然，贝尔所说的后工业社会主要是经济意义上的。贝尔看到了经济结构发生了根本性变化，用他自己的话来说，就是西方发达社会在彼时从“商品生产社会转向服务型社会”。以美国为例，“到 1970 年为止，大约 65% 的劳动力从事着服务业。但重要的事实是对技术和专业服务的强调，对人工服务的强调。这些部门的扩大，造成了社会职业结构的主要转变”[①]。在物质

① 〔美〕丹尼尔·贝尔：《资本主义文化矛盾》，严蓓雯译，第 208 页。

生活需要得到满足的基础上，“人们追求的不再主要是物质享受，而是精神享受，是旅游娱乐服务、文化艺术、保健、教育等，从而促进了‘服务产业’的发展，表现出‘服务经济’的特征”[①]。这意味着服务关系的生成并不是偶然的，其背后有着深刻的社会根源，因而，从生产性社会向服务性社会的转变也就在某种程度上具有了客观必然性。其实，经济结构上的变化，带来的不仅是职业构成的变化，更重要的是由此而引发的社会结构、生活方式乃至整个社会关系的巨大变革，这种社会关系乃至社会结构的根本性变革，就在于第一次实现了服务关系在整个社会结构中居于主导地位，使整个社会关系呈现出一种服务与被服务的关系。一个新的社会结构正在形成，这可能是贝尔没有意识到的，尽管他将之命名为“后工业社会”。

从人类历史的发展来看，走向后工业化是不可避免的趋势。在面对后工业社会这一问题上，无论是发达国家还是发展中国家，它们站在了同一起跑线上。从西方发达国家的演进来看，其发展呈现出自然演进的特点，而发展中国家则是后发型的，既要面对工业化进程中的问题，同时也要直面后工业化当中的问题。因而对晚发民族国家来说，后工业社会首先是一个建构的过程，也就是说，对于后工业社会演进当中产生的问题，没有现成的经验，没有经验教训可以借鉴，怎么处理、如何处理，都需要人们在实践中摸索。

我们知道，整个工业社会都建立在工具理性的基础之上，其社会结构、制度安排也都是工具理性的物化，而工具理性的核心特点就是主客二分的思维方式。这种思维方式倾向于使整个世界对象化，把主体之外的一切事物都当作客体来看待。公共行政也不例外。当以主客二分的工具思维来分析行政关系时，我们会看到，政府不言而喻成为行政主体，而且是唯一的主体，而政府之外的社会、其他组织、企业

---

① 张康之：《论伦理精神》，南京：江苏人民出版社 2012 年版，第 37—38 页。

甚至个人都成为客体。当政府这一唯一主体面对众多的客体时，其所能采取的方式必然是管理。“无所不管的国家不仅直接控制了因科层主义而枯燥单调的公共领域，而且直接控制了这种公共领域的私人基础。行政干预和持续监管瓦解了家庭、学校、社区和邻里中日常接触的交往结构。那些既过分管制、又缺乏法律确定性的领域中的社会团结条件的毁坏，以及首创性、独立性的麻痹，是同社会团体、社团和网络的破碎同时并存的……交往行动的社会化力量在私人生活领域中越是萎缩，交往自由的火花越是暗淡，公共领域的垄断者就越是能够轻而易举地把那些孤立的、形同路人的行动者集结起来，把他们置于监督之下。”[①] 当政府以管理思维来看待社会时，它必然高踞于社会之上，当政府以管理者的姿态来看待它与社会、其他组织之间的关系时，它必然是居高临下的，仍然企图以组织内部的等级关系来类比政府与社会之间的关系，而当政府以这种方式来处理它与社会之间的关系时，它必然充满着傲慢。

虽然工业社会中社会已经有了自主性的要求，虽然市场也造就出了无数的主体，但就政府管理来说，当政府独占对社会的管理权力时，它不仅居于社会之上，而且试图把政府之外的一切都置于其掌控之下。它不仅不能严格按照公私二分所划定的界线来守住自己的权力边界，而且总是试图扩大自己的势力范围。这就是说，只要我们还没有跳出工具思维的模式，只要我们还是按照管理行政的思维来改革政府，无论我们如何改革，最后仍然是管理或控制导向的，这必然要排斥其他社会管理主体的生长。更何况在管理行政之下，政府也不允许其他社会力量来分享其独占性的管理权力。虽然我们把政府理所当然地认作行政主体，但这种主体仍然是在实体的意义上使用的，是为了理论方便而造出的一个语词，它仅仅有助于我们清楚地把握管理行政中的行

① 〔德〕哈贝马斯：《在事实与规范之间》，童世骏译，第456页。

政关系之实质。但就实际的行政关系而言，管理行政之下的行政主体并没有实质性意义。

如前所述，后工业社会同时是一个多元化社会。虽然工业社会也是多元社会，但后工业社会之多元性不同于工业社会之多元。工业社会主要借助于市场经济对利益的肯定造就出无数个利益主体，依靠人们的利己心来获得其发展的源源不断的动力。后工业社会虽然没有从根本上否定市场这一经济机制，但其多元特征的获得并不仅仅依赖于市场本身，或者说，后工业社会多元性的含义比工业社会多元性的含义要丰富得多。这种丰富性在社会领域内就表现为自治力量的增强，社会组织广泛参与到社会治理当中，社会越来越成为一个多中心的社会。多中心意味着政府不再是社会的唯一中心，意味着社会力量对公共事务的影响力越来越强大，社会的“影响力和政治权力转移到了一些集体行动者手里”，“政治系统既不是社会的顶点，也不是社会的中心，甚至也不是社会的结构性核心，而仅仅是诸系统中的一个系统”。[①] 在这种情况下，政府“与其说是一个国家机关，不如说是一个委员会，是一个自我管理的政治共同体的组成部分，而不是一个单独的国家权力机构的顶端”[②]。

这种多中心化的表现之一就在于非政府组织的大量出现。由于非政府组织不能纳入行政管理体系当中，政府并不能直接或间接控制非政府组织，因而非政府组织的出现改变了社会的治理结构，政府不能也不应该以等级式关系来处理它与非政府组织之间的关系。作为独立于政府之外的自治力量，非政府组织与政府之间是平等的合作关系，表现在公共产品的生产与提供上，原来由政府垄断提供的局面也转变为由政府与非政府组织来共同分担。这样，我们看到工业社会的治理

① 〔德〕哈贝马斯：《在事实与规范之间》，童世骏译，第 376、375、456 页。
② 〔德〕哈贝马斯：《在事实与规范之间》，童世骏译，第 372—373 页。

格局被打破了，政府“转而成为众多从事公共产品的生产和供给组织中的一个，它的主要功能也不再是直接地从事社会治理活动，即使它不能够完全从直接的社会治理活动中退出，也不是把主要精力投入到直接的社会治理活动中去了”。在后工业社会里，“政府的基本任务转向专门为多种多样的社会治理组织提供合作治理的制度环境方面，并通过规划、引导、商谈、协调和服务等方式，为直接从事社会治理活动的非政府组织提供支持，聚合起社会治理的合力”①。

当非政府组织等众多社会自治组织成为社会治理体系中的主体时，政府作为唯一的社会治理主体的地位受到了挑战，政府再也不能以主客二分的思维来看待行政关系。同样，这时也不能在实体的意义上来理解作为管理主体的政府。如果说在工业社会里政府作为主体还仅仅是实体意义上的，那么随着其他社会治理主体的生长与参与，后工业社会中政府这一行政主体才逐渐获得越来越多的实质性内涵。

二、从主体的自觉到主体的消解

从哲学的意义上来理解，主体至少意味着具有自由意志及反思能力。没有自由意志与反思能力的主体只能是实体意义上的。从这个角度来看行政主体的演进，我们说无论是农业社会的统治行政还是工业社会的管理行政，所谓的行政主体都只是实体意义上的主体。

农业社会中政治与行政、国家与社会、统治与管理混沌一体，没有政治与行政之间的区分，也没有公共领域与私人领域的分离，国家权力高高在上，渗透到社会一切领域。虽然统治只有在履行社会管理职能的情况下才能进行下去，但关键在于所谓的管理只不过是统治阶级为维护自身统治地位而产生的副产品。这也就是说，在统治行政之下，行政管理不过是政治的婢女，是为政治统治服务的，行政管理如

① 张康之：《论伦理精神》，南京：江苏人民出版社2012年版，第61页。

果说有的话，也不可能拥有自己的独立地位。农业社会不存在实实在在的行政主体。

在政治笼罩一切的社会环境下，作为管理者的官员没有自己的独立性，他们只不过是皇帝或上级的驯服工具，当他们口口声声以“奴才”自居时，也就在事实上表明了农业社会中大大小小的官员是不可能作为主体而存在的。农业社会中主奴关系占据主导地位，在统治阶级内部存在着事实上的人身依附关系，以门生、故旧、乡情等为纽带建立起来的具有私人性质的利益集团，使得统治集团内部各种关系盘根错节。所有这些关系都以事实上的人身依附为核心，这也就是说，当大大小小的官员上下奔走，主动投怀送抱，其实质就在于农业社会中主奴关系占主导地位，官员们要想在官场中生存下来，就不得不选择一个主子，他们自己也就不得不成为一个奴才。在官场中，不是投靠这一个主子，就是投靠另外一个主子，陶渊明式的田园生活只不过是诗人诗意的想象罢了。如果一个人选择了官场，还期望着如陶渊明那样的生活，那就注定了他要为官场法则所淘汰。

主奴关系的主导地位，官员的奴才心态从事实上说明了农业社会的管理中不可能造就出主体意识。当一个个官员对上唯唯诺诺，唯恐主子有半点不高兴，一切唯主子之命是从，他们实际上不可能有也不愿意拥有作为主体所必需的自由意志和批判性的反思能力。作为奴才，他们一切行为的标准就在于主子是否高兴，一切以主子的意志为转移，既无人格，也无独立，在主子的庇护下分得一点残羹冷炙，从而在保证主子利益最大化的情况下与之结成利益共同体，并在此基础上成为一个命运共同体，一损俱损，一荣俱荣。

工业社会的管理行政只是在形式上实现了管理者的主体性，使行政管理者成为形式上的主体，但这种主体有其形而无其实。当韦伯说官僚制下官员的荣誉就在于对上级命令不折不扣的执行时，他的意思是说，官僚制其实并没有给官员留下任何自由意志的空间，官僚只不过是执行政治意志的工具。只不过与农业社会的官吏相比，工业社会的官员不存在人身依附关系。基于对封建君主权力任性的恐惧，启蒙时代以来的思考总是倾向于对权力进行控制，通过严密的控制来限制行政管理者的自由裁量空间，防止管理者滥用权力。这就意味着在工业社会的官僚制体系设计中行政管理者是不准拥有自由意志的。而在事实上，由于社会公共事务的复杂性，由于社会事务的多样性，任何法在面对丰富多彩的现实生活时都具有某种滞后性，并且法只是规定了一些基本原则，而它如何应用还必须结合具体情境。法如何应用到具体情境就取决于行政管理者对法及具体环境的理解，这样，我们就不得不承认行政管理者事实上拥有自由裁量权。而只要我们承认行政管理者拥有自由裁量的权力，实际上也就等于承认行政管理者具有自由意志。但是从总体上来说，工业社会的管理行政总是倾向于限权，从程序上规范自由裁量，压缩行政管理者的自由裁量空间，从而倾向于否定行政管理者的自由意志。

就反思性的一面来说，管理行政同样也不允许行政管理者具有批判能力。因为反思要求进行批判性的思考。对官僚制体系来说，其首要的原则是纪律，是服从，是对上级命令不折不扣的执行。官僚制组织的设计恰恰不允许其成员具有这样一种批判能力。“在组织里，人们习惯于按常规行事，这并不要求对他们正在做什么进行批判式评估。他们发现自己易于受到有意或无意的压力而在符合现有状态下来行动。如果一个人持续被雇佣、晋升和薪酬增长都依赖于满足既存的体制要求和规则，那么，置疑现有的做事方式可能就是一种不合群的行动。”①这也就是说，官僚制的金字塔式的等级体系从制度设计上没有也不允许其成员去反思、去批判。我们很难想象当一个组织的领导下达命令时，招来下级的一片反对，领导还欣喜若狂，这是无论哪一个领导都

① 〔美〕全钟燮：《公共行政的社会建构：解释与批判》，孙柏瑛等译，第130页。

不愿意看到的。从另外一个方面来说，现代官僚制体系通过职务晋升、优厚的报酬等使管理者在争取自己的利益的过程中不知不觉地丧失了反思能力。“各种官僚制还是继续存在，人们进入其中，成为不反思和不批判的存在，并变成他们自己的囚徒。因此，那些与官僚制有联系的人不仅将它看成是坚若磐石，而且这些人也已经失去了自我意识，已经不再是能够消解或重新设计亦或解构组织的、有着内在动机和创造力的存在。”处于官僚制体系下的个体，也就在刚性的官僚制之下成为毫无批判能力的职员，他们只有对上级命令的不折不扣的执行。“缺乏反思将个体变成了刚性官僚制中的无批判的官员。顺从的职员从事着官僚制中的惯例性工作。”①

所以，管理行政也不欢迎主体性，至于我们经常在教科书上看到的各种关于行政主体的说法，其实仍然是在实体的意义上而言的。当行政从政治中分离出来，寻找自己的学科定位，寻找自己的学科边界时，行政管理在官僚制的体系设计中仍然被当作一个实体来看待。“管理型政府生成于‘议行’分离的条件下，这种‘议行’分离最终以政治与行政二分的形式被固定了下来。也就是说，政治领域是一个‘议’的领域，而行政的领域则是一个‘行’的领域。‘议行’分离虽然使政府及其行政人员成为‘行动主体’，但是，这个‘行动主体’在某种意义上是没有‘头脑’的，因而不具有主体性。”②它们仅仅是行动的主体而已，并没有获得主体的实质性内容。我们看到行政管理者的群体画像总是表现出“沉默的多数”，出现集体性失语，最核心的原因就在这里。也就是说，当以纪律为核心建构起官僚制体系时，当官员的生活来源取决于厕身其中的官僚制体系时，不能指望他们去批判自己赖以生存的组织。因而，管理行政

① 〔美〕全钟燮：《公共行政的社会建构：解释与批判》，孙柏瑛等译，第133页。
② 张康之：《寻找公共行政的伦理视角》（修订版），第303页。

中的管理者失却了作为活动主体的本质性特质，这种特质是在与客体的相互作用过程中发展起来的人的自觉、自主、能动性和创造性。作为现实活动中的主体，既是实践主体又是认识主体，既是思想着的行动者又是行动着的思想者。真正的主体“只有在主体间的交往关系中，即在主体与主体相互承认和尊重对方的主体身份时才可能存在。在这种情况下，每个主体首先以自身为目的，又必须在一定程度上作为手段而起作用”①。

这样，后工业社会行政管理的主体性必然在相互承认中生成。这也就意味着政府不再是唯一的管理主体，其他社会组织在事实上成为社会治理的主体。治理主体的多元化也就使得那种封闭的治理关系不合时宜了，而为着能有效地进行社会治理，政府就必须保证治理体系和治理关系的开放性，在与其他治理主体的相互承认中保证治理的顺利进行。“我们是处在与他人关系中的自我，并强调我们在建构实在中的角色，同时也强调需要将他人纳入到实在的建构过程。反思不应该被限定在一种智力和个体基础上的实践，它不仅仅包括个人在组织世界里审视他或她的存在或批判知识和方法。相反，反思应该植根于生活经验，并承认我们通过与周围的其他人互动来建构我们的社会世界。”②

对行政管理者来说，他进行反思的动力来自何处？我们只能寄希望于其自我价值感的提升。这意味着他试图通过批判式的自我反思，“在他人及组织情境的关系中理解他自己或她自己。因此，自我反思是质疑一个人与其自身及他人联系的必要能力。当人们深入到反思行动中，他们就开始理解并尊重各种复杂关系。在这样做的过程中，他们认识到他们是积极行动的主体并开始批判地思考环境，

① 郭湛：《主体性哲学——人的存在及其意义》（修订版），北京：中国人民大学出版社2011年版，第212页。

② 〔美〕全钟燮：《公共行政的社会建构：解释与批判》，孙柏瑛等译，第131页。

而不仅仅是对环境作出被动反应，同时他们也在与他人的关系中以一种自我确认的方式来塑造着各种行动”[①]。对行政管理者来说，反思是非常必要的，“当公共行政管理者反思他们与环境、文化和公众相关的角色时，他们就在寻求情境化界定他们角色绩效的意义。他们也诠释他们的责任并建构与有意义的他者——如组织成员、公众和公民——相关的行动的意义”[②]。“反思是一个辩证的过程，它通过个体参与到与他人的主体间对话来理解和克服制度的局限性，这使得对替代方案的探索成为可能。如果公共行政管理者理解他们的理论立场、政治和管理观点或行政实践的局限性，那么，他们就能够通过考虑使用新的变革组织的方式来改变这些局限性。当行政管理者通过与组织中的其他人对话而积极地参与到一种反思过程，他们就开启了从他们自己关于行政实践的假设、偏见和程序中解放自身的可能性。”[③]

对后工业社会的行政管理者来说，其行动“总是要求反思式判断，即什么是‘合适’的行动？我对管理的责任是什么？我对自己的责任是什么？我的行动对于我所服务的公众意味着什么？”[④]反思即批判，反思即自由意志的表现。如果说管理行政倾向于对行政管理者的自由意志进行限制的话，那么，后工业社会条件下的服务行政则鼓励行政管理者按自由意志行为，鼓励他们把握具体情境，并在此基础上处理公共事务。而当他们如此作为的时候，也就是行政管理者的主体性得到充分展现的时候。在张康之教授看来，“非政府组织的出现，使这种状况正在悄悄地发生改变，使政府与非政府组织并存的条件下必须以一个相对独立的主体的形式出现，即获得主体性。在政府及其公共行

① 〔美〕全钟燮：《公共行政的社会建构：解释与批判》，孙柏瑛等译，第131页。
② 〔美〕全钟燮：《公共行政的社会建构：解释与批判》，孙柏瑛等译，第130页。
③ 〔美〕全钟燮：《公共行政的社会建构：解释与批判》，孙柏瑛等译，第130页。
④ 〔美〕全钟燮：《公共行政的社会建构：解释与批判》，孙柏瑛等译，第103页。

政是一个相对纯粹的行动领域的时候，按照科学化、技术化的路径加以建构是合理的，即合乎韦伯所说的形式合理性。然而，在政府拥有了主体性的时候，就必须同时拥有价值因素。在某种意义上，政府的主体性恰恰是由其所拥有的价值因素来确定的，是价值因素赋予了它主体性”①。

在张康之教授看来，由于社会力量的出现，使政府及其行政人员获得主体性，而这种主体性在某种意义上又是由政府行政中的价值因素赋予的。这也就是说，一方面，主体性的获得不是先在的，政府或政府成员并不因其身份就先天具有主体性，主体性是生成的，是政府在其积极行动中获得的；另一方面，政府与其他社会组织在互动合作中达成共识，也就意味着承认公共行政的价值性因素。而价值因素的内在性，则赋予公共行政以灵魂，这也就是说，只有在精神性的存在中，主体性才获得了生命，而实体意义上的所谓主体是没有灵魂的躯体。当我们赋予行政管理者主体性时，也就意味着他们以人的本来面目从事着公共管理这个职业，当去除加在行政管理者身上种种神秘的光环后，我们看到的是生活世界中的人，他们在日常生活中行动。在公共行政活动领域，他们具有职业性面具，他们会一本正经，也会运用各种各样的计谋。而一旦回到工作之外，他们就呈现出日常生活中的另外一面。如何防止行政管理者身上的双重面具，成为后工业社会条件下建构公共行政不得不考虑的一个重要问题，也就是说通过对公共行政的制度重构，能够祛除行政管理者身上的双重人格，使他们的主体性得到充分发挥，使他们能尽情地展现出自己作为人的一面，这种主体性的呈现就是行政管理者自我的真实呈现。

当我们在后工业社会的场景中去理解行政管理者的主体性时，

---

① 张康之：《寻找公共行政的伦理视角》（修订版），第303页。

主客二分的思维框架已无法容纳主体性的丰富内涵。虽然我们在社会治理中看到众多充满主动精神的公共管理主体，他们积极地行动着，但需要注意的是，后工业社会中众多治理者的积极行动是在合作治理的框架下得到理解的，这就意味着那种主客二分的解释框架对于合作者之间的关系是不适当的，意味着主客体结构的消解。“如果把任务即需要解决的问题纳入到行动者系统中来，那么，所要解决的问题是行动作用的对象，这时，可以把合作者与所要解决的问题之间的关系看作是主客体间的关系。然而，所要解决的问题基本上不是以实体性的形式出现的，因而，将其称作客体是非常勉强的，甚至是不成立的。”[①] 这就是说，后工业社会随着多元治理主体的出现而引发了治理结构的根本变革，我们需要在一种平等的关系中来理解众多治理主体之间的关系，从根本上打破建立在工具理性基础上的主客体结构。当我们在主体间关系当中去思考行政管理时，无形之中就否定了主客体思维，把公共管理者塑造成积极的行动者就成为理论建构的主要任务。

三、行动者的精神

在管理行政之下，在韦伯所推崇的理性官僚制组织内，行政管理者被设想成一个冷静的旁观者。这就是说，管理者在从事职业活动时，不能掺入自己的价值、偏好、意向，他必须拥有客观、冷静的头脑，把握行政管理对象的客观状态，他对行政管理对象的把握越客观越真实，也就能越有效、越迅速地完成任务。

对行政管理者来说，作为冷静的旁观者是对他的整体要求。正如我们一再指出的那样，管理行政是适应工业社会的要求而产生的。工业社会的社会化大生产，历史地提出了确定性、客观性、普遍性的要

① 张康之：《公共行政的行动主义》，第222页。

求，要求在一切社会活动中提供这种普遍性和确定性。而韦伯所设想的理性官僚制恰恰适应了这种历史要求。行政管理者“绝对不能做的是偏离清醒、坚持以任务为中心的理性道路；不要因为怜悯、同情、羞耻、良心、对‘目标’的支持或反感而转向，也不要因为忠诚或付出而转向，除非是对任务的付出，除非是对所有同僚和下级的忠诚，同僚们都同样致力于让理性发挥作用”[①]。官僚制绝对禁止行政管理者在管理活动中掺杂自己的价值、情感等因素，他被要求严格按照规则、纪律等为他所设定的行为方式去从事公共管理活动。换句话说，作为旁观者的行政管理者越是在管理活动中做到无动于衷，越能超脱于行政管理事务的各方，越能客观冷静地观察、处理公共事务，他也就越能履行好自己的职责。

管理行政对管理者成为冷静的旁观者的要求与工业社会的总体要求相合拍。这就是说，自启蒙运动以来，当人们第一次以人的眼光来看待这个世界，从人的角度来思考时，所发展出来的是一种主客对立的思维模式。管理行政对作为旁观者的管理者的要求也是如此。在这里，政府与社会、管理者与被管理者是相对立的。政府、行政管理者是管理的主体，而社会、民众是被管理者，是管理的对象。按照管理行政构建起来的行政管理模式，无论是管理者，还是被管理者，都被当作物来看待。管理者只不过是庞大的行政官僚体系中的一个零件或一个部件，他在整个官僚体系中发挥着自己的功能性作用，从而维持整个官僚机器的正常运转。而对被管理者来说，他们被看作无差异性的，仅仅需要官僚体系提供一些基本的、同质化的服务。这样一种行政管理模式从根本上是不把管理者和被管理者当作人来看待的，他们只是物化的对象。“作为官僚机器组成部分的行政官员的异化，与被组织操控的被管理者相对应。二者都不是

---

① 〔英〕齐格蒙特·鲍曼：《流动的恐惧》，谷蕾等译，第69页。

理性化进程的必然产物。”[①]“强势的职业化管理衰败势必源自它将公民看做是被动的客体，因此，这一取向的公共行政会丧失掉激发公民潜质及其自主治理能力的机会。”[②]这种管理模式“起码是忽视了公民、商业组织、非政府组织和草根组织所发挥的重要作用，其实这些行动者本来能够界定地方问题并解决问题。但现在，公民社会中的公民和组织只是被看成被动的实体，他们只是接受政府的服务和干预”[③]。由于官僚体系自身的封闭性，由于它排除了政府之外的其他力量参与到行政管理过程中来，因而工业社会基础上的管理行政必然在物化的道路上越走越远。

官僚制之下的行政管理者只知道服从上级命令，这意味着他们没有了道德判断，剩下的只是纪律，所以当他们穿上制服，以管理者的身份出现在民众面前时，就成为唯命是从的执行者了。正如鲍曼在反思德国法西斯在屠杀犹太人这一恶行时所说，屠杀这一恶行正是由“身披制服循规蹈矩、惟命是从，并对指令的精神和用语细致有加的人所为”。这些人在日常生活中与我们并无根本区别。“他们有爱妻，有娇惯的子女，有陷入悲伤而得到他们帮助与劝慰的朋友。”可是，令人难以置信的是，正是这些人，当他们穿上制服，“就用子弹、毒气杀害成千上万的其他人，或者主持这项工作。被害者也包括为他人爱妻的女人和为他人爱子的幼童”[④]。这样，我们也就可以理解为何在现实生活中一些官员在面对灾难时无动于衷，甚至在某些情况下他们还有意无意地在推波助澜。

管理行政下的管理者是不用考虑他所处的行政环境的，他只需要根据既定的规则与纪律来判断管理对象是否符合要求。但服务行政下

---

① 〔法〕米歇尔·克罗齐耶：《法令不能改变社会》，张月译，第 84 页。
② 〔美〕全钟燮：《公共行政的社会建构：解释与批判》，第 32 页。
③ 〔美〕全钟燮：《公共行政的社会建构：解释与批判》，第 26 页。
④ 〔英〕齐格蒙特·鲍曼：《现代性与大屠杀》，杨渝东等译，第 199 页。

的公共管理者则必须首先考虑行政环境。“他们有能力做出选择，即使他们只能凭借知觉这样做；而且他们能明智地调整自己，使自己适应情境的需要，抑或至少让自己去适应对环境的感知与理解，并且最终能够对行动进行部署。”① 公共领域中的行动者既不是全知全能的超人，也不是完全中规中矩的行政人，毋宁说他们是日常生活中的平常人。从日常生活世界来理解，就可以合理地诠释他们的所作所为。他们有理性，也有智慧。“他参与阐发对于自我和他人的定义，参与行为、态度、资源以及目标的创造。”② 正是在此意义上，如果我们还把行政管理者定位为冷静的旁观者，就无法适应后工业社会对服务的总体性要求。后工业社会要求行动者的出场。

这样来理解的行动者，就不是被动地执行命令，也不是亦步亦趋地服从领导的意志，而是与他者进行积极地建构。一方面，他在既有规则所提供地背景性框架下思考与他者的关系，选择自己的行为策略；另一方面，他并不是完全被动地服从周围的环境，他在适应环境的同时，通过与他者的互动来改变环境。这也就是说环境在塑造行动者，行动者也在塑造环境。“行动领域之中的所有个体总是始终不断地推测他们的同伴，每一个人都在对其同伴个性、兴趣、愿望和计划做出种种假设。一种持续性的相互作用在不断地进行，在此过程中，每个人都在对其他每个人的行为进行译解，以便能够做出相应的反应；他知道每个人在做同一件事，每个人都知道他们都在这么做，而且每个人自己都清楚其他人也知道他在干什么。”③ 行动者总是根据对方所处的情境和所采用的行动策略，在与他人的持

① 〔法〕埃哈尔·费埃德伯格：《权力与规则——组织行动的动力》，张月等译，上海：格致出版社、上海人民出版社2008年版，第219页。

② 〔法〕埃哈尔·费埃德伯格：《权力与规则——组织行动的动力》，张月等译，上海：格致出版社、上海人民出版社2008年版，第219—220页。

③ 〔法〕埃哈尔·费埃德伯格：《权力与规则——组织行动的动力》，张月等译，上海：格致出版社、上海人民出版社2008年版，第220页。

续互动过程中，做出自己的选择，决定自己的行动策略。“他是一个拥有自主权的行动主体，能够进行计算和操作，能够让自己适应环境，并且根据他的合作伙伴的诸种情境和行动策略，做出种种新的回应。”[①] 当我们以行动者的视野来思考后工业社会的行政管理时，就应该在承认公共管理者作为积极的行动者之基础上，进行相应的制度设计，保证公共管理者在开放的环境下有效地开展行动，在服务他人的过程中实现自身价值。

开放社会环境下的行动者是理智的，这意味着“他们的行为不应仅仅归于以往的社会化，而且应归于他们对其行动领域里诸种机遇与制约力量的感知，应归于他们对于游戏中其对手行为或多或少是直觉性的预期，归于他们对其各自短期利益和/或长远利益的相应理解”[②]。需要注意的是，行动者并非全知全能，也不存在一个完全透明的环境。这也就是说，一方面，作为行动者的公共管理者是有限理性的；另一方面，他所处的社会环境并不能提供所有信息，他所能得到的只是近似完全的信息，这一点在后工业社会高度风险性、高度不确定性的条件下表现得更为明显。

对公共管理者来说，他所面对的是一个充满着各种可能性的世界。此种环境下的行动者如何行动是一个实践理性的问题。也就是说，他的行动策略既是理性的也是经验的，他从既有的经验中获取灵感，也从理性的计算中获取信心。但更重要的问题是，作为积极的行动者，他面对的永远是一个可能的世界，这就需要积极、主动，需要创造，需要以积极的心态来面对这样一个世界，他在自己积极的行动中塑造着公共行政本身，也改变着世界。“行动者的决策理性所暗示的诸种推

---

① 〔法〕米歇尔·克罗齐耶、〔法〕埃哈尔·费埃德伯格：《行动者与系统——集体行动的政治学》，张月等译，上海：上海世纪出版集团、上海人民出版社2007年版，第30页。

② 〔法〕埃哈尔·费埃德伯格：《权力与规则——组织行动的动力》，张月等译，上海：格致出版社、上海人民出版社2008年版，第234页。

理、预期与计算，既没有排除无知，也没有排除直觉，没有排除历史的作用和诸种制度的影响，没有排除情感和诸种情绪。行动者并非无所不知，他们不能预知一切；他们对本质的诸种潜在状态的认识，从根本上说是不完全的。”①

因而，行动者不是工具理性所设想的那样一个完全理性化的主体，我们必须从原来的二分法中超越出来去理解行动者，“功利的动机和道德的动机，在真正的行动条件中总是纠缠在一起”，因而必须超越那种二分的世界观，“一边是绩效、利益和计算的冰冷的世界，另一边是文化、情感和礼赠的温暖的世界”②。后工业社会人与人之间服务关系的凸显，使得那种对象化、工具化思维理解已经不合时宜了，必须从理性与经验、理智与智慧的统一中来理解行政管理者，理解行政管理者的行动，这也就是我们在前面所说的后工业社会的行政精神是科学性与价值性的统一，我们所要抛弃的是那种完全工具意义上的理性。因而“理性始终是文化性的理性，而且理性始终是情境性的理性和以经验为依据的理性”③。

这样的行动者，无论是作为个体的行动者，还是作为集体的公共管理者，都是在日常生活中来理解的行动者。生活情境当然是对行动者的行为空间和诠释空间的限制，但这种限制恰恰为行动者的交往提供了新的视角。从日常生活世界来理解作为行动者的公共管理者，我们会看到他们在公共管理活动中所采取的种种行动策略，他们可以借用习俗的力量，可以动用亲情来打动民众，也可以动用国家强力，他们可以在政治舞台上进行表演，可以声泪俱下，也可以慷慨激昂。政

① 〔法〕埃哈尔·费埃德伯格：《权力与规则——组织行动的动力》，张月等译，上海：格致出版社、上海人民出版社2008年版，第235页。

② 〔法〕埃哈尔·费埃德伯格：《权力与规则——组织行动的动力》，张月等译，上海：格致出版社、上海人民出版社2008年版，第236页。

③ 〔法〕埃哈尔·费埃德伯格：《权力与规则——组织行动的动力》，张月等译，上海：格致出版社、上海人民出版社2008年版，第236页。

治舞台为他们提供了这样的表演机会，他们也确实是表现优秀的演员。而他们如此作为，恰恰是行动者的行动策略。

而后工业社会所敞开的无限可能性，也意味着行动者，尤其是公共领域的公共管理者要具有想象力，成为积极的、有所作为的行动者。“我们所面对的就不再是一种没有肉身的、超感觉的……而是有限的、有血有肉的、在具体生活形式中社会化的、在历史时间和社会空间中占据特定位置的、交织进交往行动网络之中的行动者。这种行动者在各自情境中进行具有可错性的诠释，因此必须汲取其生活世界中那些他们不能随意处置的资源。”[①] 如前所述，生活世界中的行动者，尤其是公共领域中的行动者，他们所采取的种种行动策略，恰恰是生活世界所提供给他们的。同时后工业社会背景下的公共管理者拥有强大的资源动员能力，这就提醒我们要从生活本身来规范行动者，既要使公共管理者成为一个积极的行动者，使其创造性得到充分发挥，又要使其无意违背公共管理的承诺与使命。这也就是说，后工业社会不是不需要制度，而是制度赖以成立的基础发生了根本性变化。如果说工业社会所有规则都是建立在“无赖原则”的基础上的话，那么后工业社会的制度安排则建立在道德的基础之上，它相信潜藏在每个人，包括公共管理者身上的善性潜质，并通过相应的制度设计来使这种潜质得到充分发挥。

当我们这样来理解公共领域中的行动者时，原来关于公共管理者的形象已经完全被颠覆了。作为积极的行动者，公共管理者在与他者的交往中，而且是在持续性的交往中获得对公共事务的本真性理解，并在此基础上通过与其他治理主体的合作努力来实现对公共事务的有效治理。这样的治理过程注定是一个持续的过程，因为行动者如何行动取决于对方，而后工业社会条件下合作各方在共享当中获得对事物的真实把握，

① 〔德〕哈贝马斯：《在事实与规范之间》，童世骏译，第400—401页。

并在此基础上实现有效治理。这时的行动者就不是那个不偏不倚、不带任何感情色彩的旁观者形象，而是充满热情与创造精神的积极的行动者。旁观者是站在整个社会系统之外来观察这个世界的，他与生活世界相分离，唯有如此，才能保证旁观者的立场不受影响。他仅仅根据已确立的标准进行观察，判断他所面对的事务与标准是否相符，然后按照对应的条文或规则来处理，因而在处理公共事务时旁观者是不需要感情投入的，也不允许他有感情色彩。而行动者则不同，他并不高高在上，并不居高临下，众多行动者共处于同一个社会网络之中，他们一起来商谈，一起来行动，并通过他们的共同行动来建构这个世界，推动他们所生活的世界发生积极的改变。对公共管理活动来说，行动者虽然离不开旁观者这一立场，但是，仅仅满足于旁观者的角色定位是不符合作为行动者的公共管理者这一定位的。这就是说，行动者并不仅仅是观察，也并不是一味地去执行上级的命令，他的行为必须有创造性。唯其如此，才称得上是一个作为行动者的公共管理者。

第二节　在自我与他者之间

不同于一般意义上的自我及自我认同，公共管理者的自我不在于自身，而在于他者。这是由其公共身份及公共管理关系所决定的。只有在服务他者的过程中，公共管理者的自我才能得到体现。

一、公共管理者有自我吗？

只有人才有自我意识，只有当人把自己当作认识对象时，他才具有了自我意识。当社会唤醒了人的自我意识时，“自我”与“他人”之间的区分才有意义。换句话说，当我们说一个人具有自我意识时，也就是说他首先在自己与他人之间划出明确的边界。“自我”表达的首先是一种占有意识，强烈的自我意识则说明占有的自觉，它是以自我为中心，而他人只不过是这个以自我为核心的世界中的边缘性存在。这实际上意味着人是“作为一个个的个体而存在的，每一个人都有着‘自己的尺度’，并以这个尺度去衡量他人，衡量他人与自我的关系，衡量自在存在的位置，发现自我存在的价值”①。正如泰勒所说，“在18世纪以前，从来没有人认为人与人之间的差异具有这种道德上的含义。存在着某种特定的作为人的方式。那是‘我的方式’。我内心发出的召唤要求我按照这种方式生活，而不是模仿别人的生活”②。泰勒认为，“通过我们自己的选择，把我们自己置于这个无限之中，这个变化使我们从绝望中升起，允许我们肯定自我”。“在自我选择的过程中，我成了实在的我，即一个具有无限向度的自我。我们选择了真正的自我，我们第一次成了真正的自我。”③

这样看来，自我概念一方面表明一个人的自由选择，在选择中成就自我；另一方面表明一个人具有强烈的边界意识，他在自我与他人之间划了一条清晰的界线。以这样的理解来看待行政管理者，其自我就呈现出矛盾的状态，一方面他是无我的，另一方面他又有着明确的边界。前者是我们需要提倡的，而后者则是我们需要反对的。就前者来说，当韦伯说文官的荣誉在于“对上司的命令，就像完全符合他本人的信念那样，能够忠实地加以执行。即使这命令在他看来有误，而在他履行了文官的申辩权后上司依然坚持命令时，他仍应忠实执行”时④，他实际上是表达了这样的看法，那就是行政官员是没有自我的。无独有偶，黑格尔也有着类似的认识。在黑格尔看来，行政官员以恪

① 张康之等：《共同体的进化》，北京：中国社会科学出版社2012年版，第95页。

② 汪晖、陈燕谷主编：《文化与公共性》，北京：生活·读书·新知三联书店1998年版，第294—295页。

③〔加〕查尔斯·泰勒：《自我的根源：现代认同的形成》，韩震等译，南京：译林出版社2001年版，第703页。

④〔德〕马克斯·韦伯：《学术与政治》，冯克利译，北京：生活·读书·新知三联书店2005年版，第76页。

尽职守为职责，因为国家为了使其能够安心工作，给予他体面的生活及地位，这样，行政官员在处理公共事务时就不能受主观性的影响。[①]换句话说，在黑格尔、韦伯的官僚制体系设计中，是不允许官员有所谓的自我存在的。如前所述，在官僚制的体系设计中，行政官员仅仅是作为执行命令的工具而存在的，他作为一个行动主体是无头脑的，不允许有自己的独立思考。从这个意义上来说，官僚制金字塔式的等级体系，严格的纪律以及对组织忠诚的要求，使官僚制组织自创立起就严格限制其成员的自主意识，不允许也不需要行政管理者具有自我意识，行政管理者只有在唯唯诺诺、亦步亦趋中才能找到自己的空间。

在明确的边界意识方面，官僚制体系同样表现得非常突出，这使得管理者处于一种矛盾状态。如前所述，当每个人从自己的尺度出发去思考时，其实质就意味着以自我为中心构建起来的世界必然把他人置于边缘。而韦伯所设想的官僚制在实践中却恰恰是沿着这样的路径发展起来的。充分发展的官僚制体系一方面在政府与社会之间划出一条清晰的边界，政府本身就是一个庞大的组织，也是一个具有强大动员能力的组织。政府手中掌握着巨大的资源，因而自然而然在整个社会组织中处于强势地位，而其他社会组织甚至个人只能处于弱势地位。这样，政府与社会、社会组织及个人事实上处于不平等地位，在处理社会公共事务的过程中，政府自然而然成为社会的中心，而其他社会组织不得不仰赖于政府。这在事实上又强化了政府的中心地位。

从另一方面来说，政府内部的部门化、专业化也在强化着这种中心—边缘结构，强化着政府组织的边界意识，把对公共事务的管理变成了政府自己的领地，把政府变成封闭性的机构，把管理社会公共事务所应有的知识变成秘密，把应具有公共精神的政府组织变成了具有行会精神的组织。正如马克思所批判的那样，“同业公会是官僚政治的

① 〔德〕黑格尔：《法哲学原理》，范扬、张企泰译，第312页。

唯物主义，而官僚政治则是同业公会的唯灵论。同业公会构成市民社会的官僚政治，官僚政治则是国家的同业公会”。“在社会中创立了同业公会的那种精神，在国家中创立了官僚政治。”“官僚政治要维护普遍利益的虚构的特殊性，即它自己的精神，就必须维护特殊利益的虚构的普遍性，即同业公会精神。”于是，“官僚政治这种完备的同业公会就胜于同业公会这种不完备的官僚政治”。这样，“国家的目的变成行政办事机构的目的，或者行政办事机构目的变成国家的目的。官僚政治是一个谁也跳不出的圈子。它的等级制是知识的等级制”。“官僚政治的普遍精神是秘密，是奥秘；保守这种秘密在官僚政治内部靠等级制，对于外界则靠它那种封闭的同业公会性质。因此，公开的国家精神及国家信念，对官僚政治来说就等于泄露它的奥秘。因此，权威是它的知识原则，而神化权威则是它的信念。”[①] 正如马克思所批判的那样，以官僚政治为表现形式的行政管理以“虚假的普遍主义精神”作为国家与社会普遍利益的代表，而实质上在管理社会公共事务的过程中发展出自己的利益，并且倾向于把这种自我利益稳固化，逐渐成为一个封闭性的、自我服务的组织。从马克思强烈的批判精神中，我们不难看出，行政管理及行政管理者的这种边界意识、领地意识恰恰是违背行政管理本身的公共性要求的。

这样看来，传统官僚制体系是排斥行政管理者的自我意识的。在后工业社会条件下，无论是自由选择还是边界意识都是行政管理者处理公共事务不可缺少的视角。如果我们承认后工业社会治理主体的多元化，承认政府及其行政人员作为社会治理主体之一，而且是主要的主体，那么我们必须承认政府及其行政人员的自由选择及边界意识，也就是说，后工业社会中政府及其行政人员是需要有自我意识的。问题在于，公共管理者的自我具有特殊性。如果说通常意

---

① 《马克思恩格斯全集》第3卷，第58—61页。

义上的自我最终都指向主体自身的话，那么对公共管理者来说，这种指涉性恰恰是有害的。对公共管理者来说，其自我不在于自身，而在于他者。也就是说，公共管理者的自我体现在他者身上。如果说自我的确证来自于他人，我从他人身上认识我自己，这还仅仅是在一般意义上来说自我及自我意识的话，那么对公共管理者来说，其自我就在于为他而无我。当然，这其间可能会出现境界的高下，程度的不同。但对公共管理者来说，如果承认他们有自我，这种自我一定不在自己，而在于他所服务的他者，只有在服务他者的过程中，其自我价值才能得到充分体现。

充分发展的工业社会所面对的一个普遍问题就是自我认同感的欠缺。由于社会分工的不断加深，由于社会专业化的发展，个人的生活碎片化了。在碎片化的生活中，个人无法获得对自我的整全性理解，个人也只能是支离破碎的个人。用吉登斯的话来说就是本体性安全的丧失。这种本体性安全的丧失体现在这样三个方面："首先，他也许缺乏个人经历连续性的一致的感受。个体也许不能获得关于其生命的持续观念。""第二，在充满变迁的外部环境中，个人难免充满对其存在的可能风险的忧郁，并且依据实际行动而被忧郁所麻痹。""第三，个人不能在自我完整中发展或维持信任。"① 这样看来，工业社会中个体的自我认同是非常脆弱的，这是因为"个体在心智中反思性保持的个人经历只是众多其他潜在的故事中的一个，而这些故事可以讲述的是个人作为自我发展的过程"②。

工业社会的无形压力使人们义无反顾地投入对生存的操劳当中，当每一个个体每天都在为生活而焦虑时，当这种焦虑以一种结构化的方式作用于每个人时，自我认同感是无法有效建立起来的，而没有了

① 〔英〕安东尼·吉登斯：《现代性与自我认同》，赵旭东等译，第59页。
② 〔英〕安东尼·吉登斯：《现代性与自我认同》，赵旭东等译，第60页。

自我认同感的支撑，个体也就失去了归属感，失去了生活的意义。工业社会对意义的解构，使得生活于其中的每一个体都面临着心归何处的追问。正是在这个意义上，黑格尔提醒我们注意建立在同业公会基础上的共同体精神。但原子化的个人解构的恰恰就是这种共同体精神。政府行政管理者同样也存在这个问题。在专业化分工的官僚制组织内部，"等级制度、职业专门化、精确的责任分工、评估系统、依序升级等等现象的产生，强化了自我的碎片感"①。在这样一个由角色所规定的等级体系中，行政管理者的行为是由角色所规定的，由于他只承担着非常微小的一部分角色，由此所获得的自我只是碎片化的认同。由于无法有效地解决心归何处的问题，由于无法获得一种持续的自我认同感，没有对行政管理的职业认同，没有因为这个职业而产生的荣誉感，没有体面的生活带来的尊重与尊严，个体在自我边缘化中产生心态变异，从而导致各种怪异的事情发生。

作为对工业社会的超越，后工业社会则要克服工业社会的这种欠缺。这就是要把颠覆的价值倒转过来。在舍勒看来，工业社会所发生的价值颠覆就是使生命价值从属于有用价值，并在某种意义上用有用价值取代了生命价值。因为价值的颠覆，人的生命过程发生了根本性的转变，这就是，把生命理解为一种"机械的世界进程中的偶然事变，把生命组织理解为一种凝固了的死的环境的偶然适应"②。有用价值凌驾于生命价值之上，从而使人的自我价值变得支离破碎。后工业社会则需要超越工业社会的这种分离化、碎片化的生活世界，从总体性中理解人，理解人的生活。当我们如此来理解后工业社会中的人，理解行政管理者时，就会提出行政管理者的自我确证。

舍勒在谈到工业社会中的道德怨恨时，曾提出雅人与俗人之分。

① 〔美〕丹尼尔·贝尔：《资本主义文化矛盾》，严蓓雯译，第 97 页。

② 〔德〕马克斯·舍勒：《舍勒选集》上卷，刘小枫编，第 527 页。

俗人并不是俗不可耐，而是在日常生活中基于对日常生活关注而形成一种自我价值，对这种自我价值的把握是建立在“自身价值与他人价值之间的那些‘可能’差异”被清楚地领悟到，建立在清楚地把握自我价值与他人价值之间相互关系的基础之上。这也就是说，俗人是在比较中或通过比较体验价值。而对雅人来说，他具有“一种极其质朴、未加思索的含混意识——对其自我价值，对其存在的完满意识，无时无刻地意识到自己的存在”。这种质朴的价值意识“使雅人无虑地、从外形到内质一并吸收他人的正性价值的，正是这质朴的自我价值感”，“雅人的这一质朴的自我价值感亦由特别的、指向自己的个人特性、能力、天赋的价值感组‘合’而成；这种质朴的自我价值感原来是指向其本质和存在本身的。正因为这样，他才能够无虑地比较，并承认他人在这种或那种‘特性’、‘能力’上，甚至在一切能力上比他‘优越’”①。

对公共管理者来说，尤其是对后工业社会中的行政管理者来说，其身上应既具有俗人的特点，又具有雅人的气质，即是说要把公共管理者还原为日常生活中的人。莫斯卡关于官员的思考值得注意。他说，公共管理者都是凡人，既有凡夫俗子的优点，也有凡人的缺点，他们的眼睛既可以用来体察民情，也可能会对民众疾苦不闻不问；他们的嘴既可以用来为民请命，也可以明哲保身；他们有激情和爱憎，但也可能会为自己升迁而牺牲公众利益。② 作为俗人他要了解日常生活的状况，作为雅人他要超越俗人身上的铜臭味。只有二者兼备，公共管理者才能在对他人的服务中获得自我实现。这就是说，一方面，对大多数公共管理者来说，其身上还是具有俗人的特点，他要生活，要饮食男女，否认这一点既不现实，也不人道；从另一方面来说，如果行政

① 〔德〕马克斯·舍勒：《舍勒选集》上卷，刘小枫编，第410—411页。
② 〔意〕加埃塔诺·莫斯卡：《政治科学要义》，任军锋等译，第218页。

管理者以此为理由，仅仅满足于饮食男女，并把它当作人生的重要任务而乐此不疲，那至少说明他不配在公共管理这个位置上，因为他应该超越单纯的物质生活，具有雅人的气量与气度，否则，就不要去做公共管理者。对公共管理者来说，当他选择从事这个职业时，就不能以金钱、物质享受作为衡量自身价值的重要标准，而必须在服务他人、奉献社会中实现自我、确证自我。

二、为承认而斗争

工业社会所确立的是以自我为中心的社会，它把社会建构的基础放在个体身上，从而建构起以自我为中心的社会关系。以自我为中心的社会关系必然是中心—边缘的关系，必然是不平等的关系，如果说有平等的话，那也只是一种形式上的平等。后工业社会是一个由人与人之间相互服务的关系组成的社会，在这样一个以服务为中心的世界里，“其分类模式是科学知识、高等教育、通迅机构等等——涉及合作与互惠，而不是协调与等级。后工业社会因此也是一个公共社会，其社会构成单位是公共组织而不是个人”，“但是人之合作比物之管理更困难。参与是公共社会的一个前提条件；当许多不同群体需求太多不同东西，又无意愿谈判时，其结果便是不断增长的冲突或僵局”[①]。服务以各方的相互承认为前提。这样，政府及公共管理者就不能再以自我为中心，建构起封闭的治理体系，而必须承认他者，在合作中获得他者的承认。

这也就是说，“我们的认同部分地是由他人的承认构成的；同样地，如果得不到他人的承认，或者只是得到他人扭曲的承认，也会对我们的认同构成显著的影响”[②]。当自我没有得到他人承认，或只是得

① 〔美〕丹尼尔·贝尔：《资本主义文化矛盾》，严蓓雯译，第158页。

② 汪晖、陈燕谷主编：《文化与公共性》，第290页。

到了他人扭曲的承认时，就会出现自我认同的危机。为了避免这种危机的出现，自我必然会向他人提出承认的诉求。如果这种诉求在他人那里得不到满足，自我就只能以斗争的方式来获得这种承认。这样我们看到，虽然出发点是自我，但自我的立足点已经发生了根本性转变，自我不再处于世界的中心，而是在与他人的共生共在中建构世界。“从自我立场上看待他人，他人是工具，是可以加以利用的。为了较好地利用他人，就会要求他人服从自我的命令，听从自我的指挥，服务于自我的利益，作为自我的环境而围绕在自我的周围。因而，在自我相对于他人的关系中，是没有承认的问题的。相反，站在他人的立场上，情况就出现了根本性的变化，就必须考虑承认的问题了。在政府与社会的关系中，当政府作为自我并站在自我的立场上，其社会管理是一种状况；反之，当政府站在社会这个‘他人’的立场上，‘社会管理’肯定又是另一种状况。”[①]

对公共管理者来说，其自我的确认在于获得他者承认，这就意味着公共管理者首先必须承认他者，承认他者是与自身一样的他者。“我的认同是通过与他者半是公开，半是内心的对话协商而形成的。提出一种内在发生的认同的理想必然会使承认具有新的重要意义，原因即在于此。我的认同本质性地依赖于我和他者的对话关系。”[②]因而，承认话语在两个层面展开，“在私人领域，我们认识到认同和自我是在与有意义的他者持续的对话和斗争中形成的”，“在公共领域，平等承认的政治发挥着越来越大的作用”。[③]认同不仅是内在的认同，认同还必须来自他者的承认，在公共领域这种承认就是通过平等承认的政治来实现的。

这样，当公共管理者的视野中出现他者时，也就内在地承认了他者的差异性。泰勒在认同的基础上提出了差异政治。“差异政治认

① 张康之：《共同体的进化》，第 103 页。
② 汪晖、陈燕谷主编：《文化与公共性》，第 298 页。
③ 汪晖、陈燕谷主编：《文化与公共性》，第 300 页。

为应当承认每一个人都有他或她的独特的认同”，它“要求我们给以承认的是这个个人或群体独特的认同，是他们与所有其他人相区别的独特性”。[①] 承认他者，就意味着承认每个人的独特性，在泰勒看来，这种独特性只不过是“对某种普遍存在的情况——人人皆有其认同——给以适当的承认”[②]。承认他者的独特性，不同于普遍主义的平等承诺，“普遍尊严的政治反对任何形式的歧视，它完全‘无视’公民彼此之间的差异。相反，差异政治则对非歧视提出一种不同的理解，它要求以公民彼此之间的差异为基础对他们区别对待”[③]。其实，如果从生活政治的视角来思考，我们就很容易理解泰勒为何反对尊严的政治而提倡差异性政治。如果说普遍尊严的政治是基于解放政治而建构起来的一种政治话语，是一种立足于罗尔斯所说的平等的基本自由权利的话语建构的话，那么差异政治则是立足于生活政治的话语建构，其核心在于在平等的基本自由权利这样的基本问题得到解决后，人们所面对的主要问题是生活的权利，这种权利是实质性权利，这也就是罗尔斯正义第二原则所要解决的核心问题，即自由的平等问题。后工业社会对自由的平等的回答首先要承认差异性，只有存在差异，才会有自由的平等问题，才会有差异政治的要求，才会有对自由的平等的承诺。这样来理解的话，普遍尊严的政治与差异政治并不矛盾，并非截然相反，毋宁说差异政治是在普遍尊严的政治基础上出现的。

只有人才能认识到这种差异性，而这种差异性是通过人之言与行表现出来的。这意味着对差异性的认识有赖于他者的在场，自我是在与他者的共在中获得对差异性的认识的。在阿伦特看来，作为行动者的自我与他者，是在一个连续的过程中获得对自我与他者各自的本真

---

① 汪晖、陈燕谷主编：《文化与公共性》，第 301 页。

② 汪晖、陈燕谷主编：《文化与公共性》，第 302 页。

③ 汪晖、陈燕谷主编：《文化与公共性》，第 302 页。

性理解的。因为每一个体都是行动者，每一个行动者的行动都取决于在场的他者，取决于他者的行动。这样，“每个行动都造成反动，每个反动都造成连锁反应，从而每个过程都是新过程的起因。因为行动总是对那些自身有能力行动的人起作用，所以它造成的反动力就不仅是一个反应，而且是一个自行爆发并影响其他人的新行动”。如此作为，使行动者的行动具有了开放性，它向我们敞开了无限的可能性。“在最有限的环境里的最微小行动，也蕴涵着潜在的无限性，因为有时候，一个行动，甚至一句话，都足以改变局面。”[①] 世界本身的开放性意味着行动者的行动具有不可逆性与不可预期性，它是自我在与周围的他者持续互动中选择的。

而行动者行动的不可逆性与不可预期性，使得行动者的行动能力受到了限制，而克服这种限制需要依赖于行动者自身的潜能。这种潜能在阿伦特看来，主要是行动者的宽恕能力与遵守承诺的能力。前者是摆脱不可逆困境的解救之道，后者是对未来不确定性的解救之路。如果行动者没有这两种能力，“我们的行动能力就会被束缚在一个我们永远无法补救的单个行为上；我们就永远是其后果的牺牲品，像没有咒语就不能打破魔咒的新手魔法师一样。如果不是实现承诺的约束，我们就无法保持我们的同一性；我们就被罚在各自孤独黑暗的心灵里无助地游荡，陷于它的重重矛盾和暧昧之中不能自拔。只有通过他人的在场（他人确保了作出承诺的人和实现承诺的人是同一个人），让公共领域的光芒投射下来，黑暗才能被驱散。因此，这两种能力都依赖于人的复数性，依赖于他人的在场和行动，因为没有人能宽恕自己，能受自己为自己许下的诺言的约束；在孤独和孤立状态中进行的宽恕和承诺，始终不是真实的，只不过是自己给自己演戏”[②]。因而，对作

① 〔美〕汉娜·阿伦特：《人的境况》，王寅丽译，上海：上海世纪出版集团、上海人民出版社 2009 年版，第 149 页。

② 〔美〕汉娜·阿伦特：《人的境况》，王寅丽译，第 184—185 页。

为具有反思性的行动者来说，其自我认同是通过与他者的互动形成的。正是在这个意义上，泰勒认为，“我的认同是通过与他者半是公开，半是内心的对话协商而形成的。……我的认同本质性地依赖于我和他者的对话关系”[①]。这也就是说，自我的认同不是来自于自我的确认，而是来自于他者，来自于同他者的协商对话，是通过行动者的言与行而得到展现与确证的。

对作为行动者的管理者来说，他在管理过程中始终处在与他者的相互影响、相互作用当中。行政管理者始终面对着他者，下属、上级、行政管理对象、社会等都成为他可能要面对的他者，因而一个核心问题就是，作为行动者的行政管理者在面对他者时，如何行动？在法默尔看来，后工业社会的行政管理者所面对的他者具有如下特征，“向他者的开放、对差异性的偏爱、对元叙事的反对和对已建立的秩序的颠覆”[②]。根据法默尔的理解，后工业社会行政管理者所面对的开放性“不只是意味着公共行政的实践应以反权威这样的方式来建构和执行；也不只是意味着要引入以服务为导向的态度。开放性据称还意味着行政管理应尽力向共同体开放其所有的决策”。“开放性还意味着需要真正的无政府主义。”“开放性还应是以地方共同体的行动为主的微观政治的发展。”[③]差异性则要求行政管理者宽容他者，承认他者所具有的差异性，并以此为前提来推动平等的实现。而反元叙事则是法默尔所说的反行政，它意味着“允许行政人员成为元叙事和不切实际的基础的解构者”[④]。而颠覆已有秩序则更是后工业社会的特征之一，对公共管理者来说，颠覆就是解构。

---

① 汪晖、陈燕谷主编：《文化与公共性》，第 298 页。省略号为引者所加。

② 〔美〕戴维·法默尔：《公共行政的语言——官僚制、现代性和后现代性》，吴琼译，第 351 页。

③ 汪晖、陈燕谷主编：《文化与公共性》，第 351 页。

④ 〔美〕戴维·法默尔：《公共行政的语言——官僚制、现代性和后现代性》，吴琼译，第 352 页。

承认他者也就是对他人与自我间差异的承认。既然承认他人是有差异的，并对这种差异加以确认，这实际上也就是承认他人的尊严，即承认他者拥有与我一样的尊严。对他者差异性的承认，意味着以一种宽容的态度对待他人。因为承认以差异为前提，以多元为条件，这就逻辑地提出了包容性的要求。“对差异十分敏感的普遍主义要求每个人相互之间都平等尊重，这种尊重就是对他者的包容，而且是对他者的他性的包容，在包容的过程中既不同化他者，也不利用他者。”[①]这也就是说，“自由而平等的参与者要想进入一种包容性的自由话语当中，就必须满足一定的交往前提，在这些交往前提下，每一个人都必须接受所有其他人的视角和自我观以及世界观；对视角的这种限制，最终导致的实际上是一种理想的‘我们的视角’”[②]。“我们的视角”要求从共在中来理解自我与他者，世界是我与他者一起构成的，也是我与他者一起拥有的。海德格尔说过，“世界不仅把上手事物作为世内照面的存在者开放了，而且把此在和他人也都在他们的共同此在中开放了”。“此在作为共在在本质上是为他人之故而‘存在’。”[③]

官僚制体系本质上并不主张反思性的行动，它强调理性、效率以及作为权威专家的行政官员，这可能导致非人性化行动的合理化。“管理者和行政官员成为‘道德中立的技术专家’，在那里，目标经常是用来保护自我和制度的利益而不是首先服务于公共利益。雇员被‘规范化’为可接受的实践、‘做事的正确方式’（即使他们本人可能并不同意）以及做决策的理性标准。无反思的行动，特别是当其建立在技术文化基础上，将人们客观化为成本和收益，并允许我们作为服务于

① 〔德〕尤尔根·哈贝马斯：《包容他者》，曹卫东编，上海：上海人民出版社 2002 年版，第 43 页。

② 〔德〕尤尔根·哈贝马斯：《包容他者》，曹卫东编，第 69 页。

③ 〔德〕马丁·海德格尔：《存在与时间》（修订译本），陈嘉映等译，北京：生活·读书·新知三联书店 2006 年版，第 142、143 页。

组织利益的专家对我们的决策进行辩护。”[①] 作为对官僚制的超越，后工业社会中的服务行政则强调管理者要具有反思性，一个具有反思性的行政管理者，当他面对他者时，当他在处理自我与他者之间的关系时，会以严肃的态度来对待他者及这些关系。“自我反思的个体并不仅仅在组织里工作，仅从事惯例化工作并不够。相反，这个人将以存在主义方式严肃地对待他或她在官僚制中的生活，并探索理解和诠释官僚制那些看似矛盾的各个方面。”[②]

后工业社会主要面对的是人与人之间的服务关系，这一主导性社会关系的根本转变，使得工业社会建构起来的适用于对象化理解的主客观关系及社会治理体系失去了存在的空间。这也就是说，在服务关系中，人与人之间是一种主体与主体之间的关系，是主体间关系，这时，人与人之间，管理者与被管理者之间不能再以对象化的思维去理解，而是要从互相承认、互为主体性的角度去理解。对行政管理者来说，当他以主体性的思维去思考与他者的关系时，当他意识到自我的确认是在他者身上得到体现时，他就成为一个完全无我的人，而成为一个为他而无我的人正是后工业社会对行政管理者的基本要求。当行政管理者这样来理解自我与他者的关系时，他的新世界就不再是以自我为中心来建构的中心—边缘结构，而是在与他者的持续建构中所形成的一个网络式的结构。对政府及行政管理者来说，其自身的存在要在他者身上得到确证，但这种确证却不是相互的，而是单向度的，这也就是说，对政府及行政管理者之外的他者来说，不能要求他们也把自我的确认安置在他者身上，也即安置在政府及行政管理者身上，如果这样做，就会鼓励并强化行政管理者以自我为中心。只有把政府及行政管理者的自我实现安置在他者身上，才能迫使他们从他者的视野

① 〔美〕全钟燮：《公共行政的社会建构：解释与批判》，孙柏瑛等译，第134—135页。
② 〔美〕全钟燮：《公共行政的社会建构：解释与批判》，孙柏瑛等译，第134页。

来思考问题，从他者的视野来考虑他者的利益及要求，而不是以自我利益为中心、专注于自身利益的最大化。

如此说来，当我们这样来理解政府及行政管理者时，后工业社会便不再是中心—边缘结构了，而是一个多中心的社会结构形式，除了政府之外，还有越来越多的集体行动者以积极的态度介入到公共生活中，因为这种公共生活已经是他们日常生活中的一部分。政府及行政管理者不再居于社会之外，也不再高踞于社会之上，充满傲慢。因为当政府及其成员重新成为社会当中的一部分时，也就意味着它仅仅是社会的一个构成部分，它不再拥有对整个社会发号施令的绝对权力。

这仅仅是后工业社会对行政管理者的要求的一个方面，即要求行政管理者从他者出发，从他者的利益出发，从他者的视野来思考自身与他者的关系，并进而建构起全新的社会关系。从另外一方面来说，承认这时就不再是一种单向的命令—服从关系，而是相互的承认关系，政府及行政管理者从周围的他者那里得到承认，而政府的他者也从政府那里获得他在性，即承认这些他者自身的差异性，而管理行政是无视这种差异性的，它把所要服务的对象看作是千篇一律、没有任何差别的，因而所提供的也就只能是同质性服务。而且由于服务的垄断性，也就注定了政府在提供这些服务时必然是居高临下式的，且根本不可能考虑服务对象的差异化特点。而后工业社会的服务行政恰恰要求政府承认差异性，只有承认差异，才能弥补差异、缩小差异，进而超越差异。

对公共管理者来说，他者始终是自我考虑的起点，而且这种考虑不能从自身出发，而必须从他者出发，且是为了他者。与一般意义上的自我不同，哲学及市民社会中的自我的一切考虑其出发点与最终目标都是为了自我，换句话说，即使自我的目光中有了他者，自我之所以考虑他者，其最终目的也是为了自身。而公共管理者却不能把他者当作自我的手段，无论是从目的上还是手段上来考虑，他都必须是为了他者。这样，对后工业社会的公共管理者来说，他者既是他的参照，也是他的自我的核心，既是他的目的，也是他的手段，既是他行动的指南，也是他行动中的旁观者。

三、包容他者与护卫公正职责

宽容的要求源于历史上曾经存在的不宽容。就人类历史来看，对于宽容的呼声更多的来自于宗教。这是因为，曾经在一段时期，无论是外在的社会环境，还是内部的纷争，宗教所面对的是一个不被宽容的环境。在此时期内，宗教被看作异端、洪水猛兽，而当一些宗教学说对统治者造成威胁时，其所面临的处境可想而知。统治者深知这些学说的威力，“他们自然十分害怕威胁着精神垄断的鼓动宣传，因为这种垄断只是建筑在野蛮武力的基础上。为了使自己不被赶走，他们被迫惊惶失措地采取行动，在罗马当权者还没来得及插手的时候，就把这些牺牲品送上了绞刑架”①。他们往往把这些宗教学说当作异端邪说，进行无情打击。不仅如此，即使在宗教内部，宗教的当权者为了独占话语的解释权，往往也不允许其他教派存在和发展。中世纪基督教神学垄断一切，为了独占教义的解释权，教会当权者也无法容忍异教和异教徒的存在。异教徒尽管只是向劳苦大众宣传自己的见解，但他们“马上就会被当时掌权的宗教法庭派出的机敏鹰犬抓住把柄，大祸临头”②。正是因为长期以来作为异端的宗教处于被镇压的地位，它们才强烈要求社会给予宽容。

现代社会的宽容要求更多地来自于现代社会本身，这就是现代社会本身是一个多元社会。正如罗尔斯所论述的那样，无数主体的生成及其广泛存在就意味着主体之间必须互相承认对方的存在。如

① 〔美〕房龙：《宽容》，迮卫等译，北京：生活·读书·新知三联书店1985年版，第66页。

② 〔美〕房龙：《宽容》，迮卫等译，第122页。

果每一方都只认定自己有存在的理由，而把对方看作异己的力量，这样博弈的结果只能是霍布斯所说的“丛林状态”。正因为如此，罗尔斯把多种完备性学说的共存看作是现代多元社会的一个事实性存在，即一种不会很快消失的社会特征。① 罗尔斯所说的多种完备性学说所反映的是人们对自己所处世界的一种解释，因为每一种学说都无法单凭自己解释这个世界的所有现象，因而每一种学说都有自己存在的理由。而各种学说所反映的恰恰是不同人群对自己所了解的世界及生活的一种观察、一种理解。这样，多种学说的互竞性共存就有其存在的理由。更主要的是，多种学说的共处内在地要求学说之间的互相宽容。理论如此，现实社会同样如此。组织之间、社群之间都需要相互包容。

罗尔斯还提出了一个非常有意思的问题，我们要不要宽容那些不宽容者？就多数人的直觉来说，我们的本能反应就是不能宽容那些曾给我们造成伤害的人或群体，甚至我们还有道义上的理由对他们进行惩罚。但罗尔斯对此持否定态度。我们有没有权利去剥夺那些曾经施害于我们的个人或群体所拥有的权利？这个问题的另一面就是那些不宽容者有没有作为公民的自由平等权利？即使我们可以对那些不宽容者加以限制，这种限制也必须有严格的条件，这就是，“只要自由权本身和正义的公民的自身自由没有受到威胁，他们就应该努力维护宪法及其全部的平等自由权。他们可以适当地迫使不宽容者尊重别人的自由权，因为是可以要求一个人去尊重他在原始状态中可能会承认的原则所确立的权利的。但是，如果宪法本身是安全的，那就没有理由否定不宽容者的自由”②。显然，现代社会以承认每一个公民的基本自由权利为前提，并且这种自由权利在宪政框架

① 〔美〕罗尔斯：《政治自由主义》，万俊人译，第 37 页。

② 〔美〕罗尔斯：《正义论》，谢延光译，上海：上海译文出版社 1991 年版，第 239 页。

下得到切实保护，不受任何人或权力的任意侵犯。即使这样，对自由权利的限制仍然有着严格的条件限制。这就是只有当我们的合法权利受到了相当严重的威胁，且这种对不宽容者进行限制的权力并不能由每个人任意行使。现代社会对公民个人自由权利的限制是由掌握公权力的政府来实施的。

这样，包容他者就成为对公共管理者的基本要求。如前所述，现代社会的基本特征就是多元性，多元就意味着每一种生活方式、每一种理论学说都有其存在的合理性，当然，生活方式、理论学说的多元共在有一个不言而喻的前提，这就是，它们都承认宪政性框架，承认他人的基本自由权利。正因为如此，对公共管理者来说，需要对多种生活方式、生活立场持一种同情性理解，而不是利用职权把自认为是善的观念和生活方式强加于全体民众身上。这就是说，公共管理者的宽容性理解首先意味着要保持对不同善观念或者好生活的一种中立性立场。就第二层含义来说，宽容他者要求公共管理者能够站在他人的立场上去理解他人的处境、行动以及选择，而不是专断性地对之加以否认或排斥。不同于普通民众，公共管理者手中掌握公共权力，能够对他人的行为施加影响，因此，在面对异己者时，就特别需要去理解他人、包容他人、同情他人。

公共管理者如何能够包容他人，对他者有宽容性的理解？这里的关键就在于如何让公共管理者走进他人的世界。在我们看来，同情是让公共管理者做到包容的关键。在斯密那里，同情被看作人的一种天性，一种本能。也就是说，只要是一个人，不论他是英雄伟人还是十足的恶徒，这种同情心都是存在的。在斯密看来，所谓的同情，就是对他人痛苦的共鸣。[①] 因为人们对痛苦的这种感受更普遍。斯密这里所

---

① 〔英〕亚当·斯密：《道德情操论》，王秀莉等译，上海：上海三联书店2008年版，第1、44页。

讨论的是人们所具有的一种普遍性情感，这就是对他人痛苦的感同身受，对他人遭遇的怜悯之心。但斯密所讨论的同情还仅仅是狭义上的同情。因为他看到人们对他人悲痛或痛苦更容易引起共鸣，而对于快乐这种体验，人们更容易忽视。

作为一种普遍的情感，斯密所讲的同情实际上是在同感的意义上使用的。舍勒对“直接的同感”、“参与某种情境的同感”、“单纯的感情传感”和“真正的体验性感觉”这四种同感进行了仔细区分。在舍勒看来，同感不同于传感。“传感的特点毋宁说，它只是发生在诸感情状态，即情绪之间，它并不以对他人欢乐的认知为前提。”因而，它是一种单纯的感情传感，并不是同感。而且，“传感过程的发生具有任意性，它的固有特点在于它一再返回其出发点的倾向性，以至于有关的情感通过表情和模仿的中介再次产生传感，从而使传感着的情感加剧”[①]。在区分了传感与同感的基础上，舍勒进一步解释直接的同感和参与某种情境的同感二者的差异性。舍勒认为，直接的同感意味着人们互相感觉着同样的悲伤，同一种痛苦。需要注意的是，“作为价值的‘悲伤’和作为功能品质的悲伤感觉，在这里是同一个东西”[②]。这也就是说，直接的同感意味着，B 的悲痛对于 A 而言，绝非客体性的，它并不是引起 A 悲痛的原因。而参与某种情境的同感则说明，“悲伤不单单是造成他人悲伤的原因；一切同感都包含着对另一个人之悲伤和欢乐的感觉意向”[③]。这也就是说，参与某种情境的同感的发生“仅仅由于它面对着他人悲伤的缘故，它的‘意之所瞩’也包括他人的悲伤，而且认为后者即感觉功能自身”[④]。在这种情况下，A 的悲伤与B 的同悲之间存在某种关联，即 B 的同悲是因为他体验到 A 的悲伤之后引发

① 〔德〕马克斯·舍勒：《同情感与他者》，朱雁冰等译，北京：北京师范大学出版社 2014 年版，第 16 页。

② 〔德〕马克斯·舍勒：《同情感与他者》，朱雁冰等译，第 12 页。

③ 〔德〕马克斯·舍勒：《同情感与他者》，朱雁冰等译，第 13 页。

④ 〔德〕马克斯·舍勒：《同情感与他者》，朱雁冰等译，第 13 页。

的，因而，再体验和再感觉的功能和本来的同感在功能上是可以清楚地区分开来的。而所谓的“真正的体验性感觉”意味着自我与他者的个体的自我之间真正的一体感。“在这里不仅他人的、有限的感觉过程被不自觉地当成自己的感觉过程，而且他人的自我恰恰与自己的自我被认同为一体。这里的认同既是不自觉的，也是无意识的。”[①]尽管舍勒认为这种“真正的体验性感觉”只是一种极端的情况，但对我们的分析来说，当我们要求行政人员具有他在性时，恰恰是在要求他们具有这种自我与他者之间的一体感。

公共管理活动是由具体的个体来承担的，公共管理者始终是在为他人进行决断，这意味着公共管理者的行动并不是为自己的，其出发点与目的不是自我，而是他人。正因为如此，让这些具有自我意识的个体为他者进行决断，其中所隐含着的紧张就出现了。从理论上来说，我们要求公共管理者具有自我与他者之间的一体感，即完全把自我与他人融为一体，当我们这样来要求公共管理者时，实际上是把他看作一个完全理性的旁观者，他体验别人的欲望，就像这些欲望是他自己的一样。对公共管理者来说，他在进行公共管理时，要对他者进行分析、判断，这时需要的恰恰是完全无我，对他者的情况进行恰如其分的判断，就像是对自己的行动进行决断一样。因而这个完全理性的旁观者实际上被赋予了同情和想象的能力。[②]

正如舍勒、斯密等人在论述同情时所讲的，我们之所以能对他人的处境感同身受，其中的关键就在于旁观者通过移情与想象这种心理机制使同感得以发生。“无论内心受到何种激情的影响，旁观者总是可以通过设身处地的想象，在心中产生他认为与受难者的情感相一致的感觉。”[③]除了想象之外，同感之所以发生还在于移情。“我们之所以能

① 〔德〕马克斯·舍勒：《同情感与他者》，朱雁冰等译，第20页。
② 〔美〕约翰·罗尔斯：《正义论》，何怀宏等译，第26页。
③ 〔英〕亚当·斯密：《道德情操论》，王秀莉等译，第5页。

够对别人的痛苦产生类似的感受，是因为我们能够将自己与当事人进行换位思考，来设想当事人的感受，或者受到相应感受的影响。”“天性总是会教导人们换位思考，让旁观者设身处地地考虑当事人的各种境况，也会让当事人在一定程度上去设想旁观者的各种境况。”[①] 通过想象和移情，同情的心理得以发生。对公共管理者来讲，后工业社会的高度复杂性与不确定性使得这种移情与想象显得更为重要。因为在工业社会官僚体系下的行动者是中规中矩的服从者，他不需要想象也不可能有想象。但后工业社会的高度复杂性特征对公共管理提出了更高的要求，其中最为关键的一点就是要求公共管理者通过想象和移情能准确把握他者的处境。

尽管我们要求作为旁观者的公共管理者对他者具有一体性的情感，但问题在于，一方面，公共管理是由具体的个体来承担的，由于个体先天与后天禀赋的限制，这种一体性始终是有差异性的；另一方面，旁观者与当事者毕竟处境不同，尽管他作出种种努力，试图从当事者的立场来观察和思考问题，但“他从来不会为了落在别人头上的痛苦而让自己去面对相同的情况和情绪”，他们会不断地提醒自己，“自己是安全的，并没有真正陷入受难者的处境中”，“使自己产生同情感的处境只是一种想象，它没有发生在自己身上，这不仅会降低同情感的程度，而且在一定程度上改变同情感的性质”。[②] 恰恰是这种处境的不同，使得作为旁观者的公共管理者与周围的他者产生差异性。这也就是说，公共管理者与他者保持一致性，达到完全无我的状态，这只能是一种理想的状态。无论他怎么努力地去做，也只能接近这一目标，而无法完全达到这一目标。对公共管理者来说，当他作为一个公正的旁观者时，“旁观者的同情使他能够在一定程度上用当事人的眼光去体

① 〔英〕亚当·斯密：《道德情操论》，王秀莉等译，第 4、18 页。
② 〔英〕亚当·斯密：《道德情操论》，王秀莉等译，第 17、18 页。

会对方的处境，同样，当事人的同情也使他在一定程度上用旁观者的眼光来审视自己的处境。特别是当受难者和旁观者在一起，向旁观者表达自身的感受时，更需要这样”①。

如果说包容他者是对公共管理者的一种消极的要求，那么护卫公正职责则是一种积极的要求；如果包容他者是一种基本要求的话，那么护卫公正职责则是一种更高的要求。对公共管理者来说，仅仅做到包容他人、宽容他人还是不够的。这是因为，包容他人意味着公共管理者某种程度上是无为而治的。他要对持有不同立场、不同意见，做出不同行为的行动者加以理解，要进入他们的世界，但这仅仅是理解他们的立场和行动，仅仅是承认现状，他在面对纷繁复杂的公共事务时，并未采取积极的行动。宽容仅仅是一种相互理解，一种承认，而后工业社会的高度复杂性要求公共管理者能采取积极的行动。宽容并不意味着没有底线，并不意味着对他人的行为可以纵容，也不意味着公共管理者无所作为。

政府的本质就在于其“公共性”。这种公共性品质至少从形式上规定了政府必须是为所有人服务的机构，而不是专为某一阶层、某一群体服务的机构。作为社会“公器”，政府必然要追求社会“公义”。因而，维护公正也就成为以政府为主体的公共管理者的职责要求。大体说来，政府维护社会公正体现在两个方面：其一，保证整个社会有一个公正的制度安排，并使这一制度体系能有效运转，这类似于罗尔斯所说的正义的第一原则；其二，主持矫正正义，这就是说，政府一方面要维护制度的公正性，另一方面在这一基本框架下还要为弱势群体服务，这类似于罗尔斯所说的正义第二原则。要使这两个正义原则落到实处，就必须有相应的机构来行动。这就是罗尔斯在其巨著《正义论》的后半部为什么要详尽描述政府部门划分的原因。罗尔斯把政

① 〔英〕亚当·斯密：《道德情操论》，王秀莉等译，第18页。

府机构划分为四大部门，即分配部门、稳定部门、调拨部门和再分配部门。在罗尔斯看来，分配部门和稳定部门一起保持市场经济的有效运转，为市场经济的高效运转提供制度保证。而调拨部门则要维持最低限度的社会保障。再分配部门的责任就在于通过税收等手段来对财富进行调节，对社会财富和资源进行二次分配，避免社会财富分配的严重不公，从而使社会公正保持在一个比较合理的状态。罗尔斯认为，政府的四大部门通力合作，构成维护社会正义的背景性安排。而这一制度性安排又是以正义为其指向的。[①] 正是在这个意义上，我们说，公共行政作为社会“公器”这一品性，内在要求公共管理者以维护公正为其主要职责。

第三节　公共管理者的道德能力

理性官僚制作为一种制度性建构，其制度性构成中内在地排除了公共管理者的道德能力。这也就是说，作为一种制度性建构，理性官僚制内在地否定了公共管理者的道德思考，使公共管理者与道德绝缘。而后工业社会的开放性、风险性以及管理对象的差异性都要求公共管理者具有道德能力。面对管理对象的差异性，要求公共管理者具有相应的道德想象力，面对无限开放的世界时，要求公共管理者具有相应的道德认知、道德判断和道德行动能力。当我们从行动者的视野来思考公共管理者的道德能力时，就会发现公共管理者的行动是在一个具体情境中进行持续选择的过程。

一、理性官僚制对道德能力的限制

如果客观地来看待工业社会中出现的道德冷漠，我们就会发现它

① 〔美〕罗尔斯：《正义论》，谢延光译，第 301—305 页。

有着制度性根源，这个制度性根源就是理性官僚制。这也就是说，正是理性官僚制这样的制度性设置，以及官僚制体系所具有的刚性特征，使工业社会的道德冷漠愈演愈烈，使人们的道德能力萎缩。在鲍曼看来，现代理性官僚制导致了两个直接后果：不置可否与解脱责任。这两个方面都直指工业社会中的道德冷漠，或者说，是理性官僚制这一制度性建构直接造成了行动者道德能力的缺失。

对官僚制下的行政管理者来说，最核心的法则是"遵守规则，不需要道德判断。事实上，官员们的道德被重新定义为服从命令以及愿意把工作做好——不管命令他们去做的工作性质如何，也不管此行政行为对接受方有何影响。行政体制这个东西的任务就是道德去技能化"。对于完美的官僚制体系而言，"不管其官员身上还保留多少道德良知，其运作都不会受其影响。因为行政体制是理性和秩序的高度体现，它反对由道德激发的行为，认为它和秩序概念与理性戒律相对立，甚至认为它们是不相容的"[①]。这也就是说，对建立在理性官僚制基础上的现代行政管理来说，通过理性的纪律服从，就在政府以及行政管理者身上排除了道德判断。如前所述，通过政治与行政二分，行政管理者的责任就变成了对命令不折不扣地执行，当这样来理解行政管理者时，实际上意味着解除了他们身上的道德责任，意味着不需要他们具有道德能力。

理性官僚制的另外一个特征就是它倾向于解脱责任。"行政体制非常有效地把'对什么负责'替换成了'对谁负责'；把对行为影响的对象负责换成了对上级（即命令发布者）负责。"[②]而理性官僚制解脱其责任的秘密又在哪里？这里的关键是如何理解建立在专业分工基础上的官僚制本身。根据鲍曼的看法，建立在专业分工基础上的理性官僚制，其高效运转是基于各组成部分的功能理性，也就是说，它是

---

① 〔英〕齐格蒙特·鲍曼：《流动的恐惧》，谷蕾等译，第94—95页。
② 〔英〕齐格蒙特·鲍曼：《流动的恐惧》，谷蕾等译，第95页。

基于各部分功能的有效发挥及各部分之间的协调。这样，对处于部门内的行动者来讲，其最直接的责任是一种基于功能分工的技术性责任。而在鲍曼看来，恰恰是技术性责任让公共管理者“忘记了行动是达到行动本身以外的目的的一个手段。由于行动的外部联系被从视线中有效地消除了，官员自身的行动在本质上就变成了结果。它只能通过其是否适当和成功的内在标准来判断。与以功能专门化为条件的、公务员自吹自擂的相对自主权同时出现的，是公务员远离组织总体上既分离又协作的劳动的总结果。一旦与他们遥远的后果相分离，大多数功能专门化的行为要么在道德考验上掉以轻心，要么就是对道德漠不关心。当行为不再受道德忧虑的阻碍时，就可以在清晰的理性基础上来对行为做出判断了。因此重要的是，行动是不是按照当前最好的技术知识来进行的，以及行动的结果是不是有成本效益，标准明确而便于操作”①。

由于官僚体系内的管理者仅仅只对他职责内的行为负责，而这种行为仅是实现组织总目标的一个中介或环节，在行动者与行为后果之间存在若干环节与中介，这样，行动者并不能直觉或领悟到其行为与后果之间的关联程度有多大，其直接后果就是导致有组织的不负责任。用鲍曼的话来说，就是责任的漂移。“责任的‘漂移’，几乎无法对其定位和精准归结，实际上把责任变成了‘不属于任何人的’责任；第二，让遵守命令的职责具有因无法抗拒而至高无上的力量，不亚于上帝指示的力量。”② 这样，通过官僚制内部的功能理性的设置，道德问题转化为技术问题，因而，官僚制下的行动者所剩下的就是如何高效地完成组织任务。其直接后果就是从行政行为中清除了道德判断，导致行动者的道德能力萎缩。“道德判断遭到贬损，因被认为无关而从决

① 〔英〕齐格蒙特·鲍曼：《现代性与大屠杀》，杨渝东等译，第135页。
② 〔英〕齐格蒙特·鲍曼：《流动的恐惧》，谷蕾等译，第95页。

策过程中清除出去，这样的状况造成了道德判断力量的极大降低——这种发展趋势使决策者在选择工具的使用方式时同时感到自由和无助。由于对价值的兴趣和关注减弱，价值选择这一任务所要求的技能也逐渐消失”[①]。

更为关键的是，工业社会的快速发展，进一步加剧了这种制度化的道德冷漠，或者说道德冷漠以制度化的形式被固定下来。“流动的现代化阶段里被解放了的技术则通过一种类似于‘道德镇静’的过程也获得了相似的效果。道德镇静为道德冲动提供了表面上的便捷出口，也为道德困境提供了权宜之计，同时还通过把责任转移给技术工具使行为人对这种道德冲动和道德困境都不必担负责任，从长远来看，它使行为人‘丧失道德技能’，让他们的道德良知休眠，练就他们面对道德挑战巨大影响时的麻木，总而言之，会让这些行为人在面对一定程度自我否定和自我牺牲的困难选择时，失去道德的武装。”[②]当工业社会发展到一定阶段时，原来是凝固的现代性变为流动的现代性，流动的现代性固然为社会带来了灵动与色彩，但也使得一切固定的东西都烟消云散了。道德需要某种稳定的社会结构来支撑，需要历史的积淀，但在一切都处于流动性的高度现代性社会中，这种对确定性的寻求注定是不可能的，因而道德上的虚无会进一步加剧，人们对道德本身甚至采取敬而远之的态度。

如此看来，我们就不应以怨恨的目光来看待行政管理者的道德冷漠。某种程度上，正是建立在专业分工基础上的理性官僚制这一制度性设置导致了行政管理者对道德的无视与疏忽。即使管理者个人具有良知和道德勇气，既有的制度框架也没有为他提供施展道德良知的空间，这也就是说，作为行动者，行政管理者总是在既有的

---

① 〔英〕齐格蒙特·鲍曼：《流动的恐惧》，谷蕾等译，第96页。
② 〔英〕齐格蒙特·鲍曼：《流动的恐惧》，谷蕾等译，第97页。

制度性背景下进行选择，他不可能突破既有的制度性背景。中国古代历史上人们总是热情地呼唤清官，但现实社会中的清官却少得可怜，其主要原因在于官场的生存法则决定了官员不可能去做一个纯粹的清官，不可能把道德考量放在第一位。因而行动者的行动都是在既有制度性背景下进行的明智选择，这种明智并非利令智昏，也并非完全从个人私利出发，而是在对各种可能的行为后果进行比较之后所做出的选择，这种选择可能并不是最经济的，也可能不是利益最大化的，甚至可能还需要做出一些牺牲，但它是在对各种可能性进行比较之后做出的明智选择，也许这正是托克维尔的"德行明智"给我们的启示意义吧。对于公共管理者来说，也有一个"德行明智"的问题。这就是我们前面已经论述过的行动者总是在既有制度性背景下进行行为选择。任何行动者在行动时都离不开既定的背景性框架，这种背景性框架提供了他在既定历史条件下的选择空间及可能性，只有在这样的空间中他才能发挥自己的主动性与创造性，施展自己的才智。但正如我们一再指出的那样，工业社会管理行政的核心是限制管理者的道德能力，甚至在某种程度上阻碍行政管理者的道德能力，导致他与道德绝缘。

这样为工业社会中行政管理者的道德冷漠进行辩护，丝毫不意味着我们认同其行为，而是想说明为什么官僚制体系会带来普遍的道德冷漠。当一个社会出现普遍的道德冷漠时，其原因恐怕要从制度性根源中去寻找。这样，当我们呼唤公共管理者的道德能力时，首先要做的，就是要超越官僚制这种建立在科学理性基础上的现代制度建置，打破刚性的官僚制带给人们的束缚与限制，把人们从刚性的纪律与被动的服从中解放出来，使其主动性与创造性得到充分发挥，为此就需要创造相应的制度空间，让原来处于休眠状态的道德重新苏醒，使公共管理者成为道德的践行者，成为道德的示范者，成为社会前行的引导性力量。这样，后工业社会中的公共管理者身上所承载的使命不是减轻了，而是大大增加了。只要我们把他们还原到人的本来样态，不再使他们生活在扭曲的制度空间下，使他们的道德能力得到充分施展，那么，这种道德要求对他们来说就不是一种重负，而是他们在公共生活中的本真样态，是他们作为公共人进入到公共领域所应有的状态。道德不再仅仅是美好的，而是人们日常生活中不可或缺的一部分，道德渗透到行政管理者的生活当中，成为他们思考问题的出发点，成为他们管理公共事务过程中不可缺少的因素。

后工业社会的复杂性、风险性要求行政管理者具有相应的道德能力。因为后工业社会中的行政管理者面对的是充满复杂性与不确定性的情境，也就是说，对后工业社会中的行政管理者来说，他每时每刻面对的都是无法用常规化、惯例化或者经验化的方式去处理的问题，这些问题也是他无法从过去经验和既有规则中去寻找现成答案的。在一个面向未来的开放世界中，行政管理者面对的永远是未知的世界，对于这样一个世界，行政管理者必须具有道德能力去进行判断，必须具有道德勇气去面对。

二、情境中的道德能力

当我们把公共管理者看作是行动者时，工业社会的"经济人"假设就显得不合时宜了。正如达尔在批评传统行政科学时所说，"公共行政科学的发展，意味着人的科学在公共服务领域中的发展。仅靠不断地重申公共行政已经成为一门科学，是不会带来这种发展的。我们不能按照机械化的'行政人'来创造一种 18 世纪理性人的现代后裔，并靠这种方法创立一门科学，这种'行政'只存在于公共行政学的书中，其唯一的活动就是严格遵守'行政科学的普遍法则'"[①]。后工业社会服务性内涵的充分发展以及对人们差异性的关注，

① 颜昌武、马骏编译：《公共行政学百年争论》，第 42 页。

都预示着公共行政范式的根本性变革，而其中最关键的就是如何理解公共管理者，是把他们理解为机械化的理性行政者，还是理解为真实的行动者?

后工业社会的发展显然给我们提供了明确的答案，那就是从后者而不是前者去理解公共管理者。当我们这样去理解公共管理者时，我们所面对的就不是一种“没有肉身的、超感觉的、全知全能的、可以说是超越情境而行动的本质，而是有限的、有血有肉的、在具体生活形式中社会化的、在历史时间和社会空间中占据特定位置的、交织进交往行动网络之中的行动者。这种行动者在各自情境中进行具有可错性的诠释，因此必须汲取其生活世界中那些他们不能随意处置的资源”[1]。后工业社会中的公共管理者所面对的更多的是那些差异性的对象，是在人与人的相互服务关系中如何向他们提供公共服务。这种差异性迫使公共管理者必须从具体的情境当中去理解公共事务，理解公共事件，理解公共事务中所形成的各种复杂关系。从情境中理解公共管理者，意味着公共管理者与日常生活中的其他人没有什么两样，如果说他们有特殊性的话，那么这种特殊性更多的意味着责任、意味着义务、意味着使命。他们同其他人一样，可能也会犯错误，他们的行动也是一个不断试错的过程。但关键在于，在不断试错的过程中，基于理性累积性，他们能够逐渐养成一种生活智慧，这种智慧不是理性的狡黠，不是市侩式的世俗，也不是毫无原则的迁就，而是基于生活经验的明智。

当我们从情境中、从日常生活中去理解公共管理者时，作为行动者的公共管理者当然具有了相应的道德能力。作为行动者，公共管理者经常面对的是一个个要处理的公共事件及公共事务，他要面对具体的人与事，而这些具体的人与事需要在情境中才能得到真实呈现。这

① 〔德〕哈贝马斯:《在事实与规范之间》，童世骏译，第400—401页。

就要求公共管理者作为行动者出场，也就意味着必须在公共管理中引入道德的维度，呼唤公共管理者的道德能力。“当人类向后工业社会迈进的时候，出现了生活伦理与治理伦理相统一的趋势，伦理精神将会成为后工业社会中的‘普照之光’，照亮社会生活以及社会治理的一切领域。”[①] 如果说近代以来发展起来的工业化社会分化为生活领域、生产领域以及社会治理领域，且相应地由伦理规范、科学规范和法治规范进行调节的话，那么，“后工业社会将使生活、生产和治理统一起来，因而，这三种规范也将实现统一，都会贯穿着伦理精神”[②]。当整个社会都贯穿着伦理精神时，作为其成员的公共管理者的道德能力也将得到充分发展。

罗尔斯在《政治自由主义》一书中，曾提出公民的道德能力包括正义感能力与合理善观念的能力。所谓正义感能力是指“理解、运用作为公平之社会合作项目的正义原则、并在通常情况下能受按照这一原则来行动的有效欲望驱使（而不仅仅是去按照这一原则而行动）的能力”。所谓合理善观念的能力是指“人们形成、修正并合理追求这一善观念的能力，这也就是说，它是人们合理追求一种尊重我们自己有价值的人生观的能力。一种善观念通常由一种具有决定性的终极目的或目标图式，以及某些个人和联合体（作为个人所依附和忠诚的对象）想要实现的各种欲望所组成的”[③]。对公共管理者来说，合理善观念的能力意味着要对生活中多元然而又无公度性的且可能互相冲突的善观念有着包容性理解。公共管理者一方面要对不同的善观念有着宽容性的理解，另一方面又要超越这些不同的善观念，从旁观者的立场对这些不同善观念进行判断。

当具有道德能力的公共管理者去处理公共事务时，他就能从道德

① 张康之：《论伦理精神》，南京：江苏人民出版社 2010 年版，第 3 页。
② 张康之：《论伦理精神》，南京：江苏人民出版社 2010 年版，第 3 页。
③ 〔美〕罗尔斯：《政治自由主义》，万俊人译，第 320 页。

的立场而不是纯技术的立场去分析、思考及处理公共事务。对公共管理者来说，从道德的立场处理公共事务，首先要求他具有道德认知能力。这种道德认知能力就是“在原有的道德知识结构中，在具有可供利用的道德知识基础上，对具有新的道德意义范例的辨认，并从中获取稳定的、清晰的道德新知的过程”[①]。公共管理者能够进行道德认知并具有相应的道德认知能力，实际上隐含着一个不言而喻的前提，即公共管理者拥有相应的道德知识，这种道德知识足以使他在面对公共事务的道德考量时有相应的道德知识基础。“道德意识既是人的认识世界中的一个观念世界，又是人再去认识道德世界的基础，是道德再认的前提。道德知识是人类不断认识道德发展道德的理论结晶。也是道德再认的知识起点。”[②] 从一般意义上来说，当主体面对一个道德现象时，总倾向于运用已有的道德知识主动去解释、去理解，试图运用已有的道德知识把新的道德现象纳入已有的解释框架中。这就是主体“对进入结构的道德新知进行自身的内部调整以达成新旧知识的适应状态”[③]。而对于那些已有道德知识无法有效解释的道德现象，作为行动者的主体，更需要积极地去了解事物本身的特殊性与复杂性，去把握事物本身所包含的丰富的道德属性，揭示其所蕴含的道德本质与道德冲突，分析其身上所包蕴的道德属性可能的发展趋势，从而更好地把握事物本身。

对公共管理者来说，对公共事务的道德认知一般会经历感性认知、前理性认知以及理性认知这样三个阶段。感性认知是对公共事务道德属性的直觉阶段，是面对公共事务时的初步的道德冲动与直觉，它是公共管理者“凭借他律的社会道德规范或自我感知的个性化利益需求，对感觉器官所直接感受到的道德现象及其关系，在思维中作出的利益

① 杨衍球、曾钊新、李建华：《论道德认知》，《有色金属高教研究》1989 年第 10 期。
② 杨衍球、曾钊新、李建华：《论道德认知》，《有色金属高教研究》1989 年第 10 期。
③ 杨衍球、曾钊新、李建华：《论道德认知》，《有色金属高教研究》1989 年第 10 期。

取舍和善恶评判”[①]。感性认知是对事物的初步认识，是对公共事务中所具有的道德因素的“生动的直观”，是在公共管理者与公共事务的道德属性之间建立起一种直接的感性联系。前理性阶段的道德认知则意味着公共管理者“凭借内化的已具有自律性质的社会道德规范，对道德现象及其相互关系作出的善恶判定和利益取舍”。在此阶段，公共管理者的道德思维已经超出事物的具体内容或感知的事物，“思维有能力处理假设而不只是单纯处理客体。客体化与空间化的进一步发展，也使道德主体认识到个体需要的满足往往要依靠群体目标的实现，从而逐步解除‘自我中心化’”[②]。

理性认知阶段则表明公共管理者“依据抽象的、超越法律的普遍公正原则，对社会道德现象及其相互关系作出的善恶判定和利益取舍”[③]。理性认知阶段意味着公共管理者已经摆脱了对事物的情境化依赖，他努力从普遍抽象的意义上去把握事物本身所反映的道德本质及其内在规律，它是对公共事务本身所包含的道德性本质的全面反映，把“道德现象作为许多规定的总和、多样性统一的整体，在道德思维中再现出来”[④]。对公共管理者来说，道德认知要求他具有对是非善恶进行辨别的能力，“既要能够认识复杂的、客观存在的事实，又要能够从事实中明辨价值，确立自身的道德观念、价值取向；准确地把握是非善恶的标准”[⑤]。对公共事务经历了这样一个从感性认识到理性认识的过程，才能更深入地把握其内在的道德属性，更深刻地认识其道德上的矛盾与冲突，从而为进一步的探索奠定基础。这里需要注意的是，后工业社会的多元性、高度复杂性以及开放性，使得原来简单的道德认

① 孙如枫、曾钊新：《论道德判断》，《江西社会科学》1995 年第 4 期。
② 孙如枫、曾钊新：《论道德判断》，《江西社会科学》1995 年第 4 期。
③ 孙如枫、曾钊新：《论道德判断》，《江西社会科学》1995 年第 4 期。
④ 易法建：《论道德认知》，《求索》1998 年第 3 期。
⑤ 李金鑫：《道德能力的道德哲学研究》，南京师范大学博士学位论文，2011 年，第 63 页。

知变得更加复杂，尤其是在面对那些前所未有、还处于发展之中的事物时，要对它们进行准确完整的道德认知变得非常困难。

而道德判断能力就是公共管理者“运用已掌握的道德知识和内化了的道德范例对行为的善恶进行审视和分辨的过程”①，“是在现实生活中对建立于经济基础之上的各种社会关系作出利益关系的过滤以后所形成的关于行为价值的认定”，“是道德感性上升为道德理性的一个认识环节，是对道德现象有所断定的一种思维形式，是从道德初识通向道德形成的一座心理桥梁”。② 行为的善恶是以行为是否合道德性为依据。而个体的道德判断能力与水平的高低在根本上则有赖于“个体的道德认知状况，因为判断是以道德认知为评价工具的。所以，个体道德判断水平取决于个体道德认知水平”③。道德认知为道德判断提供了认识上的工具。对公共管理者来说，道德判断意味着在道德认知的基础上，对公共事务的道德性、公共事务内部以及它与其他事物之间蕴含的道德冲突进行分辨与审视。

公共管理者进行道德判断的复杂性在于，其一，在一个相对稳定的社会结构中，公共管理者所要面对的价值不是单一的，而往往是多元的，这些价值之间往往是互相冲突的。正如罗尔斯所说，“各平等的公民都有着各自不同的因而也的确是无公度的和不可调和的善观念。在现代民主社会里，这种多样性生活方式的存在被看作是一种正常状态，只有独裁地使用国家权力才能消除这一状态”④。用罗尔斯的话说，价值的多元性只不过是对多元社会人们不同的生活、存在状态的一种反映。这种多元性是一个稳定的现代社会长期存在的事实。对公共管理者来说，首先要面对的就是多种善观念的共存

① 杨衍球、曾钊新、李建华：《论道德认知》，《有色金属高教研究》1989年第10期。
② 孙如枫、曾钊新：《论道德判断》，《江西社会科学》1995年第4期。
③ 杨衍球、曾钊新、李建华：《论道德认知》，《有色金属高教研究》1989年第10期。
④ 〔美〕罗尔斯：《政治自由主义》，万俊人译，第322页。

共在，尽管它们之间可能存在冲突与紧张，但是从社会的角度来说，这些不同善观念都有存在的合理性，它们之间的冲突与紧张并不意味着它们之间存在优劣之分，它们都是可欲的，是无公度性的。但在特定情境下，面对具体问题，公共管理者必须在这些无公度性的善之间进行判断与选择。在具体情境下，判断意味着取舍，选择意味着要区分彼此之间的轻重缓急。这往往是公共管理者不得不经常面对的道德判断与道德选择难题，选择一种价值往往意味着要暂时牺牲另外一种价值。为何选择此种价值，而放弃另外一种价值，经常要面对公众的不理解、舆论的质疑，这使得公共管理者在进行道德判断与选择时不得不仔细权衡，面临巨大的道德风险，而公共管理者在面对这样的道德困境时，当他不得不作出选择时，往往需要有巨大的道德勇气。

其二，公共管理者在进行道德判断时面临的更为复杂与困难的问题在于，他所要处理的公共事务往往不是重复性、惯例性的。后工业社会的高度不确定性与高度风险性更是加剧了他进行道德判断的困难程度。这时公共管理者仅凭已有的道德知识与道德经验是难以做出明确的道德判断的，已有的道德知识和经验也无法为他提供答案。这些公共事件与公共事务本身就是正在发生的事情，其未来发展态势如何，有时候并没有清晰地显现出来，这时候很难进行道德判断。

即使这些公共事件与公共事务得到了发展，但由于已有的知识储备有限，很难用既有的道德知识框架进行解释。一方面，对这些公共事件及公共事务的认识往往是多元的，存在不同的道德认知与道德判断维度；另一方面，后工业社会本身的不确定性使得善恶标准往往非常模糊，是非善恶可能发生了扭曲或偏转。处于这种生活情境下的人们往往会出现一种普遍的道德“无知”状态。这里的“无知”丝毫没有贬义，而是想说明在一个知识、社会出现根本变迁的时期，整个社会的是非善恶处于模糊的情况下，准确、及时地进行道德选择和道德判断往往变得异常困难，这就对公共管理者的道德判断能力提出了挑战。由于公共事件和公共事务此时正处于发展中，公共管理者对其道德属性无法作出准确的判断，事实上也很难做出准确的判断。

公共管理者往往不是从自我出发，而是从他者出发，他者是他思考问题的出发点，也是他思考问题的落脚点，既是他思考的坐标，也是他实现自我的依靠。公共管理者最初的道德冲动与道德直觉恰恰又是来自自我的，这时的自我对公共管理者来说，是其最真实的自我，是最直接的感受。但当从感性上升到理性时，公共管理者越来越远离了自我，他必须从他者的视角去思索、去判断、去分析、去选择，这样才能称得上是公共管理者，才能与其职位与职责相称。换句话说，只有当公共管理者处于无我的状态时，他才能切实地站在他者的立场上，对公共事件及公共事务本身的是非善恶进行道德判断。这种角色要求变化及思考维度的变化往往使道德判断愈加困难。

在道德判断的基础上，公共管理者才能进行道德选择。“在关于是非善恶的认知上，道德选择是自由意志主体通过认知和判断确立善的价值观念的能力。有了善恶价值的正确认知与判断并不等于自由意志主体会选择善的价值观念。在具体的道德行为中，道德选择是自由意志主体在自身已确立的善观念指导下，在诸种价值间取舍的能力。在整个行为过程中，道德选择是自由意志主体的道德意识向道德行为过渡、转换的关键环节。”① 如果说道德认知能力、道德判断能力是作为行动者的公共管理者自由存在的前提，那么道德选择及道德行动能力则

① 李金鑫：《道德能力的道德哲学研究》，南京师范大学博士学位论文，2011 年，第 77 页。

是其自由意志获得实体性存在的证明，它是公共管理者是否能够按照自己对公共事务及公共事件进行认知、判断和选择来行动的关键。而“道德行动的过程也就是道德能力显现自身、实现道德价值”的过程。[①] 公共管理者的主体性的显现，其独特之处不在于自己如何行动，不在于他为自己如何去行动，也不在于他的一切行为最终都不是指向自我，而在于通过自己的决定与行动影响他人的行动和行为，这是公共管理者不同于一般主体的特殊之所在，但恰恰是这一点使得公共管理者的自我确证只能在他者身上。也正是因为这一点，人们才对公共管理者的道德能力提出了更高的要求，对他们具有更高的期望，他们虽具有肉身，但他们注定要超越自己的肉身，他们永远是在为他人作决定，永远是在为他人而行动。

三、行动者的道德价值与精神追求

基于政治—行政二分的立场，行政管理者的形象被描绘成一个不折不扣执行上级命令的人，也就是说，对行政管理者来说，其职责就在于对上级命令的执行，即使上级的指示在他看来是错误的，他也必须如此。但是，后工业社会的高度复杂性与高度不确定性，使得这种角色定位很难适应社会的现实要求。正如我们所熟悉的那样，如果固执于执行者的角色定位，面对突如其来的灾难等突发性事件，坐等上级批示和命令，往往会错失良机。更为重要的是，上级的命令与指示并不必然是及时的、合乎情境要求的。在这种情况下，要应对这种复杂性与不确定性，作为执行者的行政管理者显然是无能为力的。社会情境的改变，历史地要求行动者的出场。而行动者的道德价值也正体现在这里。具体说来，行动者的道德价值体

① 李金鑫：《道德能力的道德哲学研究》，南京师范大学博士学位论文，2011年，第76页。

现在以下两个方面：

其一，行动者是自由的行动者。如前所述，作为执行者的行政管理者是没有自由的。自由以自由意志为前提。也就是说，当我们说一个人是自由的时，意味着他能够独立思考，独立进行判断。但是官僚制下的行政管理者只不过是整个机器上的一个螺丝钉，一个环节，他属于整个官僚制共同体，因而没有自己的意志，也没有自由，他唯一的义务就是执行上级的命令，就是服从。虽然在工业社会后期，随着公共事务的增加和日益纷繁复杂，客观上要求承认行政管理者拥有自由裁量权。不过这种自由是受到严格限制的自由。现代社会的显著特点是行政职能的迅速扩张以及行政权力的扩大，伴随着行政权力增加的是行政机关拥有越来越大的自由裁量权力。但现代社会是法治社会，行政管理者的自由裁量权受到了法的严格限制。

正因为行政管理者的自由裁量是受到严格限制的自由，因而这种自由是不充分的，仍然没有跳出管理行政的思维框架，仍旧把行政管理者当作“无赖”看待，并试图从各个方面加以限制。后工业社会则不同，由于充分凸显公共管理者人性的一面，并通过相应的制度安排使其充分发挥作用，因而，公共管理者变成了行动者，拥有充分的自由，而且是道德上的自由。行动者不会拘泥于规则的约束，虽然规则是必要的，行动者的行动“随着他面对对手将采取的行动的不确定性所控制的不确定性领域的范围的变化而变化的”[①]，他根据具体情境进行独立思考和判断，进而采取相应的行为。从这个意义上来说，作为行动者的公共管理者是拥有充分自由的行动者，这种自由不是那种受限制的支离破碎的自由——自由裁量权，而是道德的自由，因而公共管理者是道德的行动者。

---

① 〔法〕米歇尔·克罗齐耶、〔法〕埃哈尔·费埃德伯格：《行动者与系统——集体行动的政治学》，张月等译，第56页。

其二，行动者是平等的行动者，他们为完成共同的任务而合作努力。我们知道，无论是统治行政还是管理行政，就其组织结构和管理模式来说，都是根据中心—边缘结构而展开的。由于政府垄断着社会治理权力，作为整个社会唯一的治理者，行政管理者也就始终摆脱不了居高临下，摆脱不了傲慢。他总是把周围的他者看作统治的对象，当作管理的对象，总是企图把他们置于客体地位，他从来不会把他们当作平等的主体来看待。因此，在统治行政及管理行政之下，管理者和被管理者的二分不可避免地造成一方是管理者、另一方是被管理者的不平等地位。无论我们怎么修正管理行政，无论我们怎么完善其体制，它总是改变不了这种不平等地位，甚至在某种情况下还会强化这种不平等。

行动者则不同。在由众多行动者组成的社会治理体系当中，政府不再是唯一的治理者，众多治理主体在竞争中持续不断地提高公共服务的水平与质量。因而，行动者不再借助于强制性的社会治理手段，他转而采取协商、商谈、服务等方式与其他行动者取得共识，并通过积极的行动与服务来彰显自己存在的价值。由于没有了强制性的力量，行动者无法动用或者随意动用公权来打扮自己，这就要求他在协商中与其他治理主体相互妥协，发挥自己的优势，并通过自己的积极行动来体现自己的价值。在这里，行动者的言说本身就是一种行动，其背后所隐含着的是政府治理方式的根本性转变。这就是政府不再独占治理权力，不再故步自封，不再以封闭、隔离等方式把整个社会割裂得支离破碎，而是以平等、开放的形式与其他治理者一起进行积极地建构。原来政府是高踞于社会之上的强大力量，并站在社会之外来管理社会。当它回归社会之后，当它重新成为社会的一部分后，政府就居于社会之内，并同其他社会力量一起来从事治理活动。

由于发现了行动者身上的人性维度，原来那种官僚制体制之下的双重异化也就不复存在了，整个社会关系和社会结构都将在这一人性维度下进行重新建构，因而，行动者的人性维度就成为后工业社会进行制度建构的着力点。这样，无论是行政管理者，还是被管理者都摆脱了官僚体制所造成的异化。[①]由于潜藏在行动者身上的人性因素被极大地调动起来了，其道德性的一面也就日益凸显出来。工业社会的制度安排不相信人还有人性的一面。在休谟那里，更是把政府人员看作“无赖”，其逻辑结果就只能是以越来越细密的规则制度来防止或减少“无赖”行为的发生。但是，我们知道，规则再细密，总会有漏洞可钻，如果一个人道德品性尚好，那么制度缺陷还可以通过道德来弥补。如果一个人没有道德可言，他本身就是一个投机钻营者，他本身就是一个无赖，那么这种制度缺陷就是致命性的。对一个善于钻营的人来说，他总会找到制度中存在的漏洞，总会善于把这种制度缺陷利用到极致，来实现自身利益的最大化。正是在这个意义上，罗尔斯才说即使在一个受正义原则调节的良序社会中，作为社会成员的个人还有一种礼貌的自然义务，即“不把社会安排的缺陷当作一种不遵守它们的现成借口，也不利用规则中不可避免的漏洞来促进我们的利益”[②]。因而，行动者的革命性意义就在这里，它摆脱了制度与人性之间的两难，从而使我们在高度不确定与高度风险的社会条件下可以积极地应对未来。

公共管理者被当作积极的行动者，而行动者首先追求的是良序社会的治理。社会本身需要一个协调机构，才能有序运转。这就是作为公共管理机构的政府存在的直接理由。但是，当社会公共事务越来越复杂时，政府在处理这些日益纷繁复杂的事务时越来越显得捉襟见肘了。因而，众多的社会力量就分担了政府原来的职能，其目的就在于

① 〔法〕克罗齐耶：《法令不能改变社会》，张月译，第84页。

② 〔美〕罗尔斯：《正义论》，何怀宏等译，第355页。

使社会各领域各安其位，各负其责，使整个社会能够有效运转，和谐有序。

但是，良序社会的形成还只是行动者的直接目标。对行动者来说，仅仅满足于社会的优良治理还远远不够。行动者在治理过程中还必须追求公义。一个良序社会可以是有效运转的社会，可以是各组成部分各尽其责的社会，也可以是管制之下的社会，但未必是一个公平正义的社会。在罗尔斯看来，一个良序社会首先是一个受正义观念有效调节的社会。这意味着，整个社会成员都接受相同的正义原则，并且也了解其他社会成员接受同样的正义原则。[①] 当一个良序社会受正义原则的有效调节时，也就意味着它是一个稳定的社会，这就是说，"当制度公正时，那些参与着这些社会安排的人们就获得一种相应的正义感和努力去维护这种制度的欲望。一个正义观念，假如它倾向于产生的正义感较之另一个正义观念更强烈，更能制服破坏性倾向，并且它所容许的制度产生着更弱的不公正行动的冲动和诱惑，它就比后者具有更大的稳定性"[②]。这样看来，一个良序社会是一个受公平正义原则有效调节的社会，这意味着该社会的所有成员都接受这样的正义原则的约束。公共管理者也不例外。

然而，需要注意的是，一个受着正义原则调节的社会，固然是一个良序社会，但这样的良序社会并不会自动形成。这即是说，一个受正义原则调节的社会，一个制度公正的社会，一个社会成员接受共同认可的正义原则调节的社会，只是为良序社会的生成提供了基础。要把可能变成现实，还需要人们的积极行动。而当我们了解了其发展规律之后，我们才能从"自在"走向"自为"，才能走向"自觉"。显然，在建构良序社会的过程中，作为行动者的公共管理者的作用不仅

① 〔美〕罗尔斯：《正义论》，何怀宏等译，第 455 页。

② 〔美〕罗尔斯：《正义论》，何怀宏等译，第 456 页。

是不可或缺的，而且还是非常关键的。因为，以政府为核心的公共管理者是作为社会“公器”而存在。“公器”意味着它不是私人所有，不是为某一家看家护院，而是为所有人服务。在这个意义上，要实现公平正义，公共管理者的行动就愈益显得重要。

第七章
服务型政府的行政精神

服务型政府是超越管理行政而出现的一种全新的政府类型，当它随着新的社会关系、新的行政关系而生成时，一种新的行政精神相应地生成，这就是与服务型政府相适应的行政精神。我们需要根据这种新的行政精神来引导政府改革，并在政府改革中促成服务型政府的生成。

第一节 行政改革中的服务型政府

公共行政的合法性危机同时也是公共行政学的学科危机，是公共行政自身所面临的身份危机。也就是说，公共行政的学科边界在哪里？如果不能找到自己确定的学科归属，那么，公共行政只能面临持续不断的挑战。而这种合法性危机的深层原因就在于公共行政所处的社会环境发生了根本变化，整个社会的时代精神也发生了深刻变化。如果行政管理不能回应这种变化，它自身也就注定被现实所抛弃。这就需要我们反思以往的行政改革运动，以新的精神为指导来调整行政改革的方向。

一、公共行政的合法性危机是精神危机

早期的公共行政研究由市政研究所主导，并保持了长期繁荣。然而，自从罗斯福“新政”以来，“市政研究者纷纷转型为政府研究者，他们关注的对象早已从微观的‘组织与管理’上升到了更加宏观也更具有特殊性的公共问题，至于在‘组织与管理’等一般性问题上的发

言权，则拱手让给了企业研究者。经历了20余年的发展，企业研究者及其所开创的管理学已经牢牢掌握了在'组织与管理'等问题上的话语权，也掌握了公共行政研究者所不拥有的一整套分析方法与工具"①。在这种情况下，公共行政既然已拱手让出了自己的领地，想回过头来再重新占领，只能自取其辱。

但是，当公共行政研究者重整旗鼓，再去收复失地的时候，他们利用了管理学的概念、语言，甚至从社会学、社会心理学那里借用了大量的概念，醉心于运用一般性的组织理论去分析公共行政活动，尽管花样翻新，但公共行政研究仍旧没有摆脱被边缘化的现实。正如Todd R. La Porte所描述的，"组织理论、组织的理论、行政理论及合作行动理论的流行意味着不同概念、模型、建议及假设的数量已经变得不同寻常了。人们会怀疑理论的积聚带有欺骗性，概念上的不同更多的是语义上的而不反映行政管理的现实运行。最新的组织理论的方言就像它在描述组织行为独特性的一面，而这些组织理论大部分是把以前的语言转译成另外一种符号，阅读这些理论让人变得日益不胜其烦。……有关组织的文献已经变成可用理论的巨型超市"②。文献的空前繁荣并不意味着公共行政能够有效地应对现实。相反，一方面，由于醉心于寻求适用于所有组织的普遍原则，因而无形中就忽视了行政管理的特殊性；另一方面，由于行为主义的影响，在对一般性组织原则追寻的过程中，过分关注组织内部的构成、结构，完全无视变化着的社会环境。这样导致的结果就是公共行政越来越与社会相脱离，越来越封闭，越来越孤芳自赏。

公共行政的自我封闭，在新公共行政研究者看来就是公共行政的"不切题"。正如Todd R. La Porte所说："作为一项学术事业，公共行

---

① 张康之等：《公共行政的概念》，第222页。

② Frank Marini(ed.), *Toward a New Public Administration: The Minnowbrook Perspective*, Scranton: Chandler Publishing Company, 1971. p.28.

政学的主要问题在于：当前的公共行政学处于一种由过时或不适用的分析模型与规范性贫乏所构成的状态之中。除了政治—行政上的危机与学术时尚外，几乎没有拒绝或接受实质性问题及其分析模型的基础。教学与研究倾向于建立在过去的问题之上，或满足于对当前'主导性'问题的回应性界定。这在发展行政视野、政治领导力或持久性的学术活力方面，都只有有限的效用。结果就是学术活力的下降，相对于学生、实践者以及未来而言，也都跑题了。"这样，"年轻的学生、公共机构不同层级中的人以及我们中的许多人，都在抱怨我们研究的不切题，抱怨公共行政学的知识产出对于他们的经验只具有有限的意义，抱怨我们的研究错过了社会变革的大戏……根本没有抓住要领！我们的绝大部分努力与主题无关：它们在寻找规范性解释的基础和为行政管理者面对的特定问题寻求详细可行的解决方案中都失败了"[①]。公共行政研究之所以不切题，就在于公共行政只关注行政组织内部效率，只关注如何提升组织自身的绩效，而无视行政管理所处的社会环境已经发生了巨大变化。

我们知道，20世纪六七十年代，这个被沃尔多称为"骚乱的年代"，西方发达国家经历了一场巨大的社会变革。这场社会变革广泛而深刻，整个社会呈现出一种混乱无序状态：以计算机和信息技术为代表的科技创新在科技领域掀起一场革命并引发人们对科技革命日益增长的反动；暴力手段的革命性增长以及反对暴力使用的反革命的革命；反对渐进和日益依赖暴力；种族关系危机；严重的代沟或者年轻人的反抗；城市革命；日益增长的犯罪率和暴力；道德和价值上的革命；等等。[②]这就是当时公共行政所面对的社会环境，用沃尔多的话来

① Frank Marini(ed.), *Toward a New Public Administration: The Minnowbrook Perspective*, p.21.

② 竺乾威、马国泉编：《公共行政学经典文选（英文版）》，上海：复旦大学出版社2000年版，第242—245页。

说，就是一个社会陷入危机四伏的状态。因而，我们说，公共行政的合法性危机只不过是当时社会现实的折射。

我们非常清楚，一个良序社会应当是政治、经济、文化等领域处于协调发展状态的社会。而当时西方社会的巨大变革使整个社会的平衡状态被打破了，因而就产生了各领域间的紧张与不协调，这就是贝尔所说的“资本主义文化矛盾”。贝尔指出，“现代社会是政治、经济、文化三个截然不同领域的不协调混合，而这三个领域又被互相对抗的轴心原则所统治：对经济来说，是效益；对政治来说，是平等；对文化来说，是自我实现和自我表达。资本主义文化或者说资本主义社会的矛盾，就来自于政治、经济和文化这三个领域的分裂，来自于效益、平等和自我实现之间的冲突”[①]。贝尔的观察是敏锐的，他清醒地意识到西方社会在政治、经济、文化之间存在着根本分裂。但是，我们需要注意，如果仅仅从工业社会内部来看的话，这种矛盾当然是不可避免的，然而，如果从另外一个方面来看的话，这种不协调也许意味着一种新的文化类型正在孕育。

公共行政的合法性危机只不过是它无法适应迅速变化的社会现实而已。但如果把问题只是归结为回应性，归结为政府要回应社会，这样理解就未免过于简单了，因为它还是把政府定位为一个被动的实体，局限于挑战—回应这样一种模式，而没有进一步探究危机产生的深刻根源。

在我们看来，公共行政的合法性危机的根源在于现代社会本身，这就是现代社会所表现出来的解构性特征。当解构笼罩社会一切领域的时候，就出现深刻的精神危机。在黑格尔那里，理性是自由的体现，是主体的自我确证。这种确证意味着一个人具有理性怀疑精神，具有否定性思维。一个人是理性的意味着他能够自由地思考，

---

① 参见〔美〕丹尼尔·贝尔：《资本主义文化矛盾》，严蓓雯译，译者的话，第3页。

能够自由选择。理性怀疑至少意味着他在独立思考，不人云亦云，根据自己的判断，按照自己的价值立场去思考，在这个意义上，我们说，理性的怀疑至少表明一个人具有自我反思能力。怀疑是种否定精神。理性的怀疑表明主体把一切都置于自己的思考与批判之下。相对于传统社会终极真理掌握在一个人或一小部分人手中那种不容置疑的信仰，现代社会中人们可以自由地思考，不再迷信、盲从于某一神圣权威，这是社会的进步。由疑虑然后信任甚至信仰，这是人类走向文明的体现。理性意味着批判、意味着怀疑、意味着否定。现代社会正是借助理性的批判力量才取得如此巨大的进步，获得前进的动力。“科学依赖的不是证据的归纳积累，而是依赖方法论上的怀疑原则。一个特定的科学信条，无论受到怎样的推崇，貌似建构得多么完美，它早晚都会被修正，或者会依据新的观念或发现，被全然抛弃。”①

否定性形式在某种程度上是主体进行自我确证不可缺少的形式。与宗教神学相比，它至少表明人们还有自己的思考与判断，这是人类理性的进步。但是当这种用以确证主体存在的否定性形式成为展示主体性的唯一形式时，它就变成了否定性冲动，对一切事物不加分析地进行否定、批判、怀疑。它虽然采取理性的形式，但我们看到，恰恰这种不加分析的否定是非理性的、情绪化的。凡是别人肯定的他必然都要加以否定；凡是别人否定的，他必然要加以肯定。“如果你向它指出事物的同一性，那末它就会向你指出其不同一性；对于它刚才所宣称的不同一性，如果现在你再向它提出来，那末它立刻就会转而指出其同一性。”②结果是，它使主体执着于个体主体性——尽管主体存在的最早形式是个体主体，从而成为偶然性的，

① 〔英〕安东尼·吉登斯：《现代性与自我认同》，赵旭东等译，第 23 页。

② 〔德〕黑格尔：《精神现象学》上卷，贺麟、王玖兴译，第 139 页。

失却了普遍性。

在这种否定性思维的主导下，一切世俗的，甚至非世俗的东西都要被批判、被否定、被怀疑，现代社会引以为自豪的专家知识本身也要受到理性的质疑，任何专家知识都无法宣称自己就是终极真理，这也意味着任何专家知识本身也都面临着被否定的风险，被修正的可能。“现代制度的变迁特征的那种或多或少稳固、深刻而又迅速的冲力，加之结构的反思性，就意味着在日常生活事件的层面上以及在哲学的解释上不存在什么想当然的事情。今天所能够接受的、得体的、可取的行为，可能就会随明天的情境或后来的知识观的改变而改变。”①

而当用这种以怀疑为形式的力量去解构一切的时候，那些固定的、神圣的东西都烟消云散了。一切宏大叙事都无法承受解构的力量。当我们把一切意义都解构掉之后，我们发现自己成了孤独的无家可归者。没有过去，也没有未来。由于没有了过去作为联结我们的纽带，我们也就无法逃脱虚无；由于没有未来，看不到希望，我们就会陷入及时行乐当中，陷入对物欲的追求当中，因为只有物质具有实在性，具有可靠性。“享乐主义世界是时尚、色情、广告、电视和旅行的世界。它是虚伪的世界，人在其中为了期望而活、为那些将要到来而不是已经拥有的东西而活。而且，那一定是不费力气就能得到的东西。”②由于没有意义的支撑，结果只剩下对物的疯狂占有。当社会的精神维度被整个抽空之后，不言而喻，社会就陷入全面的危机中，精神危机只不过是社会危机的映照。公共行政的合法性危机从更深刻的社会根源来说，就在于社会本身处于深刻的精神危机当中。

① 〔英〕安东尼·吉登斯：《现代性与自我认同》，赵旭东等译，第154页。

② 〔美〕丹尼尔·贝尔：《资本主义文化矛盾》，严蓓雯译，第73页。

二、行政改革运动的反思：精神的失语

20世纪70年代以来，一场行政改革运动席卷全球。这场行政改革运动先从英国开始，然后到法国、澳大利亚等国，再到美国达到高潮。显然，这场改革运动直到今天还没有完全停止。尽管各国行政改革的具体形式不尽相同，但能明显看到，它们或多或少受到了新公共管理的影响。

应该说，这场席卷全球的改革运动的社会背景就是私有化浪潮。我们知道，二战后，受福利国家理论的影响，西方国家纷纷扩大国有经济的份额来保证社会福利的稳定供给。但问题在于，国有经济在运行过程中出现的效益不佳、运转低效等问题，使政府自身也受到影响，这就是我们前面提到的公共行政的“合法性危机”。其实，对“合法性危机”的理解也不能仅仅局限于学科意义上的“身份危机”或“认同危机”，而必须从社会环境着眼。公共行政这时所面对的最大困难在于，如何在一个急剧变化的社会中寻找自己的身份或边界？一方面是行政国家的兴起，政府职能的扩展，政府的触角逐渐扩展到社会各个领域，这给传统的公私领域二分带来了挑战；另一方面，政府在这样一个急剧变化的社会中，对社会问题反应迟钝，捉襟见肘，疲于应付。

因为市场失灵，我们需要政府，但当政府也出现失灵时，我们还有什么可以依靠？私有化浪潮就是在这个背景下发生的。当英国的撒切尔政府推行私有化政策时，其直接目标是为了减轻政府负担，把政府不需要也无法承担的职能转移给社会。虽然其直接目的是从经济的意义上来考虑的，是为了减少政府成本，提高政府效率，但私有化背后的逻辑却影响深远。其影响不仅仅在于私有化政策的扩张，更在于其背后所隐藏的意识形态话语的力量。“通过鼓吹公共部门的痼疾和私人企业的良好表现，私有化运动已经导致人们对公共服务信心的下降，在几乎所有国家对公共行政的生存及合法性带来严峻的挑战。对公共服务的攻击不仅造成政治压力和缩减其范围及角色的经济利益，而且

还引发重构其规范与目标。”[①]在这种情况下，行政改革其实没有太多的道路可供选择，它必须服从效益的逻辑。这样就只能引入市场，重拾经济效率等语词，虽然新公共管理赋予它们新的内涵。

因而我们看到，在行政管理领域，由于对一般管理的模仿，企业管理的语言和标准正在取代公共行政原有的话语。“在‘新公共管理’的旗帜下，市场规范已经被引入英国公共服务中。它鼓励‘企业家视野’、‘企业管理的方法’、‘谋利精神’、经济与效益标准及成本—收益分析技术等等。”显然，新公共管理通过强调消费者偏好创造所谓的“企业家式的政府”，要求政府机构为了消费者而展开竞争，把公共服务由政府垄断转变成追求利润的企业行为，从而把许多原属于政府的公共职能转让给企业。[②]显然，由新公共管理理论倡导的这场改革运动，其核心就是引入竞争，把原来属于经济领域中的自由竞争引入政府行政中来。这样看来，分权、解除管制、公民参与、邻里政府、服务外包等都是在这一目标之下的策略性行动，都是为这一核心目标服务的。从这个意义上来说，西方各国的行政改革运动也就大同小异，没有本质上的区别。它们只不过借用了经济学领域的那些术语，植入公共行政领域。由于一般管理话语的侵入，行政管理领域曾经广为接受的话语逐渐被人们遗忘，以至于公共管理硕士的培训完全等同于工商管理硕士的培训[③]，公共管理的规范完全被市场和企业管理的规范所取代。

在哈克看来，公共行政投向新公共管理怀抱的更直接证据就是政策科学、政策研究、政策分析的空前繁荣。[④]这不仅表现在学科研

---

① Shamsul Haque, “The Intellectual Crisis in Public Administration in the Current Epoch of Privatization,” *Administration and Society*, Vol. 27, No. 4, 1996.

② Shamsul Haque, “The Intellectual Crisis in Public Administration in the Current Epoch of Privatization,” *Administration and Society*, Vol. 27, No. 4, 1996.

③ Shamsul Haque, “The Intellectual Crisis in Public Administration in the Current Epoch of Privatization,” *Administration and Society*, Vol. 27, No. 4, 1996.

④ Shamsul Haque, “The Intellectual Crisis in Public Administration in the Current Epoch of Privatization,” *Administration and Society*, Vol. 27, No. 4, 1996.

究上政策分析的话语占据主导地位，也表现在大学教学当中政策分析类课程的大行其道。而公共行政领域出现的经济学话语霸权，究其原因，除了在市场基础上所形成的功利性文化外，还在于新公共管理的理论基础——公共选择理论。公共选择理论的核心就是"由效用规范引导的理性个人的选择及效率应当成为评价社会、政治、经济政策的主要准则"。不仅如此，公共选择理论还认为个体理性假设以及效益不仅适用于私人领域，而且也适用于公共领域。公共选择理论明确提出，在政府中服务的官员们也是为功利的、自私的个人利益所驱使。[①] 由此出发，公共选择理论认为公共服务应当基于多元化而非等级制，应当基于市场而非计划，应当基于竞争而非协作。所以，新公共管理认可的权威不再是一元的而是多元的。每一个公共组织对与其直接相关的利益负责。因此，良好的绩效不是来自政府所强加的绩效，而是来自公共组织相互竞争的结果。[②] 这样，公共选择理论就试图把市场经济中的核心规范融入行政管理当中，并取代那些原来为人们所接受的责任、代表性、平等以及回应性等基本要求。当我们看到政府官员像企业家一样为逐利而四处奔波时，当他们斤斤计较于眼前收益时，当他们因此而具有企业家精神时，我们还能指望他们把责任牢记在心？

从实际情况来看，新公共管理所倡导的改革运动仍然没有超越管理行政的思维。这就是，针对问题的解决思路仍然没有发生根本性改变。新公共管理针对行政问题开出的药方不外乎两个方面：其一涉及政府组织机构的重组；其二涉及人际关系的改善。从前者来说，无非就是对政府机构的职能进行重新设定，进而调整组织结构，使其功能

① Shamsul Haque, "The Intellectual Crisis in Public Administration in the Current Epoch of Privatization," *Administration and Society*, Vol. 27, No. 4, 1996.

② George Boyne, "The Intellectual Crisis in British Public Administration: is Public Management the Problem or the Solution?" *Public Administration,* Vol. 74, Winter 1996.

达到最佳状态。新公共管理只不过是在原来由政府排他性提供公共产品和服务的领域引入竞争，让社会力量去提供部分公共产品和公共服务。这一方面是通过外部压力来提高政府绩效，另一方面，通过竞争性提供，在不知不觉中改变了政府自身的机构设置。也就是说，新公共管理只不过把目光从政府机构内部转向政府之外，试图借助社会的力量来改造政府，这在某种意义上也就是一种政府组织机构的重组过程。就后者来说，为改善人际关系，政府通过分权的方式，使地方政府承担更多的与民众日常生活息息相关的公共服务的供给，并通过建立社区意义上的政府组织来改善政府与民众的关系。但问题在于，无论是组织重组，还是改善人际关系，政府所做的一切努力都还是围绕着提升其自身绩效而展开的。

在弗雷德里克森看来，无论是组织机构重组，还是人际关系完善，都是在试图回应社会的变化。但问题在于，“无论是理论还是实践，公共行政都没有非常有效地使这一进程规范化，至少根据公共行政作为一个理性组织来说”[①]。也就是说，公共行政一直面对着这样一个两难困境：一方面，“公共组织通常被组织起来完成某一既定任务，或者提供某一特定服务。因而公共组织被期待是稳定的、有秩序的、可预期的、扎根于某一永久的资金来源……所有这一切导致秩序和稳定”[②]。另一方面，公共行政又处在一个迅速变化的环境中，而且这种变化随着后工业社会的到来变得更加明显。在一个充满着不确定性的时代，仅仅靠不断地进行组织重组显然无法应对社会的千变万化。所以，弗雷德里克森认为，关键在于，“经济、政治、社会变化速度如此迅速，因而，公共组织保持回应性的唯一办法就是发展出一套标准。依照这些

---

① George Frederickson, “Public Administration in the 1970s: Developments and Directions,” *Public Administration Review*, Vol. 36, No. 5, 1976.

② George Frederickson, “Public Administration in the 1970s: Developments and Directions,” *Public Administration Review*, Vol. 36, No. 5, 1976.

标准，人们能够判断出效益，在此基础上使程序制度化，这样的程序使社会的巨大变化变得可控，从而使组织能够保持回应性”[①]。变动不居成为整个社会的常态，成为政治和管理上不得不面对的现实，这意味着变化本身也成为公共行政的一个特征。这就要求行政组织不仅要制定一套关于效益的标准，而且要发展出制度化的变化程序，而这些程序恰恰又是稳定的、可预期的和固定的。这样，仅仅是形式、结构以及人员等这些能够显示组织稳定的要素已经远远不够了，组织还必须要有一致同意的关于效益的标准及关于变化的程序。[②]遗憾的是，弗里德里克森仍然遵循传统的“问题—解决”思路，这样的思路仍然是“回应性”的。

虽然弗雷德里克森的批评指向20世纪70年代的美国行政管理，但是时至今日，公共行政的这种技术化思路仍然没有发生根本性的改变。公共行政仍然处于挑战—回应状态，仍然在被动地应付来自社会各方面的挑战，以至于弗雷德里克森说：“公共行政到目前为止也未能清晰描述出一个关于变化与回应的概念，这一概念能够完全描述出公共组织保持或具有回应性的途径。”[③]对于中国社会来讲，一方面，我们理性启蒙的任务远没有完成，建立在理性基础上的现代化行政管理还没有完全确立；另一方面受新公共管理的影响，行政管理中的技术化倾向有时甚至以变本加厉的形式表现出来。总之，当以新公共管理理论为指导的行政改革运动彻底抛弃了价值、精神等因素，把公共领域完全看作是一个经济人的战场时，也就是说，当作为公共人和公共组织的行政管理者完全变成追求利益最大化的行动者时，公共

① George Frederickson, “Public Administration in the 1970s: Developments and Directions,” *Public Administration Review,* Vol. 36, No. 5, 1976.

② George Frederickson, “Public Administration in the 1970s: Developments and Directions,” *Public Administration Review,* Vol. 36, No. 5, 1976.

③ George Frederickson, “Public Administration in the 1970s: Developments and Directions,” *Public Administration Review,* Vol. 36, No. 5, 1976.

行政的希望又在哪里？这不能不说是行政改革所面临的最大困境：没有精神。

三、在行政精神再造中矫正行政改革的方向

从对行政改革运动的梳理中，不难看出，行政管理的技术化特征越来越明显。新公共管理只不过重拾泰勒的科学管理，在效益原则下，通过市场的力量来提高政府效率，降低成本，重塑政府形象。而如果沿着这样一条思路去解决政府面对的问题，似乎就陷入了悖论当中。面对政府要处理的问题，人们会自觉或不自觉地根据技术的要求去行动，"以至于现代政府中一旦出了任何一种类型的问题，也总是根据技术化的思路去谋求解决的方案。当行政人员滥用权力、腐败时，则寻求可以技术化的法制；当出现官僚主义时，则谋求机构改革和组织重建的技术支持。结果，现代政府陷入了技术追求的怪圈。也就是说，越是谋求科学化、技术化，出现的问题也就越多；出现的问题越多，就会在谋求科学化、技术化的解决方案面前表现得越迫切"①。这种问题—解决式思路意味着政府面对的矛盾是周期性的。也就是说，我们可以把行政改革看作政府面对社会问题而作出回应，当社会发展到某一特定阶段时，政府组织必然表现出某种不适应来，当这种不适应达到一定程度时，也就意味着政府不得不再次进行改革。

如果我们过分倚重技术，甚至把行政管理完全看作一门技术的话，那么这个悖论无论如何没有办法得到解决。这一点从中国几次大的行政机构改革就可以明显地看出来。由于过分注重功能调整、组织重组等技术性的方面，过分依赖现代化的管理技术，认为通过管理技术的现代化可以实现公共行政治理的现代转型，政府全面引入绩效管理、全面质量管理等管理方法，从而使得行政管理的技术化色彩更加浓厚。

① 张康之：《寻找公共行政的伦理视角》（修订版），第128页。

但是，正如我们所看到的那样，这一改革思路仍然依赖技术手段来解决问题，结果只能导致更多管理权力和更多技术手段的使用，从而使政府控制社会的能力大大加强。政府职能确定意味着下一轮行政改革的开始。正如我们前面所说，行政组织的惯性在于保持稳定性，随着改革进程的推进，行政组织逐渐稳定下来，而它一旦稳定下来也就意味着它不愿意及时回应社会，这就成为下一轮政府改革开始的前兆。因而，无论如何，行政改革总是在被动应付来自社会的挑战，总是落后于社会现实，总是疲于奔命。从这个意义上来说，是否意味着行政改革已经成为一种常态？与工业社会比较起来，用鲍曼的话说，后工业社会所表征出的现代性属于“流动的现代性”，也就是说，没有任何东西属于固定的、一成不变的，变动不居成为后工业社会唯一不变的特征。在这种情况下，政府要适应这种变化，就必须抛弃那种可以一劳永逸地解决问题的想法与做法，使自身更具有柔韧性，这就是不断的变革。而一旦政府处于这种状态，就不得不从组织结构、行为方式到组织文化等方面进行根本性变革。但是，政府能够做到吗？

这也就是说，如果没有精神，纯技术化的行政改革是没有出路的。完全依靠技术的优化或细化来改革行政管理，最终要败坏公共行政本身。因而，这就需要我们去寻找公共行政本身的价值精神，尽管价值这一条线索一直存在于公共行政当中。公共行政价值性的一面一直是以隐蔽的形式存在的。20 世纪 40 年代芬纳与弗雷德里克关于内在责任与外在责任的争论实际上已经使行政管理价值性、精神性的一面凸显出来。只不过，由于工具理性的强势话语，行政管理精神性、价值性的一面长期以来被忽视。此后，沃尔多又一次强调公共行政的价值问题。他认为：“我们从来不认为公共行政的理论和实践仅仅是技术的或者管理的问题。那种一方面把政府政治和政策制定过程作为价值表达，另一方面把行政作为单纯技术的和价值中立的政策执行的做法，是失败的。无论任何人，欲研究行政问题，皆要涉及价值之研究；任何从事行政实务的人，他实际上都在进行价值的分配。”①

而库珀则更进一步，明确指出价值是公共行政的灵魂。在我们看来，库珀的观点可谓直指问题核心。这就是，我们不仅要重视行政价值问题，而且要把价值看作理解整个公共行政的关键，所以他才使用“灵魂”一词来说明价值之于公共行政的重要性。正如一个人如果只有躯体，没有灵魂、没有精神，就如同行尸走肉一样，公共行政如果没有价值的支撑也是如此。如果按照工具理性的设想，把行政管理看作一架运转精密的机器，把行政人员当作机器上永不生锈的螺丝钉，那么，无论是行政组织还是行政人员都只能被看作没有灵魂的东西。正像西蒙根据“经济人”的假设力图建构他心目中的行政科学时所谈到的，经理是把灵魂卖给企业的职业人，政府组织中的行政人员也是没有灵魂的职业人，但他们却不一定把灵魂出卖给组织或者政府，如果是这样的话，那也显得他们太崇高了。

我们正在迈向一个新时代。这就是我们正在踏入后工业社会的门槛。无论我们对后工业社会是向往还是恐惧，它已经向我们走来了。而且在它日益向我们展开其神秘面纱的过程中，其内在特质愈益明显，这就是后工业社会所表现出来的高度不确定性与高度复杂性。工业社会也存在复杂性与不确定性，只不过，工业社会的复杂性与不确定性是低度的复杂性与不确定性，因而这种复杂性与不确定性从总体上来看是可控的。政府恰恰承担了把复杂性与不确定性控制在一定范围内这样一种角色。但是后工业社会的高度不确定性与高度复杂性恰恰与管理行政所期望的稳定性与秩序背道而驰。这也就是说，公共行政要么在这样一场巨大的社会变革面前迎接挑战，积极地进行变革；要么故步自封，拒绝变革或者在社会巨变面前逃避，从而为社会所抛弃。

---

① 转引自〔美〕乔治·弗雷德里克森：《公共行政的精神》（中文修订版），张成福等译，北京：中国人民大学出版社 2013 年版，第 109 页。

显然，要想不为社会所抛弃，公共行政就只能选择前者。但即使选择了前者，也并不意味着它能够积极主动地迎接挑战，相反，在多数情况下，公共行政的回应总是被动的，它不愿意为此而进行彻底的变革，只愿意在细小的地方做些缝缝补补的工作。

更为关键的是，服务关系正成为社会的主导性关系，也就是说，在工业社会已经奠定的发达的物质生产水平基础上，后工业社会正在由生产型社会转变为服务型社会。在这个转变过程中，社会关系的服务性内涵日益凸显出来，服务关系成为整个社会的主导关系。这样，人与人之间服务与被服务的关系增强。服务关系要求尽可能满足人本身的要求，而人的要求具有差异性，这种差异性在服务需求方面得到淋漓尽致的体现。这就要求在提供服务的过程中尽可能地使这种差异性得到满足。而这种差异性及不确定性恰恰是管理行政所忽视的。正是在这个意义上，我们说，需要用服务精神来矫正行政改革的方向，使之从技术化的迷思中走出来。只有当公共行政根据服务精神来塑造自己时，政府才会回归自己的本源，才能真正找到属于自己的角色定位。这就是政府通过提供服务来证明自己存在的合理性。当然，这种服务主要是为众多直接为民众提供日常生活物质资料的服务主体提供基本服务，也就是说，政府所提供的服务是整个社会所需要的基本服务，这样的基本服务构成众多服务主体为民众服务的背景。

在此，要破解行政改革的困境，就必须打破对科学行政、技术行政的迷信，以为可以通过公共行政的科学化、技术化，甚至通过引进现代化的管理技术可以一劳永逸地解决行政管理所面对的难题。公共行政不能仅仅是技术化的，它还必须有价值引导。正是在这个意义上，库珀才说，价值是公共行政的灵魂。纯技术化的行政管理往往沦为政治强权的打手，成为它们肆意作为的遮羞布。这就要求我们面向后工业社会的要求，实现对行政精神的再造。作为对工业社会的超越，后工业社会的服务关系占主导地位、多元化治理的现实以及高度的不确定性这些特征，要求我们构想相应的行政精神，这种精神大体上包含服务、合作、想象等要素。即使无法设计出服务行政的详细的蓝图，至少我们也需要勾画出它的大致图景，否则，它就很难产生吸引力，很难具有说服力与感召力。

纯技术化的行政改革是无法进行到底的，因为，它完全是一种被动的“头痛医头、脚痛医脚”的行为，它在解决了一些老问题的同时，可能会带来更多的新问题。甚至在改革的名义下，夹杂着各种私利，进而使改革本身失去了方向，成为某些人谋取私利的旗号。行政改革不能是盲目的，不能为了改革而改革，也不能处于顾此失彼的状态。行政改革必须有清晰的方向与目标，在这个意义上，我们说，行政改革必须有精神的指引，只有这样，它才不至于在改革过程中迷失方向，陷入“头痛医头、脚痛医脚”的境地。问题在于，在一个充满风险的后工业社会中，我们是否还需要用管理行政的精神来引导政府行政？答案显然是否定的。既然法的精神与后工业社会不相协调，那么紧接着的问题就是我们要适应后工业社会的到来这一现实，面向后工业社会进行行政精神的再造，并以此来调适行政改革的方向。当然，行政精神的再造，不是要完全抛弃管理行政的那种理性精神，而是在批判继承的基础上，给予行政精神以更丰富的内涵。

第二节　梳理行政改革反思的几种理论

新公共管理主导的行政改革运动，并非一帆风顺，它也面临着这样或那样的批评。在反思新公共管理运动的过程中出现了几种理论。新公共行政对价值的热心倡导，后现代主义的解构话语及行动主义对道德制度的积极建构，构成了反思行政改革的生动画卷。梳理这些不同话语，可以从中窥见行政管理未来的脉动。

一、倡导“公共行政的精神”

众所周知，新公共行政是在对传统公共行政的反思中发展起来的。20世纪60年代末70年代初的公共行政，用沃尔多的话来说就是处于一个“骚乱的年代”。这一时期的公共行政最主要的特征就在于“不切题”，由于理论研究脱离了当时社会所关注的重大议题，因而引发人们对公共行政的强烈不满。以美国为例，当时的美国社会种族冲突严重，社会为族群冲突所撕裂，弱势群体的正当利益受损。但公共行政的理论与实践对此视而不见。这种不切题鲜明地体现在1969年末由美国政治学与社会科学研究院主办的一次全国性公共行政会议上。在主办者看来，公共行政主要关注的是：“（1）行政机构是政策制定者；（2）政策—行政二分法已经过时；（3）我们难以确定公共行政并标明公共行政的边界；（4）公共行政管理和工商企业管理之间存在重大差异；（5）公共行政学与政治学科有明显差异；（6）公共行政无论是其规范性理论还是描述性理论都处于混乱状态；（7）等级制不再是界定或描述公共组织的恰当方式；（8）公共行政学所关注的管理问题和行政问题正在被政策问题和政治问题所取代；（9）应该会出现一些公共行政的专业学院；（10）公共行政尚未以一种重要的方式涉及诸如军事—产业复合体、劳工运动及都市暴乱等类似的社会问题；（11）公共行政领域一直都过度地专注于知识范畴、语义学、定义和边界。”①

由于不关注现实，在自己的领地内自娱自乐，因而公共行政理论严重脱离现实就不出乎人们的意料，并引发人们的不满。在批评者看来，这时的公共行政研究“（1）逃避时代的重大议题：都市种族暴乱、贫困、越南战争、公共官员的伦理责任；（2）未能大胆地提出积

① 〔美〕乔治·弗雷德里克森：《新公共行政》，丁煌等译，北京：中国人民大学出版社2011年版，前言，第6页。

极的新概念或新理论；（3）专注于1960年以前提出的理念、概念和理论；（4）对社会变革和组织变革的关注不够；（5）过分相信专业知识与组织能力，而缺乏对官僚方式的质疑；（6）对增长、组织缩减及衰退的限制关注不够；（7）除了民选官员以外，对公民的需求和需要以及回应性问题关注不够；（8）对政府行政机关能够做什么或完成什么任务持过于乐观的态度”①。严峻的社会现实，使这些批评者感到有必要组织起来，明确表达自己的声音，这就促成了明诺布鲁克会议的召开，当然，会议的召开离不开沃尔多的直接支持。明诺布鲁克会议的贡献就在于宣告了新公共行政学派的诞生。

新公共行政学派明确认为，公共行政具有价值性，甚至在某种程度上，价值构成公共行政的灵魂与核心，这就从根本上否定了关于行政管理技术至上的观点。传统观点基于政治与行政二分的立场，认为公共行政仅仅是执行命令的工具。但在新公共行政看来，公共行政不仅仅执行政策，而且制定政策，既如此，也就必然涉及价值选择。这样，行政管理就不仅仅是个技术性问题，而更多地涉及价值问题。由此，新公共行政明确地把价值置于行政管理研究及实践的核心位置。在此基础上，弗雷德里克森明确指出，公共行政不仅要关注经济和效率，而且更为关键的是要关注公平正义问题，弗雷德里克森甚至宣称，公平成为公共行政的第三个支柱。② 这也就是说，传统公共行政只关注经济与效率，在实际的行政运行中就转变为对组织内部效率的关注，转变为对组织内部的成本收益考虑，以便使组织的机构与功能更科学、更合理，因而就把公共行政完全转化为一个组织技术问题。在弗雷德里克森看来，这样一种转向使公共行政完全脱离了社会现实，把公共行政变成一个完全封闭、自我服务的组织。因而，对公平的关注也就

① 〔美〕乔治·弗雷德里克森：《新公共行政》，丁煌等译，前言，第6页。
② 〔美〕乔治·弗雷德里克森：《新公共行政》，丁煌等译，第4页。

意味着需要把公共行政从原来的状况中扭转过来。

在此基础上，弗雷德里克森进一步指出，“社会公平是一个包括一系列价值偏好、组织设计偏好以及管理风格偏好的短语。社会公平强调政府服务的平等，强调公共管理者决策和项目执行的责任，强调公共管理的变革，强调对公民需求而非公共组织需求的回应，强调对公共行政研究与教育的探讨，公共行政不仅具有跨学科性和应用性，而且具有解决问题的特性和理论上的合理性”①。弗雷德里克森清醒地意识到公共行政所强调的公平是一个复杂的概念。由于公共行政是一系列专业领域的综合，公共行政所面对的公共生活往往是一个充满矛盾的世界，因而，行政管理者所面对的往往是要在多元且合理然而又无公度性的价值之间进行选择。对公共行政来说，要用一个统一的概念来囊括这些不尽相同的领域确实不太现实。“在政策过程中，任何声称要加强社会公平的政策抉择的理由，都要根据下列问题进行分析：这种公平是个人的公平，分部化的公平，还是集团的公平？它是直接的公平，还是手段的或预期的机会公平？在维护民主政府和一个可靠的市场经济体系的同时，为了改善弱势群体的处境，应该加强什么类型的社会公平？”②这也就是说，公共行政所面对的公平将是非常复杂的，仅仅靠理论言说来凸显问题的重要性，并不能从实际上解决问题。行政管理者在实际管理过程中还是不得不面临选择困境。

因而，弗雷德里克森后来提出复合公平的概念试图整合这些不同领域，从而使新公共行政理论更具影响力和说服力。在弗氏看来，社会公平的复合理论包括单纯的个人公平、分部化的公平、集团公平、机会的公平以及公平的价值。所谓个人公平，“系指一对一的个人公

---

① 〔美〕乔治·弗雷德里克森：《新公共行政》，丁煌等译，第4页。

② 〔美〕乔治·弗雷德里克森：《公共行政的精神》（中文修订版），张成福等译，北京：中国人民大学出版社2013版，第83页。

平关系。最好的例子就是‘一人一票’原则，以及市场经济中的价格机制”。所谓分部化的公平，是指“同种类的人同等对待，不同种类的人则不同对待”。分部化公平类似于罗尔斯所说的差异原则。事实上，“公共服务都是在分部化的基础上提供的，而且都通过分部的组织层级体系来进行。分部公平就是，在不平等面前人人平等”。如果说个人公平和分部化公平主要是在个人层次上来说的话，那么集团公平则要求群体或次级群体之间的公平。所谓机会的公平可以分为预期的机会公平和手段的机会公平。预期的机会公平要求，如果两个人获得某项工作的可能性相同，他们得到工作的机会是平等的；而手段的公平则是说，如果两个人拥有同样的天资和资格，那么他们得到工作的机会就是平等的。①但是，社会公平的领域与内容无法穷尽，社会公平本身是复杂多样的和不断变化的，这意味着公共行政所致力于实现的社会公平就不仅仅是理论的言说，更多的是一个复杂的社会治理结构体系。

对公平的追求确实鼓舞人心，但问题在于，社会公平如何实现？如何能确保社会公平的复合理论得到实现？尽管弗雷德里克森也注意到需要改变组织结构，他也提出了五种结构模型试图来回应这一变革要求。②但是我们不得不说，弗氏所说的这些组织结构并无多少新意，并没有从根本上解决公共行政所面对的问题。而且，无论是分权式组织、邻里控制式组织，还是矩阵型组织都存在一个致命的缺点，即它们都具有某种临时性特点，让充满不确定性的组织担负起某一方面的重要职责，这注定了弗氏的谋划是不成功的。在这种情况下，弗雷德里克森就把实现社会公平的希望寄托在公民精神的复兴上。他认为行政管理者是代表性公民，公共管理内含社会

① 〔美〕乔治·弗雷德里克森：《公共行政的精神》（中文修订版），张成福等译，北京：中国人民大学出版社 2013 版，第 81—83 页。

② 〔美〕乔治·弗雷德里克森：《新公共行政》，丁煌等译，第 49—56 页。

公正的承诺。

在比较了古雅典、古埃及、古罗马等国家的行政管理与公民精神之间关系的基础上，弗雷德里克森发现，值得美国公共行政学习的是古罗马曾经存在的高公民精神及高行政管理。他认为美国现存的行政管理既是低公民精神，同时又是低行政管理的。在弗氏看来，行政管理者是代表性公民，具有双重规定性，他既作为管理者存在，又作为社会成员而存在。作为管理者，他必须能够有效履行职责；作为公民，他又在某种程度上具有类似于罗尔斯所说的作为公民的自然义务，也就是作为社会成员而必须担当的对社会的责任与义务。弗雷德里克森寄希望于行政管理者能够以公民精神补足职业责任的不足，从而使公共行政能够满足社会的要求。他也意识到，高公民精神建立在共同体意识的基础上，也就是说，只有当国家是一个共同体，是一个道德的共同体时，公共管理者才不再高踞于社会之上，而是整个社群的一部分，公共管理者才不仅承担着在公民与公共组织之间进行联系的桥梁和纽带作用，而且通过其积极作为，使共同体能够高效运转。[①] 因而，我们看到，弗氏所强调的公民精神，实则以社群主义为基调。弗雷德里克森在自由主义与社群主义之间取折衷主义态度，他企图调和两者之间的紧张。一方面，他坚持公共行政必须以正义为其支柱，甚至把正义列为公共行政的第三支柱；另一方面，他把公共行政对公正的承诺的希望寄托在公共管理者的公民精神复兴上。

更为重要的是，我们看到，弗氏的观点具有强烈的美国色彩。也就是说，美国社会有着社区自治的传统，这一点从托克维尔在《论美国的民主》中对美国社区自治的大加赞誉中可以看出。当传统行政管理体制出现弊端时，借助于西方社会20世纪70年代市民社会的复兴，

① 〔美〕乔治·弗雷德里克森：《公共行政的精神》（中文修订版），张成福等译，北京：中国人民大学出版社2013年版，第141—149页。

而使行政管理转变为公共管理，这就是让社会力量加入到公共治理过程中来，从而使得公民精神在美国有可能复兴。问题在于，美国经验具有普遍性吗？仅仅借助于社会自治，没有相应的制度安排与重构，要求公民，包括公共管理者，具有道德精神，我们是否又会陷入一个“道德的个人与不道德的社会”的陷阱？弗雷德里克森要求行政管理者一方面要热爱政体价值，另一方面又要热爱他人，这就是弗氏所说的公共管理者所具有的精神——乐善好施的爱国主义。爱国主义即热爱与维护政体的价值，热爱他人即行动上的乐善好施。[①]也就是说，公共管理者的双重身份迫使他在政治正确与个体美德之间不断进行抉择。弗氏的解决方案仍然是在既有框架之下来考虑公共管理者的公民精神的。这就使其理论陷入悖论之中。从实际情况来看，以弗雷德里克森为旗手的新公共行政运动在风生水起10余年之后，很快就销声匿迹了，这不是偶然的。

二、谋求话语再造的后现代方案

自20世纪60年代以来，人类社会进入到一个新的阶段，其标志就是后工业社会的到来。面对充满高度不确定性与高度复杂性的后工业社会，以效率为目标、以官僚制为典型组织形式的传统公共行政无论从理论上还是从实践上都日益捉襟见肘。在这一背景下产生的新公共行政虽然高举社会公平的旗帜，重新让人们关注公共行政中的价值性或道德性，但面对纷繁复杂的现实，除了在理论上不断强调公平这一词语外，并没有提出具体可行的方法让其思想成为现实。新公共管理则重拾效率的旗帜，并把企业管理的方法名正言顺地引入政府管理，以企业家精神来重塑公共管理，进而演变成为一场运动。不过，这些

① 〔美〕乔治·弗雷德里克森：《公共行政的精神》（中文修订版），张成福等译，北京：中国人民大学出版社2013年版，第135页。

热闹非凡的理论话语存在着一个致命的缺陷，这就是它们提供的方案都无法有效回应或面对人类进入后工业社会这一根本事实。正是在这种情况下，以麦克斯怀特、法默尔、福克斯、米勒等为代表的后现代主义者提出了自己的后现代方案。尽管他们之间存在理论旨趣上的差异，但他们的方案确实在某种程度上回应了后工业社会这一现实。

合法性理论首先成为这种反思的成果。对麦克斯怀特来说，合法性成为建构其理论体系的主要分析工具，正是以合法性这一概念为基础，麦克斯怀特才建构起其合法性理论。根据这一理论，所有的理论文本都是社会地和历史地建构起来的，是各种叙述要素的重新配置，是各种意义的叙述以及重叙。公共行政的合法性就成为我们谈论公共行政的一种方式，是我们在一定理论与社会语境中对公共行政的一种意识形态表达。从这一视角出发，麦克斯怀特把美国公共行政学说史置于合法性视角之下进行考察。在某种意义上，公共行政的合法性话语就是围绕合法性问题而建构起来的公共行政的学说史。这样看来，麦克斯怀特以合法性为核心建构起来的公共行政学说史就不仅仅是对公共行政思想理论的简单描述，“而是以话语分析的方式对各个时期美国公共行政的思想和理论的形成机制的揭示，是对这些思想和理论围绕着合法性问题不断地相互重写、相互构建过程中的意识形态动机的解码”[①]。

合法性具有历史性。对公共行政学说史的重写不是对学说史的简单重复，而是以合法性为分析框架，进而厘清不同时期围绕公共行政在民主治理中的合法性是如何建构的。这样，基于不同的历史语境，合法性显然有着不同的表现形式及内涵。对创立时期的公共行政来说，由于当时持有政治—行政二分的观点，行政就成为实施既定目标的中

① 〔美〕麦克斯怀特：《公共行政的合法性——一种话语分析》，吴琼译，北京：中国人民大学出版社2002年版，译者前言第3页。

立工具，这就呼唤着一种客观化的行政管理。正因为如此，公共行政的合法性就表现为如何保护客观化的公共行政免受质疑。因而，行政管理关注的主要不是做什么，而是如何做或者如何有效地去做。正因为行政管理把自己定位于如何有效地实施政策，它就可以专注于如何不断地提高效率，这就为以科学与技术符号为基础的科学行政的建立提供了前提基础。[①] 当行政管理专注于如何有效地完成既定任务目标的时候，也就意味着创立时期的公共行政给我们塑造出一个行政人的形象：专家型的管理行政者。专家型的管理行政者是理性的，他与政治分离，但又受到政治一定程度上的支配与控制。

紧随其后的是被麦克斯怀特称为传统主义的关于公共行政合法性的思考。传统主义抛弃政治与行政分离的观点，认为行政管理者不可避免地要卷入政策制定过程。基于政治与行政不可分的认识，传统主义重新奠定行政管理的合法性基础，这就是“通过把行政者归属于总统的因选举而获得的合法裁决，巧妙地解决了合法性问题。行政官员的任务是制定政策，但必须是在最高行政官员的权限之内”[②]。这样，在传统主义者那里，理性行政人的基点发生了改变，理性人的合法性是以认同另外一些理性的人为基础，一个精英集团的权威是建立在对总统效忠的基础上得以维持的。正因为如此，我们看到，在传统主义那里，理性行政人的合法性不再建立在效率基础上，他不是依靠其专业知识来行动，而是在整体语境中如何对不同的影响因素进行权衡，从而做出决断。

西蒙关于公共行政的合法性立场建立在事实与价值二分的基础上。西蒙认为以往的行政管理不能称为科学，至多只是一些行政谚语而已。从事实与价值二分出发，西蒙认为，行政管理就是在一系列事实当中

① 〔美〕麦克斯怀特：《公共行政的合法性——一种话语分析》，吴琼译，第157—158页。

② 〔美〕麦克斯怀特：《公共行政的合法性——一种话语分析》，吴琼译，第164页。

根据效率原则进行选择。西蒙所关心的效率是建立在投入—产出基础上的效率。为了追求效率，“决策者必须对情境中的各要素（独立的变量）的影响或生产所追求的结果或成效（依赖性的变量）有有效的认识。问题在于，在任何复杂的情境中，独立的变量系列可以看作实际上是向着无限性的连续过程”①。这也就是说，从理性出发，最后走向的是无限理性的结果，但因为无限理性事实上的不可能性，所以理性行政人最终只能是有限理性的，只能选择那些对于实现既定目标具有重要影响的变量作为决策的关键因素。这样，西蒙所描绘出的是一个新的理性行政人的形象——一个能够理性决断、科学认知、关心效率的行政工程师。西蒙的行政人是比传统主义更为现代的行政人形象，也是更适应社会进步要求的理想状态的理性专家形象。

到了20世纪60年代，由于社会环境及研究内容的变化，既有行政管理理论面临巨大的挑战。在这种情况下，以明诺布鲁克会议为起点，新公共行政运动代表了一种与传统公共行政截然不同的努力。正如我们所熟知的那样，新公共行政之所以新，就在于它抛弃了原来建立在效率基础上的理性行政人形象，把公平置于行政管理的核心，因而行政管理者的角色就在于如何积极地实现公平。与此相应，公共行政者所依赖的组织形式也必然要发生变化。为此，新公共行政提出了一种随情境而变的组织发展。“随情境而变的OD把高度结构化和紧密管理的过程归于共识的建立和集体性决议的形成。”这一组织结构的关键在于它能确保组织所有成员都能做出实质性贡献，而不是主流的民主理论中的“少数服从多数”。②

我们看到，合法性话语是一种批判性的理论思维方式。任何理论，甚至任何行动都必须接受合法性的检视。在这个意义上，合法性意味

① 〔美〕麦克斯怀特：《公共行政的合法性——一种话语分析》，吴琼译，第171页。
② 〔美〕麦克斯怀特：《公共行政的合法性——一种话语分析》，吴琼译，第207页。

着一种彻底的怀疑与批判精神，任何东西都必须接受合法性的审视。麦克斯怀特的叙事只到新公共行政，我们可以合理想象，在新公共行政之后的新公共管理、新公共服务等理论，当它们同样被置于合法性拷问之下时，也必须为自己辩护，尽管它们本质上可能只不过是为一种意识形态而辩护。正是这种批判性的自我反思，正是这种质疑一切的态度，一方面促成了公共行政理论的不断进步，另一方面也在不知不觉中消解着我们长期以来所建构的一切。当我们把这些东西都解构掉之后，我们一无所有。批判不等于建设，批判也不能取代建设。合法性话语除了提供这种批判性反思的精神及姿态之外，并没有为我们建构什么。相反，它把我们长期积淀下来的关于公共行政的话语都消解了。

法默尔的反行政话语则成为后现代理论谋划的另一种方案。对那些深受后现代主义影响的学者来说，解构成为他们反思公共行政的有力武器。对公共行政中的后现代学者来说，他们的替代性方案是在批评传统公共行政模式的基础上展开的。法默尔深受解构理论的影响，因而其理论首先就是从全面解构现代公共行政理论开始的。由于现代公共行政占主导地位的组织形式是官僚制，因而，法默尔认为，只要这一组织形式不改变，公共行政在其实践过程中就会遭遇一系列矛盾。这种矛盾就是法默尔所说的特殊主义、科学主义、技术主义、私营企业以及解释学方法。[①] 采用一种反思性的解释方法，法默尔认为，建立在现代性基础上的公共行政其基本语调是科学主义的，并把行政管理看作一种技术，进而在技术化的路线上越走越远。由于受工具理性的深刻影响，现代公共行政的运行是基于成本—收益考虑的，不得不以企业化的形式进行。在这样一种反思性姿态下，现代性基础上的公共

① 〔美〕戴维·法默尔：《公共行政的语言——官僚制、现代性和后现代性》，吴琼译，第3页。

行政的问题也就暴露无遗。

在反思现代公共行政弊端的基础上，法默尔提出自己的解决方案。法默尔的理论如果用一个词来概括的话，那就是反行政。反行政由反行政意识、反行政态度、反行政目标三方面构成。所谓的反行政意识包括反对冲动和赞同冲动两个方面。就反对冲动一面来说，是要反对在公共行政思维与行动方式中阻碍开放性的那些东西；而赞同冲动则是那些有助于公共行政思维与行为方式开放性的观念，或者说它是那些鼓励“反行政意识”开放性的那些观念。反行政意识的这两个方面互相影响，反对的方面在形塑着赞同的方面，而赞同的方面反过来也在塑造着反对的方面。① 所谓的反行政态度，在法默尔看来，既有怀疑主义的形式，也有希望的形式。就前者来说，有限的或最小程度的怀疑主义能够促动反行政的形成，而希望则不是充分条件，除非它在履行中包括信仰。就反行政目标来说，其首要目标就是要在公共行政理论与实践中达成反行政意识，这即是说，反行政意味着要扭转传统公共行政中占主导地位的行政思维模式；反行政的第二目标则是通过在相关学科鼓励意识变化来增强公共行政思维的开放性。②

那么，如何做到反行政？法默尔认为，所谓的反行政就是想象、解构、非地域化、他在性。在法默尔看来，如果说理性是现代社会的主导性概念的话，那么想象则是后现代社会的核心概念。“后现代性的想象也扩展到整个社会。社会中的个体和社会的各要素都力图将想象置于其相互关系和生活的核心地位，如同现代主义者以前对理性所做的那样。”③ 这样，想象也就成为公共行政的应有之义，想象成为一种行

① David John Farmer, “Mapping Anti-Administration: Introduction to the Symposium,” *Administrative Theory & Praxis*, Vol. 23, No. 4, 2001.

② David John Farmer, “Mapping Anti-Administration: Introduction to the Symposium,” *Administrative Theory & Praxis*, Vol. 23, No. 4, 2001.

③〔美〕戴维·法默尔：《公共行政的语言——官僚制、现代性和后现代性》，吴琼译，第250页。

政精神。法默尔深受德里达的影响，在他看来，解构既不是一种方法，甚至也不是一种运作；它既不是一种分析，也不是一种批判。那么，解构是什么？解构是对文本的批判性阐释，但这种批判也是有差异性的。“它不会装模作样去提供一个正确的批判或阐释；同时它也不会对真理性的阐释做出错误的或个人的评价。”[①]解构针对现代或后现代的文化，因而也就是对叙事的解构。解构是一种没有终局的策略。如果说根本不存在可以确定的意义，那么在文本被解构之后，解构就转而指向自身，解构自身。对公共行政来说，解构首先要针对的是传统公共行政的宏大叙事。公共行政的理论与实践也是建立在某种叙事基础之上的。法默尔选择了两个例子，一个是针对公共行政的客观性，另一个是针对公共行政实践的效率目标。前一个叙事是对现代主义理论基础的阐述，后一个叙事涉及许多实践的建构。法默尔认为，后现代性导致了思维方式和思考对象的结构方式的根本转变，因而非地域化就成为一个可供选择的方式。所谓非地域化意味着对强加于论题和情境研究的语码或格式的移除。对公共行政来说，在后现代语境中进行研究，意味着要采取非地域化的方式，即要试着移除那些形成我们的观看方式的语码，这包括我们的思维特征以及学科的组织结构。而他在性则意味着对他者的开放、对差异性的偏爱、对元叙事的反对以及颠覆已有的秩序。

他在性意味着要破除政府本位，根除政府行政过程中的傲慢。这也就是说，从反行政的视野来看公共管理，政府只不过是众多管理主体之一，由于打破了政府行政的垄断地位，因而政府在服务当中就必须站在他者的立场上去思考、去行动。这里的他者不仅包括那些居于社会主流地位，在社会中具有话语权的群体与个体，更包括那些被边

① 〔美〕戴维·法默尔：《公共行政的语言——官僚制、现代性和后现代性》，吴琼译，第284页。

缘化或排除在主流群体之外的群体，包括那些处于弱势地位的群体以及那些不被关注的话语。要对非主流群体的话语予以关注，甚至在某种程度上给予更大关注，公共行政就必须保持开放性。这也就是说，政府不再是封闭性的，而必须在主流群体与非主流群体之间寻求相互理解。

这样看来，法默尔的反行政话语是极富思想冲击力的，他解构了我们所熟悉的一整套行政话语体系，要求公共行政充满想象，要求公共行政具有他在性，这让我们对后工业社会的公共行政有了丰富的想象空间。问题在于，无论是想象，还是他在性，抑或是开放性，如何实现？单纯地靠言说，并不能解决问题。你可以千百次地言说，甚至重复，但如果找不到一种合适的组织形式，注定会成为纸上谈兵。法默尔的反行政话语也难逃和其他理论同样的命运。

福克斯等人的民主话语理论则提供了后现代理论谋划的第三种方案。在福克斯等人看来，传统公共行政建立在一种他们称为“环式民主”的基础上。这种“环式民主”的基本逻辑是，个人自由表达意愿，然后形成公共意志，进而由立法机关予以法典化，最后由行政机构负责实施。尽管这是一个完美的链条，但这种“环式民主”在福克斯等人看来缺乏可信性，并且其实际运行并非理论上设想的那样完美。这不仅在于公共意志的形成过程中存在着民意被操纵的可能，而且由于政府机构的封闭性，使得政府责任看起来难以实现。面对公共行政的合法性危机，宪政主义者要超越政治体制，直接从宪政原则那里寻找公共行政的合法性依据。罗尔认为，宪法不只是由文献记述的特定合约，宪法更多的是订约者之间在精神上的契合。“公共行政的情况是与宪法相一致的，它实现宪法的构思，弥补长期以来存在的主要缺点。首先，尽管公共行政部门履行行政、立法和司法权力，但它不能违反三权分立的宽松标准，这一标准是从建立时的争论中引申出来的。其次，公共行政部门能提供一套宪法的‘制衡机制’，后者原本是指定给非选举产生的参议院的。最后，公共行政部门能提供严格的法定分支机构所无法充分履行的衡量代表制的标准。”[①] 但是，正如福克斯所批评的那样，宪政主义之所以不适合，就在于其保守性。“以宪法研究的方式来为公共行政辩护反而是向后看。为使公共行政摆脱原始自由主义的凡夫俗子的攻击而展开的战斗是在一个错误的基础上进行的。这一战斗最后以被迫承认许多安排反而应该变革而告终。”[②] 这样看来，作为一种替代性方案，宪政主义并没有多少值得称道的地方。其治理模式还是依赖于原有的治理结构，而其理论论证更多地成为一种狡辩和歪曲。

传统民主制的弱点为社群主义的复兴提供了机会。“社群主义者提倡能实现公正的强势民主。人民应该参与影响他们生活的决策，不仅是为了正义，而且也是为了实现他们作为人的潜能的发挥。人民必须参与到社区中来以摆脱使他们的生活模式化的现代异化。”[③] 作为一种直接民主治理形式，社群主义尽管鼓舞人心，但在福克斯等人看来，社群主义过于理想化了。它虚构了一个“共同体”，因而社群主义具有向极权主义蜕变的可能，“因为人的生活的各个方面实际上被统摄到了朝着良好秩序的和谐方向发展的目的论方面”[④]。不仅如此，社群主义对社会整体利益的追求可能隐含着对个人权利的剥夺。

由于传统公共行政及其替代方案存在种种不足，福克斯、米勒等人在借鉴了现象学、结构理论以及构成主义等理论合理成分的基础上，提出民主话语理论作为自己的后现代方案。理解话语理论的核心概念

---

① 〔美〕查尔斯·福克斯、〔美〕休·米勒：《后现代公共行政——话语指向》（中文修订版），楚艳红等译，北京：中国人民大学出版社2013年版，第20—21页。

② 〔美〕查尔斯·福克斯、〔美〕休·米勒：《后现代公共行政——话语指向》（中文修订版），楚艳红等译，第21页。

③ 〔美〕查尔斯·福克斯、〔美〕休·米勒：《后现代公共行政——话语指向》（中文修订版），楚艳红等译，第24页。

④ 〔美〕查尔斯·福克斯、〔美〕休·米勒：《后现代公共行政——话语指向》（中文修订版），楚艳红等译，第26页。

是公共能量场。在福克斯等人看来，能量场是一个比领域更生动也更为贴切的术语。“把场的概念与能量概念合为一体意味着一种时空的广延性，能量在其中潜在地或能动地表现着。……能量场描述了一个由人的意向性控制的现象学的在场或目前。所谓现象学的在场/目前，并非指钟表或日历上的某个特殊时刻或时段。目前作为一种扩展的在场是在此情境中谋划未来的积淀性行为的集合。能量场是由人在不断变化的当下谋划时的意图、情感、目的和动机构成的。”[①]公共能量场不同于公共领域，它更关注事件的真实情境，也把人们引向建构理解过程的社会互动，所以，公共能量场更强调参与者的相互依赖以及相互影响的情境性。

在能量场中，参与者进行对话。它要求对话的参与者是平等的，它反对形式上的平等，更关注实质上的平等。“交往要求平等的参与者。不平等的交往是矛盾的说法；不平等的主体间的交流或者是命令或者是默许。”[②]因而，必须通过制度安排防止对话发生歪曲。这也就是说，制度性的不平等往往导致话语表达的失真，从而使话语本身失去了正当性。要保证对话的真实性，就要求所有参与者：“（1）均等的机会来选择并实行言说行为……；（2）承担对话角色的有效均等机会……去提出话语并使之永恒化，去提出问题，制造问题，给出对陈述、说明、解释和判断赞成或反对的理由……；（3）相同的机会去表达态度、感受、目的等，以及去命令，去反对，允许或禁止等等。”[③]

为了保证对话者话语的正当性，福克斯、米勒提出真诚、切合情境的意向性、自主参与以及具有实质意义的贡献四个原则。所谓真诚

---

① 〔美〕查尔斯·福克斯、〔美〕休·米勒：《后现代公共行政——话语指向》（中文修订版），楚艳红等译，第77页。省略号为引者所加。

② 〔美〕查尔斯·福克斯、〔美〕休·米勒：《后现代公共行政——话语指向》（中文修订版），楚艳红等译，第85页。

③ 〔美〕查尔斯·福克斯、〔美〕休·米勒：《后现代公共行政——话语指向》（中文修订版），楚艳红等译，第86页。

意味着“真实的话语需要参与者彼此间的信任。不真诚的态度会破坏彼此间的信任。因此，有关严肃问题以及公共难题方面的话语，需要对话者有对真诚的渴望。我们说‘渴望’，是因为甚至最真实的话语中最受尊敬的参与者，也很少能完全做到真诚，即使对他们自己。人们总是自负地把一切都固定化”[①]。而切合情境的意向性则意味着对话者“会考虑问题发生的语境，受到语境影响的人们的生活以及公众的利益，使意向性直接指向于手边的问题意味着对其他人的容纳……切合情景的意向性对抽象的意识形态姿态有所戒备，当讨论者没有要思考的问题，没有宣讲的情境，没有确立其抽象的理论化的语境时，这种姿态就会出现。换句话说，当问题的具体性增强时，陷入后现代的超现实的危险性就会减少。通过把他们的诉求和一种情境联系起来，讨论者能更好地把每个人的注意力集中在公共政策问题上”[②]。而自主参与则要求对话者具有一种积极主动甚至热情参与的精神状态。一方面，它鼓励对话者自愿去争论、去冒险，甚至去犯错误；另一方面，自主参与也要求对话者关注事实、过程以及通过深思熟虑得来的结果。参与精神意味着“密切注意那些影响特定政策讨论的事件，同时也意味着在充分尊重其他人合理的观点的基础上，实实在在地努力跟上讨论的整个进展。要学会去听和善于听明白，也要学会言说”[③]。实质性贡献则意味着对进入公共能量场的参与者来说，要通过自己的真实话语来为争论本身的深入发展做出自己的贡献，这就意味着公共能量场并不是对话者个人表现的舞台，因而它把不真诚、傲慢、追名逐利和自我吹嘘等排除在对话之外，尽管对话的标准是包容性的。“真诚、切合意

① 〔美〕查尔斯·福克斯、〔美〕休·米勒：《后现代公共行政——话语指向》（中文修订版），楚艳红等译，第88页。

② 〔美〕查尔斯·福克斯、〔美〕休·米勒：《后现代公共行政——话语指向》（中文修订版），楚艳红等译，第90页。

③ 〔美〕查尔斯·福克斯、〔美〕休·米勒：《后现代公共行政——话语指向》（中文修订版），楚艳红等译，第91页。

境、自主参与和实质性参与比说谎、自高自大、不赞同却又默认和妨碍议程要好得多。”[①]

但是，需要注意的是，话语民主仍然是一种民主治理理论，仍然具有社群主义的特征，仍然以公民参与为特征，因而也就有其无法克服的内在缺陷。这种缺陷首先表现在话语理论中可能存在的话语霸权。作为一种民主治理形式，话语理论要求话语民主，即参与者之间的平等，而且是实质意义上的平等。尽管福克斯与米勒一再声称要使对话的参与者平等对话，然而由于每个对话者的话语能力不尽相同，因而也就使得其在对话中具有不同的话语权力。“公民为控制议程而与技术独裁者、调查研究员和在政府任职的政策分析家的斗争和他们反对强有力的经济利益集团的斗争相比，显得苍白无力。”[②]由于不同的参与者具有不同的话语能力，因而对话过程就可能存在被强势群体操纵的可能，使对话成为少数人的话语独白。如果说少数人的对话过于结构化，那么多数人的对话就完全缺乏形式。“就像计算机的程序设计者使用电子布告板一样，多数人对话的模式基本上是随机的用词和不确定的闲谈，并没有特定的情境来引导话语。没有意向性的对象，没有‘下一步该做什么’这样的问题，用于进行政策思考和有效行动，没有情境为对话提供语境。参与到闲聊之中，尽管不具有强制性，却破坏了形成集体意愿的前景，阻止了一致的公众意见的形成。多数人的对话没有能汇集形成意愿的谋划。多数人对话的目的被手段吞噬了，对话本身就是目的。”[③]也就是说，由于多数人的参与并没有固定的形式，从而使对话本身失去了目的，变成了为对话而对话。这种无秩序的结构和

① 〔美〕查尔斯·福克斯、〔美〕休·米勒：《后现代公共行政——话语指向》（中文修订版），楚艳红等译，第92—93页。

② 〔美〕查尔斯·福克斯、〔美〕休·米勒：《后现代公共行政——话语指向》（中文修订版），楚艳红等译，第98页。

③ 〔美〕查尔斯·福克斯、〔美〕休·米勒：《后现代公共行政——话语指向》（中文修订版），楚艳红等译，第101页。

对话的无政府状态并不能形成公众意愿，也不能推动政策制定。尽管它比少数人多，但仍然是部分人之间的对话，更何况由于对话者的话语能力的不同，使得对话本身失去了意义。在福克斯、米勒的理想图式中，对话是所有人参与的，但无论是少数人的独白式话语，还是多数人的无秩序、无政府状态，都使对话本身失去了意义。

其次，对话的目的是什么？从福克斯、米勒的理论取向来看，话语民主是为了反对传统的民主理论而提出的一种替代性方案。但从根本上来说，其理论仍然是一种民主治理方案。也就是说，对话的目的是为了增强公共治理过程的合法性，因而它通过扩大公民参与来增强公共行政的合法性。但问题在于，后工业社会的高度复杂性与不确定性，使得对话本身显得太苍白无力了。因为面对不确定的情境，更需要公共管理者的行动，如果为了增强行动的合法性而进行讨论，甚至陷入无休止的争论当中，那么，社会风险的治理时机就可能错过。就此而言，话语理论如同社群主义一样，具有某种理想性，在实践中难以实现。尽管福克斯、米勒批评社群主义过于理想化，不具有可操作性，尽管他们一再强调话语理论与宪政主义、社群主义之间的区别，但从本质上说，话语理论与宪政主义、社群主义一样，是同一家族之间的内部分歧，甚至福克斯、米勒自己也明确谈到它们之间的一致性要大过分歧。[①] 宪政主义、社群主义存在的不足，在话语理论上也有同样的体现。

第三，更为主要的问题在于，他们的方案仍然是一个现代性的救治方案。在麦克斯怀特看来，话语理论存在着一个悖论，这就是它企图用传统的或现代主义的手段来实现或达到一个完全非传统的、具有新范式意义的目标，即它运用哈贝马斯式的交往与对话使行政决策权

① 〔美〕查尔斯·福克斯、〔美〕休·米勒：《后现代公共行政——话语指向》（中文修订版），楚艳红等译，第 29 页。

力从“环式民主”模式中转移出来。福克斯、米勒的话语理论要实现两个目标：一方面，话语谋划要建构和限制政策对话中的参与者，从而使对话免于扭曲；另一方面，使那些参与者免于被剥夺参与的权利。要实现这两个目标，在麦克斯怀特看来，福克斯、米勒的话语理论必须假设话语能准确描述出政策所需要的情境并能界定最能解决情境问题的政策。也就是说，关键在于如何去发现问题和情境，并据此而行动。“为了完成这一目标，他们必须要求参与者不是傻瓜，同时意味着对话中的发言是真诚的和具有好的信仰。”①“问题在于福克斯和米勒所给予我们的是一个为了能够更好地实行理性对话的方案，……然而事实是我们此刻所面对的、也是后现代主义所强调的是理性本身。理性对话的缺陷需要回溯到其奠基人哈贝马斯，而哈贝马斯在其最后的分析中证明其没有超出一个自由民主家的范畴，也就不得不承受附加于这一理论的所有悖论与矛盾。”②这也就是说，传统的市民参与策略已经破产，如果要去建构市民社会的话，人们更为关注去发展一种真正具有实质性和真实性的市民参与形式。但存在于传统市民参与形式中的局限性在新的参与形式中仍然存在，这就是人们仅仅有兴趣讨论那能给些他们带来狭隘的自我利益的事务。③这样看来，虽然福克斯、米勒揭示出公共行政所面临的后现代困境，但他们提出的方案仍然是现代主义的，这也就使其思想的穿透力打了折扣。

第四，无论是法默尔的反行政，还是福克斯与米勒的话语民主理论，就其旨趣而言，它们所要解决的都是“我们下一步要做什么”的问题。也就是说，要从政府自己确定目标变为更多的人参与到目标的

① O. C. Mcswite, “Public Administration Post Fox and Miller: What We Face Now,” *Administrative Theory and Praxis*, Vol. 27, No. 3, 2005.

② O. C. Mcswite, “Public Administration Post Fox and Miller: What We Face Now,” *Administrative Theory and Praxis*, Vol. 27, No. 3, 2005.

③ O. C. Mcswite, “Public Administration Post Fox and Miller: What We Face Now,” *Administrative Theory and Praxis*, Vol. 27, No. 3, 2005.

形成与制定过程中来，这就是他们定位于公民参与的话语理论的本意。为此，法默尔要求政府具有他在性，福克斯与米勒则对参与者进行限定，要求他们为达成共识做出实质性的贡献。但话语理论所解决的是“我们要做什么”，对于如何去做，话语理论并无明确答案。正如有学者所说：“如果话语不能被系统观察，那么话语在行政管理领域的效用就要被严重削弱。”[①] 如果话语不能落到实处，话语本身就变成漫无边际的闲聊，并不解决任何实际问题。而法默尔的反行政话语并不比其他话语理论能够为我们带来更多的安慰，除了他理论上独具一格的修辞拥有唤起话语本身所能提供的可靠保证外，法默尔的反行政并无实际意义。而且这还需要一个前提，即话语本身是正确的。[②]

第五，尽管其理论旨趣不尽相同，但他们都属于后现代主义阵营。大体说来，麦克斯怀特属于左翼，法默尔居于中间，而福克斯与米勒则属于右翼。[③] 甚至麦克斯怀特也认为法默尔、福克斯与米勒都属于后现代主义者，他们站在后现代的角度，以不同的方式倡导一种定位于公民的公共行政。福克斯与米勒呼吁建立在平等对话基础上的公共行政，而法默尔则提出了“反行政”的观点，反行政的核心在就在于如何打破政府本位，使政府行政具有他在性。[④] 至于麦克斯怀特自己的合法性理论，也回应了当时社会中的批判思潮，对于思考既有行政理论与实践的正当性与合法性，确实不无益处，甚至在某种程度上也有助于我们站在批判的立场上来思考政府行为的正当性。但是这种合法性是谁的合法性，谁的正当性？这一点在麦克斯怀特的理论中

① Kenneth N. Hansen, “Identifying Facets of Democratic Administration: the Empirical Referents of Discourse,” *Administration & Society*, Vol. 30, No. 4, 1998.

② Orion F. White, “The Ideology of Technocratic Empiricism and the Discourse Movement in Contemporary Public Administration: A Clarification,” *Administration & Society*, Vol. 30, No. 4, 1998.

③ Orion F. White, “The Ideology of Technocratic Empiricism and the Discourse Movement in Contemporary Public Administration: A Clarification,” *Administration & Society*, Vol. 30, No. 4, 1998.

④ 〔美〕麦克斯怀特：《公共行政的合法性——一种话语分析》，吴琼译，第 261—262 页。

并没有言明。更为主要的问题在于，这三种理论基本上还属于话语独白。说得更直白一些，就是他们还是自说自话，并无论争。用麦克斯怀特自己的话来说，“这些论战的指责与其说是为了反对长期以来的正统（甚至当正统已经变得有问题并成为争议的焦点时），不如说是为了更有力地反对那些为吸引注意力相互竞争的理论。所有这些的最后影响很可能就是：公共行政领域的某些方面发生了变化，但总体仍一如既往”①。麦克斯怀特的诊断是恰当的，后现代话语的多元共存所反映的恰恰是后现代社会本身的状态，而不同话语的独白状态则从某种程度上反映了理论自身的不足。如果理论之间没有共识，各种理论都在自说自话，它们显然无法有效地回应现实，至多只是满足了人们的好奇心而已。

三、德制追求中的道德化设计

应当说，后工业社会的到来以及由之所引发的高度不确定性与高度复杂性，是人类必须共同面对的，西方社会如此，中国社会也不例外。也就是说，在如何应对后工业社会的高度不确定性与高度复杂性这一问题上，中国与其他民族国家站在同一起点上。在此背景下，一批本土学者自觉地承担起这样的学术使命，试图在全球化语境中书写关于公共管理的中国话语。就公共行政及公共管理来说，当以张康之教授为代表。我们的分析也主要以其理论文本为基础。

一方面，建立在工具理性基础上的现代官僚制的弊端充分暴露；另一方面，人类正在经历一次重大的社会转型，即从工业社会向后工业社会的转变。正是在这样的背景下，在批判官僚制的基础上，张康之教授系统地提出了自己的德制构想。在他看来，任何社会都存在不确定性与复杂性，任何社会也都试图把这种不确定性与复杂性控制在

① 〔美〕麦克斯怀特：《公共行政的合法性——一种话语分析》，吴琼译，第 263 页。

一定范围之内，近代以来的努力则试图通过制度安排的方式去解决这一问题，从而使制度建设的成本大大增加。这里存在的悖论是，一方面，当社会出现问题时，我们就试图用制度规范的方式来控制，从而使社会秩序始终处于可控范围之内；另一方面，制度的规模与日俱增，但其效果却并不尽如人意，因为不尽如人意，我们又去寻找制度方面的原因，并进一步努力完善制度，强化制度安排，从而陷入恶性循环之中。正如张康之教授所说，“尽管制度建设的成本与日俱增，而我们所遇到的问题却是，无论我们在制度建设方面投入多少，也都不可能实现对复杂性和不确定性的有效控制，更不可能使人们的交往过程中的交易成本下降”[①]。正因为如此，面对全球化、后工业化的浪潮，“我们需要改变制度建设的思路，不应当把制度看作是控制复杂性和不确定性的物化设置，而应当把制度看作是存在于复杂性和不确定性之中的和适应复杂性和不确定性条件下人的行为以及共同行动要求的制度。这就是我们构想德制的原因”[②]。

而德制建设的出发点则在于相信人身上还潜藏着善性，并期望通过善的制度安排使这种人性能够正常施展出来。我们知道，工业社会的法治恰恰是建立在不相信人性为善的可能之基础上，官僚制更是把对人性的不信任发挥到极致。官僚制以及官僚体系中行政人员的冷漠就是证明。正是在此意义上，张康之教授明确提出，德制构想的出发点就在于必须相信潜藏着的人性，“如果相信政治家、行政人员作为人的人性的存在，并相信这种人性可以成为善的潜质，就会呼唤政治家、行政人员的善的信念和道德良知，并通过制度化的行政道德机制的建设，去把政治家、行政人员的行为引导到道德化的方向，让他们在维护公共利益和共同体公共性的方面做出出色的表现”[③]。也就是说，从人

① 张康之：《合作的社会及其治理》，第 186 页。

② 张康之：《合作的社会及其治理》，第 186—187 页。

③ 张康之：《寻找公共行政的伦理视角》（修订版），第 170 页。

性出发，可以导向两种不同的思路，一种是法制化的，它把人性恶以制度的形式固定下来；另一种是德制化的，同样也会通过相应的制度安排使人身上的道德潜能最大限度发挥出来。关键在于如何理解人性。

德制是一种全新的制度，是在社会普遍存在合作关系条件下所拥有的一种基本制度。“它存在于合作系统之中，规范着合作行为，或者说，它是合作社会中的基本制度。在此意义上，我们也把这种制度称作合作的制度。”[①] 德制，或者说，合作的制度，之所以是一种全新的制度，关键就在于与以往制度相比，德制失去了外在强制性。无论农业社会的权制还是工业社会的法治都是外在于人的，都是建立在人的恐惧感基础之上的。而合作的制度或者说德制之所以为德制，就在于“它本身就具有道德的属性，它发挥着诱发、促进道德行为的功能，通过诱发、促进道德行为而对人的行为选择产生规范作用。因而，这种制度是内在于人的，存在于人的行为选择的内在冲动之中，而不是一种外在于人的规范因素”[②]。这也就是说，制度的外在强制性与压迫性在这里失去了作用，制度是属于人的制度，是发挥着激发人的积极性与主动性的制度。这里的关键在于对道德的理解。道德是外在于人的还是内在于人的？如果是前者，那么，我们就会依靠教育、灌输、规范去强制人们遵守道德，以至于造成我们制定的道德律令越来越多，而现实生活中的道德风气与道德水平却直线下降的窘境。如果是后者，由于道德本身是属于人的，那么，它就“能够催化出人的内心的道德意识，使人在外在的道德规范和社会伦理机制的作用下，形成内在的道德力量，这种力量促使他在把他人融入自己的生命活动之中，把他人的事业、他人要求看作为促使他行动的命令，同时又把自我生存的意义放置在为他人的服务之中”[③]。

① 张康之：《寻找公共行政的伦理视角》（修订版），第 187 页。

② 张康之：《寻找公共行政的伦理视角》（修订版），第 187 页。

③ 张康之：《论社会治理模式中的德治及其制度安排》，《云南行政学院学报》2002 年第 5 期。

如果说德制是对社会的整体要求，是基于后工业社会的基本制度安排，那么，具体到政府及行政管理，就必须在整个政府行政管理关系中实现道德化，“如果政府不能够在制度上实现道德化的话，行政人员的道德因素就仅仅属于单个行政人员的道德，是不稳定、不恒久的。我们所说的行政道德是行政人员作为一个特殊职业群体的道德，它反映在行政人员个体身上，却不能归结为行政人员个体的道德。作为一个特殊的职业群体的道德是与整个行政体系联系在一起的，只有当整个政府体系都实现了道德化，建立起了道德化的制度和行政道德发生机制，才能保证行政人员的道德是普遍的道德和稳定的道德，才能造就健康的行政伦理关系”①。在对人性认识转向的基础上建构起不同的制度，使政府及行政人员的道德化成为可能。

德制是整个社会的一项基本安排。尽管后工业社会的开放性程度远远大于以往，但这并不意味着德制可以直接实现。也就是说，道德化制度还需要相应的组织实体来实施。如果没有，或者找不到相应的组织形式，这种理论也就失去了其应有的生命力。张康之教授建构了一种适应德制的组织载体——合作制组织。作为一种全新的组织形式，合作制组织“在合作行为方面有着充分的开放性，如果它不能承受开放式合作行为的压力，那只能够证明它是虚假的合作制组织，或者说是官僚制组织的翻版。因为，合作制组织意味着非中心化合作网络体系的确立，这个网络上的每一个节点都不会成为恒定的主要构成要素，每一个新进入合作网络体系的‘闯入者’都会给合作机制带来新生力量，而不是应当加以排斥的异质因素”②。这意味着合作制组织的存在形态不同于官僚制组织。在某种程度上，我们可以说，合作制组织并不绝对以物化的方式存在，“合作制组织并不在其内部进行严

① 张康之：《寻找公共行政的伦理视角》（修订版），第318页。

② 张康之：《合作制组织及其治理功能》，《中共宁波市委党校学报》2009年第1期。

格的部门划分，或者说合作制组织自身就是一个专业性很强的行动主体，它不需要进行部门划分。事实上，由于合作制组织必须因环境的高度复杂性和高度不确定性而随时变动其行动策略，静态的部门划分只能成为其开展行动的包袱，会成为其随机性的行动方案调整的阻碍因素”[①]。这样看来，合作制组织是一种非控制导向的组织，“在祛除了组织的控制导向后，合作制组织就成为真正的行动体系，在合作制组织的网络结构中，行动者是自由和自主的，他们用自由、自主的行为诠释了组织的属性、阐释了组织的功能和描绘了组织的社会责任”[②]。也就是说，合作制组织中的成员具有充分的自由与自主性，他们在行动的同时，建构着组织，建构着社会，也建构着周围的世界。

由于有了这样一种组织形式，后工业社会的治理将变得极为方便。这是因为，合作制组织既然承认组织成员的自主性，并且依靠组织成员的内在德性的充分发挥来实现有效治理，因而这种社会治理将从根本上杜绝官僚制体系下治理成本居高不下、治理不及时以及治理本身的难题等问题。因此，“由合作制组织构成的社会治理体系在本质上是一个服务体系，政府通过公共政策和制度供给以及日常的协调行为向自治型的非政府组织提供服务，而这些非政府组织则向社会、市场提供公共服务，非政府组织之间也处在相互提供服务的互动过程之中”。因而，“合作制组织条件下的合作就是服务，合作是这类组织形式的特征，而服务则是这类组织行为的根本性质，无论从组织的外缘关系来看，还是从组织的内缘关系来看，组织行为都是以服务为导向的。组织之间以及组织成员之间最具有普遍意义的实质性关系就是相互提供服务，通过服务结成解决公共事务、维护和促进公共利益的合力”[③]。由

① 张康之：《论集体行动中的价值、规则与规范》，《天津行政学院学报》2014 年第 4 期。

② 张康之：《公共行政的行动主义》，第 330 页。

③ 张康之：《合作制组织及其治理功能》，《中共宁波市委党校学报》2009 年第 1 期。

于在合作行动中人的自主性得到充分发挥，从而使社会治理能够按照道德的要求得以顺利展开，也使道德治理成为现实。

在我们看来，张康之教授敏锐地把握住了人类共同体所面临的共同问题，正是从人的共生共在出发，其学术主张才具有了前瞻性。但是，我们需要追问，在其德制方案中，即在合作治理体系中，合作如何可能？从我们的梳理中，他更多地谈及后工业社会合作的必要性，即后工业社会的高度不确定性与高度复杂性，促使人们意识到彼此之间的高度依赖性，从而使人类的共同体意识越来越清晰。正是这种共同体意识基础上的高度依存性使得合作成为一种必然。然而，这仅仅指出了合作的必要性，而没涉及合作如何可能。张康之教授也清醒地意识到这一点。他说："至于这种制度的完整形象，则不是我们可以描绘出来的，它可能需要几代人去探索和建构。我们今天的任务就在于提出这种制度建构的设想，指出建构这种制度的必要性。"[①] 显然，就后工业社会自身的演进来看，如果从贝尔提出"后工业社会"这一概念开始，无论是从实践还是从理论上后工业社会从提出到现在不过 40 多年的时间，要想在这么短的时间内，使一种完全不同的社会类型的各项规则、习惯完全发育成熟，甚至定型化，显然是不现实的。正是在这个意义上，我们说，张康之教授提出的主张本身无疑是具有革命性意义的。

其次，就合作制度及合作治理体系来说，合作是有条件的，还是无条件的？从张教授的叙述中，我们更多地感觉到后工业社会中的合作本身成为康德所谓的"绝对命令"。把合作置于如此地位，也就意味着合作是无条件的。当他不断强调合作在后工业社会中的必要性时，也就在不断地强化合作本身的至上性。合作似乎在其理论体系中获得了不可动摇的地位。但对合作如何可能这一问题的追问，使我们意识

① 张康之：《合作的社会及其治理》，第 195 页。

到另外一个问题，这就是合作是无条件的吗？至少从我们的经验看，对具体的行动者来说，尽管他可能意识到合作的必要性，然而，当他开始采取合作行动时，他是否就必然真心实意地进行合作呢？至少，经验世界中的答案不是绝对如此。而当我们去思考如何使合作持续进行时，实际上也就意味着我们在为合作设置一些前提性条件。也就是说，从规范、从宏观、从制度层面，我们尽可能建构起一个合作的体系，但就合作的展开来讲，它需要一系列条件。无论是政府，还是非政府组织，甚至是公民个人作为行动者，当他们为进行治理需要在一定条件下不得不采取合作时，也就意味着我们需要进一步思考这些合作条件本身。

最后，对合作治理中的行动者来说，在合作的制度安排下，他们可以进行合作，但这种合作是否基于合作者的真实意愿？尽管张康之教授说合作体系的构建是基于合作者的道德良知或者人性中善的一面，并通过相应的制度体系来使这种合作成为普遍化的行为，但问题在于，是何种道德？是崇高道德，还是底线道德？即使是我们所说的崇高道德，本身也分为不同层次，或者具有不同的形式，这样，我们就将问题向前推进一步，即合作制度的构建依据何种道德？合作者的普遍合作行动必须有合作精神的支持。对行动者的行为改变当然首先来自于生活世界的改变，只有在这个前提下才能使行动者形成相应的精神气质，即在改变生活秩序的同时，需要有与之相应的心灵境界的提升。韦伯在其名著《新教伦理与资本主义精神》中曾忧心忡忡地担忧工具理性所造成的“专家没有灵魂，纵欲者没有心肝”，他所担心的其实是那种建立在工具理性基础上的普遍心灵状况。正因为如此，当合作成为后工业社会的一种普遍行动时，也就意味着行动者同时要具有相应的道德精神，一种普遍的合作精神。

总之，我们看到，在全球化、后工业化的浪潮中，面对人类治理当中所面对的共同问题，提倡“公共行政的精神”其实质是要回到公民的美德传统；而“话语再造”则没有脱离民主治理的窠臼，期望通过社群主义的方式，激发公民的参与意识，扩大公民的参与途径，从而使公共问题得到缓解；而道德化设计方案既要超越工业社会的制度安排，又要超越前两种方案的不足，在反思工业社会种种缺陷的基础上，建构起与后工业社会相适应的治理体系，而道德则是这场话语构建的核心概念。

第三节　社会治理模式重构中的行政精神

后工业社会的到来，要求我们建立与之相应的社会治理体系。显然，这是一场社会治理模式的重构。在合作治理体系中，政府需要重新找到自己的位置与角色，这就是服务行政与服务型政府。从服务行政出发，政府也要有相应的行政精神，并通过行政精神的建构推动服务型政府建设。

一、服务行政及其精神

服务行政是一种新的行政类型。基于对人类历史的深邃洞察，基于农业社会、工业社会及后工业社会的划分，张康之教授提出与三种社会类型相应的统治行政、管理行政、服务行政三种行政管理类型。通过历史社会学的考察，他指出服务行政是人类行政管理发展的必然趋势。“统治行政是依靠权力进行社会治理的。这是因为，在社会的等级结构中，不可能产生出要求一切社会成员共同遵守的普遍性法律，也不可能有对每一个人都平等适用的规则，所以，行政过程的展开必须建立在权力的基础上。”[①] 管理行政则是在法制的框架下展开的，其典型特征就是依法治理，它所要实现的是法治。服务行政并不拒绝权力

① 张康之：《寻找公共行政的伦理视角》（修订版），第 37 页。

与法制，甚至在某些时候还不得不依赖权力与规则，而且后工业社会本身也需要某种规则，但这种规则已经失去了强制性，更多地依赖人们的道德自觉。如果说统治行政、管理行政都是控制导向的，包含着对人、物的某种强制，那么服务行政则意味着行政管理的核心不再是控制而是服务他者。从这个意义上说，服务行政是一种全新的行政类型。“与农业社会、工业社会和后工业社会三个历史阶段相对应的是三种行政模式，即统治行政、管理行政和服务行政。在农业社会，没有政府却有行政，那种行政是统治行政；政府产生于工业社会，专属于这个政府的行政是管理行政。在人类的未来，也许如马克思主义者所断言的，国家会消亡，政府也不复存在了，但是，作为一种行政模式的服务行政将葆有其不竭的生命力。”①

服务行政之所以成为行政管理发展的趋势，就在于它反映了社会历史关系的深刻变化。正如贝尔所说，农业社会主要是人与自然之间的关系，工业社会主要是人与人造物之间的关系，而后工业社会则主要是人与人之间的关系。这并不是说人与自然物之间的关系不重要，而是说，由于生产力的极大提高，人与物之间的矛盾不再那么尖锐，在基本物质需求得到满足的基础上，人们更多地关注相互之间服务的满足。为使这种相互之间的服务需求得到最大满足，人类也就必然要发展出相互之间的合作关系，“合作行为的普遍化将是一个不可阻遏的趋势，合作关系的建立也将为期不远。在某种程度上，合作关系正在生成，并将实现对交换关系的置换，而且最终会成为后工业化进程中的一种主导性的社会关系。当合作关系成为一种主导性社会关系的时候，整个社会的治理方式也都将在此基础上得以重塑，管理行政的历史使命从而走向终结，同时，服务行政将担负起社会治理的日常职责”②。这也正是贝尔所说的从生产型社会向服务型社会转变的根本原因。

---

① 张康之：《寻找公共行政的伦理视角》（修订版），第 18 页。

② 张康之：《寻找公共行政的伦理视角》（修订版），第 17 页。

也就是说，服务行政背后所反映出来的恰恰是社会关系的根本变化。在后工业社会，人类社会关系第一次以服务性为其基本标识，公共行政自然要适应这种社会关系的根本变化，从管理向服务转变，这种转变在某种意义上就是一场行政类型的革命。因而，政府需要的是如何顺应这场转变。正如张康之教授所说："随着世界中心的消失，政府也就不再可能作为一个社会的中心性存在物而存在下去了，政府也就不再能够按照中心—边缘结构赋予它的思维方式以及给予它的习惯和规范来实施对社会的管理了。这样一来，政府必须在多元的、无中心的世界中去发现自己的位置。"①

服务行政的概念及其阐释是中国学者的创造与努力，是中国学者在全球化、后工业社会浪潮中力图讲出"中国话语"的具体体现。有些中国学者把服务行政的理论根源追溯到"新公共服务理论"，并试图从那里获得解决中国问题的灵感。从张康之教授的考证来看，这种说法值得怀疑。至少从时间上来看，登哈特的《新公共服务——服务，而不是掌舵》的英文版发表于2003年，中文版则在2004年面世。而中国学者则在1998年8月的《浙江社会科学》中就已经提出服务型政府的设想，在2000年8月出刊的《行政论坛》中已明确提出了"服务型政府"的概念，并指出服务型政府建设是中国行政改革的目标。也就是说，至少从时间的维度来说，中国学者提出服务型政府的思想不可能受到登哈特的影响，而是在思考本土行政改革过程中的理论创新。更何况，"新公共服务理论是在反思和批判新公共管理理论的过程中所形成的一系列新的操作性方案。就登哈特的身份而言，他与'新公共行政'有着深厚的渊源，他的著作在很大程度上是为了寻求实施'民主行政'的可操作性方案"。因而，新公务服务理论从根本上还是"属于管理型政府理论的新变种，它在管理型政府的基本框架下谋求改

① 张康之：《寻找公共行政的伦理视角》（修订版），第29页。

进政府的策略”[①]。就此而言，登哈特的新公共服务理论并没有实质性的创新，它至多只是对管理行政的进一步完善，不可能提出一种全新的政府行政模式。

具体说来，服务行政是中国学者在行政改革过程中，在对行政改革进行反思的基础上提出的一个原创性的概念。由于受管理行政思维的影响，由于中国语境下行政学科本身的不成熟性，中国的行政改革以及行政管理实践的话语建构都受到西方理论话语的明显影响。从对西方行政管理经验的借鉴，到对西方行政管理理论的全面引进，中国的行政理论与实践无论是话语体系，还是思维方式都受到西方理论的深刻影响。具体到服务行政及服务型政府来说，囿于旧的思维方式，没有真正理解服务行政及服务型政府是一种全新的政府行政类型，还试图在既有政府模式下去进行技术性改进，把服务行政及服务型政府理解为政府公共服务的改善。尽管公共服务的改善是一个非常重要的问题，但服务型政府建设却不能简单地归结为公共服务的点滴改善。这也就是说，尽管服务行政及服务型政府是中国学者创立的，是中国学者对行政管理学科的贡献，但这一理论产生之后，还是在一定程度上被人们误解与误读了。

就服务行政来说，由于它本身是一项全新的理论建构，由于它是面向后工业社会而提出的，而后工业社会自身的历史并不长，是一个正在展开的过程，其典型特征并不为人所知，其内在结构并不为人所了解。服务行政及服务型政府在某种程度上是面向后工业社会而勾画出的关于未来的治理图景。而人们生活在现实中，当面向未来的理论与现实相对照，人们往往会发现理论与现实不相符合，会用现实中的任何一个与理论不同的因素去反对理论，甚至会认为服务行政及服务型政府在某种程度上具有“乌托邦”色彩，从而对理论创新不屑一顾。

---

① 张康之：《公共行政的行动主义》，第153—154页。

然而，真理与谬误相对而生，在科学的道路上，真理为人们所认知从来都不是一帆风顺的。

理论的说服力和影响力需要时间来证明，理论的穿透力在于它是否真正反映了社会历史发展的客观必然性。虽然服务行政及服务型政府是由中国学者提出来的，虽然它是在中国语境下产生的，但服务行政作为一种新的政府行政模式却具有普遍性，这种普遍性就在于其顺应了社会历史发展趋势。但普遍性并不意味着千篇一律。正如黑格尔在谈到国家时所说，不同民族国家的具体存在形式会不尽相同。服务行政同样如此。虽然全球化的影响使民族国家之间不再壁垒森严，但至少在可以预见的未来，民族国家之间仍然存在边界。这样，由于不同民族、不同国家的文化历史仍然会对其政府形式产生影响，因此服务行政、服务型政府的具体存在样式必然是生动多样的，但以服务为目标去对政府模式进行重构却是确定无疑的。

公共行政并不是纯技术化的，尽管公共行政具有科学技术的特点，但却不能把它归结为纯技术化的东西。由于行政管理从管理学那里找到更多的理论支援，由于行政管理的研究方法受到管理学的深刻影响，甚至“行政管理”一词的重心也是“管理”，因而，行政管理在有意无意中被当作纯技术化的。但是公共行政在寻找其学科独立性的面目下，在努力获得科学认同的过程中，以科学行政的名义取代了行政本身更多的规定性，使行政科学成为公共行政的代名词。而科学行政意味着行政管理是一种纯粹的技术，是一种需要持续改进的管理技术，这样，无论是理论还是实践，公共行政都致力于对管理技术的改善。由于行政科学的科学化、技术化深入人心，以至于对公共行政认识的拓展与深化，都会受到这种思维的影响，这种技术化思维有时甚至成为阻碍全面认识公共行政的力量。这种路径依赖使得对公共行政精神性一面的探索长期受到忽视，精神甚至被看作公共行政可有可无的因素。其实，无论从行政管理的本质，还是从行政管理的构成要素来看，都离不开精神这一重要因素。

但如果把精神实体化，认为精神可以作为公共行政的实体性构成要素完全独立，那么这种理解显然又走向另一个极端。精神是一种“虚拟”性的构成要素。精神无所在又无所不在。一方面，它是无定形的，精神不可能有一个固定的形态，甚至我们也找不到一个可以对应的独属于精神的存在形态，思想、理论、风俗、习惯、传统等都有精神的因素，都是精神外化或者物化的体现；另一方面，精神又是无所不在的，它不仅体现在这些理论或传统中，也体现在人们的日常生活中，正因为它时刻充盈于时空当中，才使得人的生活世界丰富多彩。在这个意义上，精神是活的灵魂。

如同公共行政有其历史一样，行政精神也有自己的历史。公共行政有自己的历史类型，行政精神也有自己的历史类型。不同的行政精神类型意味着行政精神作为一种精神性存在并不能完全脱离自己赖以存在的社会，它始终受到自身所处社会环境的影响。在此意义上，行政精神的历史性就意味着不同的历史时期有着不同的行政精神，而我们关于行政精神的类型划分也正是依据于此。如果说统治行政下基于权力意志的管理所造就的是经验性的行政精神，如果说管理行政下依据法律所造就的是理性精神，那么服务行政下所要造就的将是一种新的行政精神，那就是服务行政精神。

二、服务行政精神的诸要素

如同服务型政府一样，服务行政精神虽然是一个正在展开的过程，但是，在面向未来的社会构想中，服务行政精神的大致要素还是可以勾画出来的。服务行政精神首先是一种公共精神。在哈贝马斯看来，公共性不是指行使公共权力的政府部门，而正好和政府公共权力部门相对立。它是指一种建立在国家 / 市民社会、公 / 私二元对立基础上的独特概念，它诞生于成熟的资产阶级私人领域基础上，并具有独特的批判功能。关于公共性的演变，哈贝马斯认为，在古希腊城邦中，公民的公与私之间泾渭分明。公代表国家，是一种政治性的共同生活，通过交谈与实践来实现，但是古希腊城邦中没有也无法形成真正的公共领域；私代表家庭和市民社会。在中世纪，公私不分，公吞没私，不允许私的存在，公共性等同于“所有权”。直到近代以来，在资产阶级私人领域的基础上才诞生了公共领域，才有了真正意义上的公共性。[①]哈贝马斯所说的公共性等同于公共领域。

在我们看来，公共行政的公共性意味着行政管理在本质上异于私人管理，它更多地体现“公共”的特性。行政是对社会公共事务的管理，它和私人部门的管理在某种程度上具有相通性，私人部门管理方法和技术可以供它拿来借鉴。但这并不意味着公共管理可以毫无保留地照搬工商管理的技术，因为“管理主义在某些方面违背了公共服务的传统，不利于提供服务，在某些方面是不民主的，甚至其理论依据也值得怀疑”。因此“公共管理并不是要广泛地、不加辨别地采用私营部门的方法。它所包含的内容是指需要发展一种独具特色的‘公共’管理”[②]。公共行政是一种为实现公共利益而进行的管理活动，它是公共利益的代表者和维护者，因而，行政管理的本性决定了它不同于私营部门，这就是公共性。恩格斯在谈到国家产生时曾明确地提及这一点。他说：“第二个不同点，是公共权力的设立，这种公共权力已不再同自己组织为武装力量的居民直接符合了。这种特殊的公共权力之所以需要，是因为自从社会分裂为阶级以后，居民的自动的武装组织已经成为不可能了。”[③]在很长一段时期里，我们把国家或政府当作阶级统治的工具，这在一般意义上是正确的，然而我们却忽视了恩格斯所说的国

① 〔德〕哈贝马斯：《公共领域的结构转型》，曹卫东译，第2—16页。

② 〔澳〕欧文·休斯：《公共管理导论》，彭和平、周明德等译，北京：中国人民大学出版社2001年版，第62、63页。

③ 《马克思恩格斯选集》第4卷，北京：人民出版社1972年版，第167页。

家或政府公共性的一面。在阶级社会里，由于社会分裂为两大对抗阶级，国家或政府成为阶级统治的工具，成为统治阶级意志的直接体现。但是，为了谋求统治的合法性，为了保证阶级统治能够为全社会所接受，统治阶级也不得不在一定程度上照顾到公共利益，不得不在一定程度上体现出公共性。

这也就是说，公共行政的公共性不是取决于国家权力机关的自我辩护，也不是取决于法律的明文规定，而是来源于社会历史发展所呈现出来的客观性。这也就意味着政府的公共性是一个逐渐生成的过程。“在政府的统治功能和管理功能此消彼长的过程中，政府的公共性开始产生和成长。”“在政府公共部门化的过程中，才出现了公共性问题。政府的公共性是政府作为公共部门构成部分的根据，政府所拥有的公共性是否充分，也就是政府作为公共部门的纯洁性的标准。不过，我们也应看到，虽然公共性是在客观的历史进程中历史地生成的，但是，它同时又是可以选择和能够获得的。政府可以通过提高公共产品的供给能力和水平来提升自身的公共性程度。”[①] 但是，我们要看到，仅仅通过政府自身的努力，即通过机构改革、体制变化等方式提升公共性成效是有限的，公共性的展开及呈现更多地体现在后工业社会进程中社会治理模式的根本变革，也就是从管理型治理转变成服务型治理的时候，包括政府在内的公共管理者都成为服务型社会治理过程中的行动者，这时的公共性就不仅仅是形式上的，而且是实质上的，是形式与内容的高度统一。这也就是说，只有在这样的环境下展开治理活动时，公共管理才会洋溢着公共精神，公共精神才能得到完整诠释。

服务行政精神不仅仅是一种公共精神，它还意味着一种合作精神。如前所述，服务行政是在后工业社会中生成的，而后工业社会的最主要特征就是合作在整个社会关系中日益居于主导地位。后工业社会的

① 张康之：《公共行政的行动主义》，第113页。

高度复杂性与高度不确定性以及因此而不断出现的突发性事件，不断强化着人们的相互依赖性。也就是说，这种相互依赖性成为在后工业社会中生活的人们不得不接受的一个普遍事实。这种普遍的相互依赖不同于农业社会基于特定地域的相互依赖，也不同于于工业社会特定人群中的相互依赖，而是存在于全体社会成员的共生共在中，并在此基础上催生出人们的共同体意识。正是在这个意义上，后工业社会的合作关系，不同于基于特定地域或特定人群而形成的合作关系，而是在“全体社会成员都必须面对的高度复杂性和高度不确定性的条件下产生的一种普遍性的合作关系”[①]。普遍的合作关系意味着当行动者展开合作时，不是基于环境的压力而被迫进行合作，而是意味着他们在合作精神的推动下主动展开合作。如果是基于压力之下而进行的合作，那么，一旦这种外在压力消失，合作的条件也就不复存在了。因而没有合作精神的内在动力支持，这样的合作是不可持续的。对于公共管理来说，当普遍的合作关系生成之后，整个社会的制度安排也就建立在合作的基础上，这也就是说，整个社会的制度安排都是以合作为基础而展开与维护的，一切不利于合作的行动都得不到支持，一切有利于合作的行动都会得到鼓励。在这样的行动体系中，包括政府在内的行动者必然以合作精神来积极展开与其他行动者的合作行动。

服务精神是服务行政的题中应有之义。服务精神当然不是服务行政精神的同义反复，也不是无聊的语词游戏，而是在后工业社会关系根本变革基础上形成的一种普遍的社会气质。服务精神有其社会客观内容。服务精神来源于整个社会关系中服务性的生成与增长。正如贝尔所说，后工业社会意味着由生产型社会向服务型社会的转型，而转型的根本动力来自于后工业社会人们主要面对的是人与人之间的关系。而人与人之间的关系就主要不再是生产性关系，而是一种服务性关系，

① 张康之：《公共行政的行动主义》，第153页。

这也就意味着“服务将成为后工业社会新型社会治理模式中的最基本的公共产品。这个社会中的其他公共产品以至于整个公共产品体系，都是建立在服务这一最基本的公共产品的基石之上的。从管理型社会治理模式向服务型社会治理模式的变革，将把以管制、管理为基本内容的公共产品转化成以服务为基本内容的公共产品体系”[①]。

服务不同于管理，也不同于管制。服务意味着相互平等，而管理与管制是居高临下式的，管理者与被管理者之间无平等可言，即使在参与治理等民主治理形式中，由于整个社会的治理体系和治理模式还是管理式的，因而，这种平等也只具有形式上的意义。而后工业社会的合作治理则不同。在这样一种社会治理体系中，人与人之间主要是相互服务的关系，也就是说，人们在互相服务中得到自身的满足。包括政府在内的公共管理者则主要提供基本的公共产品与公共服务，或者说以政府为主的公共管理者所提供的服务是整个社会需要的基本公共服务，政府在服务他人的过程中体现出自己存在的价值。这样，当后工业社会逐渐发育成熟时，随着服务性内涵的不断增长，包括行政关系在内的整个社会关系就为服务所规定，在这样的社会关系体系下，生长出的则是服务精神。

想象也成为服务行政精神的重要因素。在工业社会的社会构成中，想象处于边缘位置。与之相反，理性则处于整个社会的核心位置。“现代性的理性化日益扩展以至于遍及整个社会，使越来越多的东西归属于理性的主宰之下。理性成为科学、技术和现代主义阐释的基础。”[②]理性的宰制性地位意味着其他因素被置于附属地位，想象也不例外。而到了后工业社会，这一景象将发生根本性变化，想象被法默尔置于后工业社会的核心，“想象在后现代性中对社会的影响类似于理性化在现

---

① 张康之：《公共行政的行动主义》，第117页。

②〔美〕戴维·法默尔：《公共行政的语言——官僚制、现代性和后现代性》，吴琼译，第250页。

代性中的影响，是普遍的和激发性的”，“后现代性的想象也扩展到整个社会。社会中的个体和社会的各要素都力图将想象置于其相互关系和其生活的核心地位”。[①]

对公共行政来说，想象也就成为一种行政精神。工业社会的理性意味着制定规则和对程序的遵守，而且这两个方面成为理性化得心应手的工具。在一个完全理性化的社会中，很难指望人们会拥有充满想象力的心灵。后工业社会的想象则意味着不依赖于规则的制定和程序的执行，虽然这并不意味着对规则与程序的彻底抛弃，但是，后现代的行政精神把想象置于首要地位。所以，从否定的意义上来说，想象意味着不完全依赖于规则与程序；从肯定的意义上说，想象成为行政精神的核心与关键。也正是在这个意义上，法默尔认为，后工业社会的“公共行政学家和所有希望拥有社会影响力的人都应认识到无指涉的想象的力量”[②]。想象在后现代行政精神的主导作用并不意味着理性完全没有作用了，正如现代社会中理性的主导地位并不排除科学发现也需要想象一样。“在对公共行政及其他事件做理论的反思和思考的过程中，想象的基本作用就是使这一反思和思考转向了诗性的方式。”[③]在充满诗意的转向中，“领导者和管理者都渴望管理，以想象来实施领导角色；并要求下属和其他人也要发挥想象力。个体则在他们的相互关系和生活中赋予想象核心的地位”[④]。合作制组织及合作治理把人们从官僚制的束缚中解放出来，使人们对生活的诗意想象拥有了丰富的拓展空间。

---

① 〔美〕戴维·法默尔：《公共行政的语言——官僚制、现代性和后现代性》，吴琼译，第250页。

② 〔美〕戴维·法默尔：《公共行政的语言——官僚制、现代性和后现代性》，吴琼译，第256页。

③ 〔美〕戴维·法默尔：《公共行政的语言——官僚制、现代性和后现代性》，吴琼译，第265页。

④ 〔美〕戴维·法默尔：《公共行政的语言——官僚制、现代性和后现代性》，吴琼译，第271页。

想象是一种行政精神，而且是行政精神的一个非常重要的构成性要素，但行政精神却不能归结为想象。除了想象之外，公共性、服务、合作也是行政精神的构成要素。当然，除了我们所列举的这些基本要素外，人们还可以罗列出更多的要素来。列举是一种简单化的做法，它并不认真关注事物本身的规律性。在我们看来，后工业社会虽然是一个有待展开的过程，但它也不是一个小姑娘，可以由人们任意打扮。后工业社会基础上的服务行政以及服务行政精神同样如此，并不能由人任意装扮。后工业社会逐渐展开的过程，使行政关系服务性、合作性的本质规定越来越明显，使公共行政的公共性内涵日益充实起来，进而在后工业社会丰富多彩的实践中，想象也就成为行政精神的重要构成性要素。

三、在服务行政精神的建构中建设服务型政府

按照马列经典作家的基本原理，经济基础决定上层建筑，这就意味着只有在一定经济关系之上才可能产生与之适应的上层建筑。根据这一逻辑，服务型政府作为一种全新的政府类型，只有当社会关系，也就是经济基础发生了根本性变化，即贝尔所说的当后工业社会从生产型转变为服务型社会时，这种新型的政府结构才会生成，也只有在这个基础上，才能产生与服务型政府相应的行政文化及其精神。

这种理解给人们造成一种错觉，即上层建筑的生成是亦步亦趋的，是在一定的经济关系产生之后才出现的，上层建筑无法发挥自己的独立性与主动性。其实，马列经典作家一再指出这种决定性作用是从“归根结底”的意义上来说的，是从根本性、基础性意义上来说的。这也就意味着文化、政治等上层建筑有自己独立发挥作用的空间，而且它们在历史发展进程中也确实发挥了积极的作用。不仅如此，即使在上层建筑内部，这些不同部分也是相互促进的，比如说文化对政治、文化对政府的作用。这也就是我们进一步要阐述的精神文化对政治、

行政的积极作用。

在这里，韦伯的思想值得注意。我们都知道，韦伯在其名著《新教伦理与资本主义精神》中思考的一个核心问题，就是资本主义发展的文化根源。不同于其他论证立场，韦伯想从文化的角度来探讨资本主义发展的精神动力。在韦伯看来，新教教徒们不辞辛劳，奔走于世界各地，他们不断扩大再生产，增加财富，然而，他们赚钱并不是为了自己。相反，这些新教徒们往往都非常节俭。正是在这里，韦伯发现了隐藏在资本主义生产方式背后扩张的原动力，这就是，资本主义生产方式的拓展并不是纯粹的资本及资本的使用的结果，而是资本主义精神得到了充分发育的结果。也正是在这个意义上，韦伯称那些不畏艰辛、拼命赚钱的新教徒们身上所具有的精神为资本主义精神，他认为这是一种新的精神，正是在这里，新教伦理悄悄完成了自己的转型，成为促进资本主义迅猛发展的精神动力。这些新教徒们身上具有强烈的接近上帝的使命感，并且他们认为自己在尘世的工作就是接近上帝最好最方便的途径。一个人完成救赎的途径不在彼岸，也不在他人身上，而是在每个人日常生活的辛勤劳作中。由于赋予了日常生活宗教性意涵，做好一个人的本职工作就具有了“天职”的含义，这意味着此时新教伦理已经发生了根本性变化。新教伦理赋予日常工作以超越性意义，使日常工作本身也拥有了神圣性。正如韦伯所说：“上帝所接受的唯一生活方式，不是用修道禁欲主义超越尘世道德，而是完成每个人在尘世的地位所赋予他的义务。这就是天职。”[①] 虽然韦伯看到了资本主义精神在资本主义发展过程中的巨大作用，甚至在某种程度上将它看作资本主义发展的精神动力，但他在进一步追溯资本主义精神的起源时，却转而到新教伦理的世俗禁欲主义中寻找，这恰恰是不适当的。他没有注意到一种新的生活方式正在生成，新教伦理恰恰适

① 〔德〕马克斯·韦伯：《新教伦理与资本主义精神》，彭强、黄晓京译，西安：陕西师范大学出版社 2002 年版，第 57 页。

应了社会的这种转变，进而对其内容加以改造。

但是，韦伯的思想却极其深刻，他破除了那种对于经济基础与上层建筑之间关系的简单化认识，让我们看到精神文化对经济社会的巨大反作用。韦伯的思想对于我们认识服务行政精神与服务型政府之间的关系也极具启发性。虽然行政精神与政府都属于上层建筑，都远离了与自己相应的经济基础，以至于很难准确判定它们之间的恰当关系。但在我们看来，与精神性存在相比，政府无疑更具有物化的特征，而精神文化则更具有主观性。这样一种区分，使我们能更清楚地认识到精神文化在整个社会关系体系中所处的层次与地位。这也就是说，我们需要对上层建筑本身做进一步的细化，如果仅仅停留在经济基础与上层建筑二分的层次上，显然，无论是对经济关系、上层建筑，还是对上层建筑体系都是一种简单化理解。在政治、文化等上层建筑内部呈现出一种复杂的相互关系。具体到精神文化与政府之间的关系来说，虽然二者都受到经济关系的决定性影响，但在一定经济关系的基础上，正如韦伯所看到的那样，精神文化成为资本主义发展的精神动力，也是政府的精神性动源。每一种类型的政府都有与之相适应的精神文化，与统治行政相适应的是经验性的精神文化，与管理行政相适应的是工具理性的精神文化，而与服务行政相适应的是服务文化。在从管理行政向服务行政的历史性转变中，正是因为社会关系中服务性内涵的日益增加，才有力地催生着新的政府类型的出现，而在这一转变过程中，也同时产生着与之相应的精神文化，包括行政文化。

克罗齐耶说过："不改变人们的思维方式，就无法改变社会结构，而不改变社会结构，也就无法改变人们的思维方式。"① 克罗齐耶这里谈的是社会关系与人们的思维方式之间的复杂关系，二者呈现出相互作用、相互影响的态势。如果我们把克罗齐耶的观点进一步拓展，把思

① 〔法〕米歇尔·克罗齐耶：《法令不能改变社会》，张月译，第63—64页。

维进一步拓展为精神文化，把社会结构进一步拓展到社会关系、政府类型，那么，这二者同样呈现出一种正相关关系。这也就是说，在经济关系这一决定性基础之上，精神文化对与之相应的社会关系、政府类型表现出积极的反作用。人类正步入后工业社会，正像初生的婴儿一样，其未来的样式还有待于进一步展开。这意味着，由于后工业社会本身发育的时间比较短，其典型特征并没有完全呈现出来，这使与之相应的政府类型、文化类型等方面也处于正在生成的状态。虽然走向后工业社会、走向服务型政府是必然趋势，但并不能因此而否认精神文化对前者的积极作用。也正是在这个意义上，我们说，虽然服务型政府的组织方式、运作机制等方面还处在探索当中，但我们完全可以对这种新的行政精神进行积极建构，从而推动服务型政府的稳步建设，并在此基础上通过政府的积极行动，加速后工业社会的成长。因而，我们说，韦伯的思想是深刻的，对于我们建设服务型政府具有极其重要的参考价值。

文化重在建设。虽然我们看到管理行政实践中的弊端，也意识到在此基础上的工具化的行政文化的内在缺陷。但批判的武器并不等于武器的批判。虽然对管理行政及其文化的道义性批判确实也有助于我们清醒认识管理行政及其文化的弊端，但仅有批判显然是不够的，我们必须找到与新社会相应的政府类型及文化类型，并在此基础上为之呐喊，为之呼吁，而不是仅仅站在道德的制高点上进行批判。这也就是说，如果我们提不出面向后工业社会、面向服务型政府的行政文化，并对之进行阐释，单纯的批判是没有意义的。理论的力量在于人们能够从一种思想中看到未来发展的必然性与可能性。理论之所以能够收拾人心，恰恰就在于它能够令人信服地揭示出历史发展的必然。而理论的前瞻性也恰恰在于当一种新生事物刚刚出现时，就能够准确揭示其未来发展的可能。正因为如此，我们一再强调，在面向未来社会的视角下，提出管理行政及其精神的替代物，着眼于其未来如何建构，就成为学者的神圣使命。

但文化建设不能只着眼于表面的、物化的东西。文化的核心是精神，精神构成文化活的灵魂。没有精神的文化是僵死的文化。只有拥有了精神，文化才具有生命力。行政文化也是如此。但是摆在我们面前的思维障碍是，由于受管理行政的影响，我们往往认为行政管理是不需要文化的，进而认为行政管理是没有精神、不需要精神的。没有精神、没有文化支撑的行政管理注定只能成为强权的工具，为权力所驱使。只有文化、精神才能为行政管理提供自主性。

后工业社会、服务型政府、服务行政精神等都是新生事物，它们本身正处于生成之中。这些新生事物本身还没有发育出典型的存在形式，在新生事物中孕育着其未来生长的多种可能性，一方面，我们要看到精神文化对新的社会类型、政府类型的促进作用；另一方面，正如韦伯从新教伦理中梳理出资本主义精神一样，我们需要在把握未来发展趋势的基础上，顺势而为，发挥我们的想象力，对服务行政精神进行积极建构，在建构服务行政精神的过程中，推动服务型政府的建设。这也就是说，随着后工业社会的图景越来越清晰，服务行政精神的景象也就越来越清晰，进而我们就能描绘出其细致的图景。虽然这样的图景可能还无法达到精细的程度，但它的结构、框架、要素及基本内容还是可以大致呈现出来的。当我们能够清晰地描绘出服务行政精神的图景时，也就意味着我们可以在实际行动中按照这种图景对服务行政精神进行细致的建构，而当这样一种新的行政精神建构起来后，我们就能以自觉的行动来推动服务型政府的建设。

作为一种全新的行政精神类型，服务行政精神不可能一蹴而就。何况服务行政是超越统治行政、管理行政而产生的一种新的行政类型，这就进一步增加了它未来发展的难度和复杂性，这也就注定了服务型政府及其精神的建设是一个漫长的过程。行政精神的展开过程，是从理论变为实践的过程，是从言说变为行动的过程，是言说与行动相统一且互相促进的过程，是它能动地作用于政府组织、行政管理者身上的过程，是在行政管理者身上最终营造出一种精神气质的过程，当这种精神气质充盈于整个政府组织中，当政府组织中的行政管理者能够在这种精神气质的熏陶下，如同在日常生活中那样行动，当他们最终能够以真诚、汗水和努力赢得社会的信任时，也就意味着我们所期望的服务型政府及其精神正在成为现实。

主要参考文献

（一）中译文著作

〔美〕汉娜·阿伦特：《人的境况》，王寅丽译，上海：上海世纪出版集团、上海人民出版社 2009 年版。

〔美〕汉娜·阿伦特：《论革命》，陈周旺译，南京：凤凰出版传媒集团、译林出版社 2007 年版。

〔美〕戴维·奥斯本、〔美〕特德·盖布勒：《改革政府：企业家精神如何改革着公共部门》，周敦仁等译，上海：上海译文出版社 2006 年版。

〔美〕艾赅博、〔美〕百里枫：《揭开行政之恶》，白锐译，北京：中央编译出版社 2009 年版。

〔美〕文森特·奥斯特罗姆：《美国公共行政的思想危机》，毛寿龙译，上海：上海三联书店 1999 年版。

〔英〕尼尔·保尔森、〔英〕托·赫尼斯编：《组织边界管理：多元化观点》，佟博等译，北京：经济管理出版社 2005 年版。

〔英〕齐格蒙特·鲍曼：《流动的恐惧》，谷蕾等译，南京：江苏人民出版社 2012 年版。

〔英〕齐格蒙特·鲍曼：《现代性与大屠杀》，杨渝东等译，南京：译林出版社 2002 年版。

〔英〕齐格蒙·鲍曼：《后现代性及其缺憾》，郇建立等译，上海：学林出版社 2002 年版。

〔英〕齐格蒙特·鲍曼：《流动的现代性》，欧阳景根译，上海：

上海三联书店 2002 年版。

〔美〕丹尼尔·贝尔:《资本主义文化矛盾》，严蓓雯译，南京：江苏人民出版社 2012 年版。

〔美〕丹尼尔·贝尔:《后工业社会的来临》，高铦等译，北京：商务印书馆 1984 年版。

〔德〕乌尔里希·贝克等:《自反性现代化》，赵文书译，北京：商务印书馆 2001 年版。

〔德〕乌尔里希·贝克:《风险社会》，何博闻译，南京：译林出版社 2004 年版。

〔美〕B. 彼得斯:《政府未来的治理模式》，吴爱明、夏宏图译，北京：中国人民大学出版社 2001 年版。

〔美〕詹姆斯·博曼:《公共协商：多元主义、复杂性与民主》，黄相怀译，北京：中央编译出版社 2006 年版。

〔英〕柏克:《法国革命论》，何兆武等译，北京：商务印书馆 1998 年版。

〔美〕哈罗德·伯尔曼:《法律与革命——西方法律传统的形成》，贺卫方等译，北京：中国大百科全书出版社 1993 年版。

〔美〕伯尔曼:《法律与革命》第 1、2 卷，贺卫方等译，北京：法律出版社 2008 年版。

〔美〕布坎南:《自由、市场与国家——20 世纪 80 年代的政治经济学》，北京：北京经济学院出版社 1988 年版。

〔法〕布洛赫:《封建社会》上、下卷，李增洪等译，北京：商务印书馆 2009 年版。

〔美〕罗伯特·达尔:《论民主》，李柏光等译，北京：商务印书馆 1999 年版。

〔美〕彼得·德鲁克:《创新与企业家精神》，蔡文燕译，北京：机械工业出版社 2009 年版。

〔美〕珍妮特·登哈特、〔美〕罗伯特·登哈特：《新公共服务——服务，而不是掌舵》，丁煌译，北京：中国人民大学出版社2010年版。

〔美〕杜威：《杜威全集·中期著作》第14卷，罗跃军译，上海：华东师范大学出版社2012年版。

〔美〕杜威：《确定性的寻求》，傅统先译，上海：上海人民出版社2005年版。

〔美〕戴维·法默尔：《公共行政的语言——官僚制、现代性和后现代性》，吴琼译，北京：中国人民大学出版社2005年版。

〔法〕法约尔：《工业管理与一般管理》，周安华等译，北京：中国社会科学出版社1982年版。

〔法〕法约尔：《工业管理与一般管理》，迟力耕等译，北京：机械工业出版社2013年版。

〔法〕埃哈尔·费埃德伯格：《权力与规则——组织行动的动力》，张月等译，上海：格致出版社、上海人民出版社2008年版。

〔英〕亚当·弗格森：《文明社会史论》，林本椿、王绍祥译，杭州：浙江大学出版社2010年版。

〔美〕弗雷德里克森：《公共行政的精神》，张成福等译，北京：中国人民大学出版社2013年版。

〔美〕乔治·弗雷德里克森：《新公共行政》，丁煌等译，北京：中国人民大学出版社2011年版。

〔美〕弗里德、〔美〕黑德莫诺斯：《生物学》，田清涞等译，北京：科学出版社2002年版。

〔英〕威廉·葛德文：《政治正义论》第2、3卷，何慕李译，北京：商务印书馆1980年版。

〔美〕大卫·格里芬编：《后现代精神》，王成兵译，北京：中央编译出版社2005年版。

〔英〕约翰·格林伍德：《英国行政管理》，汪淑钧译，北京：商务印书馆 1991 年版。

〔美〕古德诺:《政治与行政》，丰俊功译，北京：北京大学出版社 2012 年版。

〔德〕哈贝马斯:《公共领域的结构转型》，曹卫东译，上海：学林出版社 1999 年版。

〔德〕哈贝马斯:《在事实与规范之间》，童世骏译，北京：生活·读书·新知三联书店 2003 年版。

〔德〕尤尔根·哈贝马斯:《包容他者》，曹卫东编，上海：上海人民出版社 2002 年版。

〔加〕伊恩·哈金:《驯服偶然》，刘钢译，北京：中央编译出版社 2004 年版。

〔德〕马丁·海德格尔:《存在与时间》(修订译本)，陈嘉映等译，北京：生活·读书·新知三联书店 2006 年版。

〔德〕黑格尔:《法哲学原理》，范扬、张企泰译，北京：商务印书馆 1961 年版。

〔德〕黑格尔:《历史哲学》，王造时译，上海：上海书店出版社 2006 年版。

〔德〕黑格尔:《历史哲学》，王造时译，上海：上海世纪出版集团、上海人民出版社 2006 年版。

〔德〕黑格尔:《精神现象学》上、下卷，贺麟、王玖兴译，北京：商务印书馆 1979 年版。

〔德〕黑格尔:《精神哲学》，杨祖陶译，北京：人民出版社 2006 年版。

〔德〕马克斯·霍克海默、〔德〕西奥多·阿道尔诺:《启蒙辩证法》，渠敬东等译，上海：上海人民出版社 2006 年版。

〔英〕弗里德利希·冯·哈耶克:《自由秩序原理》(上、下)，邓正来译，北京：生活·读书·新知三联书店 1997 年版。

〔英〕弗里德利希·冯·哈耶克:《法律、立法与自由》(第1、2卷),邓正来等译,北京:中国大百科全书出版社2000年版。

〔美〕塞缪尔·亨廷顿:《变化社会中的政治秩序》,王冠华等译,上海:上海世纪出版集团、上海人民出版社2008年版。

〔英〕克里斯托弗·胡德:《国家的艺术:文化、修辞与公共管理》,彭勃等译,上海:上海人民出版社2009年版。

〔英〕安东尼·吉登斯:《现代性与自我认同》,赵旭东等译,北京:生活·读书·新知三联书店1998年版。

〔英〕安东尼·吉登斯:《失控的世界》,周云红译,南昌:江西人民出版社2001年版。

〔英〕安东尼·吉登斯:《超越左与右:激进政治的未来》,李惠斌、杨雪冬译,北京:社会科学文献出版社2009年版。

〔英〕安东尼·吉登斯:《民族—国家与暴力》,胡宗泽、赵力涛译,北京:生活·读书·新知三联书店1998年版。

〔英〕安东尼·吉登斯:《现代性的后果》,田禾译,南京:译林出版社2000年版。

〔英〕约翰·基恩:《公共生活与晚期资本主义》,马音等译,北京:社会科学文献出版社1992年版。

〔法〕米歇尔·克罗齐耶:《法令不能改变社会》,张月译,上海:格致出版社、上海人民出版社2008年版。

〔法〕米歇尔·克罗齐耶、〔法〕埃哈尔·费埃德伯格:《行动者与系统——集体行动的政治学》,张月等译,上海:上海世纪出版集团、上海人民出版社2007年版。

〔美〕约翰·罗尔斯:《正义论》,何怀宏等译,北京:中国社会科学出版社1988年版。

〔美〕罗尔斯:《政治自由主义》,万俊人译,南京:译林出版社2000年版。

〔美〕莱斯利·里普森:《政治学的重大问题》，刘晓等译，北京：华夏出版社 2001 年版。

〔美〕丹尼尔·雷恩:《管理思想史》，孙健敏等译，北京：中国人民大学出版社 2009 年版。

〔美〕杰克·雷斌等主编:《公共管理学手册》，张梦中等译，广州：中山大学出版社 2006 年版。

〔美〕麦克斯怀特:《公共行政的合法性——一种话语分析》，吴琼译，北京：中国人民大学出版社 2002 年版。

〔美〕戴维·罗森布鲁姆等:《公共行政学：管理、政治和法律的途径》，张成福等译，北京：中国人民大学出版社 2002 年版。

〔美〕赫伯特·马尔库塞:《单向度的人》，刘继译，上海：上海译文出版社 2006 年版。

〔英〕亨利·梅因:《古代法》，高敏等译，北京：中国社会科学出版社 2009 年版。

〔德〕罗伯特·米歇尔斯:《寡头统治铁律》，任军锋等译，天津：天津人民出版社 2003 年版。

〔英〕戴维·米勒等主编:《布莱克维尔政治学百科全书》，北京：中国政法大学出版社 2002 年版。

〔意〕加埃塔诺·莫斯卡:《政治科学要义》，任军锋等译，上海：上海人民出版社 2005 年版。

〔美〕莱茵霍尔德·尼布尔:《道德的人与不道德的社会》，蒋庆、王宗昌等译，贵阳：贵州人民出版社 1998 年版。

〔英〕迈克尔·欧克肖特:《政治中的理性主义》，张汝伦译，上海：上海世纪出版集团、译文出版社 2004 年版。

〔法〕帕斯卡尔:《思想录》，何兆武译，上海：上海世纪出版集团、上海人民出版社 2007 年版。

〔美〕全钟燮:《公共行政的社会建构：解释与批判》，孙柏瑛等译，北京：北京大学出版社2008年版。

〔德〕马克斯·舍勒:《舍勒选集》(上、下)，刘小枫编，上海：上海三联书店1999年版。

〔德〕马克斯·舍勒:《同情感与他者》，朱雁冰等译，北京：北京师范大学出版社2014年版。

〔美〕理查德·斯科特等:《组织理论：理性、自然与开放系统的视角》，高俊山译，北京：中国人民大学出版社2011年版。

〔英〕亚当·斯密:《道德情操论》，王秀莉等译，上海：上海三联书店2008年版。

〔美〕乔纳森·汤普金斯:《公共管理学说史》，夏镇平译，上海：上海译文出版社2010年版。

〔加〕查尔斯·泰勒:《自我的根源：现代认同的形成》，韩震等译，南京：译林出版社2001年版。

〔美〕泰勒:《科学管理原理》，黄榛译，北京：北京理工大学出版社2012年版。

〔英〕汤因比:《历史研究》上、下卷，郭小凌等译，上海：上海世纪出版集团、上海人民出版社2010年版。

〔德〕马克斯·韦伯:《学术与政治》，冯克利译，北京：生活·读书·新知三联书店2005年版。

〔德〕马克斯·韦伯:《经济与社会》(上、下)，林荣远译，北京：商务印书馆1997年版。

〔德〕马克斯·韦伯:《儒教与道教》，王容芬译，北京：商务印书馆1995年版。

〔德〕马克斯·韦伯:《支配社会学》，康乐等译，桂林：广西师范大学出版社2010年版。

〔德〕马克斯·韦伯:《新教伦理与资本主义精神》，于晓、陈维刚等译，西安：陕西师范大学出版社2006年版。

〔美〕西蒙:《管理决策新科学》，李柱流等译，北京：中国社会科学出版社 1982 年版。

〔美〕赫伯特 · 西蒙:《管理行为》，詹正茂译，北京：机械工业出版社 2011 年版。

〔美〕赫伯特 · 西蒙:《管理行为》，杨砾等译，北京：北京经济学院出版社 1988 年版。

〔美〕希尔斯曼:《美国是如何治理的》，曹大鹏译，北京：商务印书馆 1986 年版。

〔美〕希尔斯:《论传统》，傅铿等译，上海：上海世纪出版集团、上海人民出版社 2009 年版。

〔古希腊〕亚里士多德:《政治学》，吴寿彭译，北京：商务印书馆 1965 年版。

〔德〕卡尔 · 雅斯贝尔斯:《时代的精神状况》，王德峰译，上海：上海译文出版社 2013 年版。

《马克思恩格斯全集》第 3 卷，北京：人民出版社 2002 年版。

《列宁选集》第 3 卷，北京：人民出版社 1995 年版。

《马克思恩格斯选集》第 2、3 卷，北京：人民出版社 1995 年版。

（二）中文著作

陈世香:《行政价值研究》，北京：人民出版社 2006 年版。

陈来:《古代宗教与伦理》，北京：生活 · 读书 · 新知三联书店 2009 年版。

丁煌:《西方行政学说史》，武汉：武汉大学出版社 2004 年版。

邓正来、〔英〕亚历山大编:《国家与市民社会》，北京：中央编译出版社 2002 年版。

傅佩荣:《儒道天论发微》，北京：中华书局 2010 年版。

费孝通：《乡土社会 生育制度》，北京：北京大学出版社 1998 年版。

郭湛：《主体性哲学——人的存在及其意义》（修订版），北京：中国人民大学出版社 2011 年版。

高小平等主编：《服务型政府导论》，北京：人民出版社 2009 年版。

高兆明：《制度公正论》，上海：上海文艺出版社 2001 年版。

高兆明：《道德失范研究——基于制度正义视角》，北京：商务印书馆 2016 年版。

胡颖峰：《吉登斯现代性思想研究》，北京：中央编译出版社 2011 年版。

孔繁斌：《公共性的再生产》，南京：江苏人民出版社 2012 年版。

刘军宁编：《市场社会与公共秩序》，北京：生活·读书·新知三联书店 1996 年版。

李景鹏：《权力政治学》，北京：北京大学出版社 2008 年版。

彭和平等编译：《国外公共行政理论精选》，北京：中共中央党校出版社 1997 年版。

任剑涛：《伦理王国的构造——现代性视野中的儒家伦理政治》，北京：中国社会科学出版社 2005 年版。

汪晖、陈燕谷主编：《文化与公共性》，北京：生活·读书·新知三联书店 1998 年版。

王亚南：《中国官僚政治研究》，北京：中国社会科学出版社 1981 年版。

王亚南：《中国官僚政治研究》，北京：商务印书馆 2010 年版。

吴思：《潜规则——中国历史中的真实游戏》，昆明：云南人民出版社 2002 年版。

王伟：《行政伦理概述》，北京：人民出版社 2001 年版。

吴龙灿：《天命、正义与伦理》，北京：人民出版社 2013 年版。

颜昌武、马骏编译:《公共行政学百年争论》，北京：中国人民大学出版社 2010 年版。

燕继荣主编:《服务型政府建设：政府再造七项战略》，北京：中国人民大学出版社 2009 年版。

杨鸿年等:《中国政制史》，武汉：武汉大学出版社 2012 年版。

张康之:《论伦理精神》，南京：江苏人民出版社 2010 年版。

张康之:《行政伦理的观念与视野》，北京：中国人民大学出版社 2008 年版。

张康之:《共同体的进化》，北京：中国社会科学出版社 2012 年版。

张康之:《公共行政的概念》，北京：中国社会科学出版社 2013 年版。

张康之:《公共行政中的哲学与伦理》，北京：中国人民大学出版社 2004 年版。

张康之:《寻找公共行政的伦理视角》(修订版)，北京：中国人民大学出版社 2012 年版。

张康之:《合作的社会及其治理》，上海：上海人民出版社 2014 年版。

张康之:《公共行政的行动主义》，南京：江苏人民出版社 2014 年版。

张富:《公共行政的价值向度》，北京：中央编译出版社 2007 年版。

张祥龙:《海德格尔思想与中国天道》(修订第 3 版)，北京：中国人民大学出版社 2011 年版。

张乾友:《公共行政的非正典化》，北京：中国社会科学出版社 2014 年版。

周良霄:《皇帝与皇权》，上海：上海古籍出版社 2006 年版。

《毛泽东选集》第 2 卷，北京：人民出版社 1991 年版。

《邓小平文选》第 2 卷，北京：人民出版社 1994 年版。

《汉书·董仲舒传》

《春秋繁露》

《荀子》

《孟子》

《中庸》

《论语》

（三）中文论文

丁煌：《寻求公平与效率的协调与统一》，《中国行政管理》1998年第12期。

李金鑫：《道德能力的道德哲学研究》，南京师范大学博士学位论文，2011年。

孙如枫、曾钊新：《论道德判断》，《江西社会科学》1995年第4期。

李强：《全球化、主权国家与世界政治秩序》，《战略与管理》2001年第2期。

王锋：《政治生活的范式变迁》，《马克思主义与现实》2013年第2期。

杨衍球、曾钊新、李建华：《论道德认知》，《有色金属高教研究》1989年第10期。

易法建：《论道德认知》，《求索》1998年第3期。

颜佳华：《行政价值刍议》，《湘潭大学学报》1999年第2期。

张康之：《论行政人员的自主性》，《南京社会科学》2002年第3期。

张康之：《论主体多元化条件下的社会治理》，《中国人民大学学报》2014年第2期。

张康之：《在后工业化进程中构想合作治理》，《哈尔滨工业大学学报（社会科学版）》2013 年第 1 期。

（四）外文文献

Christopher Pollitt, *Managerialism and the Public Services-Cuts or Cultural Changes in the 1990s?* Oxford: Blackwell Publishers, 1993.

Dwight Waldo, *The Study of Public Administration*, New York: Random House, 1967.

Dwight Waldo, *The Administrative State*, New Brunswick: Transaction Publishers, 2007.

H. George Frederickson, *New Public Administration*, The University of Alabama Press, 1980.

John Rohr, *Ethics for Bureaucrats*, New York: Marcel Dekker, Inc., 1989.

Luther Gulick and L. Urwick(eds.), *Papers on the Science of Administration*, London: Routledge, 2003.

Peter Madsen and Jay M. Shafritz(eds.), *Essentials of Government Ethics*, New York: Penguin Books USA Inc., 1992.

The Federalist Papers, Beijing: China Social Sciences Publishing House, 1999.

Dwight Waldo, *Supplement: Developments in Public Administration*, Annals of the American Academy of Political and Social Science, Vol.404, 1972.

Shamsul Haque, "The Intellectual Crisis in Public Administration in the Current Epoch of Privatization," *Administration and Society*, Vol.27, No.4,1996.

George Boyne,"The Intellectual Crisis in British Public Administration: is Public Management the Problem or the Solution?" *Public Administration*, Vol.74, Winter 1996.

George Frederickson, "Public Administration in the 1970s: Developments and Directions," *Public Administration Review*, Vol.36, No.5,1976.

David John Farmer, "Mapping Anti-Administration: Introduction to the Symposium," *Administrative Theory & Praxis*, Vol.23, No.4, 2001.

O. C. Mcswite, "Public Administration Post Fox and Miller: What We Face Now," *Administrative Theory and Praxis*, Vol.27, No.3, 2005.

Kenneth N. Hansen, "Identifying Facets of Democratic Administration: the Empirical Referents of Discourse," *Administration & Society*, Vol.30, No.4,1998.

Orion. F. White, "The Ideology of Technocratic Empiricism and the Discourse Movement in Contemporary Public Administration: A Clarification," *Administration & Society*, Vol.30, No.4, 1998.

Frank Marini(ed), *Toward a New Public Administration: The Minnowbrook Perspective*, Scranton: Chandler Publishing Company, 1971.

后 记

自从选择行政伦理作为自己的学术方向后，我就一直在努力。可是在研究过程中，由于自己的学科背景，也一直有着某种身份的焦虑。行政伦理是从哲学那里得到说明，还是从行政管理学那里寻求自己的学科身份？虽然自己在研究过程中也试图去解决这种身份的困扰，但一直以来这种纠结是盲目的，并没有上升为一种自觉的意识和行动。换句话说，没有基于学科背景把它转换成一种学术研究的方法。事实上，如果说以前的研究是不自觉的话，那么，经过一段时间的反思，特别是经过博士后的继续回炉训练，这种不自觉正在变成自觉的行为。

这里就不能不提起我的博士后合作导师——张康之教授。说起和张康之老师的认识，还是有些故事的。大概是在 2000 年前后，在自己刚接触行政伦理研究时，康之老师就已经是知名学者了。虽然那时也想向张老师学习，期待能够得到老师的指点，但至多只是想想而已，从没敢奢望能成为康之老师的学生。工作之后，我从事行政伦理的教学与研究工作。由于自己的学科知识背景，在工作中深深感到自己的知识结构的不足，遂有了从事博士后研究的想法并在后来越发强烈。现在回想起来，自己的求学经历，还是充满了曲折。能有博士后的经历，成为我的梦想。但因为各种原因，这种想法一直停留在想法上，如此而已。大概在 2012 年左右的一次会议上，有幸认识了慕名已久的张康之老师。初次见面，未免拘谨。当把自己想做博士后的想法告知张老师之后，他爽快地答应了。想起来，那时自己博士毕业已经快 10 年了，年龄不是优势，学业也有些荒废，工作在苏北小城，生活不紧不慢，心态流于安逸，在自己的理想都快要被生活磨平的时候，康之老师又伸手把我拉回到期望已久的伊甸园。现在想起来，真的觉得自己还是非常幸运，能够在老师门下，得到老师的耳提面命，经常听听老师的指点，那真是一件非常幸福的事情。

进站后，面临着非常艰巨的任务。由于自己是在职从事博士后研究，在此后的两年多的时间里每月要经历的是双城生活，不得不在我工作的小城徐州和南京之间来回奔波。更为困难的是研究本身。在和张老师数次交流之后，决定以行政精神为切入点，把建构与服务型政府相适应的行政文化作为自己今后一段时间内的研究目标。此后就是紧张的思考与写作。2015 年 6 月，在张老师的督促下，在自己博士毕业 10 年后，在南京大学的博士后也出站了。此后，张老师一直督促我，要对论文认真修改，要努力写出精品。经过两年多的数次修改，现在呈现给大家面前的这部书就是这个样子。由于个人能力有限，其中肯定存在许多不足，还请各位专家、学者批评指正。

这部书稿能够问世，还要感谢许多老师的热心帮助。2016 年我把书稿寄给中国行政管理学会的高小平老师，请他作序。虽然与高老师仅谋面数次，但他在百忙之中欣然作序，体现了对后生的大力提携之意，其无私精神，令人难以忘却。我的博士生导师、南京师范大学的高兆明教授，在听说了我的书稿之后，大力向商务印书馆推荐，使其纳入到国家治理丛书之中，促成此书在商务印书馆的出版。老师对学生的无私提携，感激之情，无法用语言表达。毕业多年，每次与高老师见面，与高老师交流，都能从他那里获得某种收获与启发，也获得某种前行的力量。南京大学政府管理学院的张凤阳教授、闾小波教授、孔繁斌教授、魏姝教授，南京理工大学的程倩教授等老师也以不同的方式对书稿的修改提出过非常具有建设性的意见，在此一并谢过。只不过，因自己为人木讷，不善言辞，无法用华丽的语言来包装自己，唯有再加努力，以更高质量的研究回报老师们的厚爱。

在这里，还要表达对家人的愧疚之情。自己是个沉迷于文字与写作的人，然而在这个世俗化的时代里，写字注定不是一个能够很好地养家糊口的职业，至多只能维持家庭的正常运行。如果靠写字和读书去发财致富，那只能是一种想法。可是，当看到周围的人们比我们生活得更好时，生活得更自在时，我的爱人有时也忍不住抱怨，读那么多书有什么用。是啊，面对飞涨的物价，面对飞涨的房价，靠写字显然挣不来一套房子时，我也在怀疑自己，自己的这种坚持到底有什么意义？尤其是天天点灯熬油，而又看不到结果时，面对投入产出的不成比例，这种怀疑更甚。好在，爱人仅仅是抱怨。没有她主动承担家务，没有她日复一日的付出，我也不能安心坐在冷板凳上，从事写字这项枯燥而又无法带来更多财富的劳动。同时也要感谢我的女儿。因为自己的读书、学习、写作，有时对她疏于照顾，没有给她更多的陪伴。眼看着她渐渐长大并能够自己作出判断，有时，除了珍惜越来越少的陪伴时间，我也只能自我安慰，期待她随着年龄的增长，能够具有较强的自我约束。

在某种程度上，《走向服务型政府的行政精神》可以说是自己以前关于行政伦理研究的总结。同时，这部书的写作也是对自己以后研究的方法论的重新认识，在写作过程中自己获得了对行政文化、行政伦理的一种新的理解。也就是说，当这种思路打开以后，原来研究中的困惑不复存在，由于获得了新的认识，感觉对行政文化的研究可以有更广阔的天地。但是这种理解要变成文字，成为一种言说，还有待于后续研究。

王　锋

2017 年 7 月 30 日于徐州